韓國語研究

14

李基文 先生 追慕號

韓國語研究會

2020

李基文 先生님 遺影

1950년 4월 24일. 대학교 1학년 2학기. 국문과 제4회 졸업생 환송회장(洪陵) 가는 길. 左로부터 李基文, 姜信沆, 하나 건너, 成耆說.

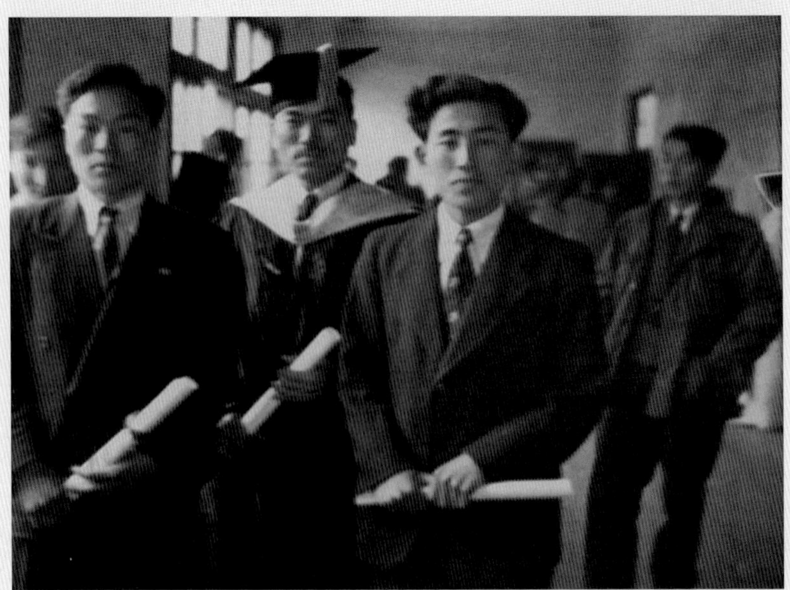

1953년 3월 28일. 부산 영도 염선국민학교 강당에서 거행된 서울대 제7회 졸업식에서 左로부터 姜信沆, 趙潤濟 박사, 李基文

Early 1990s, when Professor Lee Ki-Moon was visiting our home in Maryland. At the time, he was doing research at the Library of Congress in Washington, D.C.

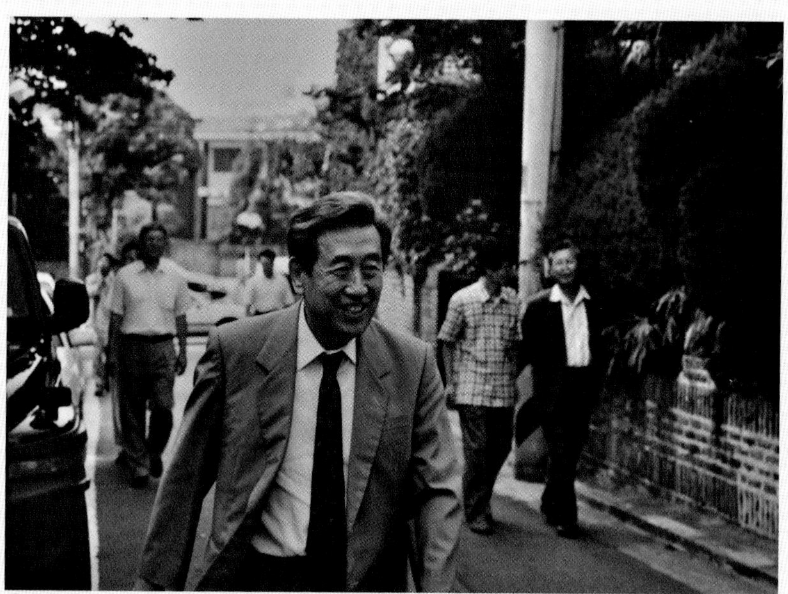

1998년 9월 11일. 제자 환갑기념논문집 봉정식에 가시는 길.

2012년 11월 18일. 방종현 선생 서거(1952.11.18) 50주년.
의정부 윗산. 李基文(左), 姜信沆(右)

2014년 9월 19일. 한글박물관 개관 특별초대.

이기문 선생 연보

略歷

(1930.10.23 生.~2020.2.19 卒)

1930.10.23.	平安北道 定州郡 葛山面 益城洞 949番地에서, 父 밝맑 李贊甲, 母 金小姐 사이에서 三男으로 出生
1937.4~43.3.	五山小學校 卒業
1943.4.~47.3.	五山中學校 在學, 越南
1947.5.~49.6.	中央中學校 卒業
1949.9.~53.3.	서울大學校 文理科大學 國語國文學科 卒業
1953.4.~57.3.	서울大學校 大學院 碩士課程 修了
1957.4.~63.8.	서울大學校 大學院 博士課程 修了
1973.2.	서울大學校 大學院에서 文學博士 學位 받음

1952.4.~60.8.	釜山과 서울에서 龍山高等學校, 中央中高等學校, 新興大學校, 韓國神學大學, 漢城高等學校, 淑明女子大學校, 京畿高等學校, 서울大學校 文理科大學에 出講
1959.4.~61.9.	高麗大學校 文理科大學 助教授
1962.4.~75.2.	서울大學校 文理科大學 專任講師
1963.5.~69.1.	서울大學校 文理科大學 助教授
1969.1.~72.12.	서울大學校 文理科大學 副教授
1972.12.~75.2.	서울大學校 文理科大學 教授
1975.3.~96.2.	서울大學校 人文大學 教授 停年退任
1996.6.5.~	서울大學校 名譽教授

1960.9~1961.8.	미국 하바드大學 客員學者
1965.9.~1967.8.	미국 워싱턴大學 客員副教授
1974.9.~12.	일본 學術振興會 客員教授
1977. 여름	미국 言語學會 Linguistic Institute 客員教授
1978.8.~1980.2.	韓國言語學會長
1980.3.~1981.2.	미국 컬럼비아大學 先任研究員
1981.~1985.	서울대학교 한국문화연구소장
1982.~	大韓民國 學術院 會員
1985.~87.	서울대학교 도서관장
1985.3.~8.	독일 DAAD 客員教授
1985.6.~87.5.	國語國文學會 代表理事
1988.3.~90.3.	國語研究所長
1988.3.~90.2.	國語學會長
1990.6.~96.	알타이어학회장
1991.9.~92.8.	미국 하바드大學 客員學者
1993.10.~94.9.	일본 東京大學 客員教授
2001.1.1.~	미국 言語學會 名譽會員

1962.12.22.	韓國出版文化賞 받음
1985.3.1.	三一文化賞 받음
1990.10.9.	보관문화훈장 받음
1993.9.17.	學術院賞 받음
1996.2.29.	국민훈장 목련장 받음
1998.9.25.	일본 福岡아시아文化賞 大賞 받음
1998.10.30.	韋庵 張志淵賞 받음

論著

1. 著書

1961 • 國語史概說, 民衆書館.

1963 • 國語 表記法의 歷史的 硏究, 韓國硏究院.
[再刊 : 金敏洙 外編, 歷代韓國文法大系. 第14冊]

1970 • 開化期의 國文硏究, 韓國文化硏究叢書 1, 韓國文化硏究所.
[再刊 : 國文硏究所 報告書 影印을 붙여, 一潮閣]

1971 • 訓蒙字會 硏究, 韓國文化硏究叢書 5, 韓國文化硏究所.

1972 • 國語 音韻史 硏究, 韓國文化硏究叢書 13, 韓國文化硏究所.
• 國語史概說, 改正版, 民衆書館.
[日譯 : 藤本幸夫, 韓國語の歷史, 1975]
[獨譯 : B. Lewin, Geschichte der Koreanischen Sprache, 1977]

1978 • 十六世紀 國語의 硏究, 國語學 硏究選書 3, 塔出版社.

1981 • 韓國語 形成史, 三星文化文庫.

1983 • 韓國 語文의 諸問題(共著), 一志社.

1984 • 國語 音韻論 <金鎭宇, 李相億 共著>, 學硏社.

1990 • 한국어의 연구 방향(共著), 민음사.

1991 • 國語 語彙史 硏究, 東亞出版社.

1993 • 한국 언어 지도집, Language Atlas of Korea(共著), 학술원, 成地文化社.

1996 • 歸鄕, 私家版.

1997 • 국어의 현실과 이상, 문학과 지성사.

1998 • 國語史概說, 新修版, 太學社.

2011 • A History of the Korean Language <S. Robert Ramsey 공저>, Cambridge University Press.

2. 編譯書

1955 • 言語學原論, 民衆書館.
<A. Dauzat, La Philosophie du langage, Paris, 1929>

1962 • 俗談辭典, 民衆書館.

1973 • 歷代時調選, 三星文化文庫 21, 三星文化財團.

1976 • 韓國의 俗談, 三星文化文庫 84, 三星文化財團.
• 周時經全集(上, 下), 亞細亞文化社.

1977 • 編著 : 國語學論文選 6 (方言硏究), 7 (文字), 10 (比較硏究)

1980 • 俗談辭典, 改正版, 一潮閣.

1985 • 당신의 우리말 실력은?, 리더스 다이제스트.

1989 • 감수 : 동아 새국어사전, 동아출판사.

1995 • 千字文 資料集(共編), 박이정.

2001 • 당신의 우리말 실력은? (2권), 태학사.

3. 論文

1954 • 語辭의 分化에 나타나는 Ablaut的 現象에 대하여, 최현배선생 회갑기념 논문집.

1955 • 語頭子音群의 生成 및 發達에 대하여, 震檀學報 17.

1956 • 國語學의 現狀과 將來, 大學新聞 167(11월 9일).

1957 • 朝鮮館譯語의 編纂年代, 文理大學報 5.1.
• 鷄林類事의 一考察, 一石李熙昇先生 頌壽紀念論叢.
• 中世國語의 - tugo에 대하여, 國語硏究 2.
• 書評 : Charles Haguenauer, Origines de la civilization du Japon, 社會科學1.

1958 • 女眞語 地名攷, 文理大學報 6.1.
• A Comparative Study of Manchu and Korean, Ural-Altaische Jahrbücher 30. 1-2.
• 中世女眞語 音韻論 硏究, 서울大學校 論文集, 人文社會科學 7.

• 國語 音韻論을 위한 三章, 高凰(신흥대학교) 2.2.
• 만주어 문법 1, 서론, 한글 통권 123.
• 제주도와 그 방언, 콩쥐팥쥐 이야기, 淑大月報 31.

1959 • 救急簡易方에 대하여, 文理大學報 7.2.
• 十六世紀 國語의 硏究, 文理論集(고려대학교) 4.
[再刊 : 國語學 硏究選書 3, 塔出版社]

1960 • 소학언해에 대하여, 한글 통권 127.
• Korean Studies in Seoul : 1945-1959, *Ural-Altaische Jahrbücher* 32. 1-2.
• 言語年代學에 대하여, 高大新聞 241.

1961 • 十五世紀 表記法의 一特徵, 국문학(고려대학교) 5.

1962 • 龍飛御天歌 國文歌詞의 諸問題, 亞細亞硏究 5.1.
• 中世國語의 特殊 語幹交替에 대하여, 震檀學報 23.
• 三人稱 女性代名詞의 問題, 淑大新報 108, 109.

1963 • A Genetic View of Japanese, 朝鮮學報 27.
• 十三世紀 中葉의 國語 資料, 鄕藥救急方의 價値, 東亞文化 1.
• Korean Linguistics : Retrospect and Prospect, *Koreana Quarterly* 5.1.
• 國語 運動의 反省, 思想界 1月.

1964 • Mongolian Loan-words in Middle Korean, Ural-Altaische Jahrbücher 35.
• 動詞 語幹 '앉-', '엳-'의 史的 考察, 陶南 趙潤濟博士 回甲紀念論文集.
• Materials of the Kogurye language, *Journal of Social Sciences and Humanities* 20.
• 龍飛御天歌의 語學的 價値(人名, 地名), 東亞文化 2.
• 알타이語學과 國語, 국어국문학 27.
• 蒙語老乞大 硏究, 震檀學報 25, 26, 27 合併號.
• 漢字와 近代化, 世代 9.

1965 • 成宗板 伊路波에 대하여, 圖書 8, 乙酉文化社.
• 近世中國語 借用語에 대하여, 亞細亞硏究 8.2.

• 國語 系統論, 國語學槪論(語文學硏究會 編), 首都出版社.
• 學校文法 統一과 術語 問題, 새교육 3월.
• 崔世珍, 韓國의 人間像 4. 學者篇, 新丘文化社.

1966 • 鷹鶻名의 起源的 考察, 가람 李秉岐博士 頌壽論文集.
• 파스파 文字, 記錄 發見 報道를 읽고, 東亞日報 10月 17日.

1967 • 韓國語 形成史, 韓國文化史大系 V. 言語·文學史, 고려대학교.
• 蒙學書 硏究의 基本 問題, 震檀學報 31.

1968 • 高句麗의 言語와 그 特徵, 白山學報 4.
[日譯：中村完, 高句麗の言語とその特徵, 韓 1.10. 1972]
[再錄：論集 日本文化の起源. 5. 言語學, 平凡社]
• 母音調和와 母音體系, 李崇寧博士 頌壽紀念論叢.
• 鷄林類事의 再檢討 - 주로 音韻史의 觀點에서, 東亞文化 8.
• 朝鮮館譯語의 綜合的 檢討, 서울大學校 論文集：人文社會科學 14.
• 言語의 親族關係, 그 基本槪念과 樹立方法에 대하여, 國文學論集(단국대학교) 2.
[再錄：李廷玟 外 編, 言語科學이란 무엇인가, 文學과 知性社, 1977]
• 漢字 問題의 本質, 새교육 12月(통권 170).

1969 • 蒙文十二字頭에 대하여, 金載元博士 回甲紀念論叢.
• 中世國語 音韻論의 諸問題, 震檀學報 32.
• 老乞大, 韓國의 古典 百選(新東亞 1月號 附錄).
• 옛말·새말, 亞細亞 創刊號.

1970 • 新羅語의 '福'(童)에 대하여, 국어국문학 49·50.
• 國語의 現實과 理想, 新東亞 6月. (通卷 70)
• Korean Linguistics, *Korean Studies Today*, 東亞文化硏究所.
• 周時經, 近代人物 百選. (新東亞 1月號 附錄)
• 國文硏究所 資料를 찾아서, 現代敎養 2, 新丘文化社.

1971 • Ramstedt and the Study of Korean, *Korea Journal* 11.1.
[佛譯：Ramstedt et l'étude du Coréen, *Revue de Corée* 3.1.]

• 語源 數題, 海巖 金亨奎博士 頌壽紀念論文集.
• '州'의 古俗音에 대하여, 藏菴 池憲英先生 華甲紀念論叢.
• 母音調和의 理論, 語學硏究 7.2.
• Remarques sur la formation de la langue coréenne, *Revue de Corée* 3.3.
• 訓蒙字會 影印, 解題 및 索引, 단국대학교 東洋學硏究所.
• 國語學, 韓國現代史 6. 新文化 100年, 新丘文化社.

1972 • 漢字의 釋에 관한 硏究, 東亞文化 11.
• 國語學, 東亞文化硏究所編, 韓國學, 玄岩社.
• 訓民正音 創製의 意義, 讀書新聞 93.
• 石峯千字文에 대하여, 국어국문학 55·56·57.
• 국어학 연구사와 앞으로의 과제, 민족문화연구 1권 6호, 고려대학교 민족문화연구소.

1973 • 千字文 影印, 解題 및 索引, 단국대학교 東洋學硏究所.
• 18世紀의 滿洲語 方言 資料, 震檀學報 36.
• 韓國語와 日本語의 語彙 比較에 대한 再檢討, 語學硏究 9.2.
• 言語上으로 본 古代의 韓日關係, 新東亞 1月.
[佛譯 : Revue de Corée 5.1.]
[英譯 : Korea Jounal]
[日譯 : アジア公論]
• 方言調査記(上,下), 讀書新聞 121, 122.
• 俗談 속의 女性, 女性東亞 12月.

1974 • 訓民正音 創制와 관련된 몇 問題, 國語學 2.
• 한글의 창제, 한국사 11 (양반·관료 사회의 문화), 국사편찬위원회.
• 국어 연구, 한국사 20 (근대 문화의 발생), 국사편찬위원회.
• 言語 資料로서 본 三國史記, 震檀學報 38.
• 日本語系統論によせて, 言語 3.1. 大修館書店.
• 對談 : 大野晋 教授, 韓國語と日本語の分岐點, 문예계간지 すばる 15.

[再錄 : 大野晋 對談集, 日本語の探究, 集英社, 1976]
• 解題 : 養蠶經驗撮要, 書誌學 6.

1975 • 衿陽雜錄의 穀名에 대하여, 東洋學 5. (단국대학교)
• Language and Writing Systems in Traditional Korea, *The Traditional Culture and Society of Korea : Art and Literature, Occasional Papers of the Center for Korean Studies* 4. University of Hawaii.
• Remarks on the Comparative Study of Korean and Altaic, *Proceedings of the International Symposium Commemorating the 30th Anniversary of Korean Literation, National Academy of Sciences.*
• 韓國語와 알타이 諸語의 比較 硏究, 光復 30周年紀念 綜合學術會議論文集, 學術院.
• 訓民正音 創制의 背景과 意義, 韓國史의 再照明, 讀書新聞社.
• 俗談, 서울評論 79, 80, 82, 83.

1976 • 최근의 訓民正音 硏究에서 提起된 몇 問題, 震檀學報 42.
• Language Planning in Modern Korea, *Journal of the Humanities and Social Sciences* 43.
• 高麗 時代의 國語의 特徵, 東洋學(단국대학교) 6.
• 周時經의 學問에 대한 새로운 理解, 韓國學報 5.
[再錄 : 한글학회 편, 주시경 선생에 대한 연구 논문 모음 1. 1987]
• 國語 醇化와 外來語 問題, 語文硏究 4.2.

1977 • 濟州道 方言의 'ᄋᆞ'에 관련된 몇 問題, 李崇寧先生 古稀紀念 國語國文學論叢.
• 韓國語와 알타이諸語의 語彙 比較에 대한 基礎的 硏究, 東亞文化 14.
• 韓國 古代諸語 系統論, 한국사 23. (총설), 국사편찬위원회.
• 국어사 연구가 걸어온 길, 나라사랑 26.
[英譯 : A Look at Research in Korean Historical Linguistics, Korea Journal 19.2. 1979]
• 十九世紀末의 國文論에 대하여, 朴晟義博士 還曆紀念論叢.

• 公私恒用錄의 東言解에 대하여, 성봉 김성배박사 회갑기념논문집.
• 國語 醇化의 길, 建築用語와 관련하여, 月刊 建設 6月.
• 周時經, 韓國 近代史의 再照明, 大學新聞社.
• 한글과 文化 創造, 東亞日報 10月 8日.

1978 • The Reconstruction of *yʌ in Korean, *Papers in Korean linguistics* (edited by Chin-W. Kim), Columbia, South Carolina.
• 語彙 借用에 대한 一考察, 언어 3.1.
• 十五世紀 表記法의 一考察, 언어학 3.
• The Korean Alphabet, A Graphic Portrait of the Human Voice, *The UNESCO Courier*. December.
• 서울의 方言·俗談, 서울 六百年史 2.
• The Responce of Korean Intellectuals to the Western Impact in the Ninteenth Century, Bulletin of the Visiting Scholars Association China Branch 14.
• 당신의 우리말 실력은?, 리더스다이제스트에 11월부터 연재.

1979 • 國語의 人稱代名詞, 冠岳語文 3.
• 中世國語 母音論의 現狀과 課題, 東洋學 9.
• The Vowel System of Middle Korean, *Mélanges de Coréanologie offerts à M. Charles Haguenauer*, Centre d'Études Coréennes, Collège de France, Paris.
• 十五世紀 國語의 構造, 국어국문학 81.

1980 • '글'에 관한 斷想, 藏菴 池憲英先生 古稀紀念論叢.
• 加波島 方言의 特徵, 延岩 玄平孝博士 回甲紀念論叢.
• 19世紀 末葉의 國語에 대하여, 蘭汀 南廣祐博士 華甲紀念論叢.
• 訓民正音 創制의 基盤, 東洋學 10.
• 國語學의 發展을 위한 提言, 民族文化叢書 6, 영남대학교 민족문화연구소.
• アルタイ諸語と韓國語, その比較研究についての所見, 國際言語科學研究所所報 1.3. 京都産業大學.

• 稻荷山鐵劍銘と太安萬侶の墓誌について, 國際言語科學研究所所報 1.3.

1981 • 吏讀의 起源에 대한 一考察, 震檀學報 52.

• 한힌샘의 言語 및 文字 理論, 語學硏究 17.2.

[再錄 : 한글학회 편, 주시경 선생에 대한 연구 논문 모음 1, 1987]

• 千字文 硏究 (1), 韓國文化 2.

• 石峯千字文의 內賜本에 대하여, 東亞日報 3月 23日.

• Korean Linguistics So Far, Korea Jounal 21.9.

[再錄 : The Korean language, Edited by the Korean National Commission For UNESCO]

• 서울말, 서울 六百年史 4.

1982 • 素月詩의 言語에 대하여, 백영 정병욱선생 환갑기념논총.

[再錄 : 心象 11.1. 1983]

[再錄 : 김학동 편, 김소월, 한국문학의 현대적 해석 2. (서강대학교)]

• 百濟語 硏究와 관련된 몇 問題, 百濟硏究 開校30周年紀念 特輯號. (忠南大學校)

• 東아시아 文字史의 흐름, 東亞硏究 1. (서강대학교)

• 影印, 解題 : 朝鮮館譯語 (런던本), 국어국문학 87.

• 한국에 있어서의 일본어학, 일어일문학연구 3권1호, 한국일어일문학회.

1983 • '아자비'와 '아ᄌᆞ미', 國語學 12.

• 한글 맞춤법의 歷史的 考察, 韓國 語文의 諸問題. (一志社)

• Foundations of Hunmin Chŏngŭm, Korea Jounal 23.6.

[再錄 : The Korean Language, Edited by the Korean National Commission for UNESCO]

1984 • 開化期의 國文 使用에 관한 硏究, 韓國文化 5.

• 古代 三國의 言語에 대하여, 27回 全國歷史學者大會 論文集.

• 解放 뒤 40年의 國語 敎育, 國語 敎育의 理念과 方向, 學術院 第二分科.

• 歷史와 母國語, 오늘의 책. (한길사)

• 우리 문화와 외래 문화, 우리얼 10월. (한국청소년연맹)

1985 • 蒙古語 借用語에 대한 研究, 語學研究 21.1.

• 國語 語彙史의 한 側面, 歷史言語學, 金芳漢先生 回甲紀念論文集.

• '祿大'와 '加達'에 대하여, 國語學 14.

• 語源 研究의 方法, 日本 KOREA學研究會 編, 第一次KOREA學 國際交流세미나論文集(黑龍江 朝鮮民族出版社).

1986 • 借用語 研究의 方法, 國語學新研究(若泉 金敏洙教授 華甲紀念).

• 日本語比較研究の方法について, *The Comparative Study of Japanese Language : Problems in Methodology*, 馬渕和夫 編, 日本語の起源, 武藏野書院, 東京.

• 國語 語源論의 課題, 나의 소원은 평화 (崔泰士先生 喜壽紀念論文集), 시골문화사, 홍성.

• '九國所書八字'에 대하여, 震檀學報 62.

1987 • 內訓에 대하여, 奎章閣 10.

[再錄 : 韓國語研究 3, 2006, 古本內訓 影印]

• 國語의 語源 研究에 대하여, 第一回 韓國語國際學術會議 論文集(仁荷大學校 韓國學研究所).

• 한글의 연구와 보급, 한민족 독립운동사 2 (국권 수호 운동), 국사편찬위원회.

• 飜譯體의 問題, 外國作品 飜譯에 관한 研究, 學術院 人文科學部 第二分科會

[再錄 : 國語學硏叢 (李東林博士 停年退任紀念), 集文堂, 1988]

• Language, *A Handbook of Korea*, Sixth Edition, Korean Overseas Information Service.

1988 • 安自山의 國語 研究, 周時經學報 2.

• 陰德記의 高麗詞之事에 대하여, 國語學 17.

• 큰사전 완간, 新東亞 1月號 별책부록, 現代韓國을 뒤흔든 60大事件.

1989 • 古代國語 研究와 漢字의 새김 問題, 震檀學報 67.

• 어문 정책과 국어 운동, 한민족 독립운동사 5, 일제의 식민통치, 국사편찬위원회.

1990 • 韓國語와 蒙古語의 關係, 그 語彙 比較에 대하여, 大東文化硏究 24.

• 독립신문과 한글 문화, 玄鍾敏 編, 徐載弼과 韓國 民主主義, 대한교과서주식회사.
[再錄 : 周時經學報 4, 1989]

1991 • 三國 時代의 言語 및 文字生活, 韓國思想史大系 2, 한국정신문화연구원.

• 국어, 한국 민족문화 대백과사전 3, 한국정신문화연구원.

• 한국어 속의 만주·퉁구스 제어 차용어에 대하여, 알타이학보 3.

• Mongolian Loan-words in Korean, 알타이학보 3.

• 有關韓國語和中國語的接觸, 韓國學報 10. 中華民國 韓國硏究學會.

• 共論 : 韓國語 方言의 基礎的 硏究, 學術院論文集 30.
[再錄 : 韓國語와 中國語의 接觸에 대하여, 張泰鎭 編, 國語社會言語學論叢, 1995]

1992 • 訓民正音 親制論, 韓國文化 13.

• 國語辭典의 語源表示에 대하여, 새국어생활 2.4.

• 一簑先生과 國語學, 語文硏究 76.

• 제주 방언을 살립시다, 제주교육(제주도 교육청) 78.

• Bemerkung zu den Koreanischen Wörten für Kimch'i. *Bruno Lewin zu Ehren Festschrift aus Anlass seines 65 Geburtstages*. Band III. Koreanische und andere asienwissenschaftliche Beiträge, Bochum.

1993 • 高麗史의 蒙古語 單語들에 대한 再檢討, 學術院論文集 32.

• 濟州島 方言과 國語史 硏究, 耽羅文化(제주대학교) 13.

1994 • 國語史 硏究의 反省, 國語學 24.

1995 • Remarks on the Study of Word-Formation *Linguistics in the Morning Calm*, Linguistic Society of Korea.

• 三國史記に見える地名の解釋, 朝鮮文化硏究 2. (東京大學 文學部 朝鮮文化硏究室 紀要)

• 훈민정음의 창제, 한국사 26. (조선 초기의 문화), 국사편찬위원회.

1996 • 나의 國語史 硏究, 韓國史 市民講座 19.

• 현대적 관점에서 본 한글, 새국어생활 6.2.
[再錄 : 21세기의 한글, 문화체육부]

1997 • 東北 아시아 文字史의 흐름, 口訣學會 編, 아시아諸民族의 文字, 太學社.
• The Inventor of the Korean Alphabet, *The Korean Alphabet : Its History and Structure, Edited* (by Young-kei Kim-Renaud). University of Hawaii Press, Honolulu.
• 한글의 과학적 독창성과 문화사적 의의, 문화와 나(삼성문화재단), 9-10월호.
• 어원탐구 : '어린이', 새국어생활 7.2.
• '동산'과 '서랍', 새국어생활 7.3.
• '민며느리', 새국어생활 7.4.
• 백영선생과 윤동주 시집, 백영 정병욱의 인간과 학문, 신구문화사.

1998 • 한글, 한국사 시민강좌 23.
• Observations on Change in Present-day Korean, *Perspectives on Korea*, (Edited by Sang-Oak Lee and Duk-Soo Park), Wild Peony, Sydney.
• 韓國語 - その歷史と広がり, 福岡アジア文化賞 韓國文化ゼミナ - 基調講演.
• 南廣祐 先生과 古語 硏究, 語文硏究 97.
• 한글과 기계화, 새국어소식 3(한글날 특집호).
• 國語의 危機, 學術院通信 64. (11월 2일)
• 학문이 움튼 때, 새국어생활 8.4. (겨울)
• 말본, 새국어생활 8권 1호.
• 국어학의 경계를 넘어, 새국어생활 8권 2호.
• 후추와 고추, 새국어생활 8권 4호.

1999 • 訓蒙字會 小考, 語文硏究 104.
• 石峯千字文에 대하여, 한글 + 漢字 문화, 創刊號.
• 21세기와 國語學, 국어국문학 125.
• 어원 탐구, '딤ᄎᆡ'와 '디히', 새국어생활 9.1.

2000 • 十九世紀 西歐學者들의 한글 硏究, 學術院論文集 39.

• 한국어 연구, 한국사 45 (신문화 운동), 국사편찬위원회.

• 一石 先生의 學問, 새소식 20, 서울대학교 국문과 동창회.

• 漢字 敎育은 왜 필요한가, 한글 + 漢字 문화 11. (6월)

2001 • 韓國 國語 敎育의 反省, 국어교육이란 무엇인가, 서울시립대학교 인문과학연구소 인문과학총서 1, 도서출판 혜안.

• 古代 三國의 言語 表記觀, 새국어생활 11.3.

2002 • 언어, 한국사 제1권 총설 (IV. 한국문화의 특성), 국사편찬위원회.

• 一簑 方鍾鉉 先生의 生涯와 學問, 語文硏究 30.4. (통권 116호)

• 回想記, 국어국문학회 50년, 태학사.

2003 • 한국어와 알타이제어의 친족관계, 한국사 시민강좌 32.

• 國語 語彙史 硏究와 隣接 學問, 韓國語硏究 1.

• 鷄林類事의 細註에 대하여, 高麗朝語硏究 論文集 (鷄林類事 900周年紀念國際學術大會), 韓國語敎育學會.

• 한국 언어학의 발전 - 어제, 오늘, 내일, 한국언어학회 소식 111.

2004 • 中世語 硏究 落穗, 韓國語硏究 2.

2005 • 우리 나라 文字史의 흐름, 口訣硏究 14.

• 鷄林類事의 '姑曰漢了彌'에 대하여, 國語學 45.

• 漢字와 한글, 韓國語文敎育硏究會 編, 漢字敎育과 漢字政策에 대한 硏究, 역락.

• 로마字化와 두 나라, 語文生活 93.

2006 • 國語學史 二題, 韓國語硏究 3.

• 국어사 연구의 회고와 전망, 국어사 연구 어디까지 와 있는가, 연세국학총서 66, 태학사.

• 어원 탐구, '불고기' 이야기, 새국어생활 16.4.

2007 • 한국어의 무궁한 발전을 위하여, 韓國語硏究 4.

• 어원탐구, '승기악탕(勝妓樂湯)', 새국어생활 17.1.

• '빈대떡'과 '변씨만두', 새국어생활 17.2.

• '피천, 쇠천, 천, 천량, 밑천', 새국어생활 17.4.
• 중세몽고어 차용어에 대하여, 새국어생활 17.4.

2008 • 韓國語 語源 硏究의 回顧와 展望, 學術院論文集 47.1.
• 訓民正音 創制에 대한 再照明, 韓國語硏究 5.
• '얼'에 대하여, 李崇寧, 現代國語學의 開拓者, 태학사.
• 어원탐구, 김대문 : 우리 나라 최초의 어원학자, 새국어생활 18.1.
• '신라(新羅)'의 어원, 새국어생활 18.2.

2009 • 中世蒙古語 借用語 硏究 餘錄, 韓國語硏究 6.

2010 • 19世紀 末葉의 國語 語彙 硏究, 韓國語硏究 7.

2011 • '阿多介', '阿多叱介'에 대하여, 韓國語硏究 8.

2012 • 어원 연구의 뒤안길, 韓國語硏究 9.

2013 • 어원 연구의 뒤안길(2), 韓國語硏究 10.

2014 • 어원 연구의 뒤안길(3), 韓國語硏究 11.

2015 • 國語 속의 蒙古語 借用語, 韓國語硏究 12.
• 학창산화(學窓散話) 解題, 韓國語硏究 12.

2018 • 어원 연구의 뒤안길(4), 韓國語硏究 13.

4. 書評

1963 • Roman Jakobson, *Selected Writings, Vol.1. Phonological Studies*, 大學新聞 514.

1969 • Yen Ren Chao, *language and Symbolic Systems*, 문화비평 봄호.

1982 • 南豊鉉 著, 借字表記法 硏究, 국어국문학 87.

1983 • 金履浹 編著, 平北方言辭典, 方言 7. (한국정신문화연구원)

1985 • 李崇寧 著, 朝鮮語 音韻論 硏究 第一集, 「·」音攷, 現代 韓國의 名著 100권. (新東亞 1월호 별책 부록)

韓國語硏究 14

차 례

추모글

아! 참으로 哀惜한 李基文 형의 永逝

강 신 항

2020年 2月 19日(水) 우리나라 學界의 巨木이며 국어학계의 중진이었던 李基文 兄이 享年 90세(1930. 10. 23 生)로 永眠하였다.

1949年 9月 1日 서울대학교 문리과대학 국어국문학과에 동기생 21명과 함께 입학한 우리는 학기 조정으로 학기가 단축된 1950年 5月 31日까지 두 학기 동안 순조로이 학업과 대학 생활에 忠實하게 邁進할 수 있었다.

1950年 3月 1日에 제2학기가 시작되자 나는 科先輩들과 語學班에서 활동하였고, 李兄은 詩作에 專念하고 있었다.

1950年 6月 25日 戰亂이 일어나 首都가 釜山으로 移動하였을 때 釜山市 대청동 소재 미국 U.S.I.S.에 근무하고 있었던 李兄과 1950年 12月부터 國防部政訓局戰史編纂會助務員(軍屬, 一名 文官)으로 服務中이던 나는 틈틈이 戰時聯合大學에서 학점을 이수할 수 있었고, 1952年 봄에 釜山 九德山 기슭에 서울대학교 문리과 대학 假校舍(木造)가 建立되어 單獨講義가 실시되자 우리와 몇 학우는 학업을 계속했다.

그때 우리 둘은 가끔 구덕산 고개에 올라가 下端 평야를 굽어보면서 여러 이야기를 나누었다.

그 뒤 1952年 12月 下旬 부산대학교 강당에서 실시된 국어국문학과

제7회 졸업생 卒業論文發表會에서 李兄은 '語頭子音群의 生成과 發達'을, 나는 '國語音韻의 變遷에 대하여'를 발표하였다.

그때 總評을 하신 李熙昇 선생은 李兄을 '우리나라 국어학계에 彗星과 같이 나타난 少壯學者'라고 칭송하셨다.

역사상 어느 시대에도 번득이는 叡智로 한 시대를 이끌어 간 先覺者들이 있었다. 그러나 이러한 선각자가 어느 날 偶然히 우리 앞에 나타나는 것은 아니다. 傳統있는 家庭環境 속에서 본인 스스로 인생에 대한 확고한 계획을 가지고 뛰어난 天賦의 才能을 아낌없이 발휘할 수 있었던 사람만이, 겨레의 先覺者로서 한 시대를 이끌어 갈 수 있는 것이다.

우리의 畏友인 이기문 형은 바로 이러한 범주에 속하는 우리 시대의 선각자였다. 이미 20세기 초기부터 우리 겨레의 독립과 부강을 위하여 헌신해 온 독립운동가의 집안에서 태어난 이 형은 시대를 이끌어 나갈 국어학자로서의 소질과 사명을 어릴 때부터 지니고 있었다. 한 평생을 실천하는 지식인으로서 겨레의 독립과 농촌문제에 온갖 정열을 기울이셨던 형의 아버님께서는 여러 아드님 가운데에서 반드시 우리나라 역사와 국어 연구에 전념할 학자가 배출되기를 소망하시어, 세심한 配慮를 게을리하지 않으셨다. 그래서 국어연구자가 될 아드님을 위해서는 1930年代부터 한글 誌를 마련해 주실 정도였다.

이와 같은 선대의 가르침은 헛되지 않았다. 원래 시인되기를 꿈꾸었던 李兄은 고교 때 시를 발표한 바 있고, 학부 시절에는 국내외 여러 시인들의 시에 심취하거나 논평을 할 정도로 시에도 높은 식견을 가지고 있었다.

이렇게 해서 학부를 마친 우리 둘은 1953年 3月 釜山에서 함께 大學

院에 進學(10名 응시 3명 入格)했다.

1953年 7月 27日 休戰後 서울로 還都하자 李兄은 卓越한 외국어 실력을 발휘하여 佛語로 된 도자의 言語學 原論을 번역하여 국어학계에 새로운 氣風을 造成하였고, 대학에서 만주어 · 몽고어 강의 등을 통하여 우리나라 學界에 比較言語學과 Altai 語學, 系統論 등의 기틀을 마련하였다. 1961年에는 벌써 國語史概說을 世上에 선을 보이어 그 후 몇 번 改訂版을 낸 이 책은 국어사 연구자들의 必須 참고서적이 되었다.

1956年에는 서울대학교 대학원 출신 국어학 전공 석사들로 國語研究會를 조직케 하여 오늘날까지 이어지고 있고, 1959年 11月 22日에는 국어학회 창립에 참여하여 그 뒤 동학회의 여러 主要 任員을 맡아 국어학 연구 중심 학회로 발전시키는 데 크게 貢獻하였다.

그리고 1974年 겨울에 시작하여 오늘날 每年 大盛況을 이루고 있는 國語學會 共同세미나 모임(공동발표회)도 애당초 李兄이 發議한 것이다.

高麗大學校 교수 시절 1960年 Harvard 燕京學社에 가서 研究하고 온 이후 1962年부터 서울大學校文理科大學 國語國文學科 教授로 자리 잡고 나서 李兄의 研究分野는 可히 국어학 全般에 걸친 것이었다.

國語表記法의 역사적 연구, 國語音韻史연구, 開化期 국어의 연구(國文研究所), 國語의 歷史的研究(鷄林類事, 朝鮮館譯語, 訓蒙字會研究 등), 語彙史研究, 方言學, 俗談사전 등, 여러 業績을 남기었다.

이 밖에 訓民正音世宗大王親制說, 世界文字史上에서의 訓民正音位置, 現代國語正書法의 原理 등을 밝혔다. 李兄은 우리말의 뿌리를 찾고, 어떻게 변해왔으며, 어떻게 表記되어 왔는가 하는 점을 밝히는 데 心血

을 기울이었다.

또 韓國語硏究會를 조직하여 2003年에 '韓國語硏究' 제1집을 발간한 이후 꾸준히 발간을 계속하여 2020년에 제14집이 발간되도록 기틀을 마련한 것도 李兄이었다.

李兄은 우리들의 친구인 동시에 우리들이 감히 넘겨다 볼 수 없는 선각자였고 우리 학계의 스승이었으며, 국내외로 그 가르침을 받은 학도가 가히 桃李滿天下라고 할 정도로 헤아릴 수 없을뿐더러 우리 국어학을 세계 수준 이상으로 끌어올린 공로자이기도 하였다.

나 개인으로서는 한 시대를 李兄과 함께 살면서 언제나 李兄의 학문적인 조언에 힘입어 왔음이 최고의 행운이었으며, 重厚한 인품을 지닌 李兄이 국어학계의 한 가운데 자리를 차지해 온 것이 우리 학계를 위해서도 다행스러운 일이었다.

우리 둘은 1949年 9月 이후 近 70年 동안 함께 지내오면서 만나면 늘 학문과 학계 이야기만 했지 世俗的인 世上 이야기를 나누어 본 일이 없었다. 이제 학문 이야기를 나눌 벗이 나에게는 없어져서 마음이 허전하기 한이 없는 몸이 되고 말았다.

오늘날 長壽時代에 李兄이 우리보다 먼저 끝내 永逝하고 만 것은 실로 우리나라 및 세계 학계의 큰 損失이라고 아니할 수가 없다.

아무리 冥福을 빌어도 한번 간 벗이 되돌아오지 않을 걸 어찌하나.

2020년 3월 2일

삼가 명복을 빌며 姜 信 沆

歸石 李基文 敎授의 서거를 애도하며

金 完 鎭

저술은 키높이여
滿堂俊材 뒤따르고
定州여 五山이여
一石 心岳 一蓑 學脈을
늠름히 걷던 뒷모습
눈앞에 삼삼 하여라

'어이 어이 어이 어이.'

一石 李熙昇 선생께서 一蓑 方鍾鉉 선생을 추모하는 글의 서두를 그렇게 시작하셨던 것을 기억한다. 이제는 거의 사라져 간 풍습이지만 선비들이 문상할 때 뜰에서부터 곡을 하며 상청에 오르던 일을 기억한다. 경인년에 화를 입은 친구 아버지 문상 때만 해도 제법 어른스럽게 中門에서부터 곡을 하며 마루에 올랐던 일이 떠오른다.

지난 2월 19일 오전 학술원 사무국으로부터 의외의 전화를 받았다. '李基文 會員 別世'. 뜻하지 않은 소식에 충격을 받았다. 이윽고 서울대학교 인문대학 국문과와 一石 학술재단으로부터의 文字 메시지가 들어 왔고 점심 무렵에는 TV 뉴스의 하단에 부음이 실렸다.

마침 나는 大田에 내려와 있고 쉽게 움직일 수 없는 형편이어서 人便에 조객록에 이름 올리는 것과 약간의 부의를 대신 전하는 일을 부탁할 수밖에 없었다. 그러면서 소리는 내지 않았지만 혼자서 이렇게 곡을 하였다. '어이 어이 어이 어이.'

7년 전 井畔 金烈圭 兄의 조사를 쓰면서 '다음은 네 차례야' 하고 다짐했던 일을 떠올리며 이거는 아닌데 하고 되뇌었다. 金烈圭 兄 때만 해도 나는 문상 갈 수 있는 형편이 아니었다. 두 번째 부상에서 일어난 지 얼마 안 되는 때라 집안 아이들이 알았으면 질색하고 말렸을 일, 나는 몰래 서울대학교 병원 영안실로 달려갔었다. 물론 절도 할 수 없었고 향불도 혼자서는 꽂을 수 없는 형편이었다. 그렇게라도 一生의 동반자의 마지막 길을 전송하지 않을 수 없었다.

心岳이 언필칭 대학원패라 불렀던 일곱 사람이 있었다. 그중에 막내격인 安秉禧 군이 가장 먼저 세상을 떴다. 벌써 10년 하고도 여러 해 전의 일이다. 눈물겹도록 처절한 투병 생활이 곁의 사람들의 가슴을 뭉클하게 했었다. 둘째가 金烈圭, 입학 동기지만 1932년생. 나보다 한해 아래. 그 다음이 내 차례. 아래로부터 치켜올라가는 추세에 가장 허약하고 두 번의 큰 수술.

그런데 건너뛰어 李基文 兄. 병상의 아우를 찾아 위로하면서도 당신의 운동 경력을 담담히 얘기하던 모습이 어제 같은데, 비록 작금년 모임에 빠지기도 하고 앉고 일어서는 모습이 불편해 보이는 일이 더러 있기는 하였지만, 이런 소식을 접하리라고는 정말 천만뜻밖의 일이었다.

마침 책상 위의 책장에 꽂힌 얇은 책자 하나를 뽑아 본다. 李基文 교수의 정년에 즈음하여 내가 썼던 賀序가 눈에 새롭다. 24년의 세월이 다시 흐른 것을 새삼 느낀다.

아직 젊어 보이는 '近影'이 눈부시고, 120까지 살자고 하던 姜信沆 교수의 축사에서의 낭랑한 음성이 귓전에 선명히 남아 있는데, 아차 그것은 환갑 때의 일이었던가.

두 페이지에 걸쳐 약력을 적고 저작 목록이 뒤따랐으며, 기고한 내외 학자들의 논문 제목들이 펼쳐진다. 일목하여 당사자의 학문의 넓이와 깊이, 그리고 내외에 걸친 교유의 폭을 한눈에 볼 수 있는 一大壯觀이 아닐 수 없다.

1930년 10월 23일, 평안북도 定州 五山의 명문가의 셋째 아들로 태어나 五山中學校에 다니다가 47년 남으로 내려와 서울의 中央中學校(6년제)를 49년에 졸업하였다. 天性이 과묵하여 듣기만 하고 여간해서는 자기 얘기를 하지 않는 성격이었지만, 일제 말 근로 동원에 끌려가 비행장 건설의 노역에 시달렸던 일, 그리고 그 어느 날 가지고 있던 기타로 아리랑을 연주했다가 적발되어 곤욕을 치렀던 일을 몇 번인가 되풀이하여 들려주었던 것을 기억한다. 아마도 일생 중의 매우 큰 충격의 하나였던 것 같다.

나도 마침 시골에서 뒤늦게 올라와 같은 中央學校에 적을 두었었는데(李 교수보다는 일 년 아래) 유감스럽게도 재학 중에 그분과 交分을 가지지는 못하였다. 오히려 대학에 입학한 후에 나와 같은 길을, 그것도 일 년 전에 선택한 선배가 있었다는 것에 약간의 경악감을 느꼈던 것이 사실이다.

앞에서도 잠시 언급한 바 있지만 그분은 詩와 함께 음악을 사랑했는데, 그 깊이를 헤아릴 수는 없었지만, 언젠가 Bach의 무반주곡에 대한 각별한 관심을 엿들었던 일이 있다. 한두 번 나도 들었던 것 같기도 하지만, 음치인 나한테는 각별한 인상이 남아 있지 않지만 李 教授의 영혼이 地上을 떠나 昇天할 때 Bach의 선율을 타고 갔을 것을 상상한다. 아마도 지금쯤은 자유롭게 날아가 그리던 고향 집 과수원에서 그윽한 紅玉의 향기에 흐뭇하게 웃고 있다고 상상하며 나도 같이 미소를 띄운다.

언젠가는 뒤에 오는 사람이 그 자리를 메우고 때로는 앞지르기도 하는 것이 인간 세상의 이치이기는 하지만, 당장은 큰 사람의 떠난 자리가 너무 허전하게 느껴지는 것이 사실입니다.

끝으로 同學 선배이신 金貞鎬 여사님과 아드님 따님께 심심한 조의와 위로의 말씀을 드려야 하겠습니다. 하늘에 계신 先生님의 加護 아래 더욱 더욱 번창하는 文翰家가 되시리라 믿습니다. '아멘' 하고 내려다보며 웃으시기를.

東崇洞 미라보 다리
자취 찾기 힘들고요
우리들의 연구실 터
스타벅스 뽐내누나
어즈버 얼굴들만 떠올라
형제자매 같더니

이 한 세기의 큰 별을 잃은 哀辭

—李基文 學兄 영전에 冥福을 빕니다—

李承旭

어느 누가 庚子년 2월하고 19일, 壬辰의 운세가 덮친 날 午生의 日辰이 "외롭고 허무함을 느끼는 하루"라 했던가! 한낱 속설로 그칠 빈말의 한마디, 졸지에 하도 어둡고 허망한 悲報에 진작부터 귀가 멀어 잃은 소리가 失語로 번져 無念이 되고 만 마당에 生死路가 헷갈려 이웃을 가늠할 힘도 없고 공허한 조바심에 밀려 几筵을 더듬더듬 갔습니다.

떨리는 손을 모아 선향에 불을 댕겨 올리고 상주를 만나니 울먹이는 가슴이 치밀어, 참아 쓰리고 아픈 말씀을 더는 묻지 않겠다면서 애상한 말씀을 차마 삼켰습니다.

꿈에도 상상조차 못한 오늘 이 자리의 影幀 속의 학형은 얼마 전 이웃하던 그 무렵의 그 모습이 아니셨습니다. 신비롭고 성스러운 차림으로 변신한 심상의 容儀는 天稟이고 온몸으로 지축을 누르는 잔잔한 미소는 사람 사는 본연의 표상으로 백 년이 하루 같다고 큰 가르침을 내리시니, 정신이 아득하고 혼백이 산란하여 이슥고, 눈을 떠 중천금의 배움을 허리에 감고 갔던 길 더듬어 잊지 않고 왔답니다.

그러고 보니, 학형을 알게 된 인연의 나이테도 어지간하여, 1952년 부산 동대신동 판자촌 피난대학시절, 이름이나마 불러 첫 대면이 있게 된 것도 아니었으니, 생소한 길목 굽실하는 눈인사로 낯익어 갔으며, 서울 본 대학에서도 이미 학번 위계의 층층이 벌어지고 수강하는 방도 같지 않은 틈이 한참이다 보니 학부를 나오고도 친선할 기회는커녕 어깨너머 배움이 고작이었다 싶었지요. 하지만, 서울 살림 중반에 걸치면서 선후배의 교류도 한결 잦고 붙임성도 돈독해지면서 어정쩡한 오솔길에서 벗어나 많은 여유의 짬을 좋이 즐기는 자유의 진미를 만끽하는 것도 이 무렵이었던 듯합니다.

궤짝에 수북이 되는대로 널려 있는 그리움의 다발뭉치 하나, 그토록 오래 묵은 옛일도 아니지만, 어느 날 우리네 몇이서 학형의 청을 받은 일이 있어 우금토록 잔잔한 여운이 불현듯이 흘러넘쳐 기나긴 그리움 되어 살며시 되살아납니다.

인사동 화랑골목 소문처럼 별나게 호사스럽게 차린 분위기는 아니지만 중후하면서 공간처리도 안정감을 품어내어 호감을 끄는 화랑이었다고 기억됩니다.

화랑의 인상은 그렇다 치고, 對象의 그림은 따로 한눈에 돋보이는 시각에 꽉 차 들어오는 큼직한 액자였습니다.

難聽인 나에게는 해설이 쓸모없는 허사이지만 한눈에, 直觀만으로도 예사그림 같지 않은 感應에 매료되는 신호가 전해 오면서 일견에 직감되는 純爛한 심성의 형체가 斯界의 닳아빠진 홍정보다는 있는 그대로를 보고 평판하는 진솔한 실체를 찾는 것도 평가의 描直한 저울대일 수 있다는 생각에서 보고 또 감상하였습니다.

문외한의 옹색한 안목으로 어찌 동서의 그림을 논하겠는가마는 단지 얼마간의 이야기를 듣는 것만으로 그 무게와 깊이를 어찌 알며 무한 오묘한 마음의 형세를 비쳐 작가의 외침에 닫힌 귀가 열리겠습니까?

학형님! 무단히 내 나름의 이탈을 무릅쓰고, 덧거리 몇 마디를 더해 봅니다.

처음부터 내 시야를 바삐 하는 심상은 따님 '인경 씨'의 능란한 성품과 공교한 才質이며 절묘한 儀容은 눈 안에 아련하더이다.

한줄 한점 그려갈 제, 수미가 상응하고 명주 안료 덮어 메기는 그 솜씨가 예사롭지 않아 아늑한 그리움으로 회생을 거듭하네요.

이르자면, 인물의 正體性과 따님의 예술주제가 겹쳐 놓일 수 있고, 그때 여기서는 같은 對稱軸을 볼 수 있는 경우가 드물지 않다는 것입니다. 이참에 더듬어 본 추론도 이런 논지를 도출하려 한 데 지나지 않습니다. 바꾸어 말하면 화랑에서 만난 따님의 양화는 다름 아닌 아버님의 전부를 한 폭의 특선한 화판에 압축한 것으로 읽히는 완숙한 형상이라는 뜻입니다.

그런 점에서 그때 미처 가늠할 一遇의 호기를 놓치고 말았지요. 그래서 아까운 後悔가 막급하답니다. 그때 옹졸한 망설임을 걷어치우고 내 친김에 번쩍 들고 왔어야 할 것인데요.

당시의 소심함은 이번 几筵에 뫼신 영정을 뵙는 순간 지난 때의 그림이 상기되는 진면목이 그대로 스치는 듯싶어 그립고 애석하여 쫓기듯 물러나 왔습니다.

학형은 수필 "애면글면 외곬으로"의 서두에서 '나의 길은 미리 정해져 있었다. 나는 그 길을 걸어왔다. 나이 들수록 이런 생각이 강해진다.

특히 학문의 길에서 그러했다고 느껴진다.'고 하여 마치 어떤 선언문의 머리글을 대하는 인상이 힘주어 압도해 오는 기백을 느꼈습니다.

학형의 학문에 대한 평소의 신념이나, 열정으로 미루어 어떠한 구실을 달아 탓할 누구도 있을 자리가 아닐 성싶지만, 역설적으로 바꾸어 보면 큰일을 도모하고 밀고 갈 동기에 박력을 더하는 선명한 자신감을 드러내서 다짐하는 자리를 굳히는 길이라면 반겨 수긍할 쾌거로 읽혀져 용기를 얻습니다.

이렇듯이, 우리말에 대한 관심과 열정은 유·소년 시절, 한 폭의 오롯한 聖畫를 연상케 하는 평북 五山의 고향집 서재에서 한글을 깨치면서부터 동화나 동요를 비롯하여, 2, 30년대의 시와 소설을 읽고 그때마다 호기심을 끄는 단어를 자료로 수집하고 정리하는 일을 해 봤고, 한편 서재에 들어찬 일본책으로는 서양문학 작품의 번역본과 사상, 종교에 관한 책들인데 이들 속에 매몰되어 심취되기도 했으며, 광복 후는 가끔 이 책들을 어루만지며 깊은 감회에 잠기곤 했던 추억과 그리움을 더듬어 당시의 공부하던 주변의 냄새가 물씬 드러나기도 하여 내가 겪은 당시의 정황과 빗대어 보기조차 난감하며, 이질감같이 버러지는 틈새를 느끼게 합니다.

대학선택은 대부분의 경우 방황하고 고민하는 것이 누구라도 한번은 겪는 상례인데 학형도 어떠한 갈등을 거친 듯하며, 그것을 극복한 뒤로는, '이것은 다른 무엇과도 바꿀 수 없는' 것이라 한 李熙昇, 李崇寧, 方鍾鉉 세 분 선생님의 가르침이라 환호하였고, 당시로 보아 국어학의 사명감은 물론 그 주류가 국어의 역사적 연구라는 지표에 대해서도 학형께서는 한없이 매력을 느껴 곧바로 이 속으로 빠져들었다고 굳은 의욕을 내비치고 있습니다. 나아가고 있는 길에 추호도 한눈을 팔고 있는 기색을 볼 수가 없어, 이 또한 자기모순에 허덕거린 나 자신의 부끄러움을 자성케 합니다.

언어학을 기본원리로 하는 국어학의 發芽는 부산 전시연합대학 무렵에 움이 트고 싹을 보게 되었습니다. 역대의 문헌자료와 발굴이 활기를 띠고 성과를 거둔 방언자료를 통하여 국어의 산 역사를 밝히고, 그 토대에서 비교연구를 심화하여 국어의 系統을 밝혀야 한다는 당위의 발상은 이 무렵 斯界의 주류가 되어 있었고, 때마침 람스테트(G. J. Ramstedt) 교수의 저서들이 들어온 것이 학형께는 큰 자극으로 작용되어 시의가 맞았던 것으로 보입니다.

이러한 학계의 동태는 몇몇 연구자에 걸린 일에 그칠 일이 아니며 나라 전반의 學風振作에 힘이 되는 바, 그 무렵에 학형이 거둔 학문적 공로는 더없이 값진 업적으로 기록될 영광에 틀림없다고 확신합니다.

정도에 오른 국어학의 劃期的인 구상은 斯界의 일부에 한한 이벤트格인 속성의 일이 아니라, 이 구상을 실현하기 위해서는 유럽에서 발달한 歷史比較言語學의 이론과 방법을 익혀야 하고, 나아가서는 알타이諸語(토이기, 몽고, 퉁구스)를 훑어야 하는 데까지 이어지는 언어학의 일반속성 특이성을 알게 되고, 國語史가 일괄할 영역의 문제와 함께 당시의 우리 학계의 상황을 감안하면, 이것은 허황한 꿈과 같은 생각이 들었다는 所懷를 들어낸 한 장면입니다.

학형께서는 입에 올리기조차 비범한 악조건 아래서 숙식을 하며 사과상자 몇 개를 포개 놓은 책상에서 졸업논문 '15세기 국어의 語頭子音群'을 썼지만, 震檀學報에 실릴 평판을 받았다는 것도 결코 자랑삼아 한 말이라고는 할 수 없고, 사는 조건과 공부는 정비례로 이루어지는 것이 아니라는 신조를 옮긴 대목입니다. 학형의 향학과 의지, 끝내는 精進에 이르는 바른길을 팔을 들어 가리킨 데 지나지 않습니다.

이어 서울 본교로 돌아오면서도 어수선한 주변이 정리가 되면서 알타이어학으로 연구 분야를 넓혀 가는 탐색에 진력하면서 「八歲兒 연구」라는 특수강의를 하게 된 데는 진기록의 화제가 되기도 했습니다. 석사논문의 일부가 우랄알타이學報(Ural-Altaische Jahrbücher)에 오르는 기회도 있어 알타이어학을 본격적으로 섭렵할 구상에 정진할 길이 활짝 열리고, 앞에서 가늠한 일들이 뜻한 대로 적합해 가는 여세를 몰아 당초의 구상이 한 단락을 넘어 상승기류를 맞아 바른 軌道에 오른 것은 입구의 선택부터 옳았던 것이고 "외곬으로"의 일관한 단심이 일궈 낸 옥토에 비유할 필연으로 읽힙니다.

공부에 대한 학형의 열망은 봄바람에 노출된 불꽃의 위세였고, "애면글면"을 맞받아 이겨내는 숨은 힘은 "외곬"이란 "愚公移山"의 우직한 은근과 끈기가 아니었던가요? 참으로 범인으로는 가까이할 수 없는 위력이며 천심에 순응하는 포용의 아량이라 羨望해 그지없습니다.

그런 가운데서도, 의연히 열망은 뜻밖에 일찍 달성되었다고 느긋이 앉아 움줄대는 기색도 없으니, 앞에서 따님의 그림 속의 아버님을 그린 심성을 읽었듯이 그 한 단면을 보는 성싶습니다.

1960년 가을, 하버드燕京學社(Harvard-Yenching Institute)의 방문학자로 초청된 기회에 클리브스(P.W. Cleaves)교수와 프리착(O. Pritsak)으로부터 몽고어와 토이기어학을 배우게 된 것인데, 이분들과는 몇 해 전부터 편지나 책을 교환하며 교류를 해 오던 참인데, 직접 대면으로 국어학과 알타이어학을 서로 강의했는데 원어민과의 직접교류는 실제의 산 정보의 왕래일 테니, 책이나 편지 따위의 결함을 메우기 어려운 점을 메운다는 것이 난제로 남는데, 이 난제의 극복은 연구자의 필수요건인 이 결함을 주리는 지름길임을 감안하면 큰 소득이고 그간의 장애를 걷어치우는 소득이 컸을 것으로 믿습니다.

국어학의 계통론에 접근하는 데 알타이어학의 諸般知識이 기본적으로 관여하는 필수조건으로 登載되어야 하는 원칙은 이들이 모두 통시적인 동족관계의 역사성을 가진 어족의 속성을 공유한다는 전제는 진작부터 거론되어 왔지요. 이르자면, 계통이 같은 언어는 그 발원이 어느 시기까지 소급하느냐는 추정으로 차치하고, 그 모두는 동일어원의 集合群일 것입니다. 따라서 한국어가 이에 속한다면, 거기에는 알타이어족의 인자가 어떤 언어적 관계로든 유전적 개성을 어느 면으로든 잠재한다는 가설은 정당성을 가지고 있다는 정답이겠지요.

학형! 새삼새삼, 쌓이는 그리움이 밀물 되어 덮쳐 옵니다.

어제보다 오늘, 오늘보다 내일의 밀물, 어디 가 무엇 하다 시도때도 없이 오던 길, 가던 길

백년을 하루같이 한 치도 밀고 썰 없이 귀거래 쉬다 가는 외줄기 길, 꿈에라도 돌아올, 돌아올 꿈!

나라 안팎을 제 마당 삼아 국어학과 알타이어학의 최고봉을 이룬 분들, 학형께서 가장 존경하고 흠모한 분들을 스승으로 모시고 열망하던 한 때를 미처 풀지 못해 머뭇거리던 일들을 서로 해낼 수 있었던 것은

더 바랄 것이 없는 행복이었다고 돌이켜 보곤 하였습니다. 그중에서도 특기할 사실은 1961년에 뉴욕으로 가서 세계적인 몽고어학자, 알타이어학자이던 포페(N. Poppe) 교수를 만난 일이라고 자부의 快哉를 부르짖으며, 우리를 흥분케 하고, 용기를 배양시키곤 하였습니다.

알타이어학의 한 里程標가 된 교수의 「알타이諸語 比較文法」의 첫째 권이 간행되고, 그 뒤엔 바로 이은 강론을 들었고, 1965년엔 포페교수가 있는 워싱턴대학의 초빙부교수로 가게 되었을 당시의 기쁨은 말로 다하지 못할 지경이었다는 소회를 생생히 그려내고 있습니다.

그럴 때마다 한 번도 그 자리를 같이하여 기쁨을 함께하지 못한 것이 송구스럽습니다.

학형의 국어연구의 원리는 알타이어학의 형성이나, 발달의 바탕 위에서 여러 가지 변천의 과정을 헤치고 각 系列의 여러 장애나 간섭에 대처하는 기제나 방법의 선택 등 구조근간을 해치지 않는 보수본능 아래서 나름의 생존방식대로의 자기 길을 지탱하는 다툼을 잃지 않고 자존심으로 대항해 왔다는 것은 앞서 이른 바 있습니다.

하지만 살아남은 각 시대의 실행의 것이 그때그때의 주류임은 이론의 여지가 없겠지요.

앞에서 알타이어학과의 문제는 운을 떼어봤으나, 역시 핵심은 국어학이고 학형의 주제도 거기에 이른다는 것으로 보입니다.

학형께서는 61년에 「國語史 槪說」을 간행했습니다.

서두에서, 으레 겸양투의 말이기도 하지만, '아무리 강권에 못 이긴 것이라 해도 갓 서른에 이런 개설책을 쓰다니 만용밖에 인정받을 것이 없었다'라는 한편으로는 이 책을 쓰면서 '고민하는 것이 한두 가지가 아니었지만, 그중에서 시대구분 문제를 들 수 있다'고 진솔히 말하고 있습니다.

결국은 古代, 中世, 近代의 三分法을 택했지만, 영어, 불어를 비롯하여 토이기어, 몽고어의 경우도 널리 일반화되고는 있으나, 대부분이 크건작건 여러 문제가 있기는 하다면서. 국어사개설에서도 문제의 초점은 중세에 있었다고 한발 물러서기도 했습니다. 학형께서는 그 시기를 10세기에서 16세기로 잡았는데, 여러 논의의 여지가 없지 않았지만, 차츰 일반화되어 정착하는 데로 귀결됐다는 것입니다. 그 과정에서 몇 번의 개정을 거치면서 이제는 우리 학문도 그만큼의 넓이와 깊이가 더 해진 데는 역시 '애면 글면의 앞만 보기'의 보람이라고 귀결될 일입니다.

요 며칠 학형을 잃은 슬픔과 그리움의 와중에서 참아 벗어날 생각은 아예 할 수가 없었습니다. 그렇게 되면 眞이 虛가 되어 제 설 자리를 잃게 되고 자기부정의 혼란에 휘말리게 할 것이기 때문이지요. 참아 哀切하고 통한한 끝자락의 심성에 머물며, 그 허탈을 풀어내야 할 당위성에 기대야 함이 옳은 길임을 어렴풋이나마 알만해집니다. 아니면 자기파멸의 함몰을 自招만이 갈 길일성 싶습니다. 왜냐면 한시바삐 '애면 글면 앞만 보는' 학형의 '외줄기 길'에 마음을 모아야겠기 때문입니다.

남은 시간 초심과 열망에 분발하여 열정으로 정진해 온 길을 다시 일깨우는 모험에 도전하라는 당부가 가는 님이 남기는 말씀인가 합니다.

嗚呼! 학형이시여!

허구하게 크고 벅찬 일들에 잡혀 타고난 온 정성을 쏟아붓다 보니 정년 되고, 지난 일을 정리하다보면 손 갈 데도 많은데, 그 빈자리를 메우는 일 따위에 밀리면 힘이 부치기도 한다고 근래의 심정을 피력한 데도 있다나 봐요. 학형도 이젠 차츰 갑자기 서글플 때도 있으며 늙음이 무엇인가고 자문하는 일도 있고, '이제 나도 어쩔 수 없는가 생각하니 눈시울이 뜨거워진다며 허전해하는 틈새를 내비치기도 했답니다. 참으로 잡티 하나 없이 해맑은 심성의 표출이 아니겠습니까? 한 걸음 더 나아가, 학문에 뜻을 둔 사람이 흔히 죽기 전에 무엇을 해놓아야겠다는 욕심을 품고 지내는 것이 그리 드문 일은 아니겠으나 예사로 입에 올릴 일도 아닐 텐데, 학형은 그럴 욕심은 없다고 단언하면서 젊어서부터 내 마음을 사로잡아 온 일들을 힘닿는 날까지 하면 그만이라는 생각이라고 태연자약하며, 오직 지금도 아리송하기만 한 국어의 계통에 관한 연구를 아주 마무를 수 있고, 지난 10년간 붙들고 씨름해 온 국어어원사전을 어떤 모양새로라도 간행할 수 있다면 더 바랄 것이 없다는 마지막을 다지는 말처럼 울려왔습니다.

오호 哀哉라!

학형의 처음 말씀과 끝 말씀이 다르지 않습니다. 오직 하나일 뿐, 같습니다. 나아가 그에 상응하는 품행 또한 일치하니 더 보탤 여지라곤 어디에도 없습니다.

하지만 요 몇 해 사이 순명하는 감상의 내음이 물신 나는 본색의 순정은 또한 학형의 인간다움이 아니겠습니까. 가을이 깊었을 무렵, 오랫동안의 외국생활에서 눌릴 대로 눌린 긴장과 과로 탓인지 은연중에 난데없는 향수가 해일되어 덮쳐 오는 이변의 함정에 빠져드는 느낌에 당

혹한 때도 있었다며, 옛 고향은 타의에 강제되어 체념한 지 오래고, 雜沓과 騷音의 서울은 그나마 사람과 자연이 아울러 살기는 정서가 없어 '푹 묻히고 싶은'을 어루만질 대상으로 마땅치 않아, 그간에 다녀 본 자연, 무디고 무딘 季節의 촉각이 살아난 고장이면 제격에 맞을 安居處가 될 성싶다며 못내 아쉽다는 심정을 내비치더군요.

평생을 하루 같이, 무겁고 힘에 겨워 벅차던 짐일랑 이제 가볍게 훌훌 벗어 챙기고 봄날 양지쪽에 몸을 풀고 아지랑이 춤사위에 장단 맞춰 보십시오. 한발 먼저 간 학형의 그런 흥을 보고 싶습니다. 이담 하늘 가는 길에서 만나면 남은 이야기 들려주시기 소원하며, 길이길이 영생할 명복을 이승의 법으로 비옵나이다.

李基文 선생님을 추억하며

南 豊 鉉

선생님의 건강이 나빠지셨다는 소식을 들은 지 얼마 되지 않았는데 訃音을 듣게 되니 무거운 마음을 가누기가 힘들다. 恩師이신 선생님이 별세하심을 듣고 조문까지 다녀오면서도 무거운 마음을 감당하기 어렵다. 여기 선생님에 대한 추억들을 떠올려 봄으로써 선생님을 추모하는 마음을 다스려 보고자 한다.

내가 선생님을 처음 뵌 것은 1956년 서울대학교 국문과에서 강원도와 동해안 일원을 답사할 때였다. 일행이 인제군 백담사로 가던 길에 보기 드문 미남 한 분이 산 언덕길을 오르는 것을 보고 그 준수한 모습에 내심 감탄하여 마지않았던 기억이 난다. 그 무렵 이숭녕(李崇寧) 선생님이 강의 시간에 우리의 졸업생이 국제학술지에 논문을 싣는다고 자랑을 하셨는데 그 주인공이 이기문 선생님이라는 것은 나중에 알게 되었다.

그 무렵 한국어가 알타이 어족에 속한다는 설은 언어학과의 김방한 선생님도 강의를 통하여 말씀하셨는데 이기문 선생님이 '국어계통론 강의'를 하면서 여러 예증을 들어 그 내용을 분명하게 밝혀 주었다. 이 강의를 수강하면서 몽골어와 퉁구스어에 대한 선생님의 해박한 지식을 도저히 따라갈 수 없을 것 같은 느낌을 받았었다. 선생님의 외국어 실력이 뛰어나서 이 방면의 원서들에 능통하고 있었는데, 당시의 우리로서는 따라가기 힘든 경지에 이르러 있었던 것으로 생각된다.

1970년대에 10여 인이 모여 '문법연구회'를 만들어 미국의 변형생성문법의 새 이론들을 공부하였었다. 이 모임이 중심이 되어 한국언어학회를 결성하게 되었는데 한 친구가 그 초대회장을 맡겠다고 하여 회원들이 의아해하였다. 이에 남기심 교수와 내가 이기문 선생님을 모시자고 주장하여 이 의견이 통하게 되었다. 선생님은 이를 수용하여 학회의 훌륭한 기반을 다져 주시었다. 또 학회의 임원들을 집으로까지 초대하여 저녁식사를 대접하여 주셨다. 선생님의 따님인 이인경 화백은 한지(韓紙)에 물을 들여 그림을 그리는 독특한 화법을 개발하였는데 집사람(송저영)이 그림에 취미가 있어 그 그림을 구입하였었다. 이를 고맙게 생각하신 사모님이 우리 내외를 저녁식사에 초대하였는데 이로써 선생님의 저녁식사 대접을 두 번이나 받는 영광을 누리었다.

나의 석사과정의 지도교수는 이숭녕 선생님이어서 박사과정에서도 지도를 받고자 하였으나 당시 선생님이 대학원장의 보직을 맡아서 논문지도를 할 수 없다고 하시었다. 이에 이기문 선생님을 찾아가 지도를 받게 되었다. 나의 학위논문은 『향약구급방(鄕藥救急方)』의 향명(鄕名)을 연구한 것이었다. 이 자료는 이기문 선생님이 처음 학계에 소개하고 연구한 것이었다. 선생님은 이 향명의 해독을 통하여 국어음운사를 밝히고자 한 것이었고 나는 차자표기법의 원리를 찾고자 한 것이었으므로 연구의 방향은 사뭇 다른 것이었다. 당시 내 논문에 대한 심사위원들의 평가가 좋았는데 선생님도 이 논문을 높게 평가하여 주시었다.

1970년대 후반에 한국언어학회와 미국언어학회가 합동으로 하와이

대학에서 한 달간 언어학 세미나를 개최하였었다. 이때 나는 처음으로 해외 나들이를 한다는 즐거움으로 여기에 참여하였었다. 이때 선생님은 미국에서 연구생활을 마치고 돌아오는 길에 이 세미나에서 한국어사 강의를 맡았었다. 나는 학부 때에 이 강의를 들었으나 여기서 영어로 하는 선생님의 강의를 인상 깊게 들었다. 주말에는 관광 투어를 하며 이 지역의 풍물을 즐겼는데 선생님은 삼계탕을 끓여 놓고 나를 불러 함께 즐기었다. 이때 처음으로 선생님과 한 조가 되어 테니스를 친 일이 있었다. 나는 처음으로 라켓을 잡는 초보자로 전위를 보았는데 선생님은 후위를 맡으시어 뛰어난 기술로 공을 다루어 상대팀을 압도하였다. 이와 같이 선생님은 스포츠에도 능하였는데 야구에서는 제일 어려운 3루수를 맡았었다고 하였다.

선생님의 저서 『국어사개설』은 명저로 후학들을 가르치는 교과서로 널리 쓰였다. 이 책이 英譯되어 세계적인 한국어교재가 되었다. 선생님은 뛰어난 두뇌와 지식으로 한국언어학의 위상을 높였고 학자로서의 품위와 스승으로서의 모범을 보인 분으로 후세에까지 길이 잊혀지지 않을 것이다.

선생님 부디 冥福을 누리옵소서!

큰 나무 큰 그림자

李翊燮

선생님이 문리대에 처음으로 출강하신 때가 우리 56학번이 2학년 때였다. 그러니까 우리가 문리대에서 선생님의 강의를 들은 첫 학번이다. 강의 제목은 <國語系統論>이었다.

지금도 보관하고 있는 그 노트를 보면, 영어, 프랑스어, 독일어, 러시아어, 일본어로 쓰인 온갖 저술들 이름이, 러시아조차 그 나라 문자로 나열되어 있는가 하면, Ko, Ma, Mo, Turk의 약호를 단, 한국어(古語), 만주어, 몽고어, 터키어 등의 낯선 실례들로 가득한데 그때 이것들을 어떻게 소화해냈는지 모르겠다. 한자어는 모조리 한자로 써서 노트는 온통 한자투성이인데 이런 대목도 있다. "이 무렵 이미 蒙古語學과 Altai語學에서 曠古의 斡戈를 發揮했던 G. J. Ramstedt가 그의 慧眼을 國語에 던졌던 事實은 國語의 系統論的 歸屬과 位置의 決定을 爲해서는 드물게 보는 幸運이 아닐 수 없었다." '曠古의 斡戈?' 생전 처음 보는 듯 낯설어 이번에 사전을 찾아보니, '曠古'는 '曠古하다'의 語根으로 나올 뿐 명사로는 올라 있지 않고, '斡戈'는 아예 없어 '干戈' 또는 '戟戈'를 잘못 받아쓴 게 아닌가 싶은데('간과' '극과'로 읽히는 두 가지 모두 전쟁에 쓰는 兵器를 통칭하는 말인데 후자는 국어사전에는 없다), 어떻든 그러고서야 겨우 '이때껏 유례가 없는 재능' 정도로 그 뜻이 풀리는 이런 것도 그때는 어렵게 생각되지 않았던지 그저 강의에 빠져들기만 하였다. 그리고 얼마나 열심히 하였던지, 그 기말고사 때, 문학 전공자를 위해 배려한 것이었는지 대강 공부하고도 쓸 수 있는 문제 하나와 알타이어의 구체적인 語例까지 들며 써야 하는 문제 중 擇一하라는 것에서 후자를 골라서는, 노트를 펴 놓고 쓰라고 해도 이 이상 잘 쓸 수는 없으리라는 자신감에 넘쳐 나로서는 너무나 완벽하게 써냈던 답안지 생각이 지금껏 잊히지 않는다.

이 강의는 나에게는 新世界였다. 처음부터 국어학을 전공하겠다고 제2지망도 언어학과를 하였으면서도 그때껏 국어학에 열정이 생기지 않던 나에게 이 강의는 전혀 새로운 세상을, 끝없이 넓은 地平을 열어 보여 주었던 것이다. 특히 강의 노트를 불러 주는 사이사이, 보충 설명을 하시는 말씀들이 그러했다. 그것은 단순히 강의 내용의 보충이기보다 우리가 앞으로 개척해 가야 할 국어학 분야 전반에 걸친 이야기와 학문하는 자세 등에 관한 것이었는데, 아직 방향을 잡지 못하고 있던 우리들에게 그것은 얼마나 큰 광채였던가. 그중에서도 나는 우리 옛 문헌의 표기법에 대한 연구의 필요성을 강조하셨던 것에 이상하게 마음이 끌려, 학사학위논문에 이어 석사학위논문을 十五世紀 國語表記法으로 썼고, 그 뒤 관심이 다른 쪽으로 많이 번졌지만 表記法에 대한 관심은 늘 불씨로 남아 나중 『國語表記法研究』란 작은 결실도 얻은 바 있다.

돌이켜보면 내 國語學徒로서의 行步는 그 어느 것 하나 선생님의 그늘 속에 있지 않은 것이 없다. 작게는 원서와 얽혀서도 그렇다. Otto Jespersen의 *The Philosophy of Grammar* 강독을 언어학과 김선기 교수한테서 듣는데, 교재를 구할 길이 없어 고생하다가 선생님이 마침 가지고 계시다고 해 홍릉 자택에 가 빌려 보았는가 하면, 한참 나중 일이지만 당시는 외국에 송금하는 길이 없어 미국에 계시는 선생님께 영국 Oxford에 있는 Blackwell's로 몇 백 불 송금해 주실 것을 부탁하고 그것으로 그때그때 필요한 원서를 구입하기도 하였다. 언젠가는 귀국하시면서 *The Linguistic Atlas of England* 그 무거운 책을 사다 주기도 하셨다.

著述 쪽은 더 말할 나위가 없다. 내 저술 중엔 아예 선생님 명령(?)으로 쓴 것이 많다. 민중서관에서 선생님의 『國語史槪說』을 냈던 분이 민중서관이 문을 닫자 동아출판사 산하에 대학교재 전문 출판사로 學研社를 만들면서 선생님께 국어학 분야를 의뢰하였는데 그때 선생님은 음운론 쪽을 몇 분과 함께 공저로 내시면서 나에게 문법론을 쓰라고 해, 임홍빈 교수와 공저로 낸 것이 『國語文法論』이고, 『國語學槪說』은 애초 선생님이 맡으셨던 것인데 쓸 틈이 없다고 떠맡겨 쓴 것이다. 또 대우학술재단에서 우리나라 미개척 분야의 것으로 대학원 교재 총서를 출간할 기획을 하면서 국어학 쪽의 일을 선생님이 맡으시면서 나에게 맡긴 것이 『方言學』이다. 단행본은 아니지만 『韓國 語文의 諸問題』에 <한국어 표준어의 諸問題>라는 전혀 낯선 분야의 글을, 생판 새로 공부하여 쓴 것도 선생님 지시에 의해서였다. 선생님이 국어연구소 소장으로 계시면서 발간한 『표준어 규정 해설』 중 <표준어 사정 원칙> 쪽을 집필했던 것도, 1988년 한글 맞춤법 등을 전면적으로 개정할 때 이 일을 맡아 했던 연장이기도 하였으나 역시 선생님의 지시로 했던 일이다.

멀리 거슬러 올라가면 <국어 複合名詞의 IC 分析>은 내가 학술지에 발표한 첫 논문인데, 편지로 이 논문에 대한 이야기를 들으시고 주제가 좁고 확실해서 좋다고 하셔 기운이 솟았던 기억도 있다. 정년퇴임 기념

강연회 때 나중 『국어 부사절의 성립』으로 출간한 것을 주제로 발표하면서, 이때도 알타이어학에서 쓰는 converb의 개념에 대해 여쭈었더니 관심을 가지시고 그 발표에 꼭 오시겠다고 하시다가 다른 일로 못 오시고는 계속 미안해하시던 일도 두고두고 고마운 기억으로 남는다. 최근에는, 이것이 선생님께 들은 마지막 자문인데, 지금 준비 중인 강릉방언사전에 '자료'라는 말을 넣어 <강릉방언자료사전>이라고 하고 싶다는 의사를 비쳤더니 선뜻 좋겠다고 동의를 해 주셨다.

별것을 다 선생님께 기댄 셈인데, 선생님은 무엇을 적극적으로, 똑 떨어지게 말씀을 해 주시는 편은 아니지만, 짧은 한마디도 늘 큰 힘이 되었다. 국립국어연구원의 원장을 맡아 달라는 제안이 왔을 때도 선생님께 상의하였다. 공부하는 사람이 그런 外道를 어떻게 생각하실지 걱정이 되어서였을 것이다. 그런데 의외로 선뜻 가라고 하시면서 다만 너무 열심히 일하려고 하진 말라고 당부하셨다. 우스운 일로는, 전북대학교에 있을 때 심악 선생님 사모님한테서 학자 집안의 좋은 규수가 있으니 한번 들르라고 편지를 받고는 어떻게 해야 좋을지 잘 몰라 우선 선생님 연구실에 들러 상의를 한 일도 있다. 그냥 웃기만 하시면서 가 보라고 해 사모님을 뵙고 보니 얼마나 겸연쩍던지.

앨범을 들춰 보면 바닷가 모래 위에 둘이 수영복 차림으로 마주 엎드려 입술을 둥글게 내밀고 무엇을 열중해서 부는 사진이 있다. 동그랗게 마른 해초 열매를 불어 상대방 골대 안으로 넣는 시합을 하는 것인데, 둘 다 꽤나 젊어 보이는 흑백사진이다. 선생님은 몇 해 계속 여름방학 때 가족과 함께, 한번은 그 학자 집안의 규수까지 데리고 강릉으로 오셔, 해수욕장 가까운 농가에 민박을 하거나 솔밭 속의 송파여관에 묵으시며 피서를 하셨는데 그때 사진일 것이다. 테니스 코트에서 함께 찍은 사진도, 전국교수테니스대회에서 인문대가 단체 우승을 하고 찍은 것을 비롯하여 여러 장면 있다. 선생님과 함께 한 일 중 테니스만큼 많이 한 것도 없을 것이다. 시합에 한 팀으로, 또 복식의 파트너로도 많이 나갔지만 특히 단식을 많이 하였다. 교양과정부에 있으면서 문리대에 출강하는 요일엔 미리 시간을 맞추어 강의가 끝나면 으레 단식을 쳤고, 어떨 땐 묵동에 있는 우리 집에 오셔 공대 코트에 가 영하의 날씨에 단식을 치기도 하였다. 그리고 1974년부터 반포아파트에 교수 아파트가 생기면서 매주 수요일 주로 인문대 교수들로 구성된 수요회 모임에서 몇 십 년을 줄곧 함께 쳤다.

그러고 보면 그 수요일 냉면 먹으러도 자주 어울렸다. 선생님은 유난히 식도락을 즐기셨는데 그중에서도 냉면을 즐기셔 고향 분들이 많이 모이는 을지면옥으로도 몇 번 따라간 적이 있지만, 반포에서 테니스를 함께 치는 분들 중에 마침 냉면을 좋아하는 분들이 있어, 안상진, 이경식, 나, 선생님 넷이 냉면부터 먹고 코트에 가곤 하였고, 또 유난히 면류를 좋아하던 성백인 선생과 셋이서도 그 수요일에 맞추어 거의 주기적으로 냉면집으로 다닌 적도 있다.

사진 중엔 내 환갑기념논문집 봉정식에 오시느라 함지박 언덕길을 어느 때보다 밝은 웃음을 만면에 띠고 올라오시는 모습도 있다. 선생님은 그 重厚함 속에서도 의외로 情이 깊고 多感하시었다. 언젠가 모차르트 혼 협주곡을 듣고 눈물을 흘리셨다던 이야기가 떠오르곤 한다. 선생님의 수필집 『歸鄕』에서도 그런 면모가 짙게 드러난다. 연구차 외국 대학에 가실 때마다 가방에 빠뜨리지 않고 챙겨 가시는 책 두 권 중 하나는 한용운의 『님의 沈默』이었고 외로운 때는 언제나 그 시집을 폈다는 얘기며, "내 젊은 날의 詩心도 그 화로의 재 밑에 고이 묻어 있어지이다. 이 밤에 나는 이렇게 간구하며 잠을 이루지 못한다"는 얘기 등. 언젠가는 나를 똑 피천득 같다고 하신 적도 있으시다. 형제가 없는 나에게 선생님은 스승 이상으로 큰형이기도 하였던 듯하다.

참으로 건강하시던 분이 언제부터인가 조금씩 기운을 잃어 가셨다. 특히 테니스 코트에서 그 진행이 눈에 띄게 나타났다. 수요회에선 80세 생신 때 기념품을 사 드리고 회식도 하는 행사가 있어, 선생님이 두 번째로 그 주인공이 되실 때만 하여도 그야말로 노익장의 모습이셨는데, 어느 때부터 운전대를 놓으시고 택시로 오시기 시작하시더니, 어느 때부터는 한 세트 정도만 치시다가, 다음에는 오셔서 구경만 하셨다. 그래도 한동안은 라켓 가방은 들고 오시더니 나중엔 빈손으로 오셨다. 걸음걸이도 점점 느려져 회식이라도 하고 코트로 가는 날은 우리들 보고 앞서가라고 하시더니, 종내는 집 밖 출입을 전혀 안 하신다는 소식이 들려왔다.

언젠가 아들에게 들으니 종일 글 한 줄 안 읽으신다고 하였다. 또 어느 자리에서 딸한테 얼핏 병원에 가 계신다는 얘기를 들었다. 그때마다 숨이 막히고 가슴이 무너져 내렸다. 그래도 그때까지도 지금처럼 이렇지는 않았다. 이렇게 텅 비는 마음은 아니었다. 병석에서도 얼마나 오래들 잘 견디는가. 오래 자리를 지켜 주실 줄 알았다. 전혀 마음의 준비가 안 되어 있었는데 홀연히 떠나신 이 빈자리. 이 텅 비는 세상. 문리대 뜰에서 갑자기 마로니에 그 巨樹가 버혀지고 없으면 이럴까. 아, 이 허허로움이여! 그 드높던 나무여, 그 큰 그늘이여!

李基文 선생과의 因緣

高 永 根

내가 이기문 선생을 알게 된 것은 1956년 봄이었던 것 같다. 우리가 처음 문리과 대학에 입학하였을 때는 교양학부가 생겨 지금은 자취도 없이 사라져 버린 옛 법과 대학 구내(현재의 한국방송통신대학교)의 목조 건물에서 강의가 시작되었다. 국문과는 중문과, 종교학과와 함께 한 반을 이루어 교양 과목을 수강하였다. 물론 전공 과목은 문리과 대학 붉은 벽돌 건물에서 실시되었다. 그때 우리가 들은 전공 과목은 이희승 선생의 <국어학 개론>과 이숭녕 선생의 <국어학특강>이었다. 이숭녕 선생은 강의가 시작되자마자 수강자들의 전공 조사를 하면서 당시 신진학자로 명성을 떨치고 있었던 국어학자로 김민수, 남광우, 이기문 선생 등의 신진 기예의 젊은 국어학도를 들었으며 특히 이기문 선생에 대하여는 당신이 지도하신다고 하면서 상당히 긍정적으로 평가하셨다는 기억이 새롭게 떠오른다. 이기문 선생은 당시 학부 졸업 논문이 벌써 <진단학보>에 실리고 석사 논문은 영어로 작성하여 서독에서 발간되던 『우랄알타이 학보』(Ural-Altaische Jahrbücher)에 실리는 등 국제적으로 이름을 떨치기 시작하였다.

나는 1학년 때부터 이기문 선생과 접촉이 잦았다. 합동연구실에서 공부를 하다가 모르는 한자가 나온다든가 어려운 문제에 부닥쳤을 때는,

연구에 매진하고 계시던 선생께 질문을 하면 싫어하지 않고 잘 가르쳐 주셨다. 지금 기억나는 것은 당시 출판되어 많은 독자를 확보하고 있었던 도자(A. Dauzat)의 <언어 철학>(『언어학원론』으로 개제됨)의 구입에 관련된 에피소드였다. 나는 이기문 선생께 부탁하여 이 책을 싸게 구입할 수 없겠느냐고 문의한 즉, 당시 민중서관에 근무하고 계셨던, 돌아가신 성기열 선생(전 인하대학 교수)에게 소개장을 써 주시면서 민중서관의 위치를 가르쳐 주셨다. 당시 민중서관은 중앙청 왼쪽 효자동으로 가는 길에 자리잡고 있었다. 나는 성기열 선생을 만나 이기문 선생의 소개장을 보이면서 책을 염가로 구입하던 일이 주마등처럼 스쳐간다. 나는 이 책을 여름 방학을 이용하여 독파하였다. 솔직히 말하여 대학에 들어와서 "언어학"이 어떤 학문인가를 알았으며 더욱이 도자의 위의 책을 읽고 국어학을 하겠다는 마음을 굳혔으니 이기문 선생의 영향이 적었다고 할 수 없다.

이기문 선생과 가까워진 것은 2학년 때 <국어계통론>이라는 강좌를 들으면서부터였다. 당시 문리과대학 강좌는 학년별 구별이 엄격하지 않아 아무 강의고 들을 수 있었다. 우리 56학번 가운데서 국어학을 하겠다고 선언한 사람은 심재기, 이익섭, 그리고 나였는데 2학년 중에서는 심재기 교수와 내가 이기문 선생의 강의를 들었던 것으로 기억한다. 그것도 항상 맨 앞줄에 앉아서 열심히 받아적었던 기억이 난다. 나는 당시 언어학과에 개설된 김방한 선생의 벤칭(J. Benzing)의 <알타이어학 입문>(Einführung in die altaischen Sprawissenschaft, 1953)이라는 독일어 원서 강독도 들어 특히 비교 언어학에 관한 지식과 정보를 많이 접할 수 있었다. 이 선생은 강의 내용을 분명하게 두 번씩이나 불러 주어

받아쓰기가 매우 쉬웠었다. 그리고 특수 용어가 나올 때에는 칠판에 판서를 해 가면서 강의를 진행하였기 때문에 우리 같은 애숭이들도 어렵지 않게 내용을 이해할 수 있었다. 무엇보다도 문장이 매우 논리적이었던 것이 기억에 남아 있다. 선생은 나를 만나면 서부 연구실의 지하 다방으로 데려가 커피도 사 주시면서 좋은 말씀을 많이 해 주셨다. 나는 국문과의 이기문 교수와 언어학과의 김방한 선생의 강의를 통하여 국어사 방면으로 전공을 굳혀 수개월 만에 이숭녕 선생의 논문을 비롯하여 국어학에 관한 논문을 거의 다 섭렵하였고 『계림유사』나 『조선관역어』와 같은 자료에서 국어사 자료를 찾는 모험도 감행하였다. 당시는 지금처럼 정보의 양이 얼마 되지 않은 때여서 마음만 먹으면 관련 논문을 단기간에 얼마든지 섭렵할 수 있었다.

나는 2학년을 마치면서 영장이 나와 군에 입대하였다. 우리보다 1년 먼저 입학한 선배들은 학보병(학적보유자)을 받아 전방에 배치되어 1년 6개월 동안 죽을 고생을 하였다는 말을 들었다. 우리 학번은 선배들의 그런 고충담을 듣고 고등학교 졸업생이라 속이고 3년 기한의 일반병으로 입대를 하였다. 나는 그때 후방인 대구의 육군 교재창에 배치되었다. 하루는 대학 재학 중에 입대한 사람이라도 대학 재학 증명서를 갖추어 내면 복무 기간을 1년 6개월로 단축시켜 준다는 공문이 왔다고 하여 수속을 밟았다. 그렇게 하였더니 정말 1959년 9월에 "귀휴"라는 명목으로 제대를 하여 이내 복교할 수 있었다. 그러나 이 제도는 얼마 후 없어졌다. 여러 가지 설이 있지만 여기서는 생략한다. 나는 군무를 보는 틈틈이 이기문 선생의 국어계통론 노트를 다시 정리하기도 하였다. 당시의 교수들은 대부분 일제 강점기에 교육을 받은 탓인지 문장답지 않은 강의 내용이 많았다. 한자음도 이를테면 '囹圄'를 '영오'라 읽는다든지 '獲得'을 '확득'이라 읽는 등 국어 한자음에 대한 이해가 충분치 못하였으며 문법에 어그러지는 문장을 구사하는 일이 비일비재(非一非再)하였다. 그러는 가운데서도 이기문 선생은 문장이 매우 논리적어서 모든 수강생들의 사표가 되기에 부족함이 없었다.

내가 복교를 했을 때에는 이기문 선생은 이미 고려대학교 국문학과에 전임으로 부임하시어 문리과대학에는 일주일 한번 정도 나오셔서 강의를 하신 것으로 기억한다. 복학을 하고 보니 그사이 학계의 분위기가 완전히 바뀌어 있었다. 1957년까지만 해도 독일과 프랑스에서 특히 역사 언어학 서적이 많이 들어왔는데 복교를 하고 보니 미국에서 기술언어학 서적이 들어와서 학풍이 미국 일변도로 바뀌어 가고 있었다. 당시 이 선생은 대학원생인 이상일 형(재미), 이익섭 형(4년, 서울대 명예교수), 고 김충회 형(3년, 인하대 교수), 전광현 형(3년, 단국대 명예교수), 김형범 형(재미) 등과 함께 <일사문고>라는 팻말이 붙어 있는 이희승 선생의 연구실에서 Trager&Bloch의 *An Outline of Linguistic Analysis* (1942)를 읽고 계셨다. 나는 복학생으로서 후배들과 함께 독회 그룹의 말석에 앉아 독회에 참여하였다. 당시는 복사기가 도입되기 훨씬 전이고 원본도 구해 보기 어려운 시절이어서 그냥 눈동냥으로 후배들이 해석하는 것을 구경만 할 따름이었다. 타자기도 학장실이나 외국 어문학과에만 있을 뿐이었고 국문학과 사무실에서는 구경도 할 수 없었다. 마침 당시 이희승 선생이 문리과 대학 학장으로 계셨기 때문에 비서에게 부탁하여 먹지를 대고 몇 페이지 타자를 쳐서 나누어 보던 시절이었다. 어쨌든 나는 이런 어려움 속에서도 영어로 된 책을 읽기 시작하였다.

그리하여 나도 우리말의 역사보다는 현대어의 문법 구조에 관심을 갖게 되었다.

석사 논문을 작성할 때에는 문제점이 발견되면 그때마다 상의를 드렸다. 선생은 통시적 문제에 관심이 있었고 나는 주로 현대어의 형태소 분석과 그 기능 문제에 관심을 가짐으로써 평행선을 달리는 일도 있었다. 그러나 공시와 통시를 뛰어넘어 범시론적 관점을 취하면 다시 접점을 찾아 새로운 길을 열 수도 있다.

국어학에 입문하면서 선생의 경해(謦咳)에 접한 지 벌써 64년의 세월이 흘렀다. 비록 선생의 학문을 직접적으로는 이어받지 못했지만 내가 오늘 이 정도로 학문적으로 성숙한 이면에는 선생의 가르침과 보살핌이 큰 밑거름이 되었다는 것을 시인하지 않을 수 없다. 국어에 대한 역사적 안목을 키워 주시고 동시에 문장을 정확하게 쓸 수 있도록 음양으로 계도해 주신 선생의 명복을 빌면서 한 편의 글을 영전에 올리는 바이다.

2020. 3. 11. 밤

輓追 李基文 先生님

沈 在 箕

今日召春雨水節　오늘은 봄 부른 雨水節인데
早朝携電鳴文字　이른 아침 전화에 文字 울려서
開讀得知逝恩師　열어 보니 恩師님 돌아간 消息
當代斯界大學者　이 시대에 이름난 學者이셨네
不拜積阻數載餘　소식없이 지낸 지 여러해인데
雨水轉變憂愁耶　雨水날이 바뀌어 憂愁날 됐네
奔走服喪到殯所　분주히 상복 입고 殯所 찾으니
影幀內顔含笑爺　영정 안의 얼굴은 웃음 띈 어른

2020年 2月 19日 雨水
門下生 沈在箕 拜禮

李基文 선생님 추모사

전 광 현

하늘에 계신 이기문 선생님을 생각하면서 감히 추모의 말씀을 올립니다.

평소 선생님께 연락도 드리고, 편찮으셨을 때는 찾아뵈었어야 했는데 그렇게 하지 못하고 이제 추모의 글을 쓰는 것이 무슨 의미가 있을까 죄송한 마음만, 회한의 마음만 가득할 뿐입니다. 그러나 지난 세월 선생님과의 인연을 더듬어 선생님의 은혜를 회상하면서 그 고마움의 마음을 올리는 것이 도리라고 생각하여 몇 자 올립니다.

선생님을 처음 뵈온 것은 학부 3학년 때 <국어음운론> 강의 시간이 아니었나 생각됩니다. 명강의의 수강은 물론 범문사를 드나들기 시작한 것도 선생님의 영향이었습니다. 람스테드, 야콥슨, 트루베츠코이와 브룸필드만 알고 지내던 시절에 해리스, 하켓트, 파이크, 촘스키 울만 등 미국의 유명한 언어학자들을 소개받을 수 있기도 했습니다. 포페가 그렇게 유명한 학자인 줄 그때 알았습니다.

제가 대학원 석사논문 「17세기국어의 연구」를 쓰게 된 것도 선생님의 명논문, 「16세기국어의 연구」와 명저 『국어사개설』의 영향이 컸습니다. 근대국어에 관심을 갖게 되고 현대방언과의 연계를 생각케 된 것도 다 선생님의 직·간접적인 영향 때문이었습니다. 농대에 강의 나가던 시절 1969년 초 어느 날 저를 부르시더니 자네 전북대학에 가려나 하시는 것이었습니다. 그 즉시 가겠다고 했습니다. 당시에는 대학에 가기가 매우 어려울 때였습니다. 그야말로 큰 은혜를 받았습니다. 그러나 공부는 하지 않고 전주의 풍류를 즐겼습니다. 선생님의 기대를 망각한 생활이었습니다. 큰 죄를 지은 셈입니다. 언어학회 회장이실 때 편집이사를 맡아 다시 자주 뵙는 기회가 있었습니다. 그리고 시청 앞 프라자 호텔에서 이교웅 선생님과 함께 일석학술재단 설립을 의논하던 일도 생각이 납니다.

선생님의 건강관리는 운동, 특히 테니스였습니다. 관악 교정 테니스장에서, 다 아는 바와 같이 정년 후에는 반포테니스장에서 일주일에 한 번 운동을 하셨습니다. 80대 초반이셨을 땐가 "요새도 운동하세요?" 하고 여쭈어보니 "그럼(고럼) 그런데 단식은 못해." 하시면서 얼굴에 잔잔히 퍼지던 미소는 지금도 생생하게 떠오릅니다. 선생님과의 60여 년 인연의 한 자락으로 살아온 지금 무슨 말씀을 더 드릴 수 있겠습니까. 선생님의 높고 깊은 학문의 세계는 선대인이신 애국지사 이찬갑 선생님의 민족 애국정신을 계승하셨고, 이제 후학들이 선생님의 학문을 더욱 계승 발전시킬 것이니 안심하셔도 됩니다.

부모님이 기다려 주시지 않듯이 선생님도 기다려 주지 않으셨으니 반성과 후회만 있을 뿐입니다. 선생님, 이기문 선생님 이제 저 하늘나라 좋은 곳에서 평안하게 지내시기 두 손 모아 비옵니다.

제자 전광현 삼가 올림
2020년 3월 12일

李基文 先生님이 계셔서 幸福했습니다

宋 敏

1963년 8월, 가을 졸업을 앞둔 어느 날이었습니다. 李基文 선생님께서 잠깐 보자며 밖으로 불러내셨습니다. 東崇洞 캠퍼스 中央圖書館 앞에는 양버즘나무 거목들이 시원한 그늘을 자랑하고 있었습니다. 나무 그늘 밑에서 멈추신 先生님은 조용히 말문을 여셨습니다. "研究室에 助敎로 남았으면 하는데 本人의 생각은 어떤지?"

전혀 예상치 못한 말씀에 저는 한동안 말문이 막혔습니다. 1961년 3월, 軍에 入隊하여 18개월의 服務를 마친 후 1962년 9월 復學한 저는 그제야 선생님께서 그해 4월 專任敎授로 부임하신 것을 알았습니다. 이듬해인 1963년 5월, 助敎授로 승진하신 선생님은 主任敎授를 겸하시면서 助敎 선임이라는 책임을 떠맡으셨던 모양입니다. 그런데 저에게는 학부를 졸업하면 故鄕으로 돌아가 母校의 敎師로 자리를 잡는 것이 유일한 꿈이었습니다. 어렵게 자취생활을 계속해 가면서 그날을 기다리던 저에게 선생님의 말씀은 너무 뜻밖이었습니다.

助敎로 남는다면 大學院에 진학하여 공부를 계속해야 하는데 저한테는 그럴 자신이 없었습니다. 우선 經濟的으로 불가능한 일이었습니다. 家庭敎師로 학부 4년을 마치기도 힘겨웠는데 또다시 그 생활이 연장된다면 난감한 일이 아닐 수 없었습니다. 그러나 한편으로는 고맙고도 자랑스러운 일이었습니다. 세상에 그 누가 저와 같은 시골뜨기의 앞날을 배려해 주었겠습니까? 사실은 지금까지도 선생님께서 제 어떤 면을 보셨기에 공부를 계속하라고 권하셨는지 짐작이 가지 않습니다.

어찌 되었건 저는 그렇게 1963년 10월 연구실에 조교로 자리를 잡았고 이듬해 3월에는 대학원에 진학하였습니다. 저는 그렇게 李基文 선생님을 만나게 되면서 외람되나마 학문의 길로 들어섰고, 그 인연이 평생으로 이어졌습니다. 이처럼 저는 선생님의 恩德과 가르침으로 平生을 幸福하게 지낼 수 있었습니다.

다만 저는 선생님을 가까운 거리에서 모실 기회가 거의 없었습니다. 그렇지만 저는 제 나름으로 많은 시간을 선생님과 함께할 수 있었습니다. 선생님의 주옥같은 著書와 論文의 도움으로 앞길을 열 수 있었기 때문입니다. 그 실례를 하나만 든다면 선생님의 저서 『國語史概說』이 있습니다. 初版은 1961년, 再版은 1962년, 三版은 1967년에 각기 발행되었습니다. 나아가 1972년에는 改訂版이, 1998년에는 新訂版이 새로 나왔습니다. 저는 1967년 한 大學의 專任으로 자리를 잡으면서 '國語史' 강의에 이 책을 敎材로 택했는데 그것이 제3판이었습니다. 그렇게 시작된 이 책과의 인연은 제가 停年으로 대학을 떠나기 1년 전인 2002학년도까지 계속되었습니다. 햇수로는 꼬박 35년이지만 그중 5년은 제가 日本에 체류하거나 公職으로 대학을 벗어나 있는 바람에 강의를 쉬었기 때문에 실제로는 30년인 셈입니다.

이처럼 선생님의 『國語史概說』은 국어사 강의에 관한 한 제 燈臺나 다름이 없었습니다. 그 때문에 지금도 제 書架에는 이 책의 初版, 再版, 三版을 비롯하여 改訂版과 新訂版이 모두 나란히 간직되어 있습니다.

그만큼 저는 선생님과 오랫동안 간접적으로나마 가까이 지냈고 아직도 가까이 모신 가운데 지내고 있는 셈입니다.

그런데도 저는 이 자리에서 선생님께 容恕를 구하고 싶은 죄를 세 번이나 저질렀습니다. 첫째는 1980년대 초반, 日本에서 열린 國際學術大會에 참가하지 못한 일입니다. '日本語의 系統'을 주제로 내건 學術大會였습니다. 주관자였던 무라야마 시치로(村山七郎) 교수의 부탁을 받은 李基文 선생님은 發表者로 저를 추천해 주셨습니다. 그러나 論文을 준비하던 중 제 健康에 예기치 못한 문제가 생겨 참가를 포기할 수밖에 없었습니다. 저를 추천해주신 선생님께 어쩔 수 없이 누를 끼친 셈입니다.

둘째는 선생님의 『停年退任紀念論叢』에 論文 한편을 바치지 못한 일입니다. 공교롭게도 그때는 제가 公職에 몸을 담고 있었던 처지라서 틈을 내지 못했습니다. 물론 이 변명은 통하지 않을 핑계일 수밖에 없습니다. 1996년 4월 20일, 서울대학교 教授會館에서 열린 紀念論叢 奉呈式에는 당시의 金鍾云 한국학술진흥재단 이사장, 鮮于仲皓 서울대 총장, 姜信沆 성균관대 명예교수, 金完鎭 서울대 대학원장, 尹弘老 단국대 총장, 姜斗植 군산대 총장, 車柱環 학술원 부회장, 李鍾奭 동아일보 고문, 成百仁 서울대 인문대학장, 南基心 연세대 인문대학장 등 수많은 碩學들이 참석했습니다. 그 자리에서 저는 얼굴을 들 수 없을 만큼 부끄럽고 죄송한 심정이었습니다.

셋째는 日本에서 출판된 제 拙著 『韓國語와 日本語의 사이』(1999)를 국내판으로 출판하라는 선생님의 제의를 받았는데도 아직까지 실천에 옮기지 못한 일입니다. 선생님께서 직접 전화까지 걸어 주셨기 때문에 더욱 죄송스럽고 부끄럽습니다. 그렇지만 이제는 선생님께서 그동안의 제 잘못에 대하여 용서해 주시리라 믿을 수밖에 없습니다.

잠시 2천 5백여 년 전 中國의 春秋時代로 거슬러 올라갑니다. 子貢은 스승인 孔子를 태양이나 하늘에 비유하였습니다. 魯國의 大夫였던 叔孫武叔이 孔子를 헐뜯자 子貢이 말했습니다. "다른 사람이 훌륭하다는 것은 언덕과 같은 것이어서 오히려 가히 넘을 수도 있으나 선생님은 해나 달과 같아서 아무도 넘을 수 없습니다." 陳子禽이라는 인물이 子貢에게 "그대는 謙遜합니다. 仲尼가 어찌 그대보다 훌륭합니까?"라고 하자 子貢이 또 말했습니다. "선생님께는 따라 붙을 수 없습니다. 마치 하늘이 사다리를 걸쳐도 오르지 못하는 것과 같습니다. 어찌 저 같은 사람이 따라잡을 수 있겠습니까?"

스승에 대한 子貢의 분명한 信念은 李基文 선생님에 대한 제 眞心과 똑같습니다. 그 때문에 선생님과 오랫동안 시간을 함께하면서 제가 누렸던 幸福感은 이 세상에서 제 생명이 다하는 날까지 변하지 않고 지속될 것입니다.

끝으로 이 자리를 통하여 선생님의 冥福을 다시 한번 빕니다. 頓首再哭.

선생님, 죄송합니다

홍 윤 표

저는 저 스스로에게 화를 내는 일이 종종 있습니다. 그중 가장 크게 화가 날 때는 과거의 잘못했던 일이나 어리석었던 행동을 회상해 낼 때입니다. 뿐만 아니라 지금도 그 잘못을 되풀이하고 있다는 생각이 들 때에는 그 화를 삭이는 데 많은 노력을 하여야만 합니다. 그런데 이번에도 후회해야 할 잘못을 또 저질렀습니다. 이기문 선생님께 해 드려야 할 일을 제때 해 드리지 못한 것입니다.

제가 오늘날까지 대과 없이 살아올 수 있었던 것은 주위 여러분들의 도움이 있었기 때문입니다. 부모 형제 친척 그리고 처자식을 빼고 주위에서 저를 도와주신 분들은 의외로 많습니다. 특히 학문의 길을 걸으면서 저에게 인간적으로나 학문적으로 도움을 주신 은사 선생님과 선후배 여러분들과 제자들이 많습니다. 그러나 고마워하는 생각은 언제나 마음뿐이고 실제로 그분들에게 보답한 적이 거의 없다는 것을 깨달을 때에는 한없는 부끄러움을 느낍니다. 보답해야 할 분이 돌아가셨을 때에는 심한 자책감에 휩싸입니다.

이기문 선생님은 저에게 많은 도움을 주신 선생님이십니다. 이기문 선생님은 매우 엄격할 뿐만 아니라 다른 사람에게 애정을 잘 보이지 않는 분으로 알려져 있었지만, 저에게는 전혀 그렇지 않았습니다. 이기문 선생님 연구실 바로 옆의 연구실이 심악 이숭녕 선생님 연구실이어서 심악 선생님 연구실에 있었던 저는 이기문 선생님을 자주 뵙는 편이었습니다. 그래서 그런지 선생님은 저에게는 매우 자상하셨습니다. 많은 분들이 이기문 선생님께 꾸중을 들었다고 하는데, 저는 선생님께 한 번도 꾸중을 듣거나 지적을 당한 적이 없습니다. 한 번은 저를 부르시더니 선생님 연구실에 와서 공부하는 것이 어떻겠느냐고 물으셨습니다. 그때에는 심악 선생님이 외국에 가 계실 때여서 심악 선생님께 직접 배우는 기회가 없던 것을 염려하신 것 같았습니다. 심악 선생님 연구실을 비울 수가 없어서 그렇게 하지는 못했지만, 이기문 선생님의 저에 대한 관심을 고맙게 생각하고 지금도 잊지 않고 있습니다.

석사논문을 쓸 때였습니다. 제 석사학위 논문제목이 '15세기 국어의 격 연구'였는데, 이기문 선생님이 미국에 다녀오셔서 석사학위 논문에 도움이 될 것이라고 하시면서 저에게 내미신 책이 있었습니다. 그 당시에 세계적인 관심을 끌었던 Fillmore의 "Ths Case for Case"였습니다. 학위논문을 마지막으로 손질하던 때라서 참고하지 못하고 이기문 선생님께 죄송하다는 말씀만 드린 일이 엊그제 일 같습니다.

대학 다닐 때 저는 학생의 과대표 역할을 해 왔는데, 미국에 가 계시던 이기문 선생님이 과대표인 저에게 그곳의 소식을 전해 주시기도 했습니다. 제가 이기문 선생님께 편지를 드리면 선생님은 꼭 답장을 주셨습니다. 학문에만 집착하셔서 편지 내용에는 감정 표시가 전혀 없을 것이라는 저의 선입관은 완전히 빗나갔습니다. 아직도 제가 보관하고 있는 그 편지의 끝 부분은 이렇게 맺고 있었습니다.

歲暮가 가까워 와서 나는 鄕愁에 젖어 있소. 서울이 얼마나 좋은 곳인가를 이렇게 떨어져 보지 않고는 모르는가 보오. 어디서나 最善을 다하는 것밖에 또 무슨 다른 길이 있겠소? 그럼 더욱 精進하기 바라며 새해에는 君에게 榮光이 있기를 멀리서 비오.

12월 7일 李基文

이기문 선생님은 두 번이나 저희 집에 들르신 적이 있습니다. 제가 대학원 졸업 후 2년간 중고등학교 교사로 있을 때였습니다. 그때 생각지도 않았던 장티푸스에 걸려 치료를 하고 있을 때였는데 사모님과 함께 저희 집에 들르셔서 위로를 해 주셨습니다. 또 한 번은 제가 전북대학교 전임강사로 발령받아 전주로 이사 가서 살 때였습니다. 사모님과 함께 오셨는데, 두 분께서 우연히 들르신 것은 아닌 것 같았습니다. 왜냐 하면 그때 전북대학교에 재직 중이던 다른 선배 선생님들께 연락하지 말라고 하시면서 들르셨기 때문입니다.

선생님께서 이렇게 두 번씩이나 저희 집을 방문하신 것은 아마도 아드님 때문인 것으로 생각했습니다. 저에게는 한 마디 표현도 하시지 않았지만, '고맙다'는 인사를 하신 것 같이 생각했습니다. 아드님이 다른 과목의 성적은 좋은데, 특히 국어 성적이 좋지 않아 좋은 학교에 갈 수 없다고 하여 제가 회기동 선생님 댁에 가서 그 당시의 인석 군(지금 서울대 수리과학부 교수)에게 국어를 가르친 적이 있습니다. 선생님께서는 그 결과로 인석 군이 좋은 학교에 갔다고 생각하신 것 같았습니다. 선생님께서 그 자그마한 일을 잊지 않으시고 저에게 계속 관심을 가지고 계신 것인지는 알 수 없지만, 선생님은 저에게 지속적으로 관심을 가지고 연락해 오곤 하셨습니다.

저는 원래 박사과정에 입학할 생각을 전혀 하지 않았습니다. 그 당시만 해도 전북대학교 전임교수인 저에게 박사 학위가 꼭 필요한 때는 아니었습니다. 그런데 어느 날 이기문 선생님으로부터 한 편의 등기우편물이 와서, 황급히 열어 보니, 생각지도 않게 박사과정 입학시험 제출 서류가 들어 있었습니다. 가끔 뵈올 때, 이제 박사학위가 없으면 대학에 재직하기 힘든 세상이 올 것이란 말씀은 들었지만, 이렇게 직접 입학시험 서류를 보내 주시리라는 예상은 전혀 하지 못했습니다. 결국 저는 준비 부족으로 서류를 내지 못하고 말았습니다.

이기문 선생님의 박사과정 입학 권유는 제가 단국대학교로 옮겼을 때에도 계속되었습니다. 시험 준비를 못해서 서류를 낼 수 없다고 하니까, 수영을 배우려면 물에 들어가야 배울 수 있다면서 계속 전화를 하셔서 선생님의 말씀을 거역하지 못하고 입학시험 서류를 내었습니다. 예비소집 때에도 제가 응하지 않을까 생각하셨는지 전화까지 하셨습니다. 김완진 선생님까지 그 소식을 들으셨는지, 저를 부르셔서 왜 시험을 보지 않으려고 하느냐고 물으셨습니다. 준비하지 않고 시험 보는 것이 제 양심에 허락하지 않는다고 하니까 그래도 시험에 응하라고 하셔서 시험은 응하였습니다. 준비를 전혀 하지 않은 터라 불합격이 틀림없다고 생각하고 잊고 있었는데, 상당한 시간이 지난 후에 등록 마감 날짜가 다 되었는데 왜 등록을 하지 않느냐는 연락을 받고서야 제가 합격한 줄을 알고 등록하여 박사과정에 들어가게 된 것입니다.

이렇게 저에게 보여 주신 관심에 보답해야 하는 일은 제가 학문에 정진하여 좋은 업적을 쌓는 일이겠지만, 그보다도 직접 보답할 수 있는 길이 없을까를 생각하다가 선생님의 전집을 만들어 드려야겠다는 생각을 하게 되었습니다. 다른 선생님들은 논문들을 모아 책을 내시곤 하셨지만, 이기문 선생님은 그러한 저서들이 거의 없어서 후학들이 선생님의 논문을 한 책에서 읽을 수 없고, 논문집들을 계속 찾아야 하는 어려움이 있었습니다. 선생님의 뛰어난 업적들은 학계에서 그 가치를 모르는 사람은 한 사람도 없겠지만 이 주옥같은 논문들을 후학들에게 널리 알려야겠다는 생각이 더 앞섰습니다.

그래서 선생님의 논저목록을 만들고 논문을 찾아 복사해서 입력을 시작했습니다. 제가 정년퇴임한 후 국제교류재단의 파견교수로 중국 연변대학교에 갔을 때, 그곳의 『중국조선어문』 편집자들에게 부탁해서 입력을 하게 되었습니다. 중국에서도 입력할 수 있는 사람은 많지 않았습니다. 50대 이하 사람들은 한자의 簡字만 알고 繁字를 알지 못하여 결국 50대 이상의 사람들만 한자를 입력할 수 있었기 때문입니다.

제가 잠깐 귀국했을 때, 이기문 선생님을 뵙고 자초지종을 말씀드리고 선생님 전집을 만들고 있다고 하였습니다. 처음에는 선생님께서 깜짝 놀라시면서, 논저목록만 책자로 만들자고 말씀하셨지만, 많이 입력되어 있다고 하니, 그제야 허락을 하셨습니다. 그리고 오히려 '選集'을 만드는 것이 어떻겠느냐고 말씀하셨지만, 저로서는 한 편의 논문이라도 빼고 싶지 않아 '全集'을 고집하여 '전집'으로 결정을 하였습니다.

선생님의 허락을 받고 출판사를 결정하게 되었는데, 고맙게도 태학사 지현구 사장님이 기꺼이 그 출판을 맡겠다고 하고, 또 서울대 이현희 교수님이 교정을 도와주겠다고 하였습니다. 그래서 같이 이기문 선생님을 뵙기도 했습니다. 여러 번 선생님과 만나 논의하는 과정을 거쳐서 선생님께서 직접 전집의 목차까지 정해 주셨습니다. 모두 180여 편의 논문을 6책으로 묶어 목차를 적어 주셨습니다. 그러나 제 추측으로는 양이 많아서 6책으로는 가능할지 모르겠다는 생각이 듭니다.

저는 일석 선생님과 심악 선생님의 전집을 만드는 데 관여를 해 왔기 때문에, 다음 번의 국어학 관련 전집은 이기문 선생님 전집이 될 것이라고 생각해서 그리 어렵게 생각하지 않았습니다.

그런데 갑자기 저희 집안에 우환이 생겼습니다. 그래서 약 6년간을 이기문 선생님 전집을 만드는 일을 중단할 수밖에 없었습니다. 저도 물론 6년간을 정신없이 지냈습니다.

그리고 금년 들어서 집안의 우환이 거의 없어지게 되어 다시 전집 만드는 일을 시작하였습니다. 그리고 거의 완성이 되어 그 파일을 태학사 지현구 사장에게 전달하고 또 출판 관계를 상의하려고 지현구 사장님을 천안의 저희 집으로 오라고 하고 파일을 넘기려는 날 아침에, 선생님의 부음을 들었습니다. 결국 지현구 사장님은 저의 연락을 받고 차를 돌렸고, 저도 급히 서울 삼성병원으로 향했습니다. 세상에 이런 일도 있구나 하는 생각과 함께 제가 받은 충격은 이루 말할 수 없었습니다.

살아 계실 때, 전집을 만들어 보여 드려야겠다고 생각하고 또 그렇게 될 것이라고 생각했었는데, 결국 저의 여러 가지 사정으로 선생님 생전에 전집을 만들어 드리지 못한 자책감과 죄스러움에 어쩔 줄을 몰랐습니다. 또 한 번 제 자신에게 화를 낼 수밖에 없게 되었습니다. 제가 조금만 더 노력을 했으면 선생님 생전에 전집을 만들어 드릴 수 있었는데 하는 생각이 지속적으로 일어나서 괴로웠습니다.

과거의 잘못한 일들을 회상해 내는 일이 저를 가장 화내게 한다고 생각하면서 또 그 일을 되풀이한 저 자신에 대한 회오감이 다시 저를 엄습했습니다. 그러나 그렇게 생각할 때에도 잘못이라고만 마음속으로 되뇌다가 또 일을 그르칠까 보아 서둘러서 파일을 출판사에 넘기고 편집되어 교정지가 나오기를 기다리고 있습니다. 지금 생각나는 것은 선생님께 죄송하다는 생각뿐입니다. 선생님! 죄송합니다.

세월이 많이도 흘렀습니다.

이 병 근(李秉根)

李基文 선생님을 처음 뵌 지 60년이 되었습니다. 세월이 많이도 흘렀습니다. 그리고 빨리도 흘러갔습니다. 첫줄을 쓰면서 선생님이 벌써 그리워집니다. 1961년 1년간의 미국 하버드대 옌칭연구소에서의 연구생활을 마치고 돌아오신 바로 그 2학기에 저의 3학년 '국어음운론' 강의를 담당하셔서 처음 뵙게 되었습니다. 선생님께서는 두세 번째 강의를 끝내시고 절더러 따라오라고 하시더니 연구실에서 두툼한 영어 원서 한 권을 선물이라며 제게 주셨습니다. 당시에 영어원서도 구하기 쉽지 않은 때였습니다. 그 원서는 간행된 지가 몇 달도 안 된 바로 그 해의 책으로 Charles C. Hockett의 *A Course in Modern Linguistics*(1961)였고 그 연구실은 예전에 一蓑 方鍾鉉 선생께서 쓰시던 연구실로 一蓑文庫라 해 방종현 선생님의 생전 장서가 그득했었습니다. 저는 이미 그 왼쪽 연구실인 李崇寧 선생님 연구실에서 선생님이 어려워서 꼼짝 못하고 구석자리를 차지하고 있을 때였습니다. 이기문 선생님이 타교에 계셨기에 미국에 다녀오신 사실조차도 나중에서야 알게 되었습니다. 왜 학부 3학년인 제게까지 책 선물을 주셨는지. 제가 어학에 관심이 있는 것을 어찌 아셨는지, 지금도 저는 모릅니다. 참아 여쭤볼 수가 없이 그냥 속으로 놀라기만 했고 그저 그날 밤부터 그 책을 읽기 시작해 한 달 정

도 걸려 다 읽을 수가 있었습니다. 이 책을 통해서 미국식 언어학의 윤곽을 잡을 수가 있었고 같은 저자의 *A Manuel Of Phonology*(1955)까지 읽어 보라고 주셔서 유럽 언어학에 젖었던 제게 미국의 음운론의 지식과 저자의 한국어의 일부 음운론 해석 등의 지식을 얻게 해 주셨습니다. 일석 李熙昇 선생님에 이어 저희 4학년 1학기 말에 30대 초반의 젊은 교수로 옮겨 오신 이기문 선생님의 이러한 적극적인 베풂 속에서 심악 이숭녕 원로 선생님의 지도를 받으며 지내왔습니다.

1970년 30세란 젊은 나이에 모교 전임교수가 된 그 무렵에 저는 국어학회의 이사와 간사의 이원적 체제에서 이익섭 유목상 두 분 교수와 함께 간사(총무)를 지냈고 연이어 대표이사와 연구이사를 겸하셨던 이기문 선생님 곁에서 총무이사로 여러 해 동안 학회 일을 보게 되었습니다. 그 무렵은 5·16 이후의 새로운 정부의 정치변혁 속에서 대학은 학생들의 민주화 운동으로 계속 어려움을 겪다가 70년대 초 교문을 닫는 마비상태에 들어가기도 해 학회는 정상적인 활동을 못했었습니다. 선생님께서는 학회의 이러한 난관을 극복하기 위한 새로운 방식을 구상하시곤 했습니다. 총무였던 저를 연구실로 자주 불러 학회의 새로운 방향에 대해 여러 의견을 제시하고서 구체적으로 생각해 보라 하시곤 했습니다. 선생님의 학문이 높아서 저는 그 당시 말씀을 제대로 이해하며 구체안을 마련했었는지는 모르겠지만 이렇게 해서 학회의 새로운 큰 틀을 마련해 밀고 나갔습니다. 전통적인 것을 지키면서 새로운 이론을 이해하고 수용할 수 있으면서 나아가 학회를 그에 알맞은 방향으로 이끌어가도록 조정하시는 등 여러 가지를 저로 하여금 터득하게 하셨습니다. 제가 회장을 맡았을 때는 이러한 선생님의 옛날 가르침 속에서 학회를 운영해 보았습니다.

이기문 선생님을 마지막으로 뵌 것은 재작년 5월에 있었던 일석학술재단 이사회 때였습니다. '진아춘'에서였고 지하철 '혜화역'까지 아무 말 없이 따라간 것이 선생님과는 마지막이었습니다. 그 후 한두 달 지나서 선생님께서 편찮으시다는 소식을 듣게 되었습니다. 몇 달이 지났습니다. 용기를 내서 전화를 드리고서 찾아뵙고 싶었습니다. 그러나 전화를 받으시는 사모님께서 완강히 말리시어 뵐 기회를 얻지 못했습니다. 지난 연말쯤 또 전화를 드려 보았습니다. "선생님 좀 어떠세요."하는 문안 인사에 전화를 받으시는 사모님께서 대답하시길 "세월이 많이 흘렀습니다. 자꾸 옛날 생각이 납니다." 그러셨습니다. 그리고 금년 2월 19일 아침, 선생님의 부음을 연락받았습니다. 서울추모공원에서 화장하신 선생님의 유골함 앞에서 마음은 한없이 착잡하기만 했습니다. 이제는 뵙고 싶으면 묘소로 참배를 가야겠습니다. 그 묘소는 오래전 저희 직계조상들이 살던 옛 고향, 바로 경기도 양주시 장흥면의 신세계공원 묘지입니다. 인연은 쉽게 끝나지 않는 듯합니다.

2020년 3월 30일 門下生 李秉根 올림

참 스승이신 이기문 선생님

－하늘나라에 계신 선생님께 드리는 글－

李珖鎬

1961년도 서울대학교 문리과대학 국어국문학과에 입학한 저희 동기들은 모두 25명이었습니다. 제 기억으로는 선생님께서는 고려대학교에 계셨다가 서울대 국문과로 오셨습니다.

틀에 박혔던 고등학교 생활을 벗어난 저희들은 자유분방한(?) 대학생활이 처음에는 매우 낯설었습니다. 소문으로만 들었던 유명한 교수님들을 뵙게 되니 스스로도 좀 높아진 것 같기도 하였습니다. 일석(一石) 이희승 선생님은 군사 정부에 의하여 만 61세에 정년을 맞이하셨고 心岳 이숭녕 선생님께서는 국어학 강의를 하실 때 "錚錚鬪士 이기문 교수가 우리 국문학과에 봉직하게 되었다"고 자랑을 하셨습니다. 심악 선생님께서는 선생님을 군대의 무적 장군으로 비유하셔서 국어학 분야에서는 아무도 대적할 수 없는 첫째가는 학자로 자랑하시었습니다.

심악 선생님의 말씀 때문에 저희 동기생 25명 가운데, 다른 선배에 비하여 많은 국어학 전공자가 생겨난 것이 아닌가 합니다. 전공자 6명 가운데 정재득은 중간에 승려가 되어 전공을 떠나게 되었습니다. 송기중, 김영진, 김문창, 최윤현, 그리고 저 이렇게 5명은 국어학 전공으로 모두 정년을 채웠습니다.

저희들이 이렇게 국어학을 전공하게 된 것은 틀림없이 선생님을 仰慕하였기 때문입니다. "수양산 그늘이 강동 팔십 리를 간다"는 속담과 같이 선생님의 영향이 저희들을 국어학을 전공하도록 만드셨습니다. 선생님께서 1961년 3월 14일자 '머리말'을 쓰셨던 『國語史概說』(단기 4294, 민중서관 초판 발행)은 개정판에 이어 新訂版에 이르기까지 학부에서는 물론 대학원 석, 박사과정에서 필독 도서로서, 대체가 불가능한 명저임은 누구나 알고 있는 사실입니다.

선생님, 제가 1964년 3월에 제 동기생 조희웅(고전문학 전공)과 함께 논산 훈련소에 입대하게 되었는데, 그때 마침 학보병 제도가 없어져 3년을 고스란히 복무하게 되었습니다. 그 뒤 복학해서 학부를 졸업하게 되었는데, 그때는 제도가 바뀌어 일반 대학에서는 교직 과목을 이수할 수 없었습니다. 교사 자격증이 없으니 당연히 교사로 취직할 수 없게 되었습니다.

그런데 선생님께서 인천에 있는 D 고등학교에서 국어 교사를 채용하려는데 자네를 추천했으니 그 고등학교에 1년 선배인 N 선생을 찾아가라는 연락을 하셨습니다. 물론 그 고등학교에 '무조건 취직'이 되었습니다. 교사 자격증이 없는데도 교장 선생님은 '이기문 선생님의 추천'이니 그까짓 자격증이 무슨 소용이냐고 하셨습니다. 그 뒤 서울 사대 중등교원양성소에서 교육을 받고 2급 정교사가 되기는 하였습니다.

D 학교에 근무하는 동안에 서울대 석사 과정에 응시하였는데, 두 번 낙방한 뒤 세 번째 합격이 되었습니다. 물론 제 지도 교수님은 선생님이셨습니다. 석사 논문을 쓴 뒤 대광고등학교에서 3학년을 가르쳤습니다. 1학기를 마쳤는데 선생님께서는 2학기에 수원 농대 교양국어 강의

를 해야 한다는 말씀을 하셨습니다. 그러자면 대광고등학교를 퇴직해야 했습니다. 당시 교장 선생님이 제게 고3을 맡겼는데 2학기에 사직하면 학생들의 대입 시험에 큰 지장이 있으니 한 학기만 마치도록 말씀하셔서 선생님의 말씀을 따르지는 못했습니다.

그 뒤 선생님께서는 전주의 사립 Y대학에 저를 추천해 주셨습니다. 그런데 며칠 뒤 선생님께서 저를 부르시더니 "자네는 고등학교에 재직 중이니 별 어려움이 없지 않은가. P군이 여러 가지로 어려운 것 같은데 이번에는 자네가 P군에게 양보하는 것이 어떻겠는가?"라고 말씀하셨습니다. 저는 "선생님 여부가 있겠습니까? 그렇게 하시지요"라고 말씀드렸습니다. 그런데 며칠이 지나지 않아서 선생님이 "이 사람아, 자네가 그렇게 양보를 해서 이번에 진주에 있는 국립경상대학 국어교육과에 자네를 추천했네, 참으로 잘 되었네. 전주 Y대학보다는 진주의 경상대학이 훨씬 좋지"라고 하셔서 제가 진주에 내려가게 되었습니다.

2년 뒤, 전광현 교수님이 서울 단국대학교로 오시는 바람에 전북대 문과대 국문과로 제가 또 자리를 옮기게 되었습니다. 전북대 국문과에는 최태영 교수, 홍윤표 교수가 재직 중이어서 제가 후배로 여러 가지로 편했습니다.

선생님, 그때는 세상살이가 매우 복잡하고 변화도 아주 심했습니다. 전두환 대통령이 갑자기 대학 입학 정원을 30% 늘리는 바람에 서울의 대학들이 교수가 부족하여 지방에 재직 중인 교수들을 서울로 불러들이기 시작하였습니다. 그 통에 저도 국민대학으로 자리를 옮기게 되었는데, 그 자리는 서울대학으로 옮겨간 임홍빈 교수 뒷자리였습니다.

선생님, 제가 국민대학에 재직 중, 신설된 일본의 간다외어대(神田外

語大)에 정식 교수(초빙이나 방문 교수가 아닌)로 임용되었습니다. 이 일은 선생님과 안병희 선생님의 추천으로 그렇게 된 것이지요. 정식 교수로 2년을 마친 뒤 다시 국민대학으로 복귀하였는데, 그때는 마침 학술원 소속의 '국어 연구원'이 '국립국어연구원'으로 승격되었고 초대 원장으로 안병희 선생님이 봉직하시고 계셨습니다. 안병희 선생님께서 임홍빈, 서정목 교수와 함께 저를 部長 직에 임명하려 하셨으나 국민대 총장의 반대로 그렇게 되지는 못했습니다.

이 일이 빌미가 되어 한국정신문화연구원(현 한국학중앙연구원) 어문 연구실로 자리를 옮기게 되었습니다. 그때 어문연구실에는 제 동기인 송기중 교수가 인문부장으로 있었는데, 저를 추천한 것이었습니다.

연구원에서 2007년에 정년한 뒤 중국 요녕성 大連市에 있는 대련외대 한국어학과에서 3년간 초빙교수로 한국어사(국어사)와 국어 문법을 가르친 뒤 제 고향 여주로 돌아왔습니다.

선생님! 선생님께서 베푸신 은덕이 저를 여기까지 올 수 있도록 하셨습니다.

1968년 3월 초에 선생님께서 여주 제 시골집에 오셔서 하루를 묵으셨습니다. 강원도 못지않은 아주 산골인 제 고향에 오셔서 여러 가지로 불편하셨을 터인데 선생님께서는 마치 고향에 오신 것 같은 느낌을 받으신 것 같았습니다. 1968년 3월 18일자 大學新聞 701호에 '歸鄕'이라는 글을 쓰시고, 그 뒤 여러 가지 쓰신 글을 모아 私家版으로 책(1996년 4월 10일 발행)을 내실 때 그 책 제목을 『歸鄕』으로 하셨을 정도이니 말입니다. 30리를 걸으시고 곤지암이라는 곳에서 시골 밥상으로 점심을 드시고 낮잠을 한 숨 주무셨습니다.

선생님께서는 어느 사석에서 말씀하셨습니다. 한국의 문자 한글(훈민정음)이 이 세상에서 유일하게 음소(음소, phoneme)의 姿質까지를 나타내는 자질 문자 체계(A featural system)이었음을 밝힌 영국 리즈 대학의 샘슨(Geoffrey Sampson) 교수의 논문을 말씀하시면서, 선생님께서도 바로 그 점을 알고 계셨는데도 그것을 밝혀 설명하지 못하신 것을 몹시 안타깝게 생각하셨습니다.

선생님, 제가 국내의 몇몇 대학, 그리고 일본의 간다외대와 중국의 대련외대에서 선생님의 국어사 개설로 국어사를 강의할 때 선생님께서 하신 말씀을 늘 염두에 두고 강의하여 학생들로부터 커다란 호평을 받았습니다. 또 한국의 문자 '한글'의 제자 원리를 설명함으로써 곧바로 아직 한국어를 구사하지 못하나 글자를 읽을 수 있는 사실도 확인해 준 바 있습니다.

선생님, 저는 지금 옛 모습을 찾아보기 어렵게 변한 제 고향에 돌아와 제 고향에 오셨던 선생님을 추모하며 잘 지내고 있습니다. 어느 때가 될지는 모르겠습니다만 저도 선생님을 따라 '하늘나라'에 가게 되면 이승에서 잘 모시지 못한 선생님을 좀 더 잘 모시도록 하겠습니다. 선생님, 매년 보내드리던 아주 작은 가을철 선물은 사모님께 계속 보내드리겠습니다. 선생님, 안녕히 계십시오.

경기도 여주 누옥에서 제자 이광호 배상

不可思議

宋 基 中

대학교 재직 중에 계통론과 음운론 강의를 준비하면서 학부 시절 수강한 이기문 선생님의 강의를 회상한 적이 있었다. 그 시절에 선생님께서는 어떻게 그러한 강의를 준비하셨는지 '불가사의'하게 느껴졌다.

선생님께서 1930년생이시니까 1945년 해방이 될 때 열다섯, 1950년 6·25동란이 발발할 때 스물이셨다. 선생님 연배들은 해방 전 대동아전쟁 중의 飢餓, 해방 후의 정치-사회적 혼란, 6·25동란 중의 비참한 상황을 모두 겪고 또렷하게 기억하는 세대이며, 전쟁으로 인한 희생자의 비율이 가장 높은 세대이다.

흔히 말하기를 해방 후 혼란기와 6·25동란 중에 학교 교육이 정상적으로 이루어질 수 없었다고 한다. 그러나 전선에서는 치열한 전투가 진행되고 지리산 등 후방의 산악지대에서는 공비가 수시로 출몰하여 인명의 살상과 약탈을 자행할 때도 학교 시스템은 間斷 없이 작동하였다. 인류 역사상 유례를 찾아보기 어려운 '불가사의'한 史實이다. 1940년대 초에 출생한 우리 세대는 전쟁 3년 기간에 어머니 따라 피난 다니면서 국민학교를 다녔고, 선생님 세대는 피난지 임시 수도에 임시 개교한 대학에서 강의를 받았다. 그때 초·중·고·대학 졸업생들이 1960년대부터 우리 사회 모든 분야에서 활동하며 '불가사의'한 일들을 해냈다.

나는 1961년 4월에 국문과에 입학했다. 사실은 입학하고서도 '국어학'이 무엇을 하는 학문인지 확실히 알지 못했다. 1학년 1학기에 필수 전공으로 일석 선생님의 <국어학개설>을 수강하면서 국어학이 무엇을 하는 학문이며 어떤 분야가 있는지 비로소 知得하였다. 심악 선생님의 <중세국어연구> 등 강의를 수강하면서 학문에서 "자료조사의 중요성"과 "자료에 의한 귀납적 설명"을 터득하였다.

이기문 선생님께서는 우리가 1학년 때인 1961년부터 실질적으로 서울대학교 전임이 되신 듯하다. 그때 선생님께서는 만 30을 갓 지난 소장이셨지만, 이미 구미(歐美) 학자들의 일반언어학 논저와 비교언어학 및 국어계통론 연구서들을 두루 섭렵하시고, 바로 그해에 출판된 『國語史槪說』을 집필하셨다. 주지하는 바와 같이 이 책은 지난 60년간 국어학도들의 기본 교재였으며 국어학자들의 필수・필휴 참고서였다.

선생님께서 담당하신 과목은 <국어음운론>・<국어계통론>・<국어사>・<국어학특강> 등이었다. 그중에서 <음운론>과 <계통론>에 특히 심혈을 기울이셨던 듯했다. 선생님께서는 강의를 진행하는 중에 구미 학자들의 여러 연구 논저들을 소개하면서 저자의 이름과 제목을 원어(영어・독어・불어 등)로 板書하여 학생들이 노트에 필기했다. 선생님이 소개한 구미 학자들의 논저 중에는 아래와 같은 유명한 언어학서들이 포함되어 있었다. Bloomfield: *Language* (1935), Harris: *Structural Liguistics*(1951), Gleason: *Descriptive Linguistics*(1955), Trubetzkoy: *Grundzüge der Phonologie*(1958), Hockett: *Course in Modern Linguistics*(1958), Martinet: *Élements de Linguistique Générale*(1960) 등.

그런데 그 책들의 출판연대를 보면 Bloomfield(1935) 이외에는 1950년대이다. 우리가 이기문 선생님의 강의를 수강 시작한 1961년 직전 10여 년 사이에 출판된 책들이다. 그 기간은 6·25전란과 전란 후 몇 년이다. 선생님께서 그 당시 최신의 언어학서들을 구독하실 수 있었던 사실이 경이롭고 '불가사의'하다.

선생님께서는 20세기 중반 유럽과 미국에서 유행한 기능주의(functionalism) 혹은 구조주의(structuralism) 언어학의 이론을 응용하여 국어의 음운현상을 적절히 설명하셨다. 선생님께서 <국어사개설>(1961)과 기타 논저에 제시했고 <국어음운론> 과목에서 강의한 '설명'과 '번역용어'들은 대부분 국어 음운론에서 '표준'으로 정착되었다. 아래 선생님의 음운론 강의 과정에서 처음 습득한 용어/개념들을 기억나는 대로 적어보았다. 개중에는 어느 분이 이기문 선생님에 앞서 국어의 어떤 현상을 설명하는 데 사용한 용어도 있으나, 대다수는 이기문 선생님께서 국어음운론에 처음으로 등장시킨 용어들이다.[1]

phoneme 音素, phone 音聲, distinctive feature 辨別資質, complementary distribution 相補的分布, allophone 異音, positional variation 位置的變異音, minimal pair 最少辨別雙, correlational bundle 相關束, contrast 對立, archi-phoneme 原音素, phonemic structure 音韻構造, phonemic system 音韻體系, (syllable-)final consonant 音節末子音, implosive 內破化, neutralization 中和

---

1) 거의 모든 용어는 한자어이고 대다수가 일본 언어학의 한자어 번역 용어와 동일하다. 선생님께서는 서양 언어학의 용어를 국어로 번역할 때, 일본의 언어학서를 분명히 참고하신 듯하지만, 구미 언어학의 이론을 이해하기 위하여 일본인 학자의 번역서에 의존할 필요는 전혀 없으셨다. 한-일 언어학 용어가 대동소이하게 된 소이연은 국어 모어자(母語者)들의 언어의식(言語意識)에 학술용어로 한자어가 고유어보다 적절하게 판단되었고 (이는 현재도 마찬가지다), 마침 일본의 학자들이 고심해서 제정해 놓은 한자어 용어들이 존재하였기 때문에 채택하였다고 이해할 수 있다. 이는 우리나라뿐만 아니라 중국·대만·홍콩 등 한자를 사용해 온 나라들에서 공통적으로 발견되는 현상이다.

이상과 같은 개념/용어들과 "변별자질 · 상보적분포 · 최소변별쌍에 의한 음소의 설정", "음절말 자음의 내파화로 인한 대립의 소실, 중화" 등과 같은 이기문 선생님의 대표적 '설명/이론'들은 어떤 단일 언어학 이론서에 근거한 것이 아니다. 어느 것은 유럽 언어학자의 이론을 원용하였고 어느 것은 미국 구조주의 언어학자의 구조적 분석 방법과 용어를 적용한 것이다. 선생님께서 구미의 언어학을 두루 섭렵하시고 국어 현상에 적절하게 적용하여 설명하신 때가 1950년대 중 · 후반 길어야 5~6년 기간이었다고 추정할 수 있다.

선생님께서 통칭 '알타이어학'과 '비교언어학' 의 연구서들을 섭렵한 때도 1950년대였다. 선생님께서 어느 글에, 이상백 교수가 헬싱키올림픽 참가시에 구입한 람스테트의 연구서들을 심악 선생님께 기증하셨고, 심악은 그것을 이기문 선생님께 전하셨다고 밝히셨다. 헬싱키올림픽은 6 · 25전쟁이 한창 진행 중이던 1952년에 개최되었다. 그러니까 선생님께서는 그때 람스테트가 사망하기 1년 전 1949년에 출판되어 한국어 비교연구에서 필수불가결한 참고서가 된 *Studies in Korean Etymology*를 처음 대하셨을 것이다.

선생님께서 한국어 계통론을 연구하시면서 섭렵한 구미(歐美) 학자들의 연구논저에는 통칭 '알타이어학'으로 부르는 Ramstedt · Poppe 등의 여러 논저와 인도-유럽 제언어의 비교연구를 중심으로 발전되었던 '역사비교언어학'의 대표적 학자 Meiller 등의 저술들이다. 또한 미국(구조주의)언어학의 창시자로 인정하는 Bloomfield의 *Language*에 수록된 '비교언어학' · '비교방법' 등을 중요한 참고자료로 언급하셨다.

그런데 구미 언어학 풍토에서는 'Ramstedt-Poppe의 알타이어학'과

‘(인도-유럽)역사비교언어학’과 ‘일반언어학’은 상호간에 소통이 없었다. 즉, 일반언어학자들과 역사비교언어학자들은 알타이어학의 존재에 무지(無知)하였고, 알타이어학자들은 일반언어학과 인도-유럽제어 비교언어학에 무관심하였다. 이기문 선생님처럼 이 모든 분야의 주요 논저를 섭렵한 언어학자는 전 세계적으로 찾아보기 어렵다.

이기문 선생님의 학문 생애는 참으로 ‘불가사의’하다.

이기문 선생님을 기리며

李 廷 玟(言語學)

이기문(李基文) 선생님은 늘 우리와 같이 계시다. 떠나시지 않았다. 항시 변함없는 모습으로 우리에게 다정하고도 신중하게 말씀하신다. 나에게는 더없는 행운이었다. 경기고 1학년 당시 이숭녕 지음 국문법 책으로 국문법을 1년간 이분에게서 배웠으니 지나서 생각하면 당시 최고 수준의 내용이었다. 잠시 고교에 오셔서 가르치시는 기간에 만났으니 전공 후학들 누구보다도 일찍부터 선생님의 가르침을 받게 된 것이다. 격변화, 활용 어미의 원리를 명쾌하게 정리해 주시곤 했다. 국어학자는 먼저 언어학자라야 한다고 강조하셔서 언어학이라는 것에 필자가 결국은 꽂히게 된 것이 아닌가? 강의 중 틈틈이 학문적 자세에 대해 말씀해 주신 게 평생 지침이 됐다. 학자의 업적은 관 뚜껑을 닫은 뒤에 진정한 평가가 이루어진다고 하시어, 허세를 부리지 말아야 한다는 교훈을 주셨다. 그 얼마 전 동대문 문화 학원이라는 데에서 양주동 박사가 고려가요 강연을 하시면서 '가시리' 등의 가요를 주석한 자신의 여요전주(麗謠箋注)는 일자 일획도 고칠 데가 없으니 여러분은 다른 것을 연구하라고, 물론 재미있으라고 말씀하시는 것을 들었었다. 이 말을 전해 드렸더니 이기문 선생님이 관심 있게 들으셨다. 먼 훗날 구결학회 월례회에 가 보니 양주동 박사의 업적도 다른 분들과 비교 검토되고 있었다. 두 학기 다 끝내시고, 이기문 선생님은 만족하셨는지 이제 여러분은 ××대학에 가서 가르쳐도 충분하다고 격려해 주셨다. 먼 후일 이 이야기를 사모님께 해드렸더니 그 대학 사람들이 들으면 큰일 날 소리라고 놀라셨다.

그 뒤 영어영문학과에 들어가 송욱 교수의 영시, 문학비평 등을 재미있게 들었으나, 사명감처럼 언어학으로 관심이 차츰 쏠리면서 이제는 대학에서 가르치시게 된 이기문 선생님의 국어 계통론을 먼저 듣게 되었다. 음운대응에 의한 조어 재구보다 람스테드 박사 얘기가 기억에 남게 되었고, 그 다음 음운론 강의에서 대립(opposition) 관계 등 당시 구조주의 음운론의 핵심개념을 배웠다. 학부졸업 논문 쓸 무렵 동부연구실로 선생님을 찾아갔더니 새로 나온 1962년판 Ullmann의 *Semantics. An Introduction to the Science of Meaning*을 다 읽으셨다고 내주시어 얻어 읽게 됐다. 귀퉁이에 연필로 메모해 놓으신 것을 보면 핵심 파악을 잘 하시는구나 생각했다. 당시 선생님 연구실은 이익섭 교수가 지켰다고 나중에야 스스로 빈소에서 말하는 것을 들었고(그래서 선생님 누이와 맺어진 게로구나 짐작됐다) 나와 황경자 교수(당시 불문과)가 부지런히 드나들더라는 것이다.

대학과 반포에서 테니스를 하실 때 필자가 아주 잘하지도 못하고 아주 못하지도 않아 상대하기 딱 좋다고 하시면서 종종 상대해 주셨다. 선생님께 점심이라도 대접하려 하면 오히려 늘 사주시려 해 그리 쉽지가 않았다. 1992년 바르셀로나 올림픽이 열리던 여름에 국어학, 언어학하는 사람들이 미국의 학회에 가면서 워싱턴 가까운 어느 식당에서 황영조의 마라톤 우승 뉴스를 보고 모두들 환호했다. 이때 기분이 좋으셔서 수십 명의 저녁을 다 내셨다. 한번은 반포 냉면집에서 점심을 잘 얻어먹은 자리에서 선생님의 역저인 『국어사 개설』을 영역해 보라고 하시어 열심히 번역을 시작했다. 그러나 당시 주변 정리가 잘 안되고 해서 가시적인 진도가 안 나고 계속 죄송스럽기만 했다. 죄책감만 지니다가 세월이 많이 흐른 뒤 나중에 그 책은 서울대 국어국문학과에서 함경도 성조를 연구하고 Yale대에서 박사 한 다음, Maryland대 교수로 있는 Ramsey가 번역 겸 내용 기여를 해 공저로 Cambridge University Press에서 *A History of Korean Language*로 출판되었다. 이 책의 출판을 매우 기뻐하시면서, CUP가 이 선생한테 뒤표지 서평을 의뢰한 것을 보면 역시 외국에서는 이 선생이 유명한가 보다고 사람들 앞에서 놀리셨다. 필자가 써본 서평 중에 가장 짤막하나 더없는 찬사였다.

한번은 인문대 캠퍼스 4동 앞에서 거닐면서 필자의 딸아이 언어습득 과정에 대해 말씀드릴 기회가 있었다. 아이한테서 기이한 명칭 발음 '모나' '모나'가 계속 나와 살펴보았더니 나무를 그리 발음하더라고 말씀드리고, 모음조화(중세국어에서 '나모')에 전위가 일어난 거라고 의견을 비쳤더니, 재미있어 하시면서 '천재야 천재' 하고 놀리시듯이 즉흥적으로 반응하시는 감수성을 보이셨다. 선생님의 음운직관에 대해서는 실제 음운론 전문가인 이병건 교수도 높이 평가하시곤 했다. 국어사개설에서 중세국어를 전기 후기로 나누신 것도 14세기를 계기로 두드러지게 음운체계가 달라진 데 근거를 두셨다. 고교에서 배울 때 이미 고

구려 수사의 '일곱' 발음이 당시 일본어의 그것과 유사하다고 한-일어 관계를 생각하시는 말씀을 해 우리의 상상력을 자극하시기도 했다. '먹던 밥'의 '-더'는 '먹더라'의 '-더'의 지각-회고의 뜻을 잃었다고 옳게 쓰신 데 대해 근래 여쭈어 보았더니, 기억이 안난다고 하시면서 '자네는 어떻게 보나. 이제는 자네가 어떻게 보느냐가 중요해' 하시면서 자극하시는 것이었다. 얼마 전 학술원 월례 점심 모임에서 필자가 무슨 얘기 끝에 중국이 물을 가까이하지 않아 서양 세력에 그런 수모를 당했다고 말하니까 껄껄 웃으시던 모습이 생생하다.

선생님은 몽골어의 중세국어 차용어에 관한 영문 논문을 1964년에 이미 독일 Ural-Altaische Jahrbücher(35, 188-197)에 실으시는 등 국어사, 음운-어휘사에 아주 젊어서부터 학계에서 뚜렷하게 영향력을 발휘하시어 2020년까지 60년간을 위광을 누리셨다. 생전 쓰신 주옥 같은 논문들을 묶어 책으로 내는 일을 싫어하시다가 후학들 중에 한글박물관 창립에 기여한 홍윤표 교수가 이를 안타깝게 여겨 근년에 총 6권으로 논저 일체를 정리했다. 선생님이 이 사실을 아시고 극력 말리시다가 얼마 전에 순서도 잡아 주셨다고 한다. 이 전집이 간행되면 그것은 영구히 우리와 함께 할 것이다(차후 e-book으로도 계획되어 있다). 초기학술지 『국어학』도 이익섭 교수를 앞세워 전통을 세우시고, 국어학회도 이희승, 이숭녕, 천시권 선생들을 모시고 수원에 있는 '말씀의 집'에서 늘 모여 화기애애했고, 한국언어학회도 초창기에 돌보셨다. 최근에는 동인지 『한국어연구』를 창간 때의 강신항 교수에 이어 편집하시다가 얼마 전 구결학회의 남풍현 교수에게 넘기셨다. 우리 고대 문헌이 한자로만 되어 있던 거의 캄캄하던 3국시대를 거쳐 구결 이두가 나타나 우리말 구조가 드러나기 시작한 것을 다행스럽게 생각하셨다. 친교로 말년까지 혜화-동숭동 모임에 나가셨다. 이 모임에는 당초 이병도 박사와 이희승 선생, 그리고 이희승 선생과 중앙 반 친구이셨던 필자의 부친(검찰에 종사), 그리고 김화진 동아일보 (삽화) 화백 등 네 분이 모이셨다. 후년에 김완진, 강신항, 정연찬, 이승욱, 김열규, 이기문 선생님이 참여하시게 되었고 선생님의 동숭동 연구실에서 모이신 적도 있으며 앞에 소개한 동인지를 발간하게 되었다. 이희승 선생 손자이신 경영학(아주대)의 이동호 교수가 총무역을 맡고 있다.

선생님의 집안에는 학자들이 많다. 국사학자이신 이기백 형님, 초기(62년 판) 속담사전과 『당신의 우리말 실력은?』을 선생님과 함께 작업하신 김정호(金貞鎬) 사모님, 평소 수학을 중히 여기시더니 수학자인 이인석(서울대) 아드님에, 사위 명영수 교수(단국대)는 산업경영학자이다. 그리고 매부 이익섭 서울대 명예교수는 국어학자이고 그의 따님인 조카 이준정 교수(서울대)는 고고미술사학자이다. 물론 투철한 민족의식을 잇는 집안으로 독립선언 33인의 기독교 대표로서 증조부 형제이신 남강 이승훈 선생에 이어 부친은 농민운동가로서 무교회주의자이셨으니, 선생님은 그분들의 뒤를 이은 것이다.

이기문 선생님은 늘 계신 분, 늘 계셔야 하는 분으로서 실제로 우리 마음속에 영원히 살아 계시다.

두 권의 책 下賜와 回憶

朴 甲 洙

"李基文 선생" 하면 나는 무엇보다 선생께 두 권의 책을 받은 것이 생각난다. 받은 때는 각각 다르나, 선생께서 직접 내 연구실에 오셔서 "下賜"하셨다. 이들 책은 선생의 대표적 저작이기도 하지만 내 인생과도 꽤 밀접한 관련을 갖는다.

한 권은 선생의 "國語史概說"이다. 이는 선생과 표리 관계를 지닌다고 할 대표적 저작이다. "개설"은 학문이 원숙해진 뒤에 쓰는 것이라 한다. 그만큼 그 세계에 조예가 깊고 통달한 학자가 쓰는 것이란 말이겠다. 그러나 선생의 "개설"은 1961년 선생이 30대 초반에 쓴 것이다. 따라서 통설에 벗어난다. 아니 통설에 벗어나지 않는다고 해야 할 것 같다. 그것은 이미 선생은 이때 사계에 태산북두(泰山北斗)가 되어 계셨으니 말이다. 선생의 "개설"은 그냥 "개설"이 아니다. 학계의 연구 성과를 모두 섭렵하고, 선생 나름의 연구를 더하여 그 진수를 선생의 탁견으로 體系化한 것이다. 따라서 어느 하나 범연히 기술된 것이 없다. 축적된 학문의 결과, 산출된 것이다. 따라서 쉽게 읽히지 않는다.

나는 이런 선생의 "국어사개설"을 교재로 하여 정년퇴임할 때까지 30년을 학부에서 國語史 강의를 하였다. 은사 金亨奎 선생의 "國語史概要"가 있는데도 말이다. 아마 海巖은 내심 섭섭했을 것이다. 그리고 이런 사정을 아시는 이 선생이 고마워 하드커버의 "국어사개설"(탑출판사, 1978)을 주신 것이 아닌가 한다.

또 한 권의 책은 "改訂版 俗談辭典"(일조각, 1982)이다. 이 사전의 서문에서 一石 李熙昇 선생은 "우리 속담사전을 완성시켜 놓았으니, 이제 이 寶庫는 누구나 자유자재하게 이용할 수 있게 되었다."라 하셨다. 이것이다. 나는 이 "사전"에 많은 빚을 졌다. 이를 활용해 "언어에 관한 속담고"(1965) 등 여러 편의 논문을 썼는가 하면, "재미있는 속담과 인생"(역락, 2015)이란 속담 관계 문집도 내었다. 속담 관계 잡문은 무수하다 하리만치 썼다. 그래서 한 권의 "속담사전"은 너덜너덜 해져 버리기까지 하였다. 지금은 선생이 주신 사전을 보고 있다.

"속담"과 관련해서는 선생과의 다른 거래도 하나 있었다. 그것은 내가 후지이 오도오(藤井乙男)의 "언의 연구(諺の研究)"(講談社, 1973)를 선생께 선사한 것이다. 金思燁 선생은 1953년 대건출판사에서 "俗談論"이란 책을 냈다. 그런데 이 책의 내용이 藤井의 원저 "俗諺論"(富山房, 1906)과 너무도 비슷하다. 심하게 말하면 藤井의 이론에 일본 속담 대신 한국 속담을 갈아 끼웠다는 인상이다. 한번은 선생께 그 말씀을 하였더니, 藤井의 책을 보고 싶어 하신다. 그래서 개정판인 "諺の研究"를 구해 드렸다. 선생의 따뜻한 사랑에 감사한다. 유명을 달리한 오늘 편히 쉬시기 기원한다.

2020. 3. 27

고 이기문 선생을 추모하며

남 기 심

내가 이기문 선생을 처음 만난 것은 대학 2학년 때쯤에 외솔 선생 회갑 기념 논문집에서였다. '語辭의 分化에 나타나는 ABLAUT的 現象에 대하여'란 논문이었는데 아직은 국어학에 본격적으로 발을 들여놓기 전이라 이해하기가 어려웠지만 그 논증이 군더더기 없이 선명해서 특히 인상이 깊었다. 그 한두 해 뒤에 선생이 번역한 프랑스의 언어학자 도자(Dauzart)의 '언어학 원론'을 읽을 기회가 있었다. 그 무렵에 언어라는 것의 총체적인 모습, 언어 연구의 전체 그림이 어떠한 것인지 궁금하던 때여서 아주 반가웠고 그래서 열심히 읽었던 기억이 있다. 이 번역은 국내 최초의 일반 언어학 개론 소개서였다. '國語史概說'은 워낙 명저여서 더 할 말이 없지만 그 명석하고 투명한 문체가 아주 반가웠었다. 국어학 관련 논저에서 그렇게 명확하고 명철한 문장을 찾아보기가 쉽지 않던 때여서 더 두드러져 보였다. 선생은 국어 연구의 수준을 한 단계 올려놓은 분이었다.

이기문 선생과 개인적으로 가까워질 수 있었던 것은 선생이 내가 공부하고 있던 워싱턴 대학교에 초빙교수로 초대되어 계시던 60년대 중반 미국에서였다. 그때는 나도 혼자였고 그분도 아직 가족과 합류하기 전이어서 가끔 숙소에서 명태국을 끓여 먹으면서 함께 외로움을 달래기도 하였다. 그분의 논문을 읽으면서 선생이 상당히 엄정한 분이라는 인상을 받고 있던 터에 학자로서의 명성이 높았던 분이어서 근접하기 쉽지 않을 것으로 생각했는데 의외로 소박한 면이 있어서 가깝게 다가갈 수 있었다. 그분이 원래 청소년 시절에 시인 지망생이었다는 말을 그때 들었고, 그래서 더 쉽게 가까워질 수 있었던 것이 아닌가 한다. 선생이 시인 지망생이었다는 것은 내게는 아주 놀라운 소식이었고, 선생이 훨씬 더 정답게 느껴졌었기 때문이었다.

내가 벽초의 '임꺽정'을 좋아해서 수없이 여러 번 반복해서 읽고 또 읽고 했었는데 그때 구해서 읽을 수 있었던 것은 '형제편'과 '화적편'뿐이었다. 그 앞에 '피장편'이니 '봉단편'이니 하는 것이 있다는 것은 알고 있었지만 단행본으로 나온 적이 없어서 읽을 수 없는 것이 항상 불만이었다. 그런데 선생이 자료 조사차 프린스턴 대학에 가셨다가 그 도서관에서 옛 조선일보를 발견하고 거기에 연재되었던 '임꺽정'의 앞의 부분인 '양반편, 피장편, 봉단편'을 몽땅 복사해 오셨다는 말을 듣고 그것을 읽으러 날마다 저녁에 선생의 숙소에 들려 그걸 모두 읽은 일이 있었다. '임꺽정'은 그 양이 단행본으로 열 권 정도가 되는 것으로 조선일보에 11년에 걸쳐서 매일 연재했던 것이다. 그런데 선생이 복사해 오신 부분이 '임꺽정' 전체의 거의 반 정도가 되니 적어도 신문 연재 3년 치에 해당한다. 그 많은 양의 신문을 어찌 다 뒤져서 한 장씩 한 장씩 복사를 했을까? 그런 수고를 하면서 그 모두를 복사해 오신, 그 열정에 엄청 놀랐던 기억이 있다. 그건 아마도 '임꺽정'에 쓰인, 지금은 쓰이지 않는 희귀한 어휘들을 귀중한 언어 자료로 보고 그것을 수집하기 위해서였을 것이라고 생각할 수밖에 없는데, 그런 열정이 바로 국어학자로서의 선생의 열정이 아니었을까? 말을 귀하게 여기고 아끼는 선생의 문학적 감성이 발동한 것일 수도 있다. 좋은 연구는 냉정하기만 해서는 안 되는 것이 아닌가, 그 대상에 대한 사랑과 애착이 있어야 더 구석구석 깊이 살펴볼 수 있는 것은 아닐까 하는 생각을 그때 했었다.

워싱턴 대학 시절의 이런 인연으로 어려운 일이 있을 때 이런저런 부탁을 드린 일이 여러 번 있었는데 그때마다 그 부탁을 모두 흔쾌하게 들어주셨다. 아직 그 빚을 다 갚아드리지 못했는데 가시니 몹시 안타깝다.

나의 은사님, 이기문

Robert Ramsey

I have sometimes wondered if my Korean colleagues know just how well known and admired Professor Lee was in Western linguistics circles. From a very early age, Lee Ki-Moon had gained fame, not only in Korea but in the West as well, as a brilliant and innovative scholar of the Korean language, someone who by the 1960s had already transformed the accepted model of the language's history.

When I arrived at SNU in 1972, the campus was home to living legends, scholars like Lee Hi-Sung and Lee Sung Nyong, men who had laid down the foundations for modern Korean linguistics and philology during the darker days of the Japanese Occupation. Lee Ki-Moon was then a very young man, a full professor of course, but far less senior than those other distinguished gentlemen. Yet, my Yale advisor, Samuel E. Martin, had given me explicit instructions to study as much as possible with Professor Lee, and it was the best advice Professor Martin could have ever given me.

Professor Martin had sent Professor Lee a letter about me in advance, and from the moment I arrived on the SNU campus, I became his student. Professor Lee took care of me as only a father or older brother would have or could have done. For my entire first year at SNU I sat in on every lecture Professor Lee gave, both graduate and undergraduate; what's more, Professor Lee allowed me to meet with him in his office virtually every day to talk about his lectures and the Korean language. Whenever I had questions, he patiently let me know what the accepted ideas were, what was known and what was unknown. No idea was too outrageous for us to talk about. He was generous with his time to a fault.

That generosity extended to time away from the classroom and the campus, too. I went with him on outings with his family and friends; he took me out to eat with him, sometimes at his favorite restaurant, 을지면옥. (Years later, even when I had more money, he would never, ever let me pay: "The older man always pays," he declared whenever I objected.) He included me in his weekly get-togethers with faculty friends and colleagues for tennis on those red clay courts of the old campus. Professor Lee was a crafty and skilled tennis player, while I, though younger, was nothing of the sort. These were rare privileges extended by a man secure in his position and unbound by social convention. He treated people by how he judged their character, not by reputation or social status.

I saw that character judgment on a larger scale in the spring of 1973, when Professor Lee was serving as the escort for a busload of foreign students on an excursion to the shore at Gangneung. On that trip, he managed a motley group of students from all over the world, from Japan to Thailand to Egypt, always treating everyone equitably and graciously like the gentleman he was. Still, he maintained a discerning eye all the while, instantly sensing who was genuine and who was only a pretender with a resume. Professor Lee did not tolerate pretense, especially from pretentious fools, even those with degrees, resumes, and positions. Yet, he somehow managed not to offend any of them, even some who were unbearably demanding and obnoxious! What I saw on that trip seemed to me the essence of leadership and charisma. My admiration for Professor Lee grew beyond all bounds.

During my first year at SNU, under his tutelage, I began research into the history of Korean, and that arrangement extended over the second year of my Fulbright grant. As a research plan, I set out to explore the tonal system of an as yet unexplored dialect of North Korea, and Professor Lee found speakers of the dialect living in Seoul to help me with the project. From time to time he dispatched his best students to assist with the work, so that when it came time to write up findings for publication, one of his students, Lee Iksop, already known for his polished writing style, made sure my write-up was put into serviceable Korean.

But most of my friends and colleagues have already heard these stories about Professor Lee's mentorship—my goodness, I've told them enough times! What they may not have heard, though, is how he provided support for me later, when I put forward certain radical ideas about tones and linguistic history, this time in Japanese. At the time, the ideas I was advocating ran counter to all accepted narratives in the Japanese scholarly world, and Professor Lee's linguistic judgment and enthusiastic support came as welcome help for my psychological and scholarly well-being.

Around this same time, during the years I was teaching at Columbia, I invited Professor Lee to come to the university as a visiting scholar. He came for a year, and while there, he explored the university's holdings in Korean literature, finding a number of lost treasures. But in addition, once a week, he found time to tutor a young graduate student, Ann Lee, in pre-modern Korean literature. Helping a promising young scholar was something he always seemed to make room for no matter how busy his schedule!

In the summer of 1993, Professor Lee sponsored me for a visit to SNU to work on a book project with Lee Iksop (who was by that time his brother-in-law and SNU colleague). The apartments in the Hoam faculty residence hall on the new Gwanak campus were much in demand, but even so I received one spacious enough for my young family. Then, shortly after we moved in, Professor Lee stopped by and handed me a large stack of bills—a research fund, he said—followed by the keys to a brand new Hyundai Elantra! I had no idea what to say; I managed only to blurt out: "Oh, 선생님, I can't take your new car!" But it was no use. He had just bought the car, he explained, but didn't need it right now since he had another, perfectly good car at home. Besides, he added, Gwanak was so far out of the city center, I'd need the car to take my young family anywhere.

As soon as Professor Lee left, I excitedly got my wife and kids into our brand new car—it still had that new car smell! —and set out for a little spin around the area. But then: after I had driven around for a while, the air conditioning system suddenly died! In the middle of the hot summer! What to do? Panicking, I drove around the Gwanak area desperately looking for a repair shop, my heart pounding. I had to get it fixed fast! I finally found a repair shop with a sign in front saying it was a Hyundai facility, so I left the car there. The stolid, unsmiling mechanic volunteered nothing; he just told me to come back the next day. I walked back to Hoam. By the afternoon, I couldn't wait any longer, so I walked down to the little repair shop. There, squatting in the middle of the workspace floor was the mechanic, puffing on a cigarette and surrounded by car parts strewn around in what looked like unsystematic piles. What had I done? Had I brought Professor Lee's new car to this place only to be destroyed? But when I came back the next day, there was the car, put back together and everything in working order—including the air conditioning. The situation may have looked chaotic, but Korean ingenuity had apparently fixed everything. It was not cheap, though: The repair cost almost all of the cash Professor Lee had given me, but I paid it gladly. It was only at the end of the summer when I was getting ready to return to America that I finally decided to confess to Professor Lee what I had done to his car. "Ramsey-*kun*, why didn't you tell me? The car was still under warranty!"

My relationship with Professor Lee was lifelong. When he came to Washington for a meeting and research at the Library of Congress, he and Mrs. Lee stayed with us in Maryland.

One summer, after a conference in London, we rented a car and he and Mrs. Lee, and I and my family, traveled together all around England and Scotland. He, along with Lee Iksop, sponsored me for cultural and linguistic awards in Korea, but we also sometimes just got together, often playing tennis with his usual group of SNU colleagues, whenever I could find an excuse to go visit him.

One day in the early 2000s, an editor for Cambridge University Press wrote me to ask if I would be willing to write an English-language history of Korean for the Press, or if not, if there was anyone I would recommend for such a project. I responded immediately that it should be Lee Ki-Moon.

Not long thereafter, I signed a contract together with Professor Lee to produce an English-language, updated version of his classic 국어사 개설 for Cambridge. The Korean-language version of that famous work had already undergone numerous updates over the years, but I wanted to do something a little different in trying to reach out to an English-speaking audience. In my drafts I included findings, concepts, and reconstructions of earlier Korean from my own research, as well as from Professor Lee's latest thoughts, of course. All the while, Professor Lee, with help from his brilliant student Hwang Seon-yeop, made sure the drafts didn't stray too far from the facts or from Professor Lee's understanding of them. But there were other things I was thinking of, too. As I had grown older over the years with Professor Lee as my mentor, I had come to think more and more about his passion for documenting and describing Korea's historical and cultural legacy. (I never met a man who so genuinely loved his native land and heritage as Lee Ki-Moon.) To my mind, some of his most brilliant contributions are his writings in latter years documenting Sejong's creation of Hangul. He understood instinctively the humanity and compassion of that ancient king because, I think, he possessed those same human qualities himself.

Professor Lee had one more gift for me from that book project. After our book had been published and the first statements began coming from Cambridge, I discovered that he had made separate arrangements with the Press for them to send all of whatever royalties there were to me. Taking care of his friends and students was something he always made sure to do.

April 8, 2020

At the University of Maryland

光復直後의 國語와 語彙
1945. 8. 15.－1950. 10.

姜 信 沆

1. 머리말

8·15 光復은 우리 겨레의 언어생활에 커다란 변화를 가져왔다. 音韻과 表記生活을 비롯하여 呼稱, 語彙, 文法 등 여러 면에 걸쳐서 변하지 않은 분야가 없다. 이러한 여러 분야 가운데에서도 社會의 變化를 가장 敏感하게 反映하고 있는 語彙 분야의 변화가 가장 두드러졌다. 따라서 이 글에서는 표기생활과 어휘 면의 변화를 중심으로 해서, 1945年 8月 15日부터 1950年代까지의 변화상을 살펴보고자 한다.

(1) 表記生活의 변천

1) 漢字爲主의 記事

우선 朝鮮日報 4278(1945)년 12월 3일자 記事의 표기는 다음과 같다.

조선일보의 기사는 세 종류로 작성되었다.

第1面 記事 一部를 轉載해 보겠다.

臨時政府閣僚全部入京

洪議長以下 二十二名 二日午後空路金浦安着

苦待하든 大韓民國臨時政府殘留要人一行議政院議長洪震氏以下一行二十二名은 交通의 難關을 突破하고 二日午後五時空路로 白雪이 紛々히나리는 金浦飛行場에無事歸着하였다. 昨一日金浦飛行場의着陸狀況不關係로 不得已群山飛行場에 不意의 着陸을한一行은 卽時로午後三時에 自動車로 群山을出發하야 同十時夜深에 論山에到着 그곳에서一泊하고 二日午前十時 出迎한米軍自動車로 論山을出發하야 午後四時儒城溫泉에到着한後 곳飛行機로儒城飛行場을出發하야 同五時金浦飛行場에到着한것이다.

이 기사에는 고유어가 겨우 '나리는', '것', '곳'만이 쓰이고, 나머지는 漢字語와 結合된 조사와 어미가 쓰이었을 뿐이다.

조사 은(는), 이, 의, 을, 에, 에서, 이다
어미(접사) -하든, -하고, -하였다, -한, -로, -히, -하야

위의 기사는 이 시기에 얼마나 많은 漢字語가 쓰이었는가 하는 면을 보여 주고 있다.

다음은 같은 날짜의 朝鮮日報 다른 면 기사다. 이 기사는 괄호 안에 漢字를 倂記하고 있다. (철자법이나 띄어쓰기는 원문대로임)

祖國愛의 化身 偉大한 革命鬪士들 面貌

三천만인민이 우러러 흠양하는가운데 김구(金九)주석이하 대한민국 임시정부 여섯각료(閣僚)를마지한지 어언간일순(一旬), 아직 마음에서리인감격이채 거치기도전에 우리는 또다시 뒤를이어 환국을한 조완구(趙琬九)씨이하 스물세요인(要人)을 마저드리엇다.

金元鳳씨는 일즉이 황포(黃埔)군(관字가 빠진 듯—필자 주) 학교를졸업하고 『민족혁명당』(民族革命黨)에서 『의용대』 조직하야 항일전(抗日戰)에도 참가하엿다.

一致協力이 喫緊 申翼熙氏談

박게서독립운동을 하든사람으로 잘잘못은그만두고 만흔사람은三十년적은사람은十년 세월로치면 모다짤다고할수업슬 오랫동안의 피나는고초이엇다. 그러나우리들은 박게서일을하여 왓다하야 국내의객관환경과 실제정세를 무시하고 우리들의의견만을 치중할생각은아니다.

국내와국외가 일치협력하야 오직조국광복을위하야 민족의총역량을기우려야 할것이다.

다음에 같은 날짜의 조선일보 기사의 어휘를 분석해 보겠다.

政府機構 관계

大韓民國臨時政府

議政院 議長 副議長

主席 辦公室

國務委員會

國務委員 內務部 外務部 文化部 法務部 宣傳部 軍務部 國務委員會代表

統帥部 主席 參謀總長 軍務副長 總司令

參謀部

光復軍總司令部

光復과 建國에 관련된 어휘

光復

日本虐政36年　日本帝國主義　韓日合併　植民地
戰犯　女子挺身隊　親日派　民族叛逆者
祖國愛　祖國光復　革命鬪士　還國　要人
포츠담協定

建國

自主獨立　獨立促進　獨立促成　事大派　親露派
閣員　革命　超黨的　主席　閣僚

社會

軍政　米軍　모리배
階級的　革命家　人民　封建的　專制的
서울市人民委員會　朝鮮文化建設中央協議會
全國青年團體總同盟　在日朝鮮科學技術協會
漢字廢止會發起總會(9月 28日)
조선원호단체연합중앙위원회(朝鮮援護團體聯合中央委員會)
醵金　慰問주머니　三천만 겨레　收容(구속 — 필자 주)
北平(현 北京)　청엽정(青葉町)　明治町　竹添洞　黃金町
대한국민군준비위원회(大韓國民軍準備委員會)
출옥혁명동지회문화부(出獄革命同志會文化部)　農民文化社
共産黨宣言(勞働戰線編輯部譯)
分裂主義　分派行動　階級意識　無産階級　統一戰線
藝術家大衆　帝國主義殘滓文化　封建的殘滓勢力
産業勞働時報　勞資關係　進步的　反動的
母子寮　戰災民　兒童文學　어린이신문

文化

한성시초등학교　中學敎頭　漫談家　檀君侍神祭
役員　勞働　役割　立場　良心的藝術家　範疇
다화회(茶話會)

唱歌隊　時報　公知事項
運動競技　氷上協會　韓美對拳鬪戰
保健衛生看護科目
曆　干支　丙年　日出　日雨中　日入　午後五時一五分
月出　月入　滿潮　干潮
氣象豫報
晴天　不連續線　霧後晴　北東風晴天
特殊漢字語
反芻 兼倂 喫緊 披瀝 能爛 手腕 蠶食 喝破 豪誇 只今 令息 令弟 膏血 搾取
壟斷 借金 抑鬱 惡辣 邁進 入京 取扱 擁護 目下 束縛 尙今 團欒 部面 仔細
特志家 轉身
莫府 伯林 華盛頓 倫敦 紐育
國際
英軍　中國內戰　中央軍　三頭會談　三大巨頭　國際聯盟
國際聯合　市民權　獨逸　佛蘭西　蘇聯　特派大使
保守黨　不信任　共和制　皇子　印兵　原子硏究所
蔣主席

2) 混亂스러운 한글맞춤법(괄호 안은 現行)

國學 2号(1946. 10. 9. 기록 1947 발행, 新興國語硏究會)
유-모아　亦是　左右合作
모-든　單只　吾等學徒　朝鮮學徒　朝鮮民族
그等의(그들의)　스리루　스타-　충심으로부터　只今, 쎈세이숑
親日派　民族反逆者　朝鮮統一政府樹立　完全自主獨立建國
親日派(日帝侵略時代)　民族反逆者(解放 後)
民族文學　革命　進步的　人民　人民大衆
民衆運動　烈士

三相會議決定 臨時政府樹立 美蘇共同委員會
封建的殘滓 日本帝國主義殘滓 國粹主義
革新勢力 民族統一戰線 莫府決定
國民精神啓蒙 民族文化建設
大端히 賞歎할 初念이 到達될 때까지
모-든 于先 都賣 小賣

國學 1946년 집필

朝鮮民族 吾人 建國途上 무궁화 3千里
檀君 檀紀 檀君聖祖 阿斯達 國體論
푸로레타리아 資本主義 極右分子 極左分子 萬國
歷史的 過程 奴隷生活 眞理探究 文盲退治 一部學生役員
軍國主義 神風特攻隊 松井伍長 日帝舊態 太平洋戰爭
구루-푸 팟쇼 노-트
自主的 依他的
國民演劇 一步前進三步後退
訓導 教諭 教授 角帽 文盲打破 啓蒙運動
男女共學 專門大學 學生啓蒙 學園의 民主化促進 民族精神
虎疫線 虎列刺
此處醴泉 聽講員 白熱化 細胞組織
再度(다시)

『開闢』(1948. 12. 1.) 80호에는 1948년대의 社會相을 풍자한 노래도 있다. 한글 맞춤법의 혼란상도 나타나고 있다.

왔다 갔다 軍政廳 청천 하늘에 별도 많고 군정청엔 局課長도 많다
흐지부지 재판소
먹고 보자 管財處 괴지나 칭칭 먹고나 노세
닷자곳자 경찰서

기픠(깊이)	깁히(깊이)	이 가튼(이 같은)
이 가치(이 같이)	그러케도(그렇게도)	ᄭᅡ지(까지)
ᄭᅳᆯ고 갈(끌고 갈)	ᄭᅳᇀ(끝)	갓지안흔(같지 않은)
되엿는데(되었는데)	도라오니(돌아오니)	닷치고(닫히고)
이ᄯᅡᆼ(이땅)	ᄯᅩ는(또는)	ᄯᅡ로히(따로)
맘 노코(마음 놓고)	만흔(많은)	만히(많이)
마지하는(맞이하는)	밧지안토록(받지 않도록)	박게서(밖에서)
창박그로(창밖으로)	안타(않다)	안흐면(않으면)
되지 안는(되지 않는)	업고(없고)	어들 수(얻을 수)
억개우에(어깨 위에)	잇는(있는)	잇슬(있을)
ᄶᅡᆯ다고(짧다고)		

위와 같이 한글맞춤법은 통일이 이루어지지 않았으나 '민족의 총역량', '연합회'처럼 두음법칙은 지켜지고 있다.

外來語

ᄲᅡ-　카페　팻시즘　쎈틀맨　이데오로기-　라디오　뉴-스

3) 刊行物의 表記

참고로 1941(昭和16)年 11月 28日字 國文紙인 每日新報(京城府太平通 1丁目 8·15 光復 前 일제 총독부의 기관지)의 記事를 分析해 보겠다.

이 신문의 기사는 한글로 기록되어 있는데, 紙面과는 관계없이, 한글과 漢字 混用文, 한글 專用文, 한글 專用文에 괄호 안 漢字倂記 등, 여러 형식이 쓰이고 있다.

倫敦二十六日發同盟

日米會談의 推移는 當地에서도注目의標的이되여잇는데 當局에서는 一切言明을避하고잇다. 다만消息通에서는太平洋戰爭을回避키爲하야 日米兩國政府사이에 어써한協議가成立될可能性이잇다고觀測하고잇다.

社說 저온(低溫)생활을실행하자

저온생활이라는 것은 의복을 얄게 입고 방에 불을 적게 때여 추위에 몸을 단련하야나가는 것이다. 이제부터 차차 정말 추위가 닥처올것임으로 지독한 추위가 오기전에 지금부터 불 작게 때고 옷약게입는습관을 부처가야한다.

榮譽의入營도不遠

昨日, 志願兵六回(十六年度六期)生修了式盛大

륙군지원병(陸軍志願兵)十六년도전기생(前期生)(제八회)一천三백五十명의 수료식은二十七일오후一시부터 경성부외공덕리(孔德里)의지원병훈련소강당에서 거행되엿다. 식은진기(眞崎)본부학무국장 창무(倉茂)조선군보도부장 뢰호(瀨戶)경기도경찰부장이왕직장관(李王職長官)이항구남(李恒九男)등관민다수와별서시골서온부형들다수가참렬한가운데엄숙하게 거행되엿다.

위의 기사를 보면 일본인의 성을 한국 한자음으로 표기하고 있는 것이 특이하며, 光復 後 우리의 표기생활에서 널리 쓰고 있는 세 가지 형식, 즉 순한글 전용문, 한글과 漢字 混用文, 한글 위주의 문장 안에서 한자어의 경우, 가끔 괄호 안에 漢字를 병기하는 표기 방식은 8・15 광복 이전부터의 관용이었던 것 같다.

다음은 8・15 광복 직후 전국 각지에서 創刊된 신문의 記事들을 분석한 것이다. 실로 엄청난 漢字語들이 쓰이고 있다. 그 무렵의 우리나라 讀者들이 漢字에 대하여 상당히 높은 敎養水準을 갖추고 있었음을 보여주고 있다.

① **建國時報**, 1945.8.17., 全州 創刊

社會

朝鮮獨立堂々出足		爆風을 感한 때는	
各町 鄕土保全		時間을 猶豫할 수 업다	
七項目實效擧揚에 突進하기로		注力께로	率先旗幟를 들고
弱小民族解放	蘇米兩國	朝鮮同胞	
民族自決	出監者	思想關係者	汎米會議
支那政府	太平洋艦隊戰鬪停止		

② **東方新聞**, 1945(4278).9.25., 創刊(서울?)

侵略日本	포스땀宣言受諾	惡辣無類	根底	湮滅을 告하다
東亞十億人種	歸趨	過程	總進軍	萬人渴仰
畸形兒	正鵠	左顧右眄	赤裸裸	理念
驅逐	仁川警察署 → 公安署		保安隊	革命同志
生新한 記事				

全鮮公立國民校	二十四日一齊開校	文化財	人權
過般來	僞政權(日本傀儡 南京政府—필자 주)		東北代表部(臨政)

폐지된 법

治安維持法: 保安法	朝鮮思想犯保護視察令	同豫備拘禁規則
朝鮮臨時保安令	臨時資金措置法	國防保安法
政治에關한犯則者處罰에關한件	輸出入品等臨時措置法	
出版法	神社神祠에關한諸法令	朝鮮總督府中樞院官制

③ **新朝鮮報**, 1945.10.5., **京城鐘路青年會館內**

題目은 漢字
기사문은 한글 專用 또는 괄호 안에 漢字 倂記文

이 신문에는 8·15 光復 直後 불과 몇 달 동안에 南韓(南朝鮮)에서 조직된 政黨들의 이름이 나와 있다.

建國準備委員會	建國同盟	韓國民主黨	朝鮮國民黨
社會民主黨	高麗社會民主黨	共産黨	三一黨
大韓義烈黨	自民會	建國婦女同盟	朝鮮女子國民黨
高麗青年黨	朝鮮青年團	朝鮮革命黨	新民黨
民衆黨	共和黨	自由黨	高麗同志會

④ **大衆日報**, 1945.10.7., **仁川 創刊**

社會·政治 國漢混用, 괄호 안에 漢字 倂記
눈에 띄는 어휘
間島士官學校 憂國勇士
八月十五日以後六十餘個政黨·政治團體 分裂 對立
建準 民族獨立綱領 政策 統一戰線
民衆生活 福利 市民總意 京紡總罷業
駐屯軍 軍政當局 美軍軍政部 諮問
日本帝國主義施政下 取調
朝鮮警察官講習所 → 朝鮮警察學校
女醫專卒業式(京城女子醫學專門學校)
鐘路1丁目 町會長 新米 混食

⑤ **東方新聞**, 1945(4278).10.10., **江陵 創刊**

社會

朝鮮의農奴遂解放　小作料는三分之一　土地小作人의地位　奴隷的
治安隊員　軍政裁判　江陵警衛部　檢束
大爭鬪戰　朝鮮道德違反罪　追報할作定　郡人民自治會
郡行政委員會를吸收　朝鮮食糧營團 → 朝鮮生活必需品會社　朝鮮의郵貯

貴찬은 存在物(귀찮은)

⑥ **獨立新聞**, 1945(4278).10.11., **창간**(발행지 未詳)

社會

志士	俠客	要人	解放	獨立
國是	解放運動	國內鬪士	聯合國	平和愛好
天使民族	三千萬	極東半島	錦繡江山三千里	半萬年
檀君할배님	侵略種族	殉國烈士	小異	小我
大同一線	大我的共同戰線	白衣兄弟大衆	解放戰士	人民委員會
軍國侵略主義	三一制	政治思想犯	建準	建國準備委員會
日本帝國主義	賣國奴	走狗	密偵	敗國殘黨
暴利	上海法租界			

漢字語

踊躍喜舞	山呼萬歲	爲先	百拜謝恩	具眼의士
麗羅士女	南船北馬	櫛風沐雨	血戰惡鬪	蛇蝎地獄
荊棘一生	百拜致賀	瘴癘南方	不歸之客	不毛北國
鐵窓杖下	寃鬼	侵略惡鬼輩	百拜謝禮	五體脉脉
吾人	懇勸	蠹國徒輩	一道電光	懇望
自進解消	行蹟	盛壯事	買得	私相
隻脚	隻眼	萬古痛快	不運如山	

⑦ **嶺南日報, 1945.10.11., 大邱**

創刊辭

燦然히 빗나는	太陽의國民	訓育바다온	高潔하고도眞正한
百性(姓의 잘못)이엇노라		日本帝國主義의 妖雲	壓制의苛酷한채죽아래
羈絆	戰慄	死刑의荊冠	危機一髮
屠獸場	江湖僉位	缺性兒	苦悶
困憊	亂心	損失	破滅
虫息의生命을	走狗的行動	筆尖으로	僞瞞
建設의程極에잇서	春眼的	更生의渡世過程	忌由업는指導
小作料契約協定改正		全收穫量의三分之一以下(三一制)	
惡歷傘多(알렉산더)		매새-지	대마(테마)

記事

軍政長官	定側會見	朝鮮軍政	悉知된事實
來城하다(京城에 오다)	軍政廳	建國	滿洲國紙幣
鮮銀紙幣	8月 15日以降	全鮮的	1609名의日本人罷免
終戰	42個所의日本會社工場接收		十月中朝鮮內日本軍撤退
美軍의朝鮮占領	第七師團(京畿道・江原道・忠淸南北道)		
第四0師團(慶尙南北道)	第六師團(全羅南北道)		美徵兵忌避者에 名譽章
苦情(不平不滿)	釜關間		

⑧ **朝鮮民衆日報, 1945.11.1., 創刊**

創刊辭

不撓不屈	血鬪	風霜	呻吟	剝奪
桎梏	大同團結	小乘的	大乘的	木鐸
鞭撻				

社會

李承晩博士, 朝鮮호텔 → 敦岩町移居

끈힘업시(끊임없이)　　도라간다(돌아간다)　　기씀(기쁨)
맛치(마치)

國際

中央軍(國府軍)　蘇軍　印緬方面　原子爆彈
外蒙古獨立

⑨ **東新日報**, 1945.11.3., **京城府鐘路2丁目**

獨立促成中央協議會　民族統一戰線　人民戰線　民族解放運動
鑛工局勤勞課(徵用者練成協會包含) → 勞務課　軍政廳警務局
撤去할 日本人, 朝鮮神宮에 臨時收容　日人撤退　大體로이
各種出版物의輩出　政治慾意의 發現　進步的民衆

⑩ **大公日報**, 1945.11.10(土)., **京城黃金町** 2**丁目**

政治

光復軍總司令　李青天將軍　光復軍　建國軍隊　還國
桂洞大韓民國臨時政府特派事務局　外交辦事處　(日軍內)韓籍軍人
人民共和國中央人民委員會聲明, 李博士態度는遺憾
李博士歸國後人民共和國主席就任拒絶　朝鮮勞組全國評議會
美國太平洋方面軍最高指揮官宣言文

社會

120萬市民　서울市副市長職制廢止　軍政廳指令　軍政裁判所
罹災民　親日派　密航船　韓美教育事業協議會
1945年9月8日現在施行中인法令中廢止法令外는全部有效

⑪ **大東新聞, 1945.11.25(日). 創刊 京城市 中區北**

8月16日發足建國準備會 → 9月 6日 人民共和國 → 11月 20日 人民代表會議
英京서 11月 24日 聯合國機構準備委員會

⑫ **朝鮮日報, 1946(4279).5.5.**

政治・社會

世界緊急食糧調査委員長 후-버美國饑饉防止委員會會長
剩餘食糧 美國救濟委員會 美蘇共同委員會
韓民黨分科委員會
法制調査委員會 外交調査委員會 國際問題硏究委員會
國務調査委員會 交通委員會 厚生硏究委員會 農村對策委員會
敎育委員會 土地制度改革委員會 産業對策委員會
農政委員會 勞動對策委員會 社會問題對策委員會
國防問題對策委員會
貿易委員會 商工對策委員會 貨幣對策委員會 財政委員會
婦人問題硏究委員會

民主議院 非常國民會議 傘下團體 70餘團體
朝鮮臨時民主主義政府樹立 信託統治 美蘇兩占領軍
總選擧 朝鮮國民
極東國際軍事裁判 追放令 日本戰犯罪首魁
京城控訴院 遠東地方

漢字語

元大統領 昔日의威風 尤甚 元氣 挽回 撤退(撤收)
惜昔當時 場內를 一瞥 口頭試問 三面環海國 寒暖兩海流交會點
國運의回泰 夏穀收集 鼎新 斯業界 萎靡無力 尾附하든
萬里無邊 巨壑 萬重無底의 深穴 若箇同志 挺出先倡

一心齊擧를 會盟	快來欣集　鰈海萬里	荒唐無策
所有諸般으로	一波一鱗으로서	抃舞

⑬ **朝鮮日報**, 1946(4279).5.5., **廣告欄**

全國水產對策協議會結成準備委員會 趣旨書

朝鮮은 三面環海國이오 또寒暖兩海流의 交會點에當하야 世界有數의 水產資源地帶를形成하나 眞實로能히 그 開發利用에 致力할진대 國富民產의 支持를 이에期待하야도 거의不足함을모를 것이다.

⑭ **東亞日報**, 1946.5.5(日).

社會・政治

反托	托治支持	受托	三相會議	再生朝鮮
料理元祖	各券番指定	民主議院	『民議』	
朝鮮料理	北京料理	(托은 託의 잘못일 듯—필자 주)		

文化

어린이날

漢字語

貴여운	順順히	驚異의눈	健强	
玉石이俱焚	蹶起	贊意	換腸的變節	豹變
炳乎한反托	需應			

莫斯科	紐育	猶太人	倫敦	巴里
伊太利	白耳義	美國	獨逸	歐羅巴

⑮ 1948年 4月 10日에 **발간된 『文學』** 7号(朝鮮文學家同盟中央委員會

편집)에 실린 清凉山人(47. 6. 10. 집필)의 「民族文學論」(pp.89-107)을 보면 역시 漢字語가 많이 쓰이고 있고, 전투적이고 자극적인 어휘가 많이 쓰이고 있는 것이 특색이다.

다음에 몇 例를 들어보겠다.

國粹主義의 排擊　內在的矛盾　極左偏向　極右偏向　南朝鮮單獨政府
獨立戰取國民大會　反封建　同盟員
無産階級文化　民主主義民族文學　民族叛逆者　封建領主
封建殘滓　非民主　封建殘滓의 清算
詩人墨客들이(自稱 民族文學)　植民地收奪
人民鬪爭　人民抑壓　日帝忠犬　外來帝國主義
帝國主義殘滓의 掃蕩　徵兵　支配者
皇國臣民　虐殺者　皇道精神　現革命階級　學兵

이 글에서도 독특한 漢字語가 상당히 많이 쓰이고 있다.

鐵鎖　君臨　幾多의 變遷　幾萬
幾千　贋造　濫觴　買主　賣主
冒稱　沒却　(歷史的)範疇　誹謗
叛族　剝奪　一鞠　抑壓
鬱然히　誤謬　照應　這間
恣行　殘飯　增長하여　快刀亂麻
堆積　澎湃　曝露　抛棄
狹隘　何必　駭怪한　糊塗

이 글의 한 句節을 보더라도 漢字語로 엮어져 있다.

그럼으로 國內的人民勢力의 增大와 쏘聯을 先頭로 한 國際的民主力量의 連帶的團結, 例하면 國際勞聯의 結成, 國際聯盟, 國際民靑等 이러한 連帶的團結은 그 世界史的 紐帶로서 우리 人民政權의 樹立과 人民的民族文學建設의 歷史的必然性을 確保하는 것이지마는(以下略)

2. 正書法(한글맞춤법)의 混亂

1933년에 당시 조선어학회에서 제정한 '한글맞춤법통일안'은 아직 널리 普及되지 못하고 確立되어 있지 않았다. 다음은 각 신문의 表記例들이다(괄호 안은 현행 표기임).

(1) 한글 철자법

1) 建國時報(1945.8.17. 全州 創刊)

잇게(있게) 마지하기(맞이하기) 업다(없다)
어듸까지고(어디까지나) 느리는날까지(내리는 날까지)
이러난것이다(일어난 것이다) 매져(맺어)
아니하리잇스라(아니 할 이 있으랴) 밋을수업고(믿을 수 없는)
갓엇다(같았다) 구름가치(구름같이)

2) 東方신문

차즈며(찾으며) 잇다(있다)

3) 獨立新聞(1945[4278].10.11. 창간)

철자법

피끌이든(피 끓이던)

되엿다(되었다) 웨침이엇다(외침이었다) 되엇고(되었고)

할 짜름이다(따름)

엄청스런(엄청스러운)

4) 1945년 8월 하순에 미국에 살고 있던 교민들이 간행한 신문의 표기는 다음과 같다.

북미시보『호외』1945. 8. 22.

(The Korean American Times, Vol. Ⅲ: No. 59)

뎨3권 뎨59호, 대한민국 27년 8월 22일, 음력 을유년 7월 15일

동지회북미총회 편즙인 송헐영, Los Angeles 7. California

림시정부와 광복군이 한국내대로 드러간다.

림정주셕 김구각하와 광복군 총사령관 리쳥쳔 쟝군으로부터 다음과갓흔깃뿐 전보가 금월 十六일 위원부 리승만박사에게 왓다

즁국셔안발

쥬미

외교위원쟝 리승만 박사

련합국의 승리와 조국의 독립을 당함에 재미 애국동료 여러분에게 축하합니다. 본인은 총사령관 리쳥쳔쟝군과 션젼대신 엄항셥씨와갓치 서안에십일동안 갓다왓나이다

모든일이 순조로되고만족히 되엿나이다

경부와륙군의소식을본국으로보냇나이다

모든 졍당싸홈을끗치며 합동하고 모든 세력을 졍부로집즁하며 이후로 모든졍부사건은 화부에잇는 위원부를통하야 취급하겟소(중략)

내디에가셔소식을 다시젼하겟소 김구

북미시보 1945. 9. 15(9. 18의 오자인 듯)
九월十九일발
와싱톤 련합통신보도
추루만대통령이션언하되
조션에잇는 일본관리는 다-해임식히는즁이오 조션을 큰나라로 건셜하기시작하엿다
미국과 즁국과 영국과 아라사 등 四대강국이 협력하야 조션을 도아 자유 독립국이 되기를 노력하노라 하엿다.

5) 朝鮮日報(1946(4279). 5. 5.)

된 ㅅ 不使用
가젓다는(가졌다는) 끄으러드리려는(끌어들이려는)
때뭇고(때 묻고)
베프러(베풀어) 뻐더나가는(뻗어나가는) 밧엇든가(받았던가)
마지하는(맞이하는) 멋해(몇 해) 모름즉이(모름지기)
슴여들기(스며들기)
왓다(왔다) 어든(얻은) 않되고(안 되고)
질거운(즐거운) 지나치는(지나친) 조케해주겟다(좋게 해 주겠다)
차지매(찾으매)
하겟다(하겠다) 하드래도(하더라도)

6) 『韓國의 動亂』(1950. 10. 다음 '4. 1950年代 語學의 全般的인 모습' 참조)

① 표기법

가추고(갖추고) 갖인(가진) 갖이고(가지고) 기뿌게(기쁘게)

겻지만(걷지만)　기달려야(기다려야)　거이(거의)　건우었다(거두었다)
끝이게(그치게)
너면(넣으면)
되푸리하는(되풀이하는)　드렀다(들었다)　드렀는가(들었는가)
달니고(달리고)　덥혓든(덮었던)　떠러진(떨어진)　뒤떠러지는(뒤떨어지는)
매끼는(맡기는)　몰을것이다(모를 것이다)　몇일동안(며칠동안)
맛날겻(만날 것)　몰놨던가(몰랐던가)　뫃여(모여)　무었을(무엇을)
무었이(무엇이)　마키고(막히고)
실컨먹고(실컷 먹고)
마럿던가(말았던가)　울어나는(우러나는)　않되었다(안 되었다)
않보인다(안 보인다)　좋와(좋아)　안즈시오(앉으시오)
조치 못하다(좋지 못하다)
바리케-트　토-치카　텍사스촌　로쓰케
애치슨라인(日-臺灣-比島)

② 외래어(서구어계)

서구어계 외래어는 비교적 적게 쓰이고 있다.

노-트　네바 마인　노-타이
마-샬 프랜　메소-제다
스타-린즘　스파이
이니시아티브　이-벤트　아지트
제네스트　(가죽)쟈켄　젠틀맨쉽
추럭(트럭)　차-밍
푸린트　피크닛　푸로레타리아-트
하이킹
뿌럭　빨치산　쎈치멘탈

3. 文體의 변천

(1) 東方新聞, 1945(4278).10.10., 江陵

漢文文言式 社說

(前略)

더욱히우리로써朝鮮을北緯三十八度線을中心하야 美蘇兩軍의軍事的分割占領으로 이地域間에 交通, 通信의交流가못되는事實의眞意가那邊에在한가알고십다.

위의 짧은 引用文에서는 띄어쓰기가 전연 이루어지지 않았으며, “眞意가 那邊에 在한가 알고 십다”와 같은 한문 文言式 표현이 쓰이고 있다.

(2) 大公日報創刊辭, 1945.11.10., 京城府黃金町二丁目

우리는 無구한良心과透明한 理智를 所有하였나니 우리의當面한現實을 默視할수있으랴? 우리의當面한現實을 目擊하고 不得已한 革命的 熱意에 革便鞭韃되여 奮然히 蹶起하였나니 眞理를 確信하고 理想을 標準삼어 勇往直進하는 것이 本能的衝動을 가진 우리의表現일것이다.

(3) 金允經(1947): 「民族과 文化와 文字의 連鎖的 關係」, 『한글』 99号, 1947.3.20., 조선어학회, pp.23-28.

한 民族의 興亡 盛衰는 그 民族이 가진 文化의 消長盛衰에 正比例하고 文化의 消長盛衰는 그 民族의 文化의 있고 없음과 좋고 언짢음에 正比例하여 民族과 文化와 文字는 서로 連鎖的 關係를 가지고 運命을 한 가지로 하는 것입니다.

그러면 文化를 保存하고 發展시키고 助長하고 傳播하는 利器는 무엇인가, 이는 곧 文字외다.

人類가 自然을 征服한다고 자랑하는 오늘과 같은 高度의 物質的 文明과 精神的 文化는 人類가 地球 위에 發生한 以來, 代代로 創造한 文化를 주어 모은 總和에 지나지 않는 것이외다.

(4) **정태진(1947): 「周時經先生(1) 그의 生涯와 人格」, 『한글』 99호,** 1947.3.20., **조선어학회,** pp.29-40.

컴컴한 그믐밤에 새 빛을 찾으려던 선생의 努力은 果然 悲壯하였으며, 쓸쓸한 荒野에서 의로운 길을 걸으시던 선생의 몸과 마음은 果然 고단하시었을 것이다.

(5) **李在郁(1947): 「장승」, 『鄕土』 제6호,** 1947.10.15., **正音社,** pp.31-32.

우리 朝鮮에 있어서 시골 洞口 또는 路傍에 屹立하여 우리로 하여금 驚異와 好奇의 交雜感에 빠트리는 怪物이 있으니 이것이 즉 所謂 장승(長丞) 장생(長栍) 장성 등으로 부르는 그것이다.

(6) **淸凉山人(1948): 「民族文學論」-人民的民主主義民族文學建設을 위하여-, 『文學』, 7号,** 1948.4.10., **朝鮮文學家同盟中央委員會書記局發行.**

그러므로 부르죠아지의 民族文學도 부르죠아지自身이 아직도 多少間의 進步性이 있고 부르죠아지 自身의 內在的矛盾이 全面的으로 曝露되기 전까지는 封建社會의 英雄頌歌나 田園趣味, 幻想的說話等의 舊殼을 깨트리고 大衆的이며 社會的이며 科學的인 特色을 가추어 主로 十九世紀佛蘭西小說을 中心으로 한개의 새 紀元을 지었으나 부르죠아지 自身의 矛盾이 점점 暴露되여 「속어가는 資本主義로서의 帝國主義」的段階에 이르러서는 그 文學自體도 往時의 進步性, 健全性을 다 잃어버리고 個人的이며 頹廢

的이며 侵略的인 低俗品으로 顚落한 것은 所謂 「世紀末病」이란 十九世紀末부터 시작해서 最近戰爭中에 이르는 約 五十年間의 文學에서 우리가 눈으로 보아 온 것이다.

하나의 문장이 이렇게 긴 것이 그 무렵의 보편적인 현상이었다.

4. 1950年代 語彙의 全般的인 모습
―芮琯壽, 趙奎東(1950), 『韓國의 動亂』, 兵學硏究社를 중심으로

前陸軍本部作戰課長인 芮琯壽 中領과 中央大學校 趙奎東 교수가 함께 쓴 이 책은, 中共軍 介入이 本格化하지 않았던 1950年 10月에 저술된 것이다. 國軍과 유엔軍이 韓滿國境線을 向하여 猛烈히 北進하고 있어서 祖國統一이 곧 실현될 것으로 저자나 독자들은 다 같이 확신하고 있었다. 약 500페이지에 달하는 이 책을 읽으면, 1945年 8월 15日부터 1950年 10月까지 사이에 우리 민족이 구사하고 있었던 모든 어휘가 총망라되어 있는 느낌이 든다.

(1) 政治·社會 分野

國際機構	國際協助	國際共産主義運動		共産侵略
共産支配	金日成一派	共産頭目	共産勢力	共産逆徒屠殺者
軍事使節團	軍事顧問團	傀儡政府	經濟復興	群小政黨
極右民族主義	國立警察	公約	勤勞人民黨	救護對策
南北協商	南北統一	南勞黨	南韓	南下

獨裁(북한) 渡江派 殘留派

聯合國 冷戰
賣國的 無慈悲한肅淸 民愛青訓練所 亡命家 民主共和國
無所屬 美쏘共同委員會 民衆

北韓傀儡 北韓吸血鬼 反共 百日天下 防衛地域
北大西洋條約國家 福祉 復興 白頭山麓
反動的 反動秘密警察統治制度

世界秩序 相互防衛援助案 相互幫助 示威 38線
世界人民 相剋 쏘聯의走狗 쏘聯膨脹主義者政策

유엔旗 安全保障理事會 安全保障 유엔(UN)韓委 유엔總會
越境(以北으로 감) 以北(38度線북쪽) 以南 逆徒輩
유엔承認下 유엔安保 유엔憲章 유엔監視下
右翼 友邦國家 衛星國家 一民主義 暗殺
逆賊 要員證 惡德商人 얄타協商
調整 集團行動 政治的野望 祖國統一民主主義戰線
中共 赤狗 走狗 走色暴風 自由
再建 中共오랑캐 政治路線 政局 政客
中間派 左翼 殘忍無道 戰災民 殘留

總選擧 天人共怒할 鐵의 帳幕

必勝信念 暴政國家(북한) 平和統一

罷業 避難 鄭甲錄

解放　　韓民黨　　解放者

(2) **戰亂 관련**

奇襲, 南侵　　金日成逆徒　　橋頭堡　　國際市場　　共産治下
郡黨部　　蹶起大會　　金日成萬歲　　教養(감방살이)
軍事委員會　　軍事顧問團　　國聯軍　　共匪討伐　　軍事援助

內務署　　農民　　農民同盟　　女性同盟(女盟)　　南勞黨

黨員　　獨裁

勞動黨　　勞動者　　良民　　冷戰　　麗順事件
麗水順天叛亂事件

面黨部　　面人民委員會　　無慈悲한 鬪爭　　抗爭　　民主靑年同盟(民靑)
美帝國主義　　密告　　美軍撤退(49年 6月 철수함)
民族의 怨讐

不法南侵　　不法侵略　　北侵　　北進　　附逆
賦役　　放火殺人犯　　報國隊(勞力동원)　　保導聯盟　　北韓傀儡
反動　　反動分子　　빨치산

스탈린萬歲　　쏘聯萬歲　　細胞　　失地回復　　生離別
肅淸　　3月攻勢　　4·3事件

人共治下　　優良穀　　逆産　　義勇軍　　腕章
衛星國　　5·30選擧　　유엔(UN)捕虜　　惡質　　人民軍
유엔(UN)軍　　安南米　　李承晩徒黨　　熱誠者大會　　英勇無雙한

熱戰　人民委員會　遊擊隊　安全保障理事會　安保理
越北證　安保理事會決議　安全保障

指導員　政治保衛部　財産沒收　遲延作戰　赤鬼
赤狗　轉出(共産治下에서 지방으로 소개)　資本家　戰沒英靈
自由市場　죽음의 行進　祖國統一民主主義戰線　徵發
赤旗　地方暴徒

治安隊　總選擧　鐵의 帳幕(처칠이 中共을 규정)
奪還　太極隊員　鬪爭

푸락지　破竹之勢　避亂民

現物稅　虐殺　革命鬪士　解放鬪士　後方攪亂

(3) 戰爭 관련

擊滅　空軍　教育訓練　軍需工業　攻勢
奇襲　閣下(사단장)　機密費　擊破　强制募兵
强制徵募　軍紀　橋頭堡　攪亂　軍事援助
機械化部隊　極東空軍戰鬪輸送部隊

南韓侵攻　南侵

動員計劃　動亂　大韓民國陸海空軍總司令官　督戰隊
流血　冷戰　洛東江橋頭堡　鹵獲　聯合軍
歷史的仁川上陸作戰

武器　武力抗爭　武裝解除　驀進　文化副師團長

文化副聯隊長(人民軍) 民青訓練所 民愛青訓練所 美帝國主義

防禦線 防禦施設 兵力消耗 叛亂事件 兵器工廠
防衛線 奮戰 發砲 繃帶 負傷兵
反擊 兵丁 補給路 防衛態勢 防空壕

三八警備旅團(人民軍) 散華 傷痍 相互防衛
3月攻勢 索敵裝備 士氣 射殺 射擊戰
上陸作戰 生捕 殲滅 消耗 新兵器
速戰速決 掃蕩戰 殊勳 新兵 失地恢復
38線突破

人民軍階級(大尉, 總尉, 少佐, 中佐, 大佐, 總佐)
人民軍勳章(영예훈장, 국기훈장, 영웅칭호, 군공메달)

主抵抗線 前進 轉進 沮止 戰鬪力
戰時動員化 戰史 作戰局長 情報局長 情報工作
綜合敵情報告書 戰線 將校斥候 戰線崩壞
遲延作戰 進擊 殘敵 前線 第八軍
戰禍 戰塵 將兵 戰死 戰傷
終戰 戰略 戰術 主攻 戰況
作戰 助攻 朝中軍事同盟 朝쏘秘密軍事協定
作戰指揮所 低空掃射 制空(權) 制海(權) 重要軍事目標
低空飛行 精銳部隊 中國人民解放軍 中共軍 敵愾心
祖國戰爭 進擊萬里 正義의 使徒(國軍)

參謀 參謀會議 諜報工作隊 侵略 侵攻
初戰 忠勇無比 慘劇 總攻勢 撤收
總司令官

討伐作戰　　奪還　　搭乘員　　投下
敗退　　敗北　　敗走　　敗戰　　避亂
捕虜　　捕虜虐待　　破竹之勢　　包圍作戰　　八路軍
砲兵副師團長　　敗殘兵

漢江鐵橋爆破　　後退　　海軍　　後方　　後方支援
陷落　　降伏　　混成部隊　　後退千里・萬里　　後方攪亂
딸라압재비(韓國)　　降伏勸告放送　　韓國空輸作戰　　艦砲射擊

(4) **兵器**

機關銃　　驅逐艦　　機關砲　　輕武器　　高性能爆彈

對戰車砲
로켓트彈　　連絡機　　L.S.T(수송선)
무스탕　　武器
飛行機　　病院船　　빠츄-카砲　　B26　　B29
小銃　　上陸艇　　C-45, 46, 47, 119　　쌕쌕이
야-크 戰鬪機　　原子武器　　誘導로켓트砲　　F(에프)84, 86
젵　　戰鬪機　　戰車　　裝甲車　　Z(제트)機
重火器　　戰艦
7艦隊
카-빙銃　　따발(多發)銃　　長銃
砲　　爆擊機
航空母艦　　艦載機

(5) **漢字語**

이 시기에는 固有語보다는 漢字語로 표현하는 것이 더 自由스러웠

던 듯 漢字語가 모든 分野에 걸쳐서 自然스럽게 쓰이고 있다. 다음은 政治와 社會 분야를 제외하고 일반적인 記事에서 특별히 눈에 뜨인 漢字語를 추려본 것이다.

感得　强靭　干城　鼓舞　牽制　困憊
敬虔　謙遜　潰滅　覺醒　期於코　欺瞞的
空前絶後
泥濘
同族相爭　大端히　都大體　杜絶　唐慌　突如
例事　濫用
無知愚昧　妄動　滅殺　模樣　痲痺　無自覺한
無爲한　木造棧橋　無殘惡毒　敏捷
撲滅　封鎖　逢着　數多한　夙夜
影子(그림자)　隱匿　怨讐　銳意　惹起
惡戰苦鬪　日益　一氣에(단숨에)　然이나　惡罵
任케하다(맡게하다)　蹂躪　一驚　炎上　憂鬱
滋味있는　竹馬之友　戰慄　凋落　咫尺을 分揀하다
至今　至急한　齎來(가져올)　眞摯　顚覆　接迫
周到　殘骸　戰塵　前衛　摯拗　
取調　緻密　遮斷　熾烈　策應　抽出
焦急한
天候(일기)　秋毫
粁(킬로미터)
投棄　痛駁　他方
風光明媚
混沌　陷入된
加奈陀　歐羅巴　南阿聯邦　丁抹　比島(필리핀)　佛國(프랑스)
白耳義　新西蘭　瑞典(스웨덴)

印度支那　印度　亞細亞　智利　泰國(타일랜드)　土耳其(터키)
和蘭(네덜란드)　希臘(그리스)

1950年 9月 19日 12時에 下達된 作戰命令의 一部를 보자.

首都師團

現位置를 安定化하고 敵主力과 積極的이고 强力한 接敵을 하기 爲한 局部的 反擊을 斷續하고 擔當地域의 據點을 確保하기 爲하여 現在線 浸透를 企圖하는 敵을 排除하라.

第三聯隊

陸本命令이 有할 時 車輛으로 慶州에 移動할 수 있도록 準備하라. 慶州到着後 第3聯隊에서 指揮權은 第1師團長에서 第7師團長으로 移讓하라.

5. 1945年 8月 15日 以後의 新語

위에서 열거한 여러 例에서 보았듯이 거의 모든 刊行物에서는 漢字로 표기된 漢字語를 많이 쓰고 있었다. 그러나 광복과 더불어 불길과 같이 솟아오른 온 국민의 우리말과 우리글에 대한 애용운동 결과로 자연스러이 고유어와 國字(한글)의 사용도 증가하였다.

또 새로운 文物制度의 導入과 社會相의 변천으로 因하여 이들을 표현할 새말(新語)이 생겨나기도 하고, 한편으로는 종래부터 써오던 어휘가 새로운 뜻을 지닌 新語로 쓰이게 되기도 하였다.

新語 가운데에는 外來語(借用語)도 있고 一部 新語는 流行語가 되기도 하였다. 다음은 그 무렵 雜誌 기사의 하나다.

1945年 8月 15日에 日本이 '無條件降伏'을 하자 수많은 新語가 쏟아져 나왔다. 1945년 8월 16일자 『每日新報』(京城府中區太平通一丁目) 記事에는 아직도 '李鍝公殿下御葬儀', '八月八日附帝國政府로부터 米英蘇支四國에 보낸 通告文'(要旨), '陛下의 御詫을 奉拜하고', 朝鮮軍管區發表 '輕擧妄動을 삼가라. 人心攪亂 治安妨害는 斷乎措置', 岡警察部長 警告 '示威運動一切不許'와 같은 表現이 있기는 하지만 光復과 관련된 表現이 있다.

17日字 記事

全朝鮮의 各刑務所에서 思想關係者等15日 卽日 解放

16日 朝鮮建國準備委員會 桂洞에 자리잡다

16日 밤 朝鮮人 警察官 中心으로 조선건국준비위원회 보안대(保安隊) 조직

16日 建國婦人同盟結成委員會

文化人 總蹶起

16日 京城中央放送局에서 安在鴻 建國準備委員會 準備委員放送

또 一般記事以外에도 社側에서 내건 口號로 '우리의 一語一動은 民族休戚에 大影響' '大民族은 沈着하고 自重한다'는 것도 있다.

北緯 38度線을 기준으로 하여 '알타 秘密協定'에 의하여 1945年 8월 28日에 국토가 正式으로 분단되자 38以北, 38以南, 以北, 以南이 생겼으며, 北으로부터 많은 同胞가 南으로 넘어오자 越南, 越南同胞라고 하였다. (나중에는 越北도 생겼다) 이들에 대해서는 제 2차대전후 海外로부터 歸國한 同胞들과 함께 戰災民, 罹災民, 戰災同胞라고도 했다.

1945年 9月 8日에 美軍이 進駐하여 38度 以南 地域에 美軍이 軍政을 실시하자 이에 따르는 새말이 생겨났다. 軍政長官 聲明, 콤뮤니케, 宣言, 通行禁止 등이다. 美軍은 '코쟁이'라고 불리기도 했다.

또 美軍政이 고문관과 통역관을 통해서 실시되는 일이 많아 顧問官 通譯官(통역쟁이)이 많이 유행했고, 1947年 6月 9日에는 美軍政廳內의 韓人機關을 南朝鮮過渡政府로 개칭하여 民政長官이 쓰였다. 1945年 8月 22日에 平壤에 進駐한 쏘聯軍은 '쏘軍', '노스케'로 불렸다.

1945年 12月에 軍事英語學校가 설치되고, 1946年 1月 15日에 南朝鮮國防警備隊가 설치되자 이에 따르는 새 말도 많이 생겼다. 國防部에 해당하는 統衛部, 正領, 副領, 參領, 大尉, 中尉, 參尉, 特務上士, 一等上士, 二等上士, 一等中士, 二等中士, 下士, 一等兵, 二等兵, 軍紀兵(憲兵)과 같은 계급명이 지어졌다(1949. 12. 1에 正領은 大領으로 副令은 中領으로 參領은 少領으로, 參尉는 少尉로 바뀌었다).

一般社會에서도 中高校敎諭와 初等學校訓導는 敎師로 視學은 奬學士가 되었다.

大學은 豫科와 本科, 專門學校에서 專門部, 本科, 學部로, 單科大學과 統合大學校로, 男子 中學校와 女子高等學校는 1946年 9月부터 學年初가 9月初로 바뀌고 初級中學校와 高級中學校를 거쳐 中學校와 高等學校가 되었다.

1945年 9月부터 그동안 海外에 亡命하였던 '獨立鬪士'들이 연달아 귀국함에 따라 美國으로부터는 '博士'가, 中國으로부터는 '革命鬪士'와 '將軍'이 많이 '還國'하였고, '義士', '志士'도 많이 나타났다.

이밖에 이 시기에 새로 쓰인 新語들은 다음과 같다.

o 표는 1948년 2월 15일에 미군정청 文敎部에서 정한 「우리말 도로

찾기」의 영향으로 생긴 말이다.

國際路線 軍政(軍政府) 國大(國立서울대학) 共委(美蘇共同委員會)
국민적 동의없이
근사하다 길아싯군(길 안내자) 그림엽서 껑패(어깨 ← 가다)
o깃(羽毛) o곱셈(乘) o그네추(振子)
날린다
o날짐승(鳥類) o나눗셈(除) o나란히 꼴(平行四邊形)
登錄(大學 入學・進學 手續)
都賣(← 卸賣 오로시우리)
o돌림병(傳染病) o돌비늘(雲母) o둘레(周圍) o드나듦(屈曲) o둔덕(高地)
o돌소금(岩塩) o덧셈(加) o닮은꼴(相似形) o더듬이(觸角) o둘레(圓周)
데모
路線(中間 路線)
라이타 라이타돌
謀利輩 賣國奴 民族反逆者
問招(← 取調)
民戰(민주주의 민족전선) 民聯(민족자주련맹)
o모으기(採集) o목청(聲帶) o물개(海狗) o물기(水分) o뭍(陸地)
o모래언덕(沙丘) o물고기(魚類) o밑변(底邊)
反民法(반민족행위자처단법)
o부피(容積) o별똥돌(隕石) o반지름(半徑) o별자리(星座) o반올림(四捨五入)
새나라 서울 38선(北緯38度線)
申請(← 申込, 届出)
새치기 소매치기 신가루(레몬가루)
o살갗(皮膚) o쇠붙이(金屬) o송곳이(犬齒) o산 것(生物) o속셈(暗算)
싸인 씨・아이・씨 씨・아이・디
闇市場 올바른(옳고+바른) 왕소금
臨政(임시정부) 유・엔(國際聯合)

양갈보　　　양키담배　　　양담배　　　야미시장

o울대머리(喉頭)　o어림셈(概算)　o얼개(構造)

아지　　　아짓트　　　엠 · 피

進駐

o전봇대(電信柱)　o짝수(偶數)

지 · 투　　　찦　　　찦차

o차돌(石英)　　o책꼬지

통졸임

피 · 엑스

o홀수(奇數)

呼稱에도 변화를 가져 와 흔히 쓰이던 日語의 '상(さん, 樣)' 대신에 '氏', '선생'이 쓰이고(90년대 이후에는 '님'도 쓰임), 전화를 걸 때에는 '모시모시' 대신에 '여보세요'가 쓰이게 되었다. 判檢事를 뜻하는 '令監님'은 90년대까지 쓰이었다.

6. 漢文 투 表現의 殘滓

이 시기에는 漢文 文言식 표현이 아직도 많이 쓰이었다. 그만큼 일반 대중의 敎養이 漢文敎育을 통해서 이루어졌음을 보여 주는 것이다. 몇 개만 들어보겠다.

『開闢』 1948. 12. 1. 80号

遭際하고　　　賣笑婦　　　錢萬能　　　遊女

李明善(1948)의 『國文學史』

四郡을 置한	土地가 磽确하여	仔細하게	
如何튼	法을 制하여	寺에 있게 하다	竝興하나
智證이라 謚하니	衣冠을 服하다	全盛을 極한	質하였던
唯獨하게	生新한	忌諱되고	鬱結해
爲始한	足히	地境	

7. 맺는 말

1945년 8월 15일에 光復을 맞게 된 우리 겨레는, 바로 우리말을 원래의 모습대로 사용할 수는 없었다. 그 동안 統治者인 日帝의 執拗한 公用語(日語) 常用 强要 政策 탓도 있었지만, 言文一致 生活은 完全히 實現된 것은 아니었다. 그래서 漢文 투의 文章이 많았고, 日語식 表現도 많았다.

그러나 그 동안 꾸준히 우리말·우리글로 表記生活을 계속해 온 一部 言論 기관과 文筆家들에 의하여 우리말·우리글은 維持되어 왔다.

이 글에서 보인 例文들은 과도기적인 表記生活의 例라고 하겠다.

이상으로 간단하나마 8·15 광복 후 1950년까지 우리의 언어생활을 살펴보았다. 그 사이의 語彙 사용을 통해서 혼란스러웠던 5年間의 社會相을 엿볼 수 있다. 言語는 바로 社會相의 反映이기 때문이다.

(2015. 3. 1. 記)

〈찬기파랑가(讚耆婆郞歌)〉와 〈혜성가(彗星歌)〉의 새로운 해독(解讀)

南 豊 鉉

○

○

○

이 두 향가의 해독은 필자가 신라향가를 새롭게 해독해 보고자 한 것 가운데서 뽑은 것이다. 이 두 해독을 별개의 두 글로 보고 읽어 주었으면 한다.

〈찬기파랑가(讚耆婆郞歌)〉의 새로운 해독(解讀)

1. 서언

『삼국유사(三國遺事)』 권2의 '경덕왕(景德王)·충담사(忠談師)·표훈대덕(表訓大德)' 조에는 왕이 나라를 다스린 지 24년(725) 삼월삼질에 귀정문루(歸正門樓)에 올라 영승(榮僧)으로 지목된 충담사(忠談師)에게 '안민가(安民歌)'를 지어 주기를 부탁하면서 그가 일찍이 찬기파랑가(讚耆婆郞歌)를 지었는데 그 뜻이 매우 높다는 말을 들었다고 하였다. 이는 당시에 이 찬기파랑가가 세상에 널리 알려져 있었음을 말하여 주는 것이다. 기파랑(耆婆郞)에 대한 기록은 이 노래 이외에는 알려진 것이 없다. 이는 이 노래가 그에 대한 추모시(追慕詩)로 보이므로 해독해 가면서 생각해 보기로 하자.

향가는 향찰(鄕札)로 기록된 노래이다. 향찰은 석독구결(釋讀口訣)의 표기법을 그대로 응용하여 기록한 글이다. 현재 석독구결은 자토석독구결(字吐釋讀口訣) 6종과 점토석독구결(點吐釋讀口訣) 수 종이 발굴되어 있다. 여기에 더하여 고대한국어의 이두자료들이 발굴되어 해독되어 있다. 이들을 통하여 밝혀진 고대한국어에 대한 지식은 종래 중세한국어의 지식으로 향가를 해독하였던 것보다는 훨씬 믿음직한 향가해독을 할 수 있게 하여 주는 것이다.

종래에는 차자표기법에 대하여 거의 이해를 하지 못하고 향가를 해독하였다. 즉 독자(讀字)와 가자(假字) 그리고 음독자와 훈독자의 문자체계와 '독자 + 가자'로 표기되는 구조는 석독구결의 표기구조에서 나온 것이다. 이에 대한 지식은 향가 각 구(句)의 표기구조를 이해하는 데 큰 도움을 준다. 이는 또한 향가의 구와 어절을 바르게 분절하는 데 큰 도움을 주는 것이다. 이 글은 이러한 지식들을 바탕으로 향가를 새롭게 해석해 보려는 데서 쓰이는 것이다.

<찬기파랑가>는 삼국유사에 구절 단위로 띄어 실었는데 이를 다시 어절단위로 띄우고 필자가 해독한 주음(註音)을 달아 보이도록 한다.

제1구; 咽嗚 爾處米 / 흐느낌 그쳐매
제2구; 露曉邪隱 月羅理 / 낟볼기얀 ᄃᆞ라리
제3구; 白 雲音 逐于 浮去隱 安支下 / 힌 구룸 좇오 ᄠᅳ간 안디하
제4구; 沙是八陵隱 汀理也中 / 몰애(새) 파ᄅᆞᆫ 믈서리야긔
제5구; 耆郎矣 ■史 是史 藪邪 / 耆朗의 즈시 이신 藪야
제6구; 逸烏川理叱 磧惡希 / 逸烏나릿 벼리아긔
제7구; 郎也 持以支如賜烏隱 / 郎야 디니디다시온
제8구; 心未 際叱肹 逐內良齊 / ᄆᆞᄉᆞᄆᆡ ᄀᆞᆺ을 좇아아져
감탄구; 阿耶 / 아야
제9구; 栢史叱 枝次 高支 好 / 자싯 가지 높디 호
제10구; 雪是 毛冬 乃乎尸 花判也 / 눈이 모ᄃᆞᆯ 나올 花判야

이 노래의 구성은 제1, 2, 3구가 서구(序句), 제4, 5, 6, 7, 8 구가 본구

(本句), 그리고 제9, 10구가 결구(結句)로 되어 있다. 이는 이 노래의 서구가 3구로 되어 있다는 점이 색다른 것이다. 그러나 이러한 특징이 이 노래를 창(唱)하는 데는, 즉 정형성에는 영향을 주지 않았던 것이 아닌가 한다.

각 구를 어절 단위로 보면 '讀字 + 假字'의 표기구조를 확인할 수 있다. 이는 차자표기법의 일반적인 표기 구조이니 그 바탕에는 釋讀口訣의 표기법이 깔려 있는 것이다. 신라시대의 한문학습은 한문을 석독구결로 읽는 것이 그 출발이므로 당시의 지식인들은 어려서부터 익힌 이 석독결을 응용하여 향찰(鄕札)을 표기하고 또 이해하였던 것이니 이 향가에도 그 특징이 잘 나타나 있음을 볼 수 있다.

2. 해독(解讀)

위에 제시한 원문(原文)과 주음(註音)을 가지고 구를 단위로 나누어 해독하여 나가기로 한다.

제1구; 咽嗚 爾處米 / 흐느낌 그쳐매

咽嗚; '오열(嗚咽)'의 어순을 바꾸어 놓은 것이다. 이와 같이 어순을 뒤집어 놓은 한자어는 중국어에는 없는 것이니, '咽嗚'는 '嗚咽'을 우리말로 풀어 읽어야 함을 말한 것으로 생각된다. '嗚咽'에 해당하는 중세어의 훈은 알려진 것이 없고 현대어로는 '흐느낌'이므로 이를 그 훈으로 삼는다.

爾處米; ‘爾’는 한문에서 대명사로 쓰이는 것인데, 그에 해당하는 고유어는 ‘그’이다. 15세기의 언해에서 ‘爾時’를 ‘그쁴(법화권1,4a)’로 언해한 것을 종종 볼 수 있다. 이 ‘爾’자를 이 노래에서는 훈가자로 하여 ‘그’음을 표기한 것이다. ‘爾/그’와 ‘處/쳐’의 ‘치’음과 결합하면 동사어간 ‘그치-(止)’가 된다. ‘處/쳐’의 ‘어’음은 확인법보조어간이다. 현대어에는 이러한 보조어간이 없으므로 이 형태의 해석에 어려움을 겪어 왔는데, 부사를 써서 해석하는 것이 좋을 것으로 생각된다. 이 문맥에서는 흐느낌을 그치는 것이므로 그 확인법은 ‘뚝’이나 ‘막(지금)’으로 번역하는 것이 그 뜻에 가까울 것이다. ‘米’는 ‘未/믜’와 구별되어 ‘매’음을 나타내는데 이는 현재성(現在性)을 띤 연결어미로 현대어에도 그대로 이어지는 형태이다. 이에 따라 이 어절은 ‘그쳐매’로 읽어, 동사어간 ‘그치-’, 확인법보조어간 ‘어’, 연결어미 ‘매’의 결합으로 분석하고 ‘뚝 그치매’, ‘(막) 그치고 나매’ 정도로 해석할 수 있다.

이상으로 제1구는 ‘흐느낌을 뚝 그치매’, ‘(막) 흐느낌을 그치고 나매’ 정도로 해석할 수 있다.

제2구; 露曉邪隱 月羅理 / 낟붉기얀 ᄃᆞ라리

露曉邪隱; ‘露曉’는 어간과 어간이 결합한 복합어의 표기로 보아 ‘낟붉’으로 읽을 수 있다. 고대한국어에선 어간과 어간이 어미의 매개 없이 결합하는 복합동사가 매우 생산적이었다. ‘낟-’은 중세어에서 ‘現, 顯, 露’의 뜻으로 쓰였다. ‘曉’는 ‘새벽(曙)’의 뜻도 있지만 ‘밝다(明)’의 뜻이 자전(字典)에는 먼저 나와 있다. 뒤에 오는 ‘邪’자는 ‘耶’자의 이체자이다. 『삼국유사』의 향가들에서는 '邪'자의 용례가 7회, '耶'자의 용례가 3회 나타난다. 이 '邪(耶)/야'는 확인법 보조어간 '아'가 '이'모음 뒤에서 변이된 음을 표기한 것으로 앞의 '露曉'가 말음 '이'를 가진 '낟붉이'로 읽힘을 말하여 준다. 이 '-이-'는 자동사나 형용사를 타동사화 하는 보조어간이다. '隱/(으)ㄴ'은 기정시(旣定時)를 나타내는 동명사어미이다.

月羅理; '둘+알+이'로 분석될 것인데 '알'의 기능이 무엇인지는 고증하기 어렵다. 이 형태는 <怨歌>에 하나 더 쓰인 예가 있는데 필자는 '月羅理'는 '달'의 고대어형이거나, '경칭이나 아어형'이 아닐까 하는 견해를 제시한 바 있다.[1)]

이상으로 제2구는 '나타나 밝게 비추는 달님이'로 해석할 수 있다.

제3구; 白 雲音 逐于 浮去隱 安攴下 / 힌 구룸 좇오 뜨간 안디하

白 雲音; 중세어로는 '힌 구룸'이다. '흰 구름'의 뜻이다.

逐于; '逐'은 훈몽(比叡下13, 東大)에서 '조출 튝', 훈몽(東大, 尊經)에서 '뽀출 튝'으로 읽었다. '于/우'는 부사파생 접미사이다. 이에 따라 '逐于'는 '좇우'로 읽히는데 모음조화에 따라 '좇오'로 읽을 수 있다. '逐于/좇오'는 부사이지만 고대어에선 논항을 가질 수 있어 白 雲音/힌 구룸'을 대격으로 지배한다.

浮去隱; '뜨간'으로 읽는다. '浮去/뜨가'는 어간과 어간이 결합한 복합동사로 '(공중에)떠서 가다'의 뜻이다. '隱/(으)ㄴ'은 동명사어미. 이

1) 南豊鉉(2017-19), <怨歌>의 解讀, 『國語學』 83, 國語學會.

'浮去隱/뜨간'은 뒤에 오는 부정사 '安支/안디'의 피부정사가 된다.

安支下; '安支/안디'는 명사문의 부정사이다. 이 형태는 이두에서 '不喩/안디'로 표기하기도 한다. '安支/안디'는 <우적가>에도 쓰였다. '安'자가 부정사의 표기에 쓰인 예는 대명률직해에 '安徐/안셔(말아라)'에서 볼 수 있다. '下/하'는 판정의문문의 종결어미 '아'에 'ㅎ'음이 첨가되어 강하게 표현한 것으로 보인다. 감탄의문형으로 의문보다는 감탄의 뜻이 더 강하다. 이로써 제3구는 '흰구름을 따라 (둥둥) 떠서 간 것이 아닌가!'로 해석된다.

제3구까지가 이 노래의 서구(序句)이다. 향가에서는 대개 제1, 2구가 서구가 되는데 이 노래는 내용상으로 제3구까지가 서구이다.

제4구; 沙是 八陵隱 汀理也中 / 몰의이 파룬 믈서리야긔

沙是 八陵隱; 이 어절을 양주동(1962)에서 '새 파룬'으로 읽었으나 '새'의 'ㅣ'음을 '是'자로 표기한 것으로 본 것은 수용하기 어렵다. '是'는 향가에서 훈으로 읽어 한 음절인 '이'음을 표기하여 주격조사나 계사로 쓰이는데 '沙是'의 '是/이'를 이중모음의 부음으로 본 것은 차자 표기법을 잘못 짚은 것이 아닌가 한다. '沙'는 음가자로 쓰이는 것이 일반이지만 <怨歌>에서는 훈독자로 쓰여 '몰의/沙矣'로 읽은 예가 있다.(南豊鉉, 2017) 여기서도 훈독하여 '몰의'로 읽고 '沙是'를 '몰의이'를 표기한 것으로 본다. '八陵隱'은 '八'의 중세어음이 '팔'이고, '陵'의 음은 '릉'인데 여기에 '隱/(으)ㄴ'이 첨가되었으므로 이들을 합하여 '파룬'으로 읽는다. 뒤에 '汀理'가 오는 것으로 보아 '파란(靑)'의 뜻으로 보는

것이 옳은 것으로 본다.

汀理也中; '汀'의 뜻은 '물가'이다. 그 말음이 '理'이어서 '믈서리'로 읽은 金完鎭(1980)의 해독을 따른다. '也中/야긔'는 처격조사이다. 고대어의 처격조사는 '아긔'인데 '아'가 '也/야'로 바뀐 것은 앞 단어의 말음 '이'에 동화된 것이다.

이로써 제4구는 '모래가 파란 물가에'로 해석할 수 있다.

제5구; 耆郎矣 ■史 是史 藪邪 / 耆朗의 즈시 이신 藪야

耆郎矣; '耆郎의'로 읽는다. 유사향가에서 '矣/의'와 '衣/의'가 '의'음을 표기하는데 '矣'는 속격조사의 표기에 쓰이고 '衣'는 처격조사의 표기에 쓰이는 경향이 있다. 그러나 반대의 경우도 없지 않다. 여기서는 유정물체언의 속격조사로 쓰인 것이다.

■史; ■는 '皃'자로 추정한다. 이는 중세어의 '즛, 즈'에 해당한다. '史'의 고대음은 '시'이므로 皃史가 고대어에선 '즈시'이었던 것으로 추정한다. 이 '皃史/즈시'는 단순한 외모를 나타내기도 하지만 '어떤 일을 행하여 온 행적이나 모습 또는 내용'을 뜻하기도 한다.(남풍현, 2017-12) 여기서는 耆郎이 생전에 행했던 모습을 가리키는 것이다.

是史; 글자대로 읽어 '이시'인데 차자표기에선 동명사어미 'ㄴ'의 표기가 흔히 생략되므로 이를 살리어 '이신'으로 읽는다. 현대어로는 '있는'이다.

藪邪; '藪'는 음독자(音讀字)이다. 유사향가에선 다음의 2 예가 더 쓰였다.

今呑 藪未 去遣省如(遇賊歌)
烽 燒邪隱 邊也 藪耶(彗星歌)

이밖에 신라시대의 이두문에서도 한 예가 발견된다.

石南巖 藪 觀音庵中 在內如(永泰2年石毗盧遮那佛銘 766)

'藪'는 옥편에 '덤불 수'라고 하였는데 우적가와 이두에 쓰인 것은 수도하기 위하여 은거하기 좋은 '숲'을 가리키는 것이다. 혜성가의 藪도 변방과 대비되는, 수양하거나 활동하기 좋은 숲을 가리키는 것으로 보인다. 『양주동(1965:344)』에서는 '사찰(절)'의 뜻도 가진 것으로 고증하였다. 이들로 보면 '藪'는 耆郞이 생전에 활동하던 곳, 또는 수양하던 숲을 가리킨다.

'邪'는 '耶/야'자의 본자이다. 유사향가에선 '邪'가 '야'음의 표기에 쓰인 예가 여럿 있다. '阿邪也/아야야<도천수>', '阿邪/아야<원왕생>', '伊叱等邪/잇ᄃᆞ야<혜성>' 등. 이 노래에서도 감탄사 '阿耶/아야'의 표기에 쓰인 예가 있어 '邪'와 '耶'가 혼용되고 있음을 볼 수 있다.

이 '邪/야'는 서술격조사로 쓰인 것이다. 고대어에서는 명사문이 널리 쓰였는데 이 명사문의 서술 표지는 조사 '야'가 쓰이고 용언문의 서술 표지는 '如/다'가 쓰여 구별되었다.

이상으로 제5구는 '耆郞의 활동하던 모습이 (남아) 있는 숲이다'로 해석할 수 있다.

제6구; 逸烏川理叱 磧惡希 / 逸烏나릿 별아긔

逸烏川理叱; '逸烏'는 고유어지명이다. 경주지역을 흐르는 '내의 옛 이름'이라고 본다.[2] '川理/나리'는 중세어의 '내ㅎ'이다. '叱/ㅅ'은 무정물 체언의 소유격조사이다. 이로써 이 단어는 '逸烏내의', '逸烏川의'로 해석된다.

磧惡希/별아긔; 磧은 옥편에 '냇가나 강가의 돌이 많은 곳', '물속에 모래가 쌓여서 된 섬, 삼각주, 여울'이라고 풀이하였다. 양주동은 이를 '지벽'으로 보았고 홍기문은 '지벽'의 고형에 '벼리'가 있었다고 보았다. 또 용비어천가의 '淵遷/쇠벼ᄅ'의 '벼ᄅ'가 '벼랑'의 고형이라고 하여 이 '磧'자를 '벼랑'의 뜻으로 보기도 하였다. 박병철(2011)에서 '쇠벼ᄅ'의 '쇠'를 '소(못)'의 속격형으로 보고 '벼ᄅ'는 '물(강)과 절벽 사이에 있는 모래밭'인데 이것이 사람이 다니는 '통로'가 된다고 고증하였다. 또 이 '벼ᄅ'는 고려가요 '동동에 나타나는 '별'에 소급하는 것이라고도 하였다. '惡希'는 '아긔'로 읽히는 처격조사인데 '希'가 '긔' 음을 표기한 것의 해명은 숙제로 남는다.

이상으로 제6구는 '逸烏내의 (벼랑 밑의) 모래밭 길에'로 해석된다.

제7구; 郎也 持以支如賜烏隱 / 郎야 디니디다시온

郎也; '郎'은 耆婆郎을 가리킨다. '也/야'는 '이아'가 축약된 호격조

2) 『양주동(1965)』에서는 '逸烏'를 '이로'로 읽고 '이로부터'의 뜻으로 해석하였으나 표기법상 맞지 않는 해석이다.

사이다. '郎이여'로 해석된다.

持以支如賜烏隱; '持以'는 '디니'로 읽힌다. '以/이'자는 '持'의 훈 '디니'의 말음을 첨기한 것이다. '攴'는 '支'자의 이체자로 '디'로 읽힌다. 이 '支/디'는 여실법의 조동사로 '持以/디니'의 뜻이 여실함을 강조한다. '꼭', '틀림없이', '분명히' 등의 부사로써 그 의미를 어느 정도 나타낼 수 있다. '如/다'는 과거시를 나타내는 보조어간이다. 중세어에서는 보조어간 '더'와 의도법보조어간 '오'가 결합하면 '다'로 나타나지만 여기서의 '如/다'는 중세어의 '더'와 같은 형태를 표기한 것으로 보인다. '賜/시'는 존대법 보조어간으로 '耆郎'을 존대한다. '烏/오'는 의도법보조어간이다. 중세어에서는 '시'와 '오'가 결합하면 '샤'가 되지만 고대어에서는 '賜烏/시오'의 형태로 축약되지 않고 쓰였음을 볼 수 있다. '隱/(으)ㄴ'은 동명사어미로 기정시(旣定時)를 나타낸다.

이상으로 제7구는 '기랑(耆郎)이여, (굳게) 지니어 오시던'으로 해석된다.

제8구; 心未 際叱肹 逐內良齊 / ᄆᆞᅀᆞ믜 ᄀᆞᆺ을 좇아아제

心未; 'ᄆᆞᅀᆞ믜'로 읽힌다. '未'의 조선시대 전통음은 '미'이지만 '米'자가 '매'음으로 읽히는 데 대하여 '未'는 '믜'음으로 읽혔던 것으로 추정할 수 있다. 이는 B. Kalgren의 Grammata Serica Recensa에서 중고음을 mjwei̯로 추정했고 周法高는 miuəi로 추정했다. 이는 고대한국어의 '未'의 음을 '믜'로 추정할 수 있게 한다. '未/믜'의 'ㅁ'음은 '心/ᄆᆞᅀᆞᆷ'의 말음을 첨기한 것이고 '의'는 유정물체언의 소유격을 나타낸다. 여기서는 耆郎의 '마음'이므로 유정물로 친 것이다. 현대어로는 '마음의'

로 해석된다.

際叱肹; ‘際’는 훈독하여 ‘ᄀᆞᇫ’으로 읽는다. ‘叱/ㅅ’은 그 말음첨기이다. ‘肹’은 대격조사 ‘(으)ㄹ’의 표기이다. 이 ‘際叱/ᄀᆞᇫ’이 구체적으로 어떠한 것인지는 애매한 면이 있다. ‘변두리’라고 보기보다는 ‘극단(極端)’ 즉 ‘최극단의 가장자리’의 뜻으로 보아야 문맥에 맞을 것으로 생각된다.

逐內良齊; ‘逐’은 훈으로 읽어 ‘좇’으로 읽는다. 중세어 ‘變ᄒᆞ야 업수믈 조ᄎᆞ리이다: 從變滅(楞2,4)’ 참고. ‘內’는 훈으로 읽어 ‘안’인데 말음을 탈락시키어 주로 ‘아’로 읽는다. 이 ‘內/아’는 860년대 이후 겸양의 조동사 ‘白/숣’이 발달하기 전까지 겸양의 조동사로 쓰였다. ‘良’도 훈으로 읽어 ‘아’로 읽는다. ‘당위성’을 나타내는 조동사이다. ‘齊’는 음으로 읽어 ‘졔’인데 이두에서 평서법 종결어미 ‘져’의 표기로 자주 쓰였다.

이로써 제8구는 ‘마음의 가장 높은 세계를 (마땅히) 좇으옵니다’로 해석할 수 있다.

감탄구; 阿耶 / 아야

이 감탄구는 향가에서 다음과 같이 여러 가지 표기로 나타난다.

阿耶/아야<우적가><광수공양><총결무진><찬기파랑>
阿邪/아야<도천수><원왕생>
阿也/아야<제망매>

제9구; 栢史叱 枝次 高支 好 / 자싯 가지 높디 호

栢史叱; '자싯'으로 읽힌다. 고대어의 잣(栢)은 '자시'였던 것으로 추정된다. <怨歌>에도 '栢史/자시'의 형태가 쓰였다.(南豊鉉, 2017b,9) '史/시'는 말음첨기이고 '叱/ㅅ'은 속격조사이다.

枝次; '가지'의 표기 '枝'는 훈독자로 '가지'로 읽힌다. '次'의 상고시대음은 '디'로 추정되지만 중고시대의 음은 '지'였던 것으로 추정된다.(南豊鉉, 2018,13-14) '枝/가지'의 말음첨기와 겸하여 주격조사 '이'가 축약되어 있다.

高支; '높디'의 표기이다. '高'자는 훈독하여 '높-'으로 읽는다. '支/디'는 여실법 조동사로 '高/높-'의 뜻을 강조한다. 이에 따라 '高支/높디'는 '높고도 높게' 정도로 해석할 수 있다.

乎; '호'로 읽힌다. 동사 'ᄒᆞ-'와 부사파생 접미사 '-오'의 결합으로 분석된다. 이 'ᄒᆞ-'는 대동사로 앞 구의 뜻을 총괄하는 기능을 하는데 뒤에 오는 구의 내용에 따라 그 문법적 연결관계가 달라진다. '하여', '하는데' 정도로 해석할 수 있다.

이 구는 뒤에 오는 구와 연계하여 해석하게 되는데 '잣나무의 가지가 높고도 높다 하여' 정도로 해석할 수 있다.

제10구; 雪是 毛冬 乃乎尸 花判也 / 눈이 모돌 나올 花判야

雪是; '눈이'의 표기이다. '雪'은 훈독하여 '눈'으로 읽히고, '是'는 훈가자 '이'로 읽히어 주격조사의 표기가 된다.

毛冬; '모둘'로 읽힌다. '毛/모'는 음가자이고 '冬/둘'은 훈가자로 보인다. '冬'자가 '둘'로 읽히는 연원은 밝혀지지 않았다. 能力否定詞로 중세어의 '몯', 현대어의 '못'에 해당된다. 이두의 용례는 <상서도관첩문>에 1 예가 있고 향가에 여러 용례가 있다.

<이두>
右 職賞分以 酬答 毛冬 教 功業是去 有在等以<상서도관첩문>

<향가>
毛冬 居叱沙 哭屋尸以 憂音<모죽지랑가>
一等隱 枝良 出古 去奴隱 處 毛冬 乎丁<제망매>
際 干萬隱 德海肹 間 毛冬留 讚伊白制<칭찬>
善芽 毛冬 長乙隱 衆生叱 田乙<청전>
際 毛冬留 願海伊過<총결>

乃乎尸; '乃'는 차자표기에서 '나'음의 표기로 쓰였다. 신라시대의 이두인 <화엄경사경조성기>(755)에 '那'자로 쓰여 '乃/나'의 원자가 '那'임을 보여 준다. <신라선림원종명(804)>에 '維那'를 '唯乃/유나'로 표기한 예가 있어 '那'자의 省劃字가 '乃/나'임을 알 수 있다. '毛冬/모둘'이 능력부정사 '못'의 뜻이므로 '乃乎尸/나올'은 동사임이 분명한데 그 뜻이 무엇인지는 밝히기가 어렵다. 중세어의 의태어 '너운너운'을 생각할 수 있는데 이는 '가볍다', '펄펄 날리다'의 뜻이므로 이 문맥에 맞는다고 하기가 어렵다. 문맥으로 보아 '능가(凌駕)하다', '능멸(凌蔑)하다'의 뜻이 맞는 것으로 보인다. '乎/오'는 의도법보조어간이라고 하기보다는 '乃/나'에 이어지는 어간말음으로 보아야 할 것이다. '尸/ㄹㆆ'은 동명사 어미이다. 이로써 이 어절은 '능가할' 정도로 해석한다.

花判也; '花判'은 '花郎'으로 해독한 이들이 많지만 '判'자를 '干/간'으로 바꾸어 읽은 해독도 많다. 이 '判'은 신라 17관등 가운데 제3 등인 '迊飡'을 '迊判' 또는 '蘇判'이라고 하는 것으로 보아(『三國史記』 권38, 職官上) '干'이나 '飡'과 같은 존귀한 관등을 나타내는 용어임을 알 수 있다. '郎'보다는 '判'이 격이 높은 등급이니 '花判'은 '花郎'보다도 격을 높여 부르는 칭호로 보아야 한다. '花郎'을 음독하는 것과 같이 '花判'도 음독하여야 한다. '也/야'는 서술격조사이다.

이로써 제10구는 '눈이 못 능가할 花判이다'로 해석된다.

3. 결어(結語)

이제까지 해독한 것을 각 구에 따라 정리하여 제시한다.

<해독>
제1구; 흐느낌을 그치고 나매
제2구; 나타나 (세상을) 밝히는 달님이
제3구; 흰 구름을 따라 (둥둥) 떠서 간 것이 아닌가!
제4구; 모래가 파란 물가 자갈밭에
제5구; 기랑(耆郎)의 (활동하던) 모습이 남아 있는 숲이로다.
제6구; 逸烏 내의 모래·자갈 밭에
제7구; 郎이여, (분명) 지니어 오시던
제8구; 마음의 가장 높은 곳을 좇으옵니다.
제9구; 잣나무의 가지가 높고 높다 하여(하는 것과 같이)
제10구; 눈이 능가하지 못할 花判이로다.

이 노래를 해독하면서 논의했던 내용을 정리하기로 한다.

1. '咽嗚'는 '嗚咽'의 어순을 바꿔 놓은 것으로 '嗚咽'을 우리말로 읽음을 나타낸 것으로 본다.
2. '爾處米'는 '그쳐매'로 읽히는데 확인법보조어간 '어'가 들어있다.
3. '露曉邪隱/난붉이얀'의 '邪/야'는 확인법보조어간 '아/어'가 '이'음 뒤에서 모음 충돌을 피하기 위하여 매개자음이 들어간 형태이다. 앞의 말을 '(난붉)이'로 읽어야 함을 말하여 준다.
4. '月羅理/둘라리'의 '알'은 '둘(月)'의 고형을 나타내거나 '둘'의 아어형을 나타내는 형태로 본다.
5. '逐于'는 '좇우(오)'로 읽히는데 논항을 갖는 부사이다.
6. '浮去隱 安攴下'의 '安攴/안디'는 'ㄴ'동명사를 부정하는 부정사(否定詞)이다. '下'는 의문형어미이면서 감탄의 뜻을 표현하는 어미이다.
7. '■史'는 '皃史'의 표기로 추정된다. '皃史'는 중세어 '즛'의 고대형 '즈시'를 표기한 것이다.
8. '是史/이시'는 '잇-(有)'의 고대어형으로 동명시어미 '-ㄴ'의 표기가 생략되었다.
9. '藪邪/야'는 '藪이다'로 해석된다. '藪'는 '숲'의 뜻인데 여기서는 耆婆郞이 활동하던 행적이 남아 있는 무대로 보인다. '邪/야'는 서술격조사이다.
10. '磧惡希/별아긔'의 '磧/별'은 '물가의 모래 · 자갈밭 길'의 뜻이다. '惡希'는 '아긔'로 읽히는 처격조사이다.
11. '持以攴如賜烏隱'은 어간 '持以/디니', 여실법조동사 '攴/디', 과

거시상의 '如/다(더)', 존경법보조어간 '賜/시', 의도법보조어간 '烏/오', 동명사어미 '隱/ㄴ'으로 분석된다.

12. '逐內良齊/좇아아져'는 어간 '逐/좇', 겸양법보조어간 '內/아', 확인법보조어간 '良/아', 원망(願望)의 종결어미 '齊/져'로 분석된다.

13. '栢史叱/자싯'의 '栢史/자시'는 '잣'의 고대어형이고 '叱/ㅅ'은 무정물체언의 속격조사이다.

14. '好/호'는 동사어간 'ᄒᆞ'와 부사파생접미사 '오'로 분석된다. '하여'나 '하여 가지고' 등의 뜻으로 해석된다.

15. '乃乎尸/나옲'은 문맥으로 보아 '능가할'로 해석한다.

16. '花判也/야'의 '花判'은 '花郎'보다 등급이 높은 사람을 가리킨다. '判'은 '干'보다는 높은 관등을 나타내는 호칭이고 '也/야'는 서술격조사이다.

〈혜성가(彗星歌)〉의 새로운 해독(解讀)

1. 서언

이 노래는 『삼국유사(三國遺事)』 권제5, <감통(感通) 제7>의 융천사혜성가(融天師彗星歌) 조에 실려 있다. 그 내용을 보면 거열랑(居烈郞), 실처랑(實處郞), 보동랑(寶同郞) 등 3 화랑이 풍악산(楓岳山)에 노닐고자 할 때 혜성이 나타나 심대성(心大星)을 범하였다. 이에 화랑들이 의아하여 여행을 중지하려고 하는데 융천사(融天師)가 이 노래를 지어 부르니 별의 괴변(怪變)이 없어지고 일본병도 돌아가 오히려 복과 경사가 되었다. 이에 대왕이 환희하여 낭도들을 풍악에 놀러 가게 하였다.

이로 보면 이 노래는 혜성의 괴변을 없앤 주술가(呪術歌)라고 하겠다. 융천사(融天師)가 주술을 부린 신비의 내용이 이 향가에 담겨 있다고 보아야 할 것이다. 이를 해독해 가면서 당시인들이 괴변을 없앴다는 신비가 어떠한 것인가도 생각해 보도록 한다.

이 노래를 구로 나누고 어절 단위로 띈 다음 그 주음(註音)을 보이면 다음과 같다.

제1구; 舊理 東尸 汀叱 / 녀리 東ㄹㆆ 믈서릿

제2구; 乾達婆矣 遊烏隱 城叱肹良 望良古 / 乾達婆의 노니온 잣을안 ㅂ라고

제3구; 倭理叱 軍置 來叱多 / 여릿 軍도 옷다

제4구; 烽 燒邪隱 邊也 藪耶 / 烽 술이얀 邊여 藪여

제5구; 三花矣 岳音 見賜烏尸 聞古 / 三花의 오름 보시옰 듣고

제6구; 月置 八切爾 數於將來尸 波衣 / 돌도 八切금 혜어가지옰 믌결의

제7구; 道尸 掃尸 星利 望良古 / 긼 븘 벼리 ㅂ라고

제8구; 彗星也 白反也 人是 有叱多 / 彗星여 술본여 사룸이 잇다.
後句/아야

제9구; 達阿羅 浮去 伊叱等邪 / 돌아라 ㅃ가 잇드여

제10구; 此也友 物北 所音叱 彗叱只 有叱故 / 이야디 것 所音ㅅ 彗ㅅ기 잇고

이 노래는 원본에 구를 단위로 띄어 놓았다. 다만 제3구와 제4구는 붙여져 있던 것을 양주동 이후 띄어 놓고 있다. 그러나 양주동은 제2구의 '乾達婆矣'를 제1구에 올려붙여 원본의 분절을 바꿔 놓았다. 그 후의 해독자들은 이를 따르는 이와 원본을 따르는 이로 갈린다. 원본에서 띄어 쓴 대로 놓고 해독하는 것이 옳은 것으로 생각된다.

2. 해독

다음에 각 구를 단위로 하여 해독해 나가도록 한다.

제1구; 舊理 東尸 汀叱 / 녀리 東ㅭ 믈서릿

舊理; 이는 '녀리'의 표기이다. 중세어에서는 이 형태가 '녜'로 발달하였다. 이는 고려시대의 '나리(川)'와 '누리(世)'가 15세기에는 '내'와 '뉘'로 발달한 것과 같이 어중의 'ㄹ'음을 탈락시키는 것과 동일한 궤를 밟은 것이다.

1가. 아으 正月ㅅ 나릿 므른<動動>
　나. 누릿 가온디 나곤<動動>

고려가요의 이 '나리'와 '누리'가 15세기에 '내'와 '뉘'로 바뀐 것과 같이 '舊理/녀리'도 이와 같은 과정을 밟아 '녜'로 바뀐 것이다.

東尸; '尸/ㅭ'은 속격조사이다. 고려시대의 석독구결 자료에서 속격조사 '尸/ㅭ'이 쓰인 예들을 뽑아 보면 다음과 같다.

2가. 何ㅎ {等}丨ソㄱ 乙 菩薩摩訶薩尸 聞藏ㆍ ノ 亽 口{爲}ソナ禾尸入ㄱ <화소1,3>(어떤 것을 菩薩摩訶薩의 聞藏이라 하는가 하면)
　나. 獨覺ラ 法ㆍ 菩薩尸 法ㆍ ノ 亽<화소19,2>(獨覺의 법과 보살의 법과 하는 것들이)
　다. 得ȝ 尒 如來尸 家ȝ 十 生在ソㅌ 于 ㅊ<화엄11,5>(여래의 집에 生在할 수 있으며)
　라. 或ソㄱ 梵志尸 諸ㄱ 威儀乙<화엄19,21>(혹은 梵志의 모든 威儀를)
　마. 大師尸 鄔波柁耶ㅗ 阿遮利耶ㅗ ノ 尸 ラ 依ȝ <유가25,8-9>(대사의 오파타야이다, 아샤리야이다 하는 이에 의지하여)
　바. 佛子ȝ {此}リ 菩薩ㄱ 亦ソㄱ 上尸 說ㅎㄱ 如支ソȝ <화소12,8>

(불자여, 이 보살은 또한 위의 說 한 것 같아)

사. 外尸 動ソ3ㅎ尸 所3 非矢皿<화엄20,11>(밖의 動하는 바가 아니라)

아. 三世尸 等3ノ1 入乙 知ヒ立<화엄7:24>(三世의 동등한 것을 알아 주소서)

자. 昔尸 得尸 未リソ ラヒ丨ノ1 所ヒ 勝利乙<금광7,18>(옛날의 얻지 못하였다 하는 바의 勝利를)

2가, 나, 다, 라, 마)에 쓰인 '尸/ㄹㆆ'은 존비(尊卑)와 관계없이 유정물의 속격을 나타내는 데 쓰였다. 2바)의 '上尸/웛'과 2사)의 '外尸/밧긇'의 '尸/ㄹㆆ'은 방위를 나타내는 말의 속격을, 2아)와 2자)의 '尸/ㄹㆆ'은 時間을 나타내는 말의 속격을 나타내는 것이다. 이상으로 볼 때 '尸/ㄹㆆ'이 사용빈도는 적지만 폭넓은 영역에 쓰이는 속격형태임을 알 수 있다.

汀叱; '汀'은 <찬기파랑가>에서 '汀理'로 표기되어 '믌서리'로 해독된 것이다. 따라서 '汀叱'은 '믌서릿'으로 읽고 '물가의'로 해석한다.

이로써 제1구는 '옛날 동녘의 물가의'로 해석된다. 이 '동녘의 물가'는 경주의 동녘이므로 동해바닷가를 가리키는 것이다. 이 구는 관형구로 제2구의 '城叱/잣'까지를 수식한다.

제2구; 乾達婆矣 遊烏隱 城叱肹良 望良古 / 乾達婆의 노니온 잣으란 ᄇᆞ라고

乾達婆矣; '乾達婆'는 산스크리트어를 한역(漢譯)한 것으로 '하늘나라에서 음악을 연주하는 신'을 말한다.(佛敎大辭典) '矣/의'는 유정물체언의 속격조사이다. '乾達婆의'로 해석이 되는데 '주격적 속격'이므로 '건달파가'로 해석할 수도 있다.

遊烏隱; '遊'의 15세기의 훈은 '노니-'이고 현대어로는 '노닐-'이다. '烏/오'는 의도법보조어간이고 '隱/ㄴ'은 동명사어미이다. 의도법보조어간은 '심리적으로 가까운 것'을 가리키는데 현대어로는 해석이 어렵다. 대명사를 넣어 '그 노니는'으로 해석하면 어느 정도는 그 뜻을 살리는 것으로 생각된다.

城叱肹良; '城叱'은 '잣'의 표기이다. '叱/ㅅ'은 말음첨기이다. '肹良'은 '肹/(으)ㄹ'과 '良/안'의 결합으로 '란'으로 읽힌다. 현대어서는 대격조사와 주제의 보조사가 결합된 '-을랑'으로 발전하였다. '良'의 훈은 '아'이어서 '內/아'와 서로 교체되어 쓰인다. 문맥에 따라 'ㄴ'을 재생하여 '안'으로 읽을 수도 있다. 이로써 '잣으란'으로 읽고 '城을랑은'으로 해석한다.

望良古; '望'의 중세어 훈은 'ㅂ라-'이다. '良'은 훈가자로 '아'음을 나타내어 '望/ㅂ라'의 말음을 첨기한 것이다. '古/고'는 확신법보조어간인데 이것을 문말에 써서 문장을 강한 뜻으로 종결한 것이다. '바라보는 바로 그 때에' 정도로 해석된다.

이상으로 제2구는 '乾達婆가 노니는 城/잣을 바라보는 바로 그 때에'로 해석된다. 이 구는 건달파가 노니는 평화로운 세상을 표현한 것이다. 다음 구부터는 편안하였던 세계가 변괴를 만나는 모습을 보여 준다.

제3구; 倭理叱 軍置 來叱多 / 여릿 軍도 옷다

倭理叱; '여릿'으로 읽힌다. '倭理/여리'는 중세어의 '예'의 고대어형이다. 어중의 'ㄹ'음 탈락은 앞의 '舊理/녀리' 항에서도 보았다.

軍置; '軍'은 음독하여 '군'으로 읽는다. '置'는 훈가자로 보조사 '두(>도)'를 표기한 것이다.

來叱多; '옷다'의 표기이다. '叱/ㅅ'은 '감탄'을 나타내는 보조어간이고 '多/다'는 단정의 뜻이 들어 있는 종결어미이다. 이로써 이 어절은 '오도다'로 해석이 되는데, 이를 기정사실화된 것으로 보아 '왔구나'나 '왔도다'로 해석할 수도 있다.

이상으로 이 제3구는 '倭軍도 왔도다'로 해석할 수 있다. 이 구는 피인용구인데 고대어에는 인용표지가 발달하지 않았으므로 '-라고 하는'과 같은 인용표지를 넣어 해석하는 것이 좋다.

제4구; 烽 燒邪隱 邊也 藪耶 / 烽 술이얀 邊여 藪여

烽 燒邪隱; '烽'은 '봉화'의 뜻이다. '燒邪隱'의 '邪'는 '耶'자의 이체자로 '야'음을 표기한 것이다. 이 '邪/야'는 확인법보조어간 '아'가 '이'음 뒤에서 변한 것이므로 앞의 '燒'의 어간을 '이'음이 있는 '술이'로 보아야 한다. 따라서 '燒邪隱'은 '술이얀'으로 읽어야 순탄한 해독이 된다. '불태우는'의 뜻이다.

邊也 藪耶; '也'와 '耶'는 글자만 다를 뿐 '야'음의 표기이다. 이 '야'는 서술격조사로 석독구결에서는 '亠/ㅣ(亦)' 자로 표기되었다. 이 서술

격조사는 열거의 경우에도 쓰여 현대어로는 조사 '와/과'로 해석되기도 하고 '-이다 ---이다', '-이고 --- -이고'와 같이 열거의 기능으로 해석할 수도 있다. 이 문맥에서는 감탄의 뜻도 들어 있다. 이로써 이 구는 '邊이다, 藪이다'로 해석된다. '邊'은 '변방'의 뜻이고 '藪'는 '숲'의 뜻인데 문맥상으로는 '山, 수풀'의 뜻이다.

이로써 제4구는 '봉화를 불태우는 변방이다, 산수풀이다.'로 해석된다. 이 구는 也'야', '耶/야'로 열거함으로써 '어수선하고 급박하게 돌아감'을 나타낸 것이다.

여기까지가 전4구이다.

제5구; 三花矣 岳音 見賜烏尸 聞古 / 三花의 오름 보시옰 듣고

三花矣; '矣/의'는 속격조사이다. '三花'는 '3 화랑(花郞)'이다. '화랑'은 낭도(郎徒)들을 거느리는 젊은 지도자이다. 이러한 3명의 화랑이 수십명의 낭도를 거느렸으므로 그들이 동시에 어떤 행동을 하면 세상의 주목을 받게 되었던 것으로 보인다.

岳音; '오름'의 표기이다. 이 단어는 제주방언에 아직도 남아 있다. 한라산을 둘러싸고 있는 제주 전역에서 볼 수 있는 작은 산들을 '오름'이라 하고 있다. 이 노래에서는 '산' 일반을 가리키는 것으로 보이는데 구체적으로는 세 화랑이 오르고자 했던 '풍악(楓岳)산'을 가리킨다.

見賜烏尸; '見'은 '보다'의 뜻인데 여기서는 '유람(遊覽)하다'의 뜻이다. '賜'자의 고대음은 '시'인데 이것이 존대의 보조어간으로 쓰였다. 11세기 말 12세기 초의 석독구결자료인 <화엄경소>에도 그 약체자인

'㳄' 자로 쓰이다가 그 이후의 자료에서는 '示'자의 약체자인 '〻'자로 바뀌었다. '烏/오'는 의도법보조어간으로 동명사어미 '尸/ㄹㆆ'과 같이 쓰였다. 이 어절은 '유람하심'으로 해석된다.

聞古; 이는 '듣고'의 표기이다. '古/고'는 확신법보조어간이 구절의 끝에 쓰여 종결어미와 같은 기능을 하고 있다. '듣고 나서', '듣고 나도다' 정도로 해석이 된다. 이 제5구는 '세 화랑의 산(岳音/오름-풍악산)을 유람하신다는 말을 분명히 듣고'로 해석된다.

제6구; 月置 八切爾 數於將來尸 波衣 / ᄃᆞᆯ도 八切금 혜어가지ᇙ 믌결의

이 구는 달과 물결이 보여 주는 신비함을 표현한 것이다.

月置; 置는 훈으로 읽어 보조사 '두'로 해독한다. 대립되는 모음으로 교체하는 것으로 보면 '도'로 읽을 수도 있다.

八切爾; 이 어절은 해독자들이 의외로 잘못 읽어 온 것이다. '八切'은 한자어이다. '8 조각'을 뜻한다. 爾은 '彌'자의 오른쪽을 딴 생획자(省畫字)이다. 이두에서는 그 초서체인 尒이 쓰인다. 彌자에 '그치다'의 뜻이 있는데 이를 고대어나 중세에서는 '금-'으로 새겨 읽고 이를 훈가자로 차용하였다. 중세어에서는 음운동화에 의하여 이 '금(尒)'이 '곰'으로 바뀌어 '개별(각각)'의 뜻을 나타내었다. 현대어로는 '씩'이다.

數於將來尸; '數於'는 '혜아리다'의 '혜아'이다. 중세어의 '혜아리-'는 여기에 '리'가 첨가된 것이라고 할 것이다. '將來尸'은 '가지ᇙ'로 읽는다. '과거부터 해 내려오다'의 뜻으로 해독한다.(남풍현 2017) 이는 한문에 쓰이는 한자어를 훈독한 것이다. '尸/ㄹㆆ'은 항시성을 나타내는 동명사 어미로 현대어로는 '-는'에 해당한다. 이로써 이 어절은 '혜아려 오는'으로 해석이 된다.

波衣; 波의 중세어훈은 '믌결'이고 현대어로는 '물결'이다. 衣는 矣와 함께 '의'음의 표기에 쓰이는데 矣는 속격조사로 쓰이고 衣는 처격조사로 쓰이는 경향이 있다.

이상으로 제6구는 '달도 8 切씩 혜아려 오는 물결에'로 해석할 수 있다. 이는 이 노래의 주술(呪術)적인 신비성을 증진시키는 표현이다.

제7구; 道尸 掃尸 星利 望良古 / 길ㆆ 쓿 벼리 ㅂ라고

道尸; '尸/ㄹㆆ'은 '道/긿'의 말음첨기이다.

掃尸; 이는 '쓿'로 읽힌다. '尸/ㄹㆆ'은 동명사어미로 항시성을 나타내어 현대어로 해석하면 '쓰는'이 된다. 이 '道尸 掃尸/긿 쓿'은 혜성이 하늘에서 빗자루와 같은 긴 꼬리를 달고 내려오는 모습을 표현한 것이다.

星利; '벼리'의 표기이다. 현대어로는 '별'이지만 함경도 방언에서는 '베리'로 쓰이고 있다. 별의 고형이 '벼리'임을 보여 준다.(福井玲2018)

望良古; 제2구의 해독에서 설명하였다.

이 구는 '길을 쓰는 별을 바라보고서는'으로 해독이 되는데 '古'의 확실법의 서법은 현대어에서는 문맥에 가려 드러나지 않는다.

제8구; 彗星也 白反也 人是 有叱多 / 彗星여 ᄉᆞᆲ뵨여 사ᄅᆞᆷ이 잇다

彗星也 白反也; '也/야'는 서술격조사이다. 이를 사물을 열거하는 데 쓰고 있다. '白反也'는 'ᄉᆞᆲ+아+ㄴ'으로 분석된다. '-아-'는 확인법 보조어간이다. '사뢰고 있음이 확실함'을 나타내는 것이다. '白/ᄉᆞᆲ-'에 겸양의 뜻이 있으므로 현대어로는 '사뢰나이다'로 해석할 수도 있다. 이 구는 인용구이다. 고대어나 중세어는 인용표지가 발달되어 있지 않았으므로 이를 해석할 때는 '-라고 하는'이란 인용표지를 넣어야 그 뜻이 살아난다.

人是 有叱多; 글자 그대로 '사람이 있도다'로 해석된다. 이 '人'은 '사람 일반'을 가리키므로 복수로 보아 '사람들'로 해독하는 것이 문맥에 맞는다. '有叱/잇'은 동사어간이고 '多/다'는 서술법어미이다. 이 '-多/다'에는 단정의 의미가 있는데 이를 살리어 '有叱多/잇다'를 '있구나, 있도다'로 해석할 수 있다.

이상으로 제8구는 '혜성입니다, 사뢰니다라고 하는 사람들이 있구나'로 해석이 된다.

제9구; 達阿羅 浮去 伊叱等邪 /ᄃᆞᆯ아라 ᄠᅳ가 잇ᄃᆞ여

達阿羅; 이는 뒤에 오는 '浮去/ᄠᅳ가'와 연계하여 '허공에 떠가는 달(月)임'을 알 수 있다. '達阿羅'는 'ᄃᆞᆯ아라'로 읽고 'ᄃᆞᆯ+알+아'로 분석할 수 있다. 이는 <원가>에서는 '月羅理/ᄃᆞ라리'로 쓰였다. 여기서 공통되는 형태인 'ᄃᆞᆯ알'을 추출할 수 있는데 이는 '달(月)'을 아어적(雅語

的)으로 표현한 것이다. 이 '돌알'을 '달님'으로 해석하면 전자에서는 호격조사 '아'를 추출할 수 있고 후자에서는 주격조사 '이'를 추출할 수 있다. 이에 따라 이 어절은 '달님이시여'로 해석하는 것이 좋을 것으로 생각된다.

浮去; '뜨가'로 읽을 수 있다. 어간과 어간이 결합된 복합동사이다. 고대한국어에서는 동사의 어간이 자립성이 강하여 어미의 매개 없이도 뒤에 오는 말에 연결될 수 있다. '떠가고' 정도로 해석된다.

伊叱等邪; '伊叱/잇'은 동사 '有'의 어간이다. '等/드'는 여실법 의존명사로 '똑같다', '틀림없는 그것'으로 해석된다. '邪'는 '耶'자의 이체자로 서술격조사이다. 고대한국어는 명사문으로 서술하는 문법이 발달되어 있어서 이 서술격조사가 문장을 끝맺는 데에 자주 쓰였다. 후대에는 이 '等/드'와 '邪/야'가 축약되어 감탄법어미 '丁/뎌'가 되었다. 해석하면 '-도다', '-구나'가 된다.

이상으로 제9구를 해석하면 '달님이시여, 떠가고 있구나(있습니다그려)'로 해석할 수 있다.

後句; 이 구는 다른 향가에서는 '阿耶/아야'로 표현하고 있다.

제10구; 此也友 物北 所音叱 彗叱只 有叱故 / 이야디 것 所音ㅅ 彗ㅅ기 잇고

이 구는 깨진 글자가 있고 난해어도 있어서 해독하기가 어렵다.

此也友; '此'는 훈독자로 '이'로 읽는다. 대명사이다. '也/야'는 처격조사 '아'가 '이'음 뒤에서 변이된 것이다. '友'자는 '支'자가 깨져서 획이 어긋난 것이다. 여실법조동사 '디'의 표기이다. '支'를 '같다'의 뜻으로 해석하면 앞의 처격조사 '也/야'는 비교격이 되어 현대어로는 '-와'로 해석이 된다. 즉 '이와 똑같은'으로 해석된다. 이 '此也友(支)/이야디(이와 똑같은)'는 앞 구들에서 말한 내용들을 총괄하는 기능을 한다.

物北; '北'은 양주동(1965:601)에서 '叱'자의 오각(誤刻)으로 보았다. '物叱'은 '것'으로 읽을 수 있는데 지소적인 표현인 '갓'으로 읽을 수도 있다.

所音叱; '所音'은 <안민가>에도 쓰였는데 구체적인 뜻은 알 수가 없다. '叱/ㅅ'은 속격조사이다. '所音'의 뜻은 추정하기 어려우나 중세어의 '소홈'에 이어지는 말이 아닐까 한다.

3가. 須達이 부텨와 즁괏 마롤 듣고 <u>소홈 도텨</u> 自然히 ᄆᆞᅀᆞ매 깃븐 ᄠᅳ디 이실씨<釋詳6,16b>
나. 王이 드르시고 <u>소홈 도텨</u> 讚嘆ᄒᆞ시고<釋詳11,32b>
다. 魔王이 듣고 깃거 <u>소홈 도텨</u> 부텨ᄭᅴ ᄀᆞ장 깃븐 ᄆᆞᅀᆞᄆᆞᆯ 내야<月釋4,30b>

이들 '소홈'은 '도티다'와 함께 쓰였는데 '기쁨에 넘치는 모습' 즉 '즐거움이 샘솟는 모습'을나타낸다.

彗叱只; '只/기'의 뜻을 알 수 없으나 문맥으로 보아 '혜성의 별칭이나 그 지소적 표현'으로 생각된다. '彗星 따위' 정도로 해석할 수 있다.

有叱故; 이제까지의 해독자들이 '故/고'를 의문법어미로 보아 이에 대응하는 의문사를 찾는 데 고심하여 왔다. 이 '故'는 '古'자에 장식적인 '攵'이 덧붙은 것으로 '古'와 같은 것이다. 제2구의 '望良古/ㅂ라고', 제5구의 '聞古/듣고'에서 보아온 바와 같이 이 '故(古)는 문말에 쓰인 확신법보조어간이다. 따라서 '有叱故'는 '있도다' 정도로 해석할 수 있다.

이상으로 제10구는 '이와 같은 것들, 환희의 혜성 따위가 있음이로다' 정도로 해석된다.

3. 결어

위에서 이 노래를 10구로 나누고 주음을 단 다음 어절에 따라 그 뜻을 해독하여 왔다. 이 해독은 석독구결과 이두를 가지고 연구한 고대 한국어에 대한 지식을 바탕으로 새로운 해독을 하여 보고자 한 것이다. 이제까지 해독한 것을 구를 단위로 하여 열거하면 다음과 같다.

제1구; 옛날 동녘(의) 물가의(東海)
제2구; 乾達婆가 노닌 城을(랑) 바라보니
제3구; 여리군(倭軍)도 왔도다.
제4구; 봉화를 피워 올린 변방이다, 숲(산)이다.[부산한데]
제5구; 세 화랑이 오름(풍악산)을 관광하신다고 듣고서
제6구; 달도 8절씩 헤아려 오는 물결에
제7구; 길을 쓸며 내려오는 별을 바라보고서
제8구; 혜성입니다. 아룁니다 라고 하는 (부산한) 사람들이 있구나.
아야(後句)
제9구; 달님도 떠 가고 있구나
제10구; 이와 같은 것들, 환희의 혜성 따위가 있는 것이로다.

이 노래는 일괴(日怪)를 물리치는 주술의 노래로 제6구의 신비성의 표현, 제10구의 반어적인 표현들이 있는 반면에 제1, 2 구의 평화로움과 제9구의 평화로움이 대조를 이루고 있음을 볼 수 있다.

이 해독을 하면서 논의되었던 사항들을 정리한다.

1. '舊理/녀리', '倭理/여리'에서 '舊'와 '倭'의 고대어형이 확인된다.
2. '東尸/東ㄹㆆ'에서 속격조사 '尸/ㄹㆆ'의 쓰임이 확인된다.
3. '望良古/ᄇᆞ라고', '聞古/듣고', '有叱故'에서 확신법 보조어간 '古(故)'가 문말에 쓰여 종결사로 쓰인 것이 확인된다.
4. '來叱多/옷다'에서 감탄의 보조어간 '叱/ㅅ'이 확인된다.
5. '邊也 藪耶'와 '彗星也 白反也'의 '也(耶)/야'는 서술격조사 '也(耶)/야'가 체언을 열거하는 데에 쓰인 것이다.
6. '八切爾'의 '爾'는 '尒'자로도 쓰이는데 '개별(個別)'을 뜻하는 첨사 '금(씩)'의 뜻이다.
7. '數於將來尸'의 '將來/가지-'는 중국어에 쓰이는 용어를 가져온 것으로 '전부터 그렇게 하여 옴'의 뜻을 나타낸다.
8. '星利/벼리'는 한경도방언 '베리'에 그 어형이 보존되어 있다. '별'의 고대어형이다.
9. '達阿羅/ᄃᆞᆯ아라'에서 'ᄃᆞᆯ(月)'의 아어형 접미사 '알'을 추출할 수 있다. 'ᄃᆞᆯ님'의 뜻이다.
10. '伊叱等邪/잇ᄃᆞ야'의 '等邪/ᄃᆞ야'는 후대에 감탄법어미로 발달한 '丁/뎌'의 고대어형이다.
11. '此也友 物北'의 '友'는 '支'의 오각이고 '北'은 '叱'자의 탈획에

서 생긴 오자이다. '此也支/이야디'는 '이에 같은 것' 즉 '이와 똑같은 것'으로 해석된다.

12. '所音'은 중세어 '소훔 도티-'의 '소훔(즐거움)'으로 추정된다.
13. '彗叱只'는 혜성을 지소적으로 표현한 것이다.
14. '有叱故'의 '故'는 '古'자에 장식적인 '攵'을 더한 것이다. '있도다'로 해석된다.

〈참고문헌〉

金完鎭(1980),『鄕歌解讀法硏究』, 서울大學校 出版部.

南廣祐(1999),『古語辭典』, 敎學社.

南廣祐(1995),『古今漢韓字典』, 仁荷大學校出版部.

南豊鉉(1917a), 遇賊歌의 解讀,『口訣硏究』39, 口訣學會.

南豊鉉(2017b),〈怨歌〉의 解讀,『國語學』83, 國語學會.

南豊鉉(2018),〈兜率歌〉와〈祭亡妹歌〉의 새로운 解讀,『震檀學報』130, 震檀學會.

박병철(2011), ≪龍飛御天歌≫ 正音 表記 地名과 漢字語 地名의 對立, 變遷에 관한 硏究,『國語學』60, 3-32. 國語學會.

梁柱東(1965),『增訂古歌硏究』, 一潮閣.

周法高主編(1974),『漢字古今音彙』, 中文大學 出版社. 上海.

이현정(2012), 찬기파랑가(讚耆婆郞歌) 해독안 검토, 김성규 감수『향가해독자료집(PDF)』, 서울대학교 대학원.

福井玲(2018), 小倉進平『朝鮮方言の硏究』所載資料による言語地圖とその解釋,『韓國語究』13, 韓國語硏究會.

'면내다', '깃옷' 그리고 '죽살다'

李 翊 燮

1. 序言

전래적으로 방언조사는 표준어만으로 풀리지 않는 문제를 해결하기 위한 한 수단으로 행해지는 일이 많았다. 가령 脣輕音 'ㅸ'의 실체를 풀기 위해 표준어와 달리 '새비'나 '더버서'와 같이 'ㅂ'을 유지하고 있는 방언을 찾아 그 실마리를 찾으려고 하였는가 하면, 'ㆍ'의 音價를 밝히기 위해 'ᄑᆞ리'가 표준어 '파리'와 달리 '포리'로 변한 방언을 찾아 추론의 발판으로 삼곤 하였다. 그런데 이때 우리가 의존하였던 방언의 자료는 극히 한정되어 있었다. 거의 몇몇 소실된 문자의 音價를 추리하는 자료에 국한되어 있었고, 좀 시야를 넓힌 경우에도 주로 音韻變化에 관련된 규칙을 찾는 일이었다. 말하자면 미리 준비된 조사항목을 가지고 현지를 찾아가는 방언조사의 테두리에 갇혀 있었다.

근래 필자가 方言辭典을 위해 방언조사를 하면서 새삼 깨닫는 것은 그동안 우리가 방언을 너무나 좁은 시각으로, 어떻게 보면 편의주의로 이용해 왔다는 것이었다. 고작 1천여 개의 조사항목으로 만든 質問紙

를 들고 가서 기본적인 어휘나 몇몇 규칙을 조사해 오는 일이 그 주류를 이루었던 것이다. 그런데 방언은 깊이 들어가 보면 볼수록 그러고 말기에는 우리를 새롭게 일깨워 줄 자료를 수없이 품고 있다. 전혀 기대하지 않았던 세계가 그야말로 '眼前에 展開'된다.

필자는 이것을 이렇게 비유하곤 한다. 그동안 우리가 다루어 왔던 국어 자료는 화단에 가꾸어 놓은 화초들이었다. 좀더 너그럽게 보아 주면 식물원에 가꾸어 놓은 초목들이라 해도 좋을 것이다. 거기에 비해 방언은 野生花며, 드넓은 山野에서 자유롭게 자란 초목들이다. 좀 무질서해 보이지만, 거기는 거기대로 엄연한 질서가 있고, 다채롭기 그지없는 세계가 있다.

강릉방언이라는 좁은 지역의 방언이지만, 이 방언만에서도 우리가 그동안 불분명한 채로 남겨 두었던, 심지어 엉뚱한 방향으로 잘못 해석했던 것들을 바로잡아 줄 자료들이 줄지어 나타났다. 우리나라 국어사전들은 오랫동안 궁색하게 만들어 넣은, 그저 흉내만 낸 짤막한 예문 말고는 예문다운 예문이 없는 체재로 내려오다가 근래에 와서 비로소 이른바 말뭉치라는 것을 구축하여 이제는 예문을 필수적인 요건으로 인식하게 되었다. 그러나 그 말뭉치는 거의가 글에서 뽑은 것이고, 그것도 거의 소설이나 수필류 등 한정된 장르의 것이어서 실제로 쓰이는 우리말의 실체를 알뜰히 담는 데는 한계를 드러내고 있다. 그동안의 부실한 해석, 잘못된 해석은 우선은 거기에서 오는 것이기도 하겠으나, 이 글에서는 강릉방언의 자료로 그것들을 올바로 잡아 줄 수 있는 것들을 몇 가지 추려 보고자 한다.

2. 쥐 면내듯

2.1. 국어사전들에 보면 우리가 자주 접해 볼 기회가 없는 낯선 단어 '면내다'가 올라 있다. 그 뜻풀이는 거의가 비슷하게 되어 있는데, 그 始原이라 할 『큰사전』(한글학회, 1947-56)의 것을 보면 다음과 같다.[1)]물론 (1ㄱ)의 것이 기본 의미이고, (1ㄴ)은 거기에서 확장된 비유적이고 부차적인 의미다.

(1) ㄱ. 쥐나 개미나 게 따위가 흙 구멍을 뚫느라고 흙을 보드랍게 긁아 파내어 놓다.
ㄴ. 남의 물건을 조금씩 도둑질하여 내다.

참고로 『국어대사전』(이희승, 1986, 수정증보판. 초판 1961)의 것과 『표준국어대사전』(국립국어연구원, 1999)의 것을 아울러 보면 각각 다음 예문 (2) 및 (3)과 같다.[2)]

(2) ㄱ. 개미 · 게 · 쥐 등이 구멍을 뚫느라고 보드라운 가루 흙을 파내어 놓다.
ㄴ. 남의 물건을 조금씩 조금씩 훔쳐 내어 쌓아 놓다.

---

1) 그 영향 관계를 알기 어려우나 文世榮의 『朝鮮語辭典』(1938)에는 '면내다'가 "쥐가 물건을 훔쳐다가 쌓아 두다"로, 마치 다른 사전에서 두 가지 의미로 나누어 풀이한 것을 하나로 합친 듯한 모습으로 정의되어 있다.

2) 이들 사전 외에 『표준국어사전』(신기철 신용철, 1958)에도 비슷한 내용이 있다. 즉 '면내다'의 풀이가 "① 쥐나 개미 따위가 구멍을 뚫느라고 흙을 긁아 파내어 쌓다. ② 남의 물건을 조끔씩 조금씩 훔쳐 내다"로 되어 있다. 그리고 뒤에서 곧 볼 '면'의 풀이도 "쥐나 개미 따위가 긁아 파내어 쌓은 보드라운 흙"으로 되어 있다.

(3) ㄱ. 쥐나 개미, 게 따위가 구멍을 뚫느라고 보드라운 가루 흙을 파내어 놓다.

ㄴ. 남의 물건을 조금씩 조금씩 훔쳐 축을 내다. 예 그 집 집사는 주인집 물건을 면내다가 결국에는 들키고 말았다.

필자는 '면내다'가 과연 현대국어의 일원으로 쓰여 왔고, 또 쓰이고 있는지에 대해 懷疑를 품고 있다. 앞의 풀이 그 어떤 것도 우리의 현실과 거리가 멀다는 생각을 하고 있는 것이다.

앞의 세 사전 중 앞 두 사전에는 예문이 없고, 국립국어연구원의 예문도 부차적인 의미에 해당하는 것이어서 결국 '면내다'의 기본 의미로 쓰인 예문은 이들 사전 어디에도 없다. 예문 하나 없이 실린 표제어들 중 많은 것은 사전에서는 명맥이 유지되고 있으나 이미 死語가 된 것들이기가 쉽다는 것이 필자의 생각인데, 실제로 현재까지 자료에 나타난 것을 보면, '면내다'가 그나마 숨을 붙이고 있는 것은 '쥐 면내듯'이라는 속담에서뿐이다.

이 속담은 『표준국어대사전』의 '쥐' 항에, 예문은 없이 "무엇을 남모르게 조금씩 날라다 쌓아 놓는 모양을 비유적으로 이르는 말"로 풀이되어 실려 있으나, 그 이전에 『俗談辭典』(李基文, 1962)에 실려 있었다. 거기에는 "무엇을 남모르게 조금씩 드러낸다는 뜻"이라는 풀이와 함께 다음 예문도 함께 실려 있다.

(4) 食糧難이 극도로 심하여 반출 금지의 눈을 피하여 가며 시골에서 쥐 면내듯 한 말씩 닷 되씩 얻어 나르기에 노상 길에 나서서 歲月을 보냈다는 이야기였다. (李熙昇, 隨筆)[3)]

그러니까 현재 우리가 접할 수 있는 '면내다'는 부차적이고 파생된 의미로 쓰인 것뿐이요, 그것도 '쥐'와 묶여 있는 用例뿐이다. 그 기본 의미로 쓰인 것은 全無한 상태인 것이다.

그렇다면 "쥐나 개미나 게 따위가 흙 구멍을 뚫느라고 흙을 보드랍게 갉아 파내어 놓다"라는 의미는 어디에서 추출된 것일까? '쥐 면내듯'이라는, 그야말로 비유적으로 쓰인 용례에서 이런 뜻을 추출해 냈다고는 믿기 어려운 뜻풀이가 아닌가? 앞의 세 사전에는 '면내다'에서 '면'을 따로 명사로 분석하여 각각 아래 (5)-(7)과 같은 풀이를 올리기도 하였다.

(5) 쥐나 개미나 게 따위가 갉아 파 놓은 보드라운 흙.

(6) 개미 · 쥐 · 게 등이 갉아 파내어 놓은 보드라운 가루 흙.[4)]

(7) 쥐나 개미가 파 놓은 보드라운 흙.[5)]

'면내다'나 이 '면'의 이와 같은 뜻풀이가 무엇을 근거로 한 것인지 자못 궁금하지 않을 수 없다. 우리에게까지는 알려지지 않았지만 '면내다'가, 또 따로 '면'이 일상적으로 쓰인 자료들이 있었던 것일까? 필자로서는 쉽게 그 해답을 찾을 길이 없다.

---

3) 출처에 '隨筆'이라고만 되어 있고 그 수필의 제목이 없어, 그것을 찾아보았으나 쉽게 눈에 띄지 않는다.

4) 사소한 것이지만 (2ㄱ) '면내다' 풀이 때의 '개미 게 쥐'의 순서가 여기서는 '개미 쥐 게'의 순서로 바뀌어 있다.

5) 무엇 때문인지 (3ㄱ)의 '면내다' 풀이 때의 '쥐나 개미, 게 따위'가 여기서는 '게'를 빼고 '쥐나 개미'로 되어 있다.

2.2. 여기서 '면내다'의 原流를 찾아 역사를 좀 거슬러 올라갈 필요가 있어 보인다. '면내다'는 지금까지 알려진 바로는 기원적으로 15세기 말 문헌인 『救急簡易方(3:14)』의 "쥐 새로 몃낸 홁"의 '몃내다'로 소급된다. 다음 (8ㄱ)은 그 아래 (8ㄴ)의 원문을 諺解한 것이고, (9ㄱ)은 그 원문인 (9ㄴ)의 '鼠新坌土' 아래에 붙은 夾註다.

(8) ㄱ. 쥐 새로 몃낸 홁을 손아힉 오좀애 므라 브티라.
ㄴ. 鼠新坌土 以小兒尿 和傅之.

(9) ㄱ. 쥐 새로 몃낸 홁.
ㄴ. 鼠新坌土.

여기에서 우리의 주목을 끄는 것은 '몃낸'의 '몃'이 받침 'ㅅ'을 가진 형태라는 점이다. 이처럼 '몃'으로 받침 'ㅅ'을 넣어 표기된 예는 이 『救急簡易方』의 두 예뿐이다. 말하자면 맞춤법을 '몃'으로 채택한 용례는 이것 말고는 달리 보고된 것이 없다. 이 받침 'ㅅ' 문제에 대해서는 뒤에서 따로 논하겠거니와 필자는 받침 'ㅅ'을 가진 '몃'이 이 단어의 原形이라 생각한다.

이 받침 'ㅅ'이 한참 후대이긴 하나 柳僖의 『物名攷(卷5, 土1)』에 오면 다음 (10)에서 보듯이 'ㄴ'으로 바뀐다. '鼠壤' 다음에 작은 글씨로 붙인 漢文은 註釋이고, 그 끝에 '鼠壤'에 해당하는 우리말 '쥐 면닌 흙'이 보인다.

(10) 鼠壤: 齊魯之間謂鼠所出土曰壤. 쥐 면닌 흙.

이렇게 보면 국어사전의 '면내다' 및 '면'은 거슬러 올라가 이 『物名攷』의 '면닌'에서 그 뿌리를 찾을 수 있다. 그리고 그 뜻풀이도 이 '쥐 면닌 흙', 또 그 앞의 '鼠壤' 및 '鼠所出土曰壤'을 발판으로 삼은 것이 아닐까 하는 짐작을 일으킨다. 물론 『救急簡易方』의 '쥐 새로 몃낸 홁'과 그 원문 '鼠新坌土'도 중요한 자료가 되었을 법하다. 두 곳에 다같이 '쥐'가 있는 것도 그렇고, 또 옛말 풀이에 그와 짝으로 제시되어 있는 漢字 對譯 이상으로 안성맞춤인 것은 없기 때문이다.

'鼠壤'은 『漢韓大辭典』(檀國大學校 東洋學硏究所, 2004)에 "쥐구멍의 흙. 또는 일설에는 쥐가 구멍을 팔 때 끌어낸 흙이라고 한다"와 같은 풀이가 예문과 함께 실려 있다. '鼠新坌土'의 '坌土'는 따로 숙어로 나오는 것이 없으나, '坌土'의 '坌'에 '모으다' '땅을 파다' '먼지, 티끌'과 같은 의미가 있고, 또 '鼠壤'의 '壤'에도 '부드럽고 비옥한 토양' '흙을 파내다' '먼지, 티끌'이라는 비슷한 의미가 있다. 이렇게 보면 '면내다'의 의미를 이들에게서 추출해 냈으리라는 생각이 더욱 굳어진다. 쥐가 구멍을 내려고 갉아낸 흙은 작은 알갱이가 될 것이고 그게 더 작아지면 부드러운 티끌이나 가루처럼 될 터인데, "보드라운 흙" "보드라운 가루 흙"이라는 풀이는 바로 이들 漢字에 들어 있는 의미가 아닌가.

그런데 여기서 하나 눈에 띄는 것은 '鼠壤'에는 곧바로 '면내다'[6]와 짝이 되는 漢字는 없다는 사실이다. 직역하면 '쥐흙'이 될 뿐 '면내다'에 해당하는 동사는 들어 있지 않다. 그 없는 동사 '면낸'이 어떻게 보면 좀 엉뚱하게 끼어들어 있는 것이다. 이와 같은 풀이 형식은 『物名攷

6) 두 문헌의 '면닌'과 '면낸'은 앞으로는 '면낸' 하나로 묶고, 그 기본형도 '면내다'로 인용한다.

(卷5, 土1)』의 '鼠壤' 항 바로 뒤에 있는 다음 예문 (11)에서도 똑같이 나타난다. 즉 '坌'은 '두더지 분' 字로, '坌壤'은 직역하면 '두더지흙'이라고 할 것을 '두더쥐 슈신 흙'이라고 '슈진' 즉 '쑤신'이라는 동사를 넣어서 풀이하고 있다.

(11) 坌壤: 두더쥐 슈신 흙.

이들 '면낸'이나 '슈신'은 말할 것도 없이 의미를 돕기 위해, 말하자면 意譯을 하느라 만들어 넣은 부분이다. 그러니까 '두더쥐 슈신 흙'의 '슈신'의 의미를 '坌壤'의 어떤 漢字 하나에서 찾을 수 없는 것과 마찬가지로 '쥐 면낸 흙'에서 '면낸'의 의미를 '鼠壤'의 어느 漢字 하나에서 곧바로 찾을 수는 없게 되어 있다. '슈시다'는 그나마 익숙히 쓰는 단어이니 그 어려움이 없겠으나, '면내다'는 달리 용례가 없었다면 어려움을 겪을 수밖에 없었을 것이다. 국어사전들의 뜻풀이에 어떤 문제점이 있다면 바로 이것이 그 원인이 아니었을까 하는 생각이 든다.

국어사전의 "쥐나 개미나 게 따위가 흙 구멍을 뚫느라고 흙을 보드랍게 갉아 파내어 놓다" 및 "쥐나 개미나 게 따위가 갉아 파 놓은 보드라운 흙"은 적어도 『物名攷』나 『救急簡易方』의 '쥐 면낸 흙'에는 어울리지 않는 定義다. '쥐 면낸 흙'의 '면낸' 자리에 이들을 代入해 보라. '쥐-*쥐나 개미나 게 따위가 흙 구멍을 뚫느라고 흙을 보드랍게 갉아 파내어 놓는*-흙' 또는 '쥐-*쥐나 개미나 게 따위가 갉아 파 놓은 보드라운 흙*-내는 흙'과 같은, 얼마나 우스꽝스러운 말이 되는가.

당장 드러나는 이 不合理를 어떻게 지혜롭게 푸는 길이 있었을 법도

한데 처음부터 어떻게 길을 잘못 들어섰던 것이 아닌가 생각된다. 그리고는 국어사전에 한번 자리를 잡으면 이내 권위가 생겨, 그저 베끼고 또 베끼고 하면서 늘 그 모습으로 이어져 온 것으로 보인다.[7)]

2.3. 여기서 이 숙제를 푸는 일에 얼마간은 숨통을 틔어 주는 강릉방언의 자료를 보고자 한다. '면내다'에 해당하는 '메스내다'가 그것이다. 필자가 국어사전의 '면내다' 및 '면'에 관심을 가지게 된 것은 바로 이 '메스내다' 때문이기도 하다.

(12) 아버지는 "이 집이 (*아들이 소설가로 유명해졌으니) 애:중(나중) 사:람덜이 ˊ보러 ˊ오구 ˊ그랠 틴데(터인데) 본가르(本家를) ˊ그양(그냥) 두자!" 그래는 그, 아이. 나 ˊ두문 ˊ머이 비두 새구, 쥐거 사:방 ˊ메스 내:고, 연기거 구영마둥(구멍마다) 나오고, 사:는 기 말:이 아니래서, "우선지 좀 펜하게 사:더 갑시다!" ˊ이랬지. ˊ그래 헐:구 새루 ˊ젰:어요(지었어요).[8)]

---

7) 최근 두 대학에서 나온 『연세 한국어사전』(1998)과 『고려대 한국어사전』(2011)에는 아예 死語로 처리하였는지 이 단어가 올라 있지 않다.

8) 예문의 표기는 필자가 방언사전에서 쓰는 것을 그대로 옮겨온 것인데 읽기에 불편한 점이 있을 것이다. 강릉방언에는 音長과 高調가 똑같이 중요한 音素의 기능을 하기 때문에 예문에서도 그것들을 일일이 표기하였다(음소로서의 음장이 아니고 정서적 효과를 위한 장음은 점 하나로 된 기호를 썼고, '메스내다'에 高調 기호가 들어가기도 하고 빠지기도 한 것은 화자에 따른 차이를 반영한 것이다). 흔히 鼻母音化로 다루는 받침 'ㅇ'의 약화현상을 중세국어 凝母의 'ㆁ'을 음절 사이에 분리해 쓰는 방식으로 표기하였는데(사이시옷이 앞 음절 받침 다음에 올 때도 음절 사이에 표기하였다), 특히 강릉방언에서는 'ㅇ'으로 끝나는 명사 다음에 대격조사 '으'나 처격조사 '애/에'가 오면 '따ㆁ아(땅을) 팔아서' '자ㆁ아(시장에) 간다'와 같은 현상을 보여 그 표기가 특이한 모습을 띤다. 성대폐쇄음 기호 [ʔ]는 어두에서 모음에 유난히 많은 힘을 넣어 발음하는 경우를 표시하기 위한 것이고, 화살표는 그 자리에서 말을 길게 빼거나 빼면서도 뒤끝을 높이는 것, 또 짧게 올리기만 하는 것 등을 보이기 위한 것이다. 문장 사이의 — 기호

방언사전을 위한 현지조사를 마무리해야겠다고 마음먹을 즈음, 그래도 다시 가면 갈 때마다 의외의 좋은 자료들이 나오곤 하여 한번 다시 새로운 곳을 찾아 갔던 곳에서 이 예문을 만났다. 화자는 90세를 바라보는 분으로 현재 문단에서 筆名을 날리는 이순원 소설가의 모친이다. 예문의 내용이 그 소설가와 관련된 것으로, 유명한 작가의 生家를 보러 올 사람들이 있을 터이니 좀 낡았어도 그대로 보존하자는 작가의 부친의 제안에, 그 모친이 "우선 좀 편하게 살다가 죽자"고 반대 의견을 내고 그 집을 헐고 새로 지었다는 내용이다. 그런데 그 반대의 이유로 내세운 것에 비가 샌다는 것 외에 "쥐가 여기저기 '메스내고' 해서 구멍마다 연기가 나와서 사는 것이 말이 아니"라는 것이 있다.

'메스낸다'? 처음 듣는 낯선 단어였고, 이상하게 관심을 불러일으켰으나 집으로 돌아와서도 쉽게 그 정체의 실마리가 잡히지 않았다. 그러다가 한참 애쓴 끝에 '메스내다'의 표준어가 '면내다'라는 것을 찾아내고, 다시 그 기원이 '몃낸'인 것에까지 다달았다. 그런데 거기에 받침 'ㅅ'이 있었다. 이럴 수가? '메스'의 '스'가 그 받침 'ㅅ'의 존재 근거를 증언하는 것 아닌가. 마치 오랫동안 헤어져 모르고 지내던 형제가 같은 信標를 가진 것을 알았을 때의 기쁨이라 할까, 이것을 발견하였을 때의 희열은 그야말로 귀하디귀한 보석을 얻은 그것이 아닐 수 없었다.

예문 (12)를 만난 이후, 그 마을 남자분들에게, 또 다른 마을에 가서도 조사를 더 해 보았는데, 놀라울 정도로 다들 '메스대다'를 익히 알고 있었다. 그동안의 조사에서 계제가 없어 출현하지 않았을 뿐, 예문

는 화자가 같은 자리에 있는 다른 사람으로 바뀐 것을 표시하기 위한 기호다.

(14)에서 보듯 쥐가 '메스내면' 무엇이 생기는 運이 따른다는 俗信까지 있을 정도로 '메스내다'는 日常과 깊이 얽혀 있었다.

(13) 쥐는 ′그저 구데ㅇ이르(구덩이를) 파서, ′흙으 이러 ′무저′나:요(쌓아 놓아요). 그그 ′메스낸:다 하잖소. 우리 ′저개 ′댄:애(뒤꼍에) 그런 기 있는데, 고간으(광을) ′밑애르 파 가주구 ′흙으 이렇개 ′쌓:아 ′났:어요. 쥐거 ′메스내: 못: ′배게요. 쥐거 잭패거(作悖가) 말:두 못:해요 ′아주.

(14) 메스내:문 ′머이 생긴대. 우리 할머ㅇ이 말:이 그래는데, 우리 할머ㅇ이 갑자생이거던↗, 우리거 열ㅅ두: 살 먹어서 할머ㅇ이 ′돌어가셨는데, ′그때 ′들으니까 "쥐거 메스내:니 ′머이 ′생기겠다" ′이래.

2.4. 이 예문들을 통해 '면내다'와 얽혀 있는 궁금증을 당장 몇 가지는 풀 수 있어 보인다. 하나는 앞에서도 잠깐 비추었지만, 『救急簡易方』의 '몃낸' 표기에 보이는 받침 'ㅅ'이 근원이 있는 'ㅅ'이라는 점이다. 오늘날 우리는 '얼핏' '자칫' 등 편의상 쓰는 받침 'ㅅ'이 있다. '몃낸'도 후대에서처럼 '면낸'으로 표기해야 옳을 것을 별 근거도 없이, 지나친 어원의식의 발로로, 또는 擬古的으로 한 표기일지 모른다는 오해를 살 수도 있는데, '메스내다'를 보면 적어도 그때까지는 '몃'이 명사였고, 그 명사에 대한 어원의식이 있었다는 것을 깨닫게 해 준다.[9)]

---

9) 중세국어의 '몃'이 去聲인데 여기 '메스'가 高調인 점이나, 강릉방언에서 대격조사로 '을'이 아닌 '으'를 쓰는데, '메스', 곧 '멧으'는 '내다' 앞의 목적어 자리에 그대로 부합하는 형태라는 점도 이러한 해석에 도움을 준다.

'몃낸'은 말하자면 '語法에 맞도록' 한 표기였던 것이다.

이것은 다른 한편으로, '몃'의 받침 'ㅅ'을 'ㄴ'으로 바꾸어 '면'으로 표기하기 시작한 『物名攷』 이후로는 '몃'에 대한 어원의식이 없었다는 것을 일깨워 준다. 일찍부터 '몃내다'라는 복합어로서만 쓰였을 뿐이어서 늘 [면내]로 발음하는 상태에서 '몃'을 따로 떼어 의식하기는 어려울 수밖에 없었을 것이고, 결국은 발음에 좇아, 그야말로 '소리나는 대로' 표기하는 길을 밟게 되었을 것이다. 마치 '걷나다 → 건나다 → 건너다' '맞나다 → 맛나다 → 만나다'와 같은 변화를 겪은 것이 아니겠느냐 하는 것이다.

그렇다면 오늘날 국어사전에서 '면'을 명사로 내세우는 일은 어떻게 설명할 수 있을까? 필자가 보기엔 한마디로 그것은 잘못된 일이다. 그 正當性을 인정받을 길이 없다. 맞춤법을 '면내다'로 바꿀 때에는 '면'은 이미 명사의 자격을 박탈당하였다는 것을 의미하기 때문이다.

강릉방언에서도 '메스'나 '멧'을 따로 떼어 생각하는 일은 없었다. 이쪽에서 '메스'를 떼어 묻고 하는 과정에서 다음 예문 (15) (16)에서처럼 '메스'를 분리해 말하는 수는 있으나, 그 '메스'의 의미를 물으면 으레 그것만으로는 말이 안 된다는 반응을 보였다.

(15) 왜: 안 써요. 영(嶺, 곧 대관령) ′넘이구 ′메시라는 근, 누구나 ′여: 다: 쓰고 있어요. — 사:람이 ′메시낸:다구는 안하지 →. 쥐거 ′메시낸:다 ′하지. — ′거럼. 머 ′저개 너구리거 머 굴: 파는 그 ′가주구, 그 ′메시낸:다 이 ′소린 없[억]:고, 쥐거 파는 그만 ′가주구 ′메시낸:다구 그래지. 쥐거 뜨럭으루 해 중방 ′밑으 이러· 파문, "아:이, 쥐거 ′거 ′메시냈:네" ′이래지.10)

(16) ˊ거: 저, 태래비 ˊ이래 ˊ보문, 먼 ˊ외국에서 짐서ㅇ이(짐승이), 영께ㅇ이나(여우나) 머 요런 것덜이 ˊ메스 ˀ자・꾸 패내 ˊ가주, 태산같이 ˊ이래 ˊ놓구, 굴:으 파 ˊ가주, ˊ거: 들어가 살:구 이래데↑.

'면내다'에서 '면'을 떼어 내기보다는 '메스내다'에서 '메스'를 떼어 내기는 쉬울 듯한데 그렇지 않았다. '메스'와 '내다'는 떼어낼 수 없도록 서로 녹아 붙은 한 덩어리로 인식되고 있었다. '면내다'의 '면'과 '내다'는 이에 더하면 더하지 덜하지 않을 것이다. 반복하지만, '면내다'로 표기하면서 '면'을 명사로 분석해내는 일은 현실과 거리가 너무나 먼 처사라는 것이 필자의 생각이다.

2.5. 강릉방언의 '메스내다'가 우리에게 주는 또하나의 빛은 『救急簡易方』이나 『物名攷』에 제시된 '쥐 몃낸/면낸'의 의미가 '메스내다'에 고스란히 살아 있다는 일이다. 앞에서 표준어에서는 오직 '쥐 면내듯' 이란 속담의 용례만 있어 "남모르게 훔쳐 나르는"이라는 부차적인 의미만 파악할 수 있을 뿐 그 본래의 의미를 어디서도 볼 데가 없다고 하였는데, 강릉방언의 '메스내다'는 놀랍게도 그 기본 의미로만 쓰이고 있다. 그뿐만 아니라 여러 자리에서 생동감 넘치게 살아 움직이며 풍부한 용례를 제공한다. 『救急簡易方』의 '쥐 새로 몃낸'에서의 '몃' 또는 『物名攷』의 '쥐 면낸'에서의 '면'의 의미를 추리하는 일에 이보다 더 고마운 일이 어디 있겠는가.

10) 여기 화자는 '메스' 대신 '메시'라는 형태를 썼다. 이 방언에서 '스님'을 '시님', '했으니'를 '했이니'로, 齒擦音 'ㅅ' 등 앞에서 모음 'ㅡ'를 'ㅣ'로 발음하는 일이 많은데 이것도 그 일환으로 보인다.

강릉방언의 '메스내다'도 으레 '쥐'가 하는 행동으로 쓰였고, 이쪽에서 이리저리 유도하는 과정에서 어쩌다 (16)에서처럼 '여우'가 등장하기도 하고 또 '개미'는 거의 해당되지 않는다고 하면서도 그 가능성을 인정하기도 하였으나 '메스내다'의 주어는 어디까지나 '쥐'였다. 그 쥐가 하는 행동을 앞의 예문들에서 보면 대개 구멍을 파는 일로 묘사하고 있고, 때로는 흙무더기를 만드는 일로도 묘사하고 있다. 여기에서 우리는 우선 '메스내다'의 '메스'가 '구멍' 정도의 의미이겠다는 것을 잡아낼 수 있다. 그래서 '메스내다'를 '구멍내다'로 바꾸면 문맥이 그대로 자연스럽게 풀리는 것을 볼 수 있다.

달리 '메스'를 '흙무더기'로 볼 수도 있을 법하다. 쥐가 어떻게 하는지는 자세히 본 일이 없으나, 개미를 보면, 파내 온 흙으로 입구에 동그랗고 봉긋하게 아주 잘 정돈된 축조물을 만든다. 아쉽게도 이 축조물에 대한 이름이 따로 없는데 가령 그것을 '언덕집'이나 '좁쌀마당'이라고 부른다면 쥐도 결국은 그런 것을 만들 터인데, 그러면 '메스'를 '좁쌀마당'으로 해석하여 '메스내다'를 '좁쌀마당내다'라고 풀면, '길내다'와 같은 유형의 복합어로 자연스럽게 읽힌다. 표준어의 '면내다'에서는 추출해 내기가 어렵기만 하였던 '면'의 의미가, 적어도 그 의미가 어느 언저리라는 것은 이처럼 강릉방언의 '메스내다' 자료에서는 꽤 그럴 듯하게 추출된다.

그런데 이런 推論은 이 이전에 옛 문헌의 자료만에서도 이끌어낼 수 있었으리라는 생각을 한편으로 하게 된다. 조금만 더 면밀히 추구하였으면 가령 앞에서 본 『漢韓大辭典』의 '쥐구멍의 흙' 또는 '쥐가 구멍을 팔 때 끌어낸 흙'이라는 풀이를 어디에선가 찾아낼 수 있지 않았겠느냐 하는 것이다. 그렇게 되면 '면낸'을 '구멍낸'으로, 또 '쥐 면낸 흙'은 '쥐 구멍낸 흙'으로 풀이하는 일은 결코 어려운 일이 아니었을 것이다.

물론 '坌土'의 '坌'이나 '鼠壤'의 '壤'에 다같이 '땅을 파다'라는 의미가 있음을 찾아내어 '쥐 면낸 흙'을 '쥐 파낸 흙'으로 읽는 길도 있었을 것이다. '鼠壤'의 주석으로 붙은 예문 (10)의 '鼠所出土曰壤'만 잘 읽어도 '쥐 면낸 흙'은 '쥐 파낸 흙'으로 풀이하는 길밖에 없었을 듯도 하다. '蚠壤'이 '두더지 쑤신 흙'이듯이 '鼠壤'은 그저 '쥐 파낸 흙'이면 모자람이 없었을 것이고, 굳이 더 보탠다면 '쥐 구멍낸 흙'이면 훌륭하지 않았을까 싶다. 어떻든 '면낸'에 다시 '쥐'를(또는 '개미'며 '게'까지) 넣고, '흙'을 넣고 하면서 뜻풀이를 할 일은 아니었다고 생각된다.

2.6. '면내다'나 '면'의 뜻풀이에서 '쥐' 이외에 '개미'와 '게'까지 넣어서 한 것을 보면, 초기 국어사전들이 편찬될 무렵에 적어도 일상 口語에서는 이들 단어가 쓰이고 있었을 가능성을 배제하기 어렵다. 강릉방언에서 현재까지, 물론 고령층을 기준으로 보았을 때지만, 활발히 쓰이고 있는 것을 보면 표준어권에서도 이 말이 살아 있었기가 쉽다. 그런데 어느것 하나 증거가 없다. 또 그렇다고 하여도 '면'이 명사로 독립되어 쓰이는 일은 어려웠을 것 같고, 그 어떤 경우에도 이들 단어의 뜻이 앞에서 본 국어사전들의 것과 같은 것일 수는 없으리라는 것이 필자의 생각이다.

3. 깃옷

3.1. 국어사전들에는 역시 우리가 자주 접해 볼 기회가 없는 '깃옷'이라는 낯선 단어가 올라 있다. 喪服의 일종인데 앞에서처럼 『큰사전』, 『국어대사전』, 『표준국어대사전』의 순서로 그 뜻풀이를 보면 다음과 같다. 두 사전은 '깃옷'의 '깃'을 따로 명사로 분석하여 내세웠기 때문에 그 뜻풀이도 각각 (17ㄴ)과 (19ㄴ)에서 함께 보이고, 『국어대사전』은 그러지 않아 '깃옷'의 풀이만 보인다.[11)]

(17) ㄱ. 졸곡 때까지 상제가 입는, 누이지 않은 무명이나 광목으로 지은 옷.
ㄴ. 누이지[12)] 아니한 채로 있는 무명이나 광목 따위의 풀기.
[예] ~을 빼내다.

(18) 졸곡(卒哭) 때까지 상제가 입는 생무명의 상복.

(19) ㄱ. 졸곡(卒哭) 때까지 상제가 입는 생무명의 상복. [예] 덕기는 깃옷만 안 입었을 따름이지 승중상을 선 것이나 다름없었다. <염상섭, 삼대>
ㄴ. 바래지 않은 채로 있는 무명이나 광목 따위의 풀기. [예] 깃을 빼내다.

---

11) 앞에서 본 文世榮의 『朝鮮語辭典』에는 '깃옷'은 '깃것'과 같음이란 풀이만 있고, '깃것'에 "졸곡 때까지 입는 누지 않은 무명으로 지은 상복"이란 풀이가 있다. '깃것'이 『국어대사전』에는 방언으로 올라 있고 '깃옷'을 표준어로 삼아 올린 사전들에는 오르지 않았는데 『고려대 국어사전』(2011)에는 두 가지를 다 올렸다.

12) 『큰사전』의 '누이지'나 『朝鮮語辭典』의 '누지'는 잘 쓰지 않는 단어여서 (13ㄴ)에서는 '바래지'로 바꾸었는데, 『고려대 국어사전』에서는 다시 "누이지 않은 무명이나 광목 따위의 풀기", "졸곡(卒哭) 때까지 상제가 입는 상복. 잿물에 누이지 않은 무명이나 광목으로 지은 것이다"에서 보듯 다시 '누이다'를 쓰고 있다.

필자는 이 '깃옷'의 '깃'이 어떤 곡절을 거쳐 좀 이상하게 된 표기가 아닌가 하는 의심을 품고 있다. 이 의심의 출발은 '깃옷'에 해당하는 강릉방언 '짙옷'을 만나고서부터였다.

3.2. 강릉방언에서는 '짙옷'의 '짙'을 독립된 명사로도 쓴다. 대개 "잿물로 빛깔을 희게 하지 않은 원래 상태의 광목이나 베 등의 피륙 또는 그것으로 만든 옷"의 뜻으로 쓴다. 국어사전들에서도 앞에서 보듯이(또 주 12에서 보듯이) 일부 사전에서는 '깃'을 명사로 독립시키고 있으나 과연 표준어에서 '깃'이 명사로 쓰이고 있는지 의문스럽기도 하거니와 앞의 풀이대로라면 강릉방언의 '짙'과는 그 뜻이 다르다. 강릉방언의 '짙'이 쓰이는 용례를 몇 보이면 다음과 같다.

(20) ㄱ. '상재덜(喪制들)이 입는 옷은 광:목으 '가주, 마커(全部) 짙으 '가주, '씻지 않:고 짙으 '가주 하잖나. '씨:문 안대. 베두 '씻지 말:구 '그양 짙베르 '가주 '하구 '그래잖소.
ㄴ. '우리 시어머ㅇ이거 슫:달 그믐날 '돌어가시니 추워 '가주구, '안애는 짙으 '입[익]고, '우에는 하:연 세:타르 마커 '상재덜이 싹: '입었아.

'짙옷'은 말할 것도 없이 이 '짙'에 '옷'이 결합된 복합어다. 강릉방언에는 '짙'의 쓰임이 활발하여 앞의 예문 (20ㄱ)에 보이는 '짙베'를 비롯하여 '짙광목'과 같은 복합어도 만들어 쓴다. 이들 복합어나 '짙옷'에서는 받침 'ㅌ'이 [ㅌ]음으로 발음되지 않으나 그것을 살려 표기하는 것은 이처럼 '짙'이 따로 명사로 쓰이고 있기 때문이다. '짙옷'의 용례도 아울러 몇 보이면 다음과 같다.

(21) ㄱ. 누가 그렇게 짙옷으 해 ′났:다더라 → ? ′아들ㅅ 긋두 싹 해 ′났:다던데.

ㄴ. ′집애서 장:사르(葬事를) 하니, 이 ′상복으(喪服을) ′입은 기(것이), 설겆이르[13] 물 흐리는 대서 하니, 이 치매거(치마가), 짙옷 치매거 물이 질질 ′흘렀잔가.

여기서 강릉방언의 명사 말음 'ㅌ'에 대해 一言해 두는 것이 좋겠다. 강릉방언에는 표준어의 명사 말음 'ㅊ'이 'ㅌ'으로 대응되는 규칙이 있다. 규칙이되 꽤 철저한 규칙이어서 '꽃', '낯', '빛', '숯', '윷' '몇' 등의 받침 'ㅊ'이 철저히 'ㅌ'으로 대응된다.

(22) ㄱ. 이런 ′낱으루 우떠(어떻게) 가나? ′낱으 좀 ′쎄:야지(씻아야지). 갈라문.

ㄴ. 이기 ′원(으뜸되는) 창갈(참갈'참나무')이야, ′숱으 해:두 이기 젤:(제일) 마ㅇ:이(많이) 나오잖소. ′숱으 ′꽈:두(구워도).

ㄷ. 여보개, ′전애는 재재한 윹으 ′가주구 자릿날윹[14]으 쳤잔가?

ㄹ. 서울ㅅ 그는 뻩으는 까:맣구 보기 좋:어두 맛은 읎:드라구.

ㅁ. 딸으 멭으 ′보내구 ′나니, ′머이(무엇이) 남:는 기 있는가.

ㅂ. ′나두 이 ′꽅으 그러 좋:어해. ′그래 ′전애는 아:무대 가두 ′꽅만 ′보멘은 꽅으 내거 갖더거 ′집애 갖더거 이래 ′꼽어 놓구 ′이랬는데, 누거, 아:는 사람이 그래더라구. 꽅으 그러 ′꺾지

13) 강릉방언에는 '설겆다'가 동사가 쓰여 표준어의 '설거지'와 달리 동사의 어간 '설겆-'을 살려 표기한다.

14) 윷판 대신 자릿날에 말을 쓰면서 놀던 전래적인 윷놀이를 가리킨다. '자릿날'은 표준어이기도 한데, 왕골자리 등에서 노끈 등으로 맨 줄을 가리킨다.

말:래. '그래구버텀(그러고부터) 내거 싹: 손으 안 '대:.

이상과 같은 강릉방언의 자료를 바탕으로 필자는 표준어 '깃'의 말음이 'ㅅ'이 아니라 'ㅊ'이었으리라는 推論을 하기 시작하였다. 그리고 나아가 '깃'의 初頭音 'ㄱ'도 'ㅈ'이 그 원형이었으리라는 증거들을 찾기에 이르렀다. 그러니까 표준어의 '깃옷'은 '짗옷'으로 표기되어야 할 것이 무엇에 잘못 이끌려 '깃옷'이라는 그릇된 모습의 맞춤법을 가지게 되었다는 결론에 이른 것이다.

3.3. 먼저 '깃옷'의 初頭音 'ㄱ'이 애초 'ㅈ'이었음을 보여 주는 근거를 보기로 하자.

초두음 'ㄱ'을 두고는 강릉방언은 오히려 도움이 되지 않는다. 강릉방언은 '기름 → 지름', '김치 → 짐치', '길다 → 질다'와 같은 구개음화가 있는 방언이니 강릉의 '짙옷'보다는 표준어의 '깃옷'이 그야말로 표준어의 모습이라고 할 수 있기 때문이다.

그러나 '깃옷'의 'ㄱ'이 애초 'ㅈ'이었고, 따라서 강릉방언 '짙옷'의 'ㅈ'이 그 본래의 모습이라는 증거는 여럿 있었다. 먼저『續三綱行實圖』에 바로 강릉방언의 '짙옷'으로 이어지는 형태가 있었다. '딛옷'이 그것이다.

(23) ㄱ. 딛옷 닙고 나날 粥 머그며.
ㄴ. 被衰麻日食飦粥.

여기 '딛옷'의 원문인 '衰麻'가 국어사전에 올라 있다. 讀音이 '쇠마'가 아니라 '최마'인 것이 특이하다. 그 뜻이 『국어대사전』에 "최복(衰服)의 베옷"으로 풀이되어 있다. '최복'도 낯선 단어인데 그것을 다시 찾으면 "참최(斬衰)나 자최(齊衰)의 상복"이라는 역시 어려운 풀이가 나온다. 다시 또 이들을 찾으면 '참최'는 "거친 베로 짓되, 아랫도리를 접어서 꿰매지 않은 상복", '자최'[15]는 "조금 굵은 생베로 지어, 아래 가를 좁게 접어서 꿰맨 상복"으로 되어 있다.[16] 이를 조금 더 깊이 가 보면 亡人이 누구냐에 따라 구별해 입고 그 기간도 여러 갈래로 달리해 입는 것으로 그 내용이 무척이나 복잡하다. 예문 (23)은 그런 禮法을 말한 것으로 먹는 것도 밥이 아닌 죽을 먹고, 입는 것도 거친 천으로 거칠게 만든 옷을 입는다는 것을 나타낸 내용이다. 강릉방언의 '짙옷'은 이처럼 정교한 뜻으로는 쓰이지 않으나 이 '딛옷'과 바로 이어진다는 것은 의심의 여지가 없다.

여기서 잠깐 덧붙일 것은 '딛옷'이라는 상복은 위의 풀이에서 일관되게 그 자료가 베(麻)로 되어 있다는 것이다. 전통적으로 상복이 베옷인 것은 익히 아는 사실이기도 하다. 강릉방언의 '짙옷'도 '짙베'라는 단어가 따로 있을 만큼 일차적으로 베로 짓는다. 그런데 국어사전들의 '깃옷' 풀이에는 무명이나 광목뿐 베가 들어간 것이 어디에도 없다. 철저히 허름하게 입어야 한다는 뜻으로 베를 안 쓰게 되는 어떤 禮法의

15) 초판에서는 '재최'였는데, 수정증보판에서 '자최'로 올리면서 '재최'는 잘못된 讀音임을 밝혀 놓았다.

16) '최마(衰麻)'의 이 어려운 뜻풀이를 『표준국어대사전』에서는 좀 쉽게 풀어서 하려고 "부모, 증조부모, 고조부모의 상중에 아들이 입는 상복인 베옷"이라고 해 놓았는데, 조부모를 빠뜨린 것도 그렇고 그 여러 대의 조상을 두고 아들이 입는다고 한 것도 그렇고 오히려 더 종잡을 수 없게 헝클어 놓았다.

변화가 있었는지 모르겠으나, 이것도 국어사전들의 不實의 일면이 아닌가 싶다.17)

어떻든 여기서 강릉방언의 '짇옷'이, 그 '짇'의 'ㅈ'이 'ㄱ'에서 구개음화가 된 것이 아니고, 구개음화를 거쳤다면 '딛옷'의 'ㄷ'에서 된 것임을 알게 된다. 이것은 오늘날의 '기와'가 '디와 → 지와 → 기와'의 변화를 거치는 데서도 볼 수 있다. 그런데 이보다 더 확실하게 표준어 '깃'의 'ㄱ'이 본래 'ㅈ'이었으라는 推論을 뒷받침해 주는 자료는 달리 또 있었다.

표준어에는 喪服으로 입는 '깃옷' 외에 羽衣, 즉 "새의 깃으로 만든 옷"을 뜻하는 '깃옷'도 있다. 그런데 이 '깃옷'의 중세국어 語形은 다음 예문 (24)의 '짓옷'이었다.

(24) 짓옷 니븐 사ᄅᆞ미 프른 바ᄅᆞ래서 ᄡᅳᄂᆞ니: 羽人掃碧海 (『杜詩諺解』 22:46).

잘 알려져 있듯이 오늘날의 표준어 '깃'이 중세국어에서는 '짓'이었다. 그러니까 오늘날 표준어의 '깃'이나 '깃옷(羽衣)'은 이상하게도 'ㄱ → ㅈ'의 일반적인 구개음화의 방향을 거꾸로 거슬러 만든 결과들이다. 이 같은 예는 '깃' 외에도 '질쌈 → 길쌈'의 예가 있고, 앞에서 본 '(디와 →)지와 → 기와'의 예도 있는데, 이들 단어에서 보이는 이 특수한 현상은, 마치 '비가 와서 길이 질다'의 '질다'를 '길다'라 하는 것

17) 『표준국어사전』에도 "졸곡(卒哭) 때까지 상중에 입는 옷. 생무명으로 지음"으로 올라 있다.

과 같은 過矯正(hypercorrection)이 작용한 것이 아닐까 싶다.

상복의 '깃옷'도 이 물결에 함께 휩쓸렸던 것으로 보인다. '깃옷(羽衣)'의 원형이 '짓옷'이었듯이 상복의 '깃옷'도 그 초두음 'ㄱ'이 애초 'ㅈ'었으리라는 것이 필자의 생각이다.

3.4. 이제는 그 '짓옷'의 '짓'이, 그 받침이 기원적으로 'ㅅ'이 아니라 'ㅊ'이었으리라는 근거를 볼 차례다. 앞에서 강릉방언의 '짙옷'을 일단 그 근거로 한다는 것은 밝힌 바 있다. 그런데 여기에도 앞에서 본 '깃(羽)'의 중세국어 형태가 또 좋은 근거를 제공한다. 앞에서 그 중세국어 형태가 '짓'이라고 하였지만, 그것은 八終聲法의 제약을 받은 표기이고, 그 기본형은 '짗'이었음을 보이는 표기들이 있다.

(25) ㄱ. 블근 지츠로 혼 旗: 赤羽旗 (杜詩諺解 6:6.).
　　ㄴ. 므슴 지칙 奇異호몰 쓰리오: 何用羽毛奇 (杜詩諺解 17:17).

(26) ㄱ. 鷸[18]의 짇츨 모도와 밍근 冠을 됴히 너기거늘: 好聚鷸冠 (小學諺解 4:43).
　　ㄴ. 쏘 이 두롬의 짓출 ᄃᆞ랏고: 又是箇鶖鶬[19]翎兒 (朴通事諺解 上 26).

앞의 (25)의 예들은 모음조사와 만나는 자리에서 받침 'ㅊ'이 連綴되

18) '鷸'은 워낙 稀字인데 '도요새 휼' 字다. '鷸冠'이 국어사전에는 없으나 『漢韓大辭典』에는 나온다.

19) '鶖鶬'는 '자로'로 읽히는 것으로 국어사전에도 올라 있다. 여기에는 '두롬', 즉 '두루미'로 諺解되었는데 국어사전에는 '무수리'로 되어 있다.

면서 기본음이 자연스레 실현되는 예들이고, (26)의 예들은 소위 重綴이라고 하여 한 시기 유행하던 표기법으로, 모음조사 쪽으로 連綴은 連綴대로 하면서 한편으로는 八終聲法의 표기법 전통을 덧붙이는 특수한 표기법인데, 그러면서 '짗'이 그 기본형임을 드러내 주는 예들이다.

이렇듯 '깃(羽)'의 중세국어는 '짗'이었던 것이 어느 시기부터 초두음 'ㅈ'이 'ㄱ'으로 변하였을 뿐 아니라 받침 'ㅊ'이 'ㅅ'으로 변하기까지 하는 대변화가 일어난 것이다. 그런데 받침에서의 'ㅊ → ㅅ'의 변화는 다른 경우에는 보기 어려운 현상인데, 어떻게 설명되고 있는지 잘 모르겠다. 오늘날 '꽃', '낯', '빛' 등의 말음 'ㅊ'을 '꼿이', '낫을', '빗으로'처럼 'ㅅ'으로 발음하는 것과 같은 현상이 '짗'의 경우는 그때 일어난 결과가 아닐까 하는 짐작은 해 볼 수 있을 법하다.

무엇 때문인지 '깃'은 이쪽저쪽으로 유난히 정상적이지 않은 변화를 많이 따랐는데, 그 원인이 무엇이었든 '깃'의 원 모습이 '짗'이었다는 사실에는 변함이 없다. 이로써 상복의 '깃옷'도 그 원형이 '짗옷'이었다고 추정하는 일은 어려움이 없어 보인다.

다만 여기는 다른 사정을 하나 더 고려할 필요가 있다. 앞에서도 지적하였듯이 이 경우 '깃옷'의 '깃'은 일부 사전에서 명사로 추대하였지만 그렇다고 '깃(羽)'처럼 표준어로 정착한 것으로 보기는 어렵다는 것이 그것이다. 강릉방언의 '짙'이 보여 주는 활발한 쓰임이 표준어의 '깃'에서는 보이지 않기 때문이다. 따라서 표준어의 '깃'에서는 받침 'ㅅ'이 기본음인지 아닌지를 판별할 길이 없다. 가령 '꽃옷'을 누가, 또는 어느 시기에 '꼿옷'으로 적었다면 그것을 '꽃옷'으로 바로잡는 일은 쉽지만, '꼿'이 '꼿옷'에만 쓰이는 단어라면 그 일이 불가능한 것과 같은 이치다.

상옷의 '깃옷'이 '깆옷'이어야 한다는 것을 입증하는 일은 적어도 표준어만을 두고 볼 때는 그만큼 어려운 일이다. 그러나 필자는 강릉방언을 근거로 국어사전의 '깃옷'은 '짖옷'을, 적어도 '깆옷'을 일그러뜨린 표기, 맞춤법을 어긴 표기라고 믿는다. 염상섭의 소설에 '깃옷'이 나왔다 하여도 이 단어가 깊이 심의되었던 일이 있었을 것 같지는 않다.

4. 죽살다

4.1. 국어사전들에 '죽살다'는 古語로 올라 있다. 거기에서 파생하였을 '죽살이'와 '죽살이치다'는 현대어로 올라 있으면서 '죽살다'라는 동사는 이제 더 이상 쓰이지 않는 말로 처리되어 있는 것이다. 古語를 다루지 않은 『국어대사전』의 초판(1961) 등에는 아예 표제어로 올라 있지 않다.

그 古語로서의 '죽살다'의 뜻풀이는 『국어대사전』에서나 『표준국어대사전』에서나 다같이 "죽고 살다"로 풀이되어 있다. 이것은 古語辭典들인 『李朝語辭典』(劉昌惇, 1964)에서나 『教學 古語辭典』(南廣祐, 1997)에서도 똑같다. 그리고 그 예문으로 『杜詩諺解』에서 뽑은 "그듸 이제 죽살 짜해 가ᄂᆞ니"를 든 것도 네 사전이 똑같다.

말하자면 '죽살다'에 대해선 글자 한 자 틀리지 않은 상태로 그 내용이 정착되어 있었다. 필자는 무엇보다 '죽살다'의 定義가 이토록 확고하게 "죽고 살다"로 굳어진 것에 의아심을 품고 있다. '죽고 살다'는 말할 것도 없이 '죽다'와 '살다'가 대등하게 竝置된 구조다. 마치 '오가다'나 '굶주리다'와 같은 복합어에서와 같이 두 語幹이 대등하게 묶인 것으로 풀이해 놓은 것이다. 과연 그럴까? 너무 기계적이고 安易한 풀이가 아닌가?

이 뜻풀이가 정밀치 못하다 함은 『杜詩諺解』(8:67)에서 뽑은 "그듸 이제 죽살 짜해 가ᄂᆞ니"를 조금만 깊이 살펴보면 이내 드러난다. 네 사전이 모두 이 예문을 여기에서 끊고 그 뒤의 對句를 생략하고 말았는데 그것을 그 원문과 함께 한 자리에서 보면 '죽살다'의 제 뜻이 투명하게 드러난다.

(27) ㄱ. 그듸 이제 죽살 짜해 가ᄂᆞ니, 기픈 셜우미 中腸애 迫切ᄒᆞ얘라.
ㄴ. 君今死生地, 沈痛迫中腸.

한마디로 '죽살다'는 그렇게 태평스러운 분위기가 아니다. '죽을지 살지 모르는' 긴장되고 불안한 분위기다. 사실 이것은 對句까지 읽지 않고도 '死生地'만에서도 感知된다. 같은 말로 구성되었어도 '感情'과 '情感'이 그렇듯이 '生死'라고 할 때와 '死生'이라고 할 때는 느낌이 다르다. 후자가 뭔가 긴장감을 더 일으킨다. '생사결단'이란 말은 없으면서 '사생결단'이란 말이 있는 것도 그 때문일 것이다.

그런데 '死生'만도 아니고 '死生地'라고 하면 그 긴장감이 더 고조된다. 죽음의 위험이 저절로 느껴진다. 아무 감정도 넣지 않고 자연현상을 객관적으로 기술하는 태도로 '사람이 죽고 사는 땅'이라고 하면 세상에 그렇지 않은 땅이 어디에 있겠는가. 그 어디에도 있는 땅, 그렇고 그런 땅을 두고 "그듸 이제 죽살 짜해 가ᄂᆞ니"라고 읊을 시인이 어디에 있겠는가.

그런데 뒤의 對句 "기픈 셜우미 中腸애 迫切ᄒᆞ애라"를 보면 더 이상 머뭇거릴 일이 없다. 애가 끊어지도록 불안한 마음이 이는 것은 '죽살 땅'이 언제 죽을지 모르는 위험스러운 땅이기 때문이라는 것은 두말할 필요가 없다. 조금만 정성을 더 들여 이 對句까지를 보았다면 '죽살다'를 '죽고 살다'와 같이 기계적으로 풀이하는 일은 없었을 것이다.

4.2. 앞에서 말했듯이 '죽살이'와 '죽살이치다'는 '죽살다'와 달리, 古語가 아니라 현대어로 국어사전들에 올라 있다. 그런데 그 뜻풀이에는 '죽고 살다'와는 다른 풀이가 들어 있다. 『표준국어대사전』에서 그 풀이를 보면 다음과 같다. (28ㄱ)이 '죽살이'의 기본 의미인데 거기에는 '생사'와 같다는 풀이와 예문만 있고, (29)는 '죽살이치다'의 풀이다.

(28) ㄱ. =생사. 예 양치식물의 죽살이를 관찰해 봅시다.
ㄴ. 죽고 사는 것을 다투는 정도의 고생. 예 어제는 동네에서 벌어진 싸움을 말리느라 죽살이가 심했다.

(29) 어떤 일에 모질게 힘을 쓰다. 예 어머니는 우리를 공부시키시느라고 죽살이치셨다. / 그는 잡히지 않으려고 죽살이치며 도망갔다.

이 예문 중 (28ㄱ)의 '죽살이'는 '생사'를 淳化한 말인 듯하다. 그래서일까 "양치식물의 죽살이를 관찰해 봅시다"의 '죽살이'는 生硬하게 느껴진다. 사실 그 자리는 '생사'가 들어갈 자리도 아니다. 곤충이나 식물의 生態를 관찰해 보는 것을 두고 '생사'나 '죽살이'라 하면 너무

거창하지 않은가? "매미의 일생을" 또는 "나팔꽃의 한해살이를" 조사해 보자면 얼마나 편안한가. '生死'는 그렇게 가벼운 말이 아니다. "生死를 모르고 있다"고 하면 '生'보다는 '死'에 무게가 더 실린다. '生'에 더 무게를 두거나 단순히 객관적으로 서술하는 자리에 쓰기에는 맞지 않는 말이다. "그 위인의 생사는 많은 감동을 준다"는 말도 그래서 어색하다. 어린 학생들에게 '매미의 생사'나 '나팔꽃의 죽살이'라고 하라는 것은 도무지 무슨 감각인지 이해하기 어렵다. (28ㄱ)의 '죽살이'는 결국 '죽살다'를 '죽고 살다'라고 풀이한 정신을 그대로 이어받은 셈인데, 여기서도 '죽고 살다'의 풀이가 옳은 것이 아니라는 것이 드러난다.

(28ㄴ)이나 (29)에 보이는 풀이는 '죽고 살다'의 풀이와는 완전히 다른, '죽살다'가 기본으로 품고 있는 참뜻을 따른 풀이다. 이런 뜻이 '죽고 살다'에서는 나올 수 없다. 이것을 이렇게 풀이하면서 '죽살다'를 '죽고 살다'로 풀이하는 것은 그 자체로 모순이 아닐 수 없다.

이렇게 보면 '죽살다'가 비록 古語라 할지라도 그 의미를 바로 이끌어내는 길은 여러 곳에 있었다. '죽살이'와 '죽살이치다'도 활발히 쓰이는 단어가 아니어서, 앞의 (28ㄴ)과 (29)에 붙인 예문도 출처 없이 만들어 넣은 것은 그 때문이었겠지만, 이들을 이처럼 풀이할 때 그것을 '죽살다'와 연관시켜 보는 조그만 誠意만 있었어도 '죽살다'를 '죽고 살다'로 풀이하는 愚는 피할 수 있었을 것이다.

4.3. 필자가 '죽살다'에 관심을 가지게 된 것은 역시 강릉방언을 조사하는 과정에서였다. 강릉방언에는 '모살이'라는 말이 있다. 모를 못자리에서 논으로 옮겨 심으면 처음에는 기운을 못 쓰고 색깔도 노래지

며 비실거리다가 1주일쯤 되면 뿌리가 정착하면서 꼿꼿하게 생기를 띠기 시작한다. 그것을 가리켜 '모살이'라 한다. 표준어로는 '사름'으로[20] 되어 있는데 별로 널리 쓰이고 있는 것 같지 않다.

어떻든 방언조사 중에 식당에 가 점심을 함께 먹고 필자의 차로 돌아오는 길에 마침 모살이를 하여 보기 좋은 논이 있어 "벼들이 벌써 모살이를 했네요" 했더니 다음과 같은 이야기를 하였다.

(30) 키거 작:은 근 ˊ죽사잖:구, 키거 좀 큰 늠은, ˊ그땐 ˊ모:거 좀 ˊ늦이문 키거 ˊ이랬다구. 아:이, 가물어 ˊ가주구 물이 없:어 ˊ가주 이래더거, 그래 ˊ가주 그기 인재 ˊ도장(徒長)한단 말이야, ˊ도장. ˊ도자ㅇ이라는 근 인재 도:를 ˊ넘어서 ˊ아주 쭉쭉 큰다구. 드문드문 ˊ하문은 인재 ˊ도장하잖:는데. ˊ그래니 그기 ˊ죽산다구. 물이 많:으문, 물으 그뜩하게 ˊ대: ˊ노:문(놓으면) 좀 들:한데, 물이 좀 즉:게 해 ˊ노:문, 물 ˊ우에 이러 나오니, 바람 부:니, 이늠엇기 ˊ이래 ˊ가주구, 이기 마커 ˊ죽다시피 하더거 뿌레기서(뿌리에서) ˊ요래 ˊ가주 새루 ˊ올러온다구.

이 예문은 차 안에서 비슷한 내용을 들은 것이긴 하나, 그때는 녹음 준비가 없던 상태여서 노인회관에 돌아와 그것을 다시 화제에 올리면서 들은 자료다. 화자는 70대 후반으로 중학교를 마치고 줄곧 농사를 짓는 분이나 漢學에도 꽤 밝아 '徒長'과 같은 어휘도 쓰고 있다. 그런데 '죽살다'를, 그 귀한 단어를 이리도 적절하게 풀어서까지 들려 주었다.

'죽살다'는 죽은 말이 아니었다. '죽살다'가 '죽고 살다'도 아니었다.

---

20) '모살이'나 '사름'이나 '살다'에서 파생한 것이겠는데 왜 '살음'이 아니고 '사름'인지 이상하다.

"죽다시피 하더거 뿌레기서 요래 가주 새루 올러온다구"라고 하지 않는가. 죽은 줄 알았던 古木에서 핀 꽃이라 할까, 구석진 시골에 '죽살다'는 온전히 그 본래의 의미를 지키면서 싱싱하게 살아 있었다.

5. 結語

이 글 첫머리에서 지적하였지만 국어사전에 올라 있는 단어들은 글을 위주로 하여 뽑은 것들이다. 글에 나타나는 일이 없으면 死語로 밀릴 수밖에 없다. 視野를 방언으로까지 넓히면 이제 滅種되었다고 간주했던 것들이 팔팔하게 살아 움직이는 것들을 발견하게 된다. 물론 방언에서 쓰이는 것을 당장 표준어로 대접하여 사전에 올릴 수는 없을 것이다. 그중에는 방언이냐 아니냐를 가릴 것 없이 고마운 마음으로 살려 써야 할 것도 있겠으나, 적어도 이런 방언자료들을 발판으로 삼아 표준어 화자들의 口語에서 자료를 모으면 우리말이 한결 풍부해질 것이고, 뜻풀이도 한결 충실해지지 않겠느냐는 것이 필자가 근래 방언사전을 준비하며 자주 하는 생각이다.

한국 한자 학습서의 변천 과정

홍 윤 표

1. 들어가는 말

문자에 대한 연구는 문화 연구의 가장 빠른 지름길이다. 문화에 접근하는 첩경은 언어에 접근하는 것이고 언어를 이해하기 위해서는 그 언어를 표기하는 문자를 알아야 하는 것이기 때문이다.

우리나라의 문자생활은 매우 복잡하다. 한 문자만을 사용하지 않고 매우 다양한 문자를 사용하여 온 역사 때문이다. 그렇지만 우리나라에서 사용되었던 문자 중에서 가장 중요한 기능을 하여 왔던 문자는 단연 한글과 한자이다. 특히 한자는 우리 민족의 문자생활에서 그 사용의 역사가 가장 길다.

그럼에도 불구하고 한자에 대한 연구는 소홀한 편이다. 우리나라 한자의 표준 석음도 정해져 있지 않을 뿐더러, 표준 자형도 결정되어 있지 않다. 그리고 한자 한 글자 한 글자에 대한 뜻풀이도 제대로 되어 있다고 하기 어렵다.

2. 한글의 학습과 한자의 학습

문자의 학습에서 한글과 한자의 학습서는 그 성격이 확연히 다르다. 한글은 소리글자인 데 비해 한자는 뜻글자이기 때문이다. 소리글자와 뜻글자가 지니고 있는 장단점이 있지만, 문자 학습에서는 소리글자의 학습이 뜻글자의 학습에 비해 비교할 수 없을 만큼 수월하다. 비록 뜻글자가 후대까지도 그 소리는 알 수 없어도 의미는 파악할 수 있는 장장점이 있고, 소리글자는 소리는 알아도 그 의미를 파악하지 못하는 단점이 있지만 그 문자 학습의 효과는 뜻글자가 소리글자를 따를 수가 없다.

한글 학습서는 달랑 종이 한 장이면 된다. '언문반절표'(諺文反切表)가 그것이다. 언문반절표는 각 자음 글자와 모음 글자의 음가를 제시하면 되기 때문이다.

이에 비해서 한자 학습서[1)]는 사용되는 수만큼의 각각의 한자에 대한 여러 가지 정보를 담아야 하기 때문에 한자 학습 목표나, 방법, 용도에 따라 다르게 편찬되어 왔다. 그래서 그만큼 한자 학습서는 그 종류도 많고, 시대적 요청에 따라 많은 변화를 겪어 왔다.

3. 한자 학습의 내용

한자를 학습할 때 그 한자를 통해 얻을 수 있는 정보는 매우 다양하

---

1) 여기에서 한자 학습서는 넓은 개념으로 사용한다. 곧 字典類도 포함한다. 그러나 이 글에서는 자전류에 대한 기술은 제외한다.

다. 한자에서 어떠한 정보를 중시하는가에 따라 한자 학습서의 성격도 달라지기 때문에 한자 학습의 내용을 검토하는 일은 한자 학습서의 변천과정을 살펴보는 데 매우 중요한 관건이 된다. 한자의 기본 요소는 音과 形과 義이다. 곧 한자의 음과 자형과 새김이다.

3.1. 한자의 字形

한자 학습에는 반드시 한자의 자형을 알아야 하기 때문에, 모든 한자 학습서는 이 자형을 중시한다. 유일한 필기도구였던 붓으로 한자를 하나하나씩 써서 그 획과 획순 및 획의 특징을 알아야 하기 때문이다. 그래서 한자 학습서에서 가장 두드러지게 보이기 위해 그 자형은 가장 큰 글씨로 쓰이거나, 그 큰 글씨도 그 당시의 명필이 쓰거나 하는 경우가 많다.

3.2. 한자음

한자 학습서의 대부분은 한자의 음이 표시되어 있다. 한자의 새김이 표시되지 않는 경우에도 한자의 음이 표기되는 경우가 많다. 반면에 한자 새김의 정보가 있는 한자 학습서에는 한자음의 정보도 반드시 제시된다. 새김의 정보는 없어도 한자음의 정보를 보이는 학습서가 곧 운서(韻書)이다. 한자의 모음(즉 韻母)을 분류 기준으로 삼아 한자를 분류하여 배열한 책이 운서(韻書)인데, 일종의 한자 발음 사전이라고 할 수 있다.

3.3. 한자의 새김

한자의 새김은 한자의 의미이므로 기초적인 한자 학습서에는 대부분 이 의미 정보가 있다. 그 의미를 한문으로 풀이한 것도 있지만, 그러한 학습서는 극히 드물고, 대부분은 한글로 새김을 달아 놓았다. 한자 한 글자에는 여러 의미가 있지만 대부분의 한자 학습서에는 기본의미만 제시되어 있다. 복수의 새김을 달기 시작한 것은 홍성원의 『주해천자문』(1752년)부터로 보인다. 그리고 한 한자의 다의어를 모두 보이기 시작한 것은 19세기 말에서 20세기 초에 다양하게 간행된 소위 玉篇類부터라고 할 수 있다.

3.4. 한자의 성조

한자는 동일한 음을 가졌다고 해도 성조의 차이에 따라 의미 분화가 나타나므로 한자의 성조는 한자 학습에서 매우 중요한 요소이다. 그러나 한국어에서 사용되는 한자를 익히기 위한 한자의 학습에는 관습적으로 성조 표시를 해 왔지만 오늘날에는 표시되지 않게 되었다.

훈민정음 창제 이후 훈민정음으로 한자를 정리한 『초학자회』(1458년)나 『동국정운』은 이와 같은 한자 성조와 음에 따라 새김을 붙이거나 음을 달거나 하여 놓았다.

한자의 성조를 익히기 위한 학습서들은 대체로 한자를 성조별로 나열하여 놓은 책인데, 『幼學一隅』(필사본, 19세기 말엽, 홍윤표 소장본)가 대표적이다. 물론 이전의 『석봉천자문』 등에 ○를 右上, 左上 등에 표시하여 성조를 표기한 것들이 있으나 『유학일우』에서는 성조별로 한자를 배열하여 놓고 석음을 달아 놓고 있다.

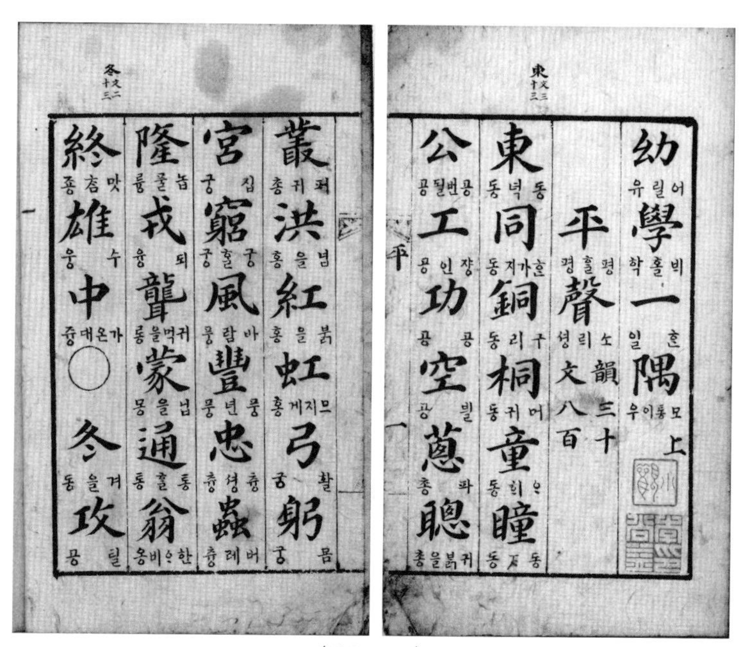
幼學一隅 上
平聲 韻文三十八百
東 同 銅 桐 童 瞳
公 工 功 空 蔥 聰
叢 洪 紅 虹 弓 躬
宮 窮 風 豐 忠 蟲
隆 戎 聾 蒙 通 翁
終 雄 中 冬 攻

〈幼學一隅〉

3.5. 다양한 書體

모든 문자가 그러하지만 특히 한자는 그 서체가 중시된다. 초기에 한자를 배울 때에는 楷書體로 배우게 되지만, 한자에 대한 이해가 높아지면 차차로 草書體와 篆書體로 진전된다. 『천자문』, 『유합』, 『훈몽자회』, 『아학편』 등은 거의 모두가 해서체이다. 초서체나 전서체는 대부분 『천자문』에 국한된다. 『유합』, 『훈몽자회』, 『아학편』 등에서는 기본자에 초서체나 전서체로 쓰인 것을 발견할 수 없다. 특히 책으로 간행된 한자 교습 자료는 楷書體이거나 草書體가 대부분이다.

3.6. 한자의 다양한 정보

어느 문헌은 각 한자에 대한 다양한 정보를 제공하는 것도 있다. 예컨대 『훈몽자회』나 『주해천자문』 등이 그러하다. 예컨대 『훈몽자회』에서 첫 글자인 '天'에 대해 '하놀 텬'이란 석음 표기 아래에 '天道左日月右旋'이란 한문 주석이 있다.

3.7. 부수 정보

한자 학습의 중요한 요소는 아니지만 한자 학습을 하면서 부수적으로 획득할 수 있도록 다른 정보를 삽입시키기도 한다. 이러한 학습서는 대체로 외국과의 문화교류가 이루어지기 시작하였던 19세기 말로부터 20세기 초에 간행된 한자 학습서에서 흔히 보이는데, 그것은 한자를 배우면서 동시에 외국어의 학습도 동시에 하려는 것이다. 즉 외국어를 동시에 배우려고 하는 목적으로 편찬된 한자 학습서들이 있다. 대표적인 문헌이 지석영이 편찬한 『아학편』이라고 할 수 있다.

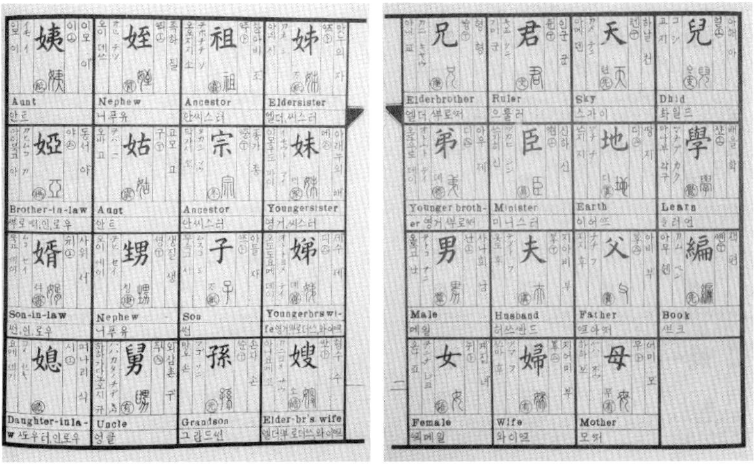

〈아학편(지석영 편)〉

3.8. 검색의 용이성

한자 학습의 편의를 위하여, 특히 한자의 검색을 용이하게 하기 위하여 편찬된 한자 학습서들이 존재한다. 검색의 편의는 곧 한자음, 한자 새김, 그리고 한자 부수와 획수를 중심으로 배열하여 검색을 쉽게 하는 방법이 있다.

3.8.1. 새김 중심 검색

이러한 자료는 조정순(趙鼎淳)이 편찬한 『언음첩고(諺音捷考)』(1846년)가 대표적이다. 원본은 국립중앙박물관 소장의 2권 2책의 책인데, 한국학중앙연구원에 이의 전사본이 전한다. 새김과 음에서 새김의 가나다순으로 배열하여 놓은 것임을 볼 수 있다.

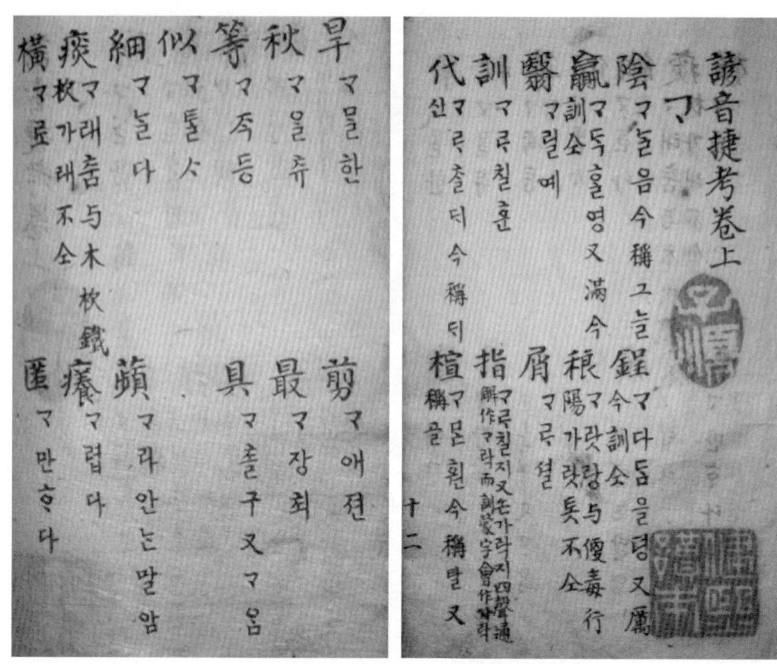

〈언음첩고(국립중앙박물관 소장본)〉

3.8.2. 한자음 중심 검색

한자의 음을 중심으로 배열하여 검색을 편하게 한 자료들이 있다. 그러한 문헌으로는 『音韻捷考』가 대표적이다. 대체로 음운첩고(한국학중앙연구원 소장, 서울대중앙도서관 소장, 일사문고 구장본, 홍윤표 소장), 音韻反切彙編(규장각, 손희하, 홍윤표 등 소장), 字會音韻反切彙編(충남대도서관 소장본), 音韻編彙(서울대 중앙도서관 소장, 심악 구장서), 彙音(국립한글박물관 소장) 등의 이름을 가진 것이다.

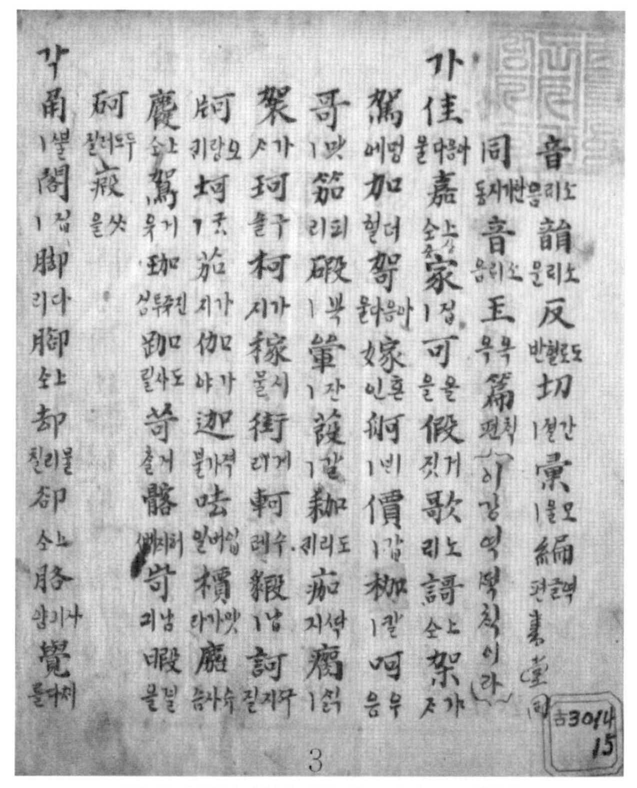

〈음운반절휘편(국립중앙도서관 소장본)〉

3.8.3. 한자의 부수와 획수 중심 검색

한자의 부수별로 배열하고 그 부수 안에서는 획수대로 배열하여 검색을 용이하게 한 문헌이 있는데, 우리가 일반적으로 字典(또는 玉篇)이라고 하는 자료들이다. 이 책들은 20세기 초부터 나타나기 시작한다. 지금까지 알려진 자전 중에서 가장 이른 것은 정익로(鄭益魯)가 편찬하여 1908년에 간행한 『國漢文新玉篇』으로 알려져 있지만 이보다 먼저

1830년에 편찬된 필사본 『字會集』(홍윤표 소장)이다.[2)]

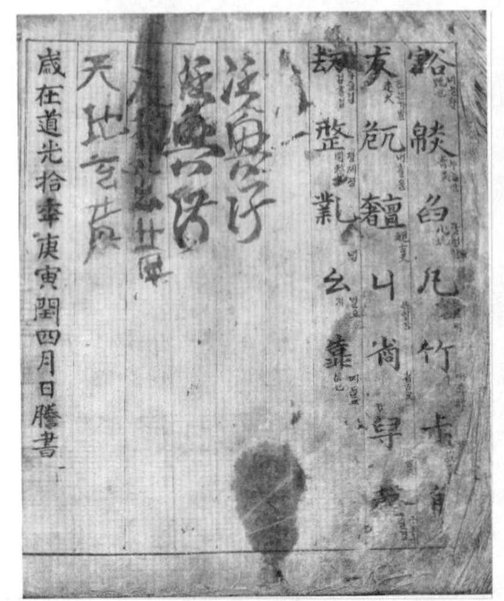
歲在道光拾年庚寅閏四月日謄書

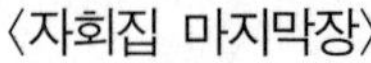
〈자회집 마지막장〉

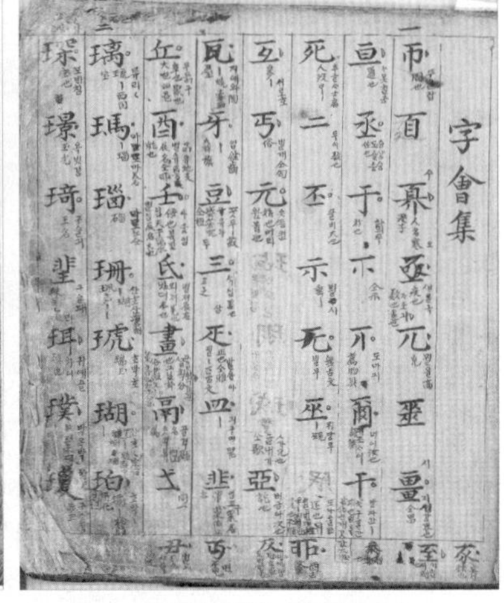
字會集

〈자회집 첫장〉

4. 한자 학습자료 문헌의 변천 과정

4.1. 한자 학습 자료의 형식

한글로 석음을 달아 놓은 한자 학습 자료는 일정한 형식을 갖고 있다. 모두 '天 하늘 천'의 형식이다. 이 형태는 매우 오래전부터 고정되어 온 것으로 보인다. 이 형식은 거의 한 번도 변화하지 않고 오늘날까지 지속되어 온 것으로 보인다.

우리 선조들은 일찍부터 한자의 음과 새김과 성조, 그리고 그 한자

2) 字會集에 대해서는 홍윤표(2019), 한국식 한자자전 자회집과 음운반절휘편, 한국어사연구 5, 233-258을 참조할 것.

의 문법적 특성에 관심을 가져 왔다. 이러한 사실은 훈민정음 창제 이후의 한글 문헌에서 증명된다. 언해본은 대개 한문 원문과 언해문과 협주로 표기된 주석문으로 구성되어 있다(도판이 있는 문헌은 제외). 그런데 내용주(內容註) 이외의 피정의항은 대부분이 한자와 한자어이다. 이 중에서 한자는 다음과 같은 형식으로 나타난다. 예를 훈민정음 언해본의 첫 번째 주석문을 들어 보인다.

> 製·젱·는 ·글 지슬 ·씨·니 御·엉製·젱·는 :임·금 :지스·샨 ·그리·라

"製·젱·는 ·글 지슬 ·씨·니"가 한자 '製'에 대한 주석이고 "御·엉製·젱·는 :임·금 :지스·샨 ·그리·라"가 한자어에 대한 주석이다. 이중 "製·젱·는 ·글 지슬 ·씨·니"에서 '製'는 한자의 형태이자 피정의항이고, '製'의 밑(본문에서)에 보이는 '젱'는 한자음이며, '·젱'의 방점은 한자 '製'의 성조이며, '·글 지슬'은 새김이며, '·씨·니'는 문법적 분류를 표시한 것이다. 그리고 '지슬'에 보이는 어미 '-ㄹ'은 피정의항의 한자가 지니는 문법 정보에 따른 것이다. 즉 '용언'(동사, 형용사)임을 나타낸다. 결국 이것은 '천자문'과 같은 한자 학습서의 형태로 바꾼다면 '製 ·글 지슬 젱'가 될 것이다. '씨'가 문법적 분류를 나타내는 것이라고 보는 이유는 한자 주석 문장의 형태를 분석한 결과이다.

주지하는 바와 같이 협주 형식의 주석문을 형태별로 구분하여 보면 다음과 같다.

		型	피정의항의 문법 범주	현대의 단어 부류
실사	1	~을 씨라 型	동사, 형용사	용언(동사, 형용사)
	2	~이라 型	명사	체언(명사, 대명사, 수사)
	3	~ 쁘디라 型	부사	수식언(부사)
허사	1	~ 입겨지라 型	허사로 문법적 기능만 있는 자	관계언(토)
	2	~ 字ㅣ라 型	허사로서 의미도 있는 자	
감탄사	1	~ 마리라	감탄사	독립언(감탄사)

異는 다롤 씨라<1446훈민정음언해본,1a>

御製는 님금 지스샨 그리라<1446훈민정음언해본,1a>

不은 아니 ᄒᆞ논 ᄠᅳ디라<1446훈민정음언해본,1b>

之는 입겨지라<1446훈민정음언해본,1a>

乎는 아모그에 ᄒᆞ논 겨체 ᄡᅳ는 字ㅣ라<1446훈민정음언해본,1a>

唯然은 엥 ᄒᆞᄃᆞᆺ ᄒᆞᆫ 마리라<1459월인석보11:109a>

그러나 한자 학습 문헌에서는 이 문법 범주는 3가지로 구분된다.

부류	예 (광주천자문에서)	형식
용언	玄 가믈 현	Vs− + −을/은 + 한자음 型
체언	天 하늘 텬	N + 한자음 型
허사	也 입겻 야	입겻 + 한자음 型

이러한 내용은 한글 주석이 없는 한문본에서도 마찬가지이다. 예컨대 용비어천가의 제2장의 '불휘 기픈 남ᄀᆞᆫ ᄇᆞᄅᆞ매 아니 뮐 ᄊᆡ'의 한문 '根深之木 風亦不扤'의 '扤'에 대한 한문 주석은 '扤五忽切 動也'인데

'五忽切'은 반절법으로 그 음을 '動也'는 그 의미를 적어 놓은 것이다.

천자문 등의 한자 학습서가 '天 하늘 텬'의 형식을 갖춘 것은 아마도 한자에 대한 오래전부터의 관습에 의한 것이라고 해석된다. 한자의 문법적 성격도 그 새김의 형태에서도 보인다.

4.2. 한자 학습 자료의 변천

우리나라의 한자 전래시기에 대해서는 명확한 기록이 전하지 않는다. 그리고 학자들에 따라 이견이 분분하다. 소위 기자조선에서 위만조선에 이르는 시기라는 주장(李庸周, 韓國漢字語에 관한 硏究, 삼영사, 1974), BC 45년경(평양시 낙랑구 정백동 목곽묘 출토 목간의 추정 연도(김영욱, 한국의 문자사, 태학사, 2017)), 위만조선 시대(BC 194-BC 108)(정광, 한반도에서 한자의 수용과 차자표기의 변천, 구결연구 11, 2003), 漢四郡이 설치된 BC 108년경으로부터라는 주장(沈載箕, 口訣의 生成 變遷과 體系), 고조선 BC 3세기경이라는 주장(金敏洙, 新國語學史), 늦어도 2,000년 전이라는 주장(安秉禧) 등이 있다. 그러나 아래 표와 같은, 삼국의 한자 문화 보급 현황을 살펴 보면 늦어도 4세기에는 우리나라에서 한자가 널리 쓰이었음을 알 수 있다. 이러한 문제에 대한 연구는 최근의 木簡 연구에서 매우 활발한 편이다.

	일본에 한자전래	사서의 편찬	불교의 전래	학교의 설립	현전 최고서	국가 형성
高句麗		200(?) 留記 600년, 新集5卷)	372년	372년	357년(高句麗碑銘)	BC 37~ AD 668
百濟	AD 285 王仁이 論語, 千字文	375년 書記	384년		369년 七支刀銘文	BC 18~ AD 663
新羅		545년 國史	417~527	682 國子學	545년 眞興王 巡狩碑	BC 57~ AD 935

이러한 한자의 도입은 필연적으로 한자의 학습이 필요했을 것이지만, 어떻게 한자를 학습했는지에 대한 기록도 보이지 않는다. 그러나 고려 시대에 忠穆王(1344년-1348년)이 천자문을 배웠다는 기록이 있어서[3] 일찍부터 한자 학습이 이루어졌음을 알 수 있다.

한자의 석음에 대한 정보를 보이는 것은 전술한 바와 같이 언해문에 보이는 한자에 대한 주석이다. 훈민정음 언해본에만 68개의 한자에 대한 주석이 붙어 있다. 석보상절에 150개, 월인석보에 841개의 한자에 대한 석음 자료가 있다.

우리가 쉽게 접할 수 있는 한자 학습 자료들은 훈민정음이 창제되면서부터이다. 한글로 한자 정보를 표기할 수 있었기 때문일 것이다. 훈민정음 창제 이후에 벌써 1458년에 '초학자회'(初學字會)란 한자 석음에 관한 책을 편찬하였는데, 이 『초학자회』는 1458년에 세조가 중추(中樞) 김구(金鉤)와 참의(參議) 이승소(李承召)에게 명하여 우보덕(右輔德) 최선복

3) 自是徐太祖眞殿外 餘皆代押 時王習千字文 安震曰 要詳音義 淑蒙曰 殿下但習音 不尋其義 殿下雖不識字 於臣何傷 然恐不可 <高麗史 卷125 辛裔列傳>

(崔善復) 등 12인을 거느리고 편찬하게 하여 만든 한자 자서(字書)이다. 『동국정운』의 각 운목(韻目)에 해당하는 자모에 속한 한자 중에서 취사선택하여 그 한자의 아래에 한글로 석음을 달아 놓는 방식으로 편찬되었다. 현존하는 문헌 중에서 한자 석음을 한글로 표기한 최초의 문헌이다.

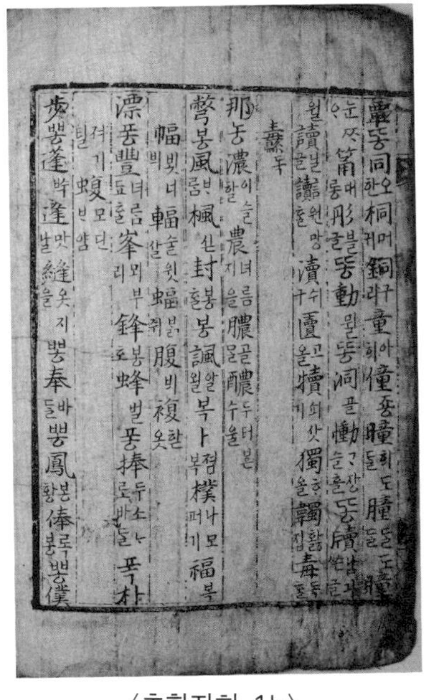

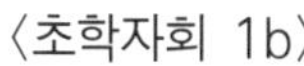
〈초학자회 1b〉

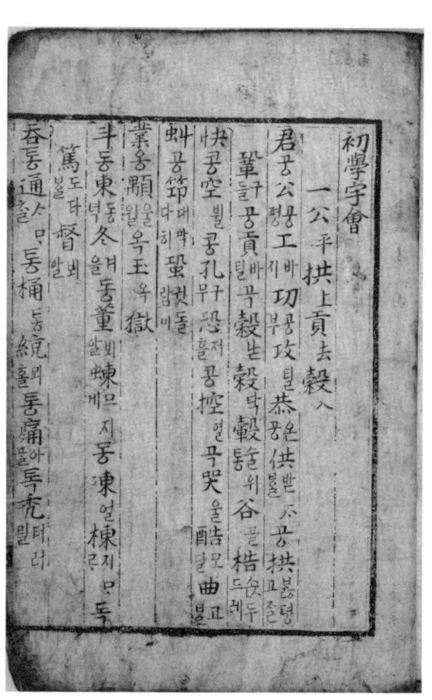
〈초학자회 1a〉

문헌 기록상으로는 한자의 釋音을 가진 최초의 자료는 문종어석(文宗御釋)(문종 때)과 초학자회(初學字會)(세조 때)인 것으로 알려져 있지만, 초학자회의 후대 필사본의 일부만 전해 올 뿐, 『문종어석』은 현재 전하지 않는다.

이러한 자료 이외에 한글로 한자 석음을 달아 놓은 한자 학습서로서 처음 간행된 책은 『초학자회』와 『문종어석』, 『字訓諺解』(1555년)이지만 일반인에게까지 널리 알려진 최초의 한자 학습서는 『광주천자문』(1575년)과 『석봉천자문』(1583년)이다. 그 이외에 『訓蒙字會』(1527년), 『新增類合』(1576년), 『百聯抄解』(16세기 등), 『類合』(1653년 등), 『兒學篇』(1813년 등), 『字類註釋』(1856년), 『女小學』(1882년), 『音韻反切彙編』(1887년 등), 『訓蒙排韻』(1901년), 『幼學字聚』(1909년), 『物名集』(1910년), 『初學捷徑』(1912년), 『訓蒙字集』(1913년), 『蒙學二千字』(1914년), 『初學要選』(1918년), 『速修漢文訓蒙』(1922년), 『識字初正』(19세기), 『類聚解字新編』(19세기), 『幼學一隅』(19세기), 『音韻捷考』(19세기), 『兒字』(20세기 초), 『字類集解』(1928년), 『別千字』(19세기), 『續千字文』(1940년 등) 등 헤아리기 어려울 정도의 한자 학습서와 자전이 존재한다.

16세기부터 20세기 전반기까지 한글로 석음을 달아 놓은 문헌 중에서 가장 많이 보급되고 알려졌던 대표적인 문헌은 『천자문』, 『유합』, 『훈몽자회』, 『아학편』이었다고 할 수 있다. 물론 매우 다양한 문헌들이 있었지만, 많은 사람들에게 알려져 있던 것은 위의 네 가지라고 할 수 있다.

이들은 우선 한자 글자수에서 차이가 있다. 천자문은 책 명칭대로 1,000자이고, 유합은 판본에 따라 다른데 대개 1,200자에서 1,500자 내외이다. 이에 비해 신증유합은 3,000자이다. 그리고 훈몽자회는 3,360자이며 아학편은 2,000자이다.

천자문은 4자 성구로 된 250개의 한문구로 된 책이고 유합과 훈몽자회와 아학편은 한자를 의미별로 분류하고 거기에 해당하는 한자를 배열하여 놓은 책이다. 『천자문』의 한자는 그 검색작업이 수월치 않고 또 동음이의어(同音異義語)나 이음동의어(異音同義語)들에 대한 이해가 어렵다. 그래서 이 한자들을 유사한 부류로 묶어 검색과 기억을 용이하게 하기 위하여 『훈몽자회(訓蒙字會)』, 『유합(類合)』 등이 편찬되게 된다.

『유합』은 한자를 유별(類別)로 분류하여 배열하였지만 그 분문명(分門名)은 제시되어 있지 않다. 그러나 미암(眉巖) 유희춘(柳希春)의 『신증유합(新增類合)』(1576년)은 수목(數目), 천문(天文), 중색(衆色) 등 27개의 분문(分門)으로 분류하여 한자를 배열하고 있다. 최세진(崔世珍)이 편찬한 『훈몽자회』(1527년)는 『천자문』과 『유합』의 결함을 보완하기 위하여 편찬된 것인데, 천문(天文), 지리(地理), 화품(花品) 등 33개의 분문으로 나누어 분류하고 있다. 그런데 이 『훈몽자회』는 『천자문』과는 달리 4구의 한시로 되어 있는 것이 아니라 한자를 물명을 중심으로 배열하고 있다.

아학편은 유형천자, 무형천자의 두 가지 의미영역을 보이고 있다. 이것은 곧 한자를 용이하게 학습하는 방법의 변천이자 또한 거기에 수록된 한자를 쉽게 검색하여 찾아내는 데에도 관심을 두었음을 암시한다. 천자문이 지니고 있는 여러 문제점을 보완하기 위해 편찬된 것들이 유합, 훈몽자회, 아학편 등이지만 필자의 생각으로는 모두 실패하고 다시 천자문으로 되돌아가고 말았다고 할 수 있다. 각 문헌의 출판이 시대적으로 분포되어 있는 사실에서 추론할 수 있다.

그런데 17세기로부터 19세기 중기까지는 기존의 『천자문』, 『훈몽자회』, 『유합』 등을 중간하여 이에 대체하고 있는 반면에 19세기 중기 이후 및 20세기 초에 오면, 이러한 보편적인 한자 학습서 이외에 새로운 한자 학습서의 간행이 쏟아져 나오게 된다. 1856년에 정윤용(鄭允容)

이 『훈몽자회』의 뜻을 확장하여 자류(字類)를 늘려서 만든 『자류주석(字類註釋)』, 대계(大溪) 이승희(李承熙)가 편찬한 『정몽류어(正蒙類語)』(1884년), 황응두(黃應斗)가 편찬한 『통학경편(通學徑編)』(1916년)을 비롯한 많은 문헌들이 편찬되고 있다.

천자문이라고 하더라도 주흥사의 천자문 이외에 중국의 역사를 천자문으로 엮은 『역대천자문(歷代千字文)』(1911), 우리나라의 역사를 기록한 『조선역사천자문(朝鮮歷史千字文)』(1928) 등이 출현한다. 그리고 한자의 석과 음이 달려 있지 않은 천자문도 다수 간행된다. 이러한 『천자문』 이외에 『몽학이천자(蒙學二千字)』, 『아학편(兒學篇)』, 『통학경편(通學徑篇)』, 『자류주석』 등이 등장할 뿐만 아니라 개화기 때의 학부 교과서에도, 그리고 일제강점기에도 계속해서 이러한 한자 학습서가 등장하게 된다.

이것은 새로운 문물을 수입하면서, 지금까지 습득한 한자가 시대에 뒤떨어지므로 해서 이를 개편하려는 움직임으로 보인다. 이러한 것은 새로운 다른 세계를 이해하려는 자세에서 비롯된 것이라고 할 수 있다.

5. 千字文類

5.1. 천자문 간본 목록

천자문이 간행된 내용을 표로 보이면 다음과 같다. 이 목록은 필자가 지금까지 조사하고 그 자료를 확보한 것에 한정한다.

16세기	石峰千字文(內閣文庫本)	1583년	목판
	石峰千字文(朴贊成 所藏本)	1583년	목판
	石峰千字文(御賜千字文)	15xx년	목판
	千字文(光州刊本)	1575년	목판
	千字文(大東急紀念文庫本)	1575년	목판
17세기	李海龍千字文	1601년	목판
	石峰千字文(甲戌重刊本)	1634년	목판
	石峰千字文(庚寅重補本)	1650년	목판
	石峰千字文(庚寅重補本)	1650년	목활자
	石峰千字文(內府改刊本)	1601년	목판
	石峰千字文(辛未夏重刊本)	1691년	목판
	千字文(丙子)(남권희본)	1636년	목판
	千字文(丙子本)	1696년	목판
	千字文(水多寺板)	1652년	목판
	千字文(龍門寺板)(康熙年間)	17세기	목판
	千字文(七長寺板)	1661년	목판
	千字文(把溪寺板)	1668년	목판
	千字文(興國寺板)	1665년	목판
	千字文童蒙先習	1690년	목판
18세기	李茂實千字文(初版)	1735년	목판
	註解千字文(初刊本)	1752년	목판
	千字文(宮內廳書陵部本)	18세기	목판
	千字文(金國杓書)	1750년	목판
	千字文(松廣寺板)	1730년	목판
	千字文(嶺南大本)	18세기	목판
	千字文(靈鳳寺板)(道林寺所藏)	1701년	목판
	千字文(淸溪寺板)	18세기	목판
19세기	註解千字文(重刊本)	1804년	목판
	李茂實千字文(3판)	1857년	목판
	千字文(戊午孟冬完山新板)	1858년	목판

19세기	千字文(完山養洞新刊本)	1858년	목판
	千字文(杏谷開刊本)	1862년	목판
	千字文(紅樹洞板)	1858년	목판
	石峰千字文(척첨대)	1868년	목판
	石峰千字文(統營開刊本)	1888년	목판
	註解千字文(同治五年)	1866년	목판
	千字文(西內新刊本)	1898년	목판
	千字文(歲甲申孟秋完山改刊)	1884년	목판
	千字文(丁卯孟夏完山新板)	1867년	목판
	千字文(武橋新刊本)	19세기 중엽	목판
	千字文(孝橋新刊本)	19세기 중엽	목판
20세기	日淸韓 三國千字文	1900년	연활자
	日韓訓點千字文(日鮮通解內)	1903년	연활자
	註解千字文(華林齋藏板)	1905년	목판
	千字文(乙巳季冬完山新刊本)	1905년	목판
	註解千字文	1911년	목판
	천자문(西溪書鋪)	1911년	목판
	(訂本)千字文(紙物書冊商)	1915년	목판
	三體註解千字文(회동서관)	1916년	목판
	日鮮諺解千字文(朴元植訂)	1916년	목판
	註解千字文(乙卯完山新刊)	1915년	목판
	註解千字文(在田堂書鋪本)	1913년	목판
	千字文(多佳書鋪)	1916년	목판
	千字文(新舊書林板)	1913년	목판
	千字文(紙物書冊鋪)	1913년	목판
	千字文(翰南書林)	1916년	목판
	千字文(弘壽堂)	1916년	목판
	圖像註解千字文	1917년	석인
	日鮮註解千字文(박문서관)	1917년	석인
	篆草諺註千字文	1916년	석인

20세기	註解千字文(한남서림)	1917년	목판
	千字文(博文書館板)	1917년	석인
	千字文(丁丑本)(경북대본)	1917년	필사
	천자문(회동서관본)	1918년	목판
	漢日鮮千字文(박문서관)	1917년	연활자
	千字文(新安書林本)	1923년	목판
	千字文(昌新書館)	1923년	목판
	千字文(天一書館)	1919년	목판
	日鮮註解千字文	1925년	목판
	千字文	1925년	목판
	千字文(廣安書館)	1926년	목판
	千字文(회동서관)	1925년	목판
	漢日鮮三體千字文	1925년	목판
	四體千字文(滙東書館)	1929년	목판
	日鮮千字文(博文書館)	1930년	목판
	千字文(大昌書院本)	1928년	목판
	日鮮註解千字文	1931년	목판
	日鮮註解千字文(三文社)	1933년	석인
	千字文(宇宙書林)	1932년	목판
	千字文(六字本, 불교사)	1932년	목판
	千字文(崔聖運商店)	1933년	석인
	千字文(崔聖運商店本)	1931년	목판
	漢日鮮千字文(三文社)	1933년	석인
	日鮮圖像千字文(영창서관)	1936년	석인
	日鮮文四體千字文	1935년	목판
	日鮮文新訂類合千字	1934년	연활자
	日鮮四體千字文(三文社)	1935년	석인
	日鮮千字文(三文社)	1936년	석인
	訂正新編千字文	1935년	목판
	註解千字文(盛文堂書店)	1936년	석인

20세기	註解千字文(水原)	1936년	목판
	千字文(광안서림)(안성)	1934년	석인
	千字文(三成書林本)	1935년	목판
	千字文(세창서관)	1934년	석인
	漢日鮮千字文(삼문사)	1935년	석인
	四體千字文(乙酉)	1945년	연활자
	新釋漢日鮮文四體千字	1937년	석인
	新釋韓日鮮文註解千字文(七書房)	1937년	목판
	日鮮四體千字文(광한서림)	1937년	석인
	日鮮千字文(梁冊房)	1937년	목판
	日鮮解註千字文(廣韓書林)	1937년	석인
	中鮮諺解四體千字文(廣韓書林)	1945년	석인
	千字文(삼중당서림)	1943년	석인
	千字文(梁冊房)	1937년	목판
	千字文(全州梁冊房)	1937년	목판
	千字文(中央出版社)	1945년	연활자
	四體圖像明文千字文	1955년	연활자
	世昌千字文	1956년	연활자
	日鮮諺解千字文(영창서관)	20세기	연활자
	千字文(金東燦)	1956년	석인

이 표에 의하면 천자문(여기서는 주흥사의 천자문만을 예시하였다.)은 16세기부터 계속 간행되었으며, 특히 20세기에 와서는 매우 많은 책이 간행되었음을 볼 수 있다.

5.2. 주흥사 천자문

그리고 천자문도 주흥사가 편찬하였다고 하는 주흥사 천자문이 주종을 이루고 있다.

5.2.1. 名筆이 쓴 천자문

천자문의 주요한 학습 목적 중에는 字形을 습득하는 것이 최우선이다. 그래서 이 한자 학습서에 보이는 한자는 주로 명필이 쓴 글씨를 판하로 하여 간행하거나 명필이 필사한 경우가 많다. 한국에 남아 있는 명필의 천자문들은 대부분 한글로 석음이 달려 있지 않은데, 그 명필들이 쓴 천자문의 目錄을 보이면 다음과 같다.

5.2.1.1. 한자 釋音이 없는 천자문

① 安平大君의 眞草千字文(木板本, 個人 所藏)
② 朴彭年의 草千字文(木板本, 個人 所藏)
③ 金麟厚의 草千字文(木板本, 個人 所藏)
④ 李恒福의 千字文(木板本, 國立中央圖書館)
⑤ 黃耆老의 草千字文(筆寫本, 個人 所藏)
⑥ 韓石峯의 千字文(木板本, 個人 所藏)
⑦ 李三晩 千字文(筆寫本, 화봉冊博物館 所藏)
⑧ 嚴漢明 草千字文(木板本, 서울 書藝博物館 所藏, 舊李謙老 所藏本)
⑨ 曺允亨 千字文(筆寫本, 조재진 所藏)
⑩ 申緯 千字文(筆寫本, 신효용 所藏)
⑪ 尹漢石 草千字文(木板本, 匯東書館 刊行, 個人 所藏)
⑫ 尹用求 千字文(筆寫本, 신호영 所藏)

⑬ 李壽長 草千字文(筆寫本, 문우서림 所藏)

⑭ 月荷 戒悟 草千字文(木板本, 화봉책박물관 所藏)

위의 명필이 쓴 천자문은 모두 한자 석음이 없는 것이다. 따라서 이 천자문들은 한자의 書藝를 익히기 위한 천자문이다.

5.2.1.2. 한자 석음이 있는 천자문

한자 석음이 있는 천자문 중에서 명필이 쓴 천자문을 보이면 다음과 같다.

	문헌	간행연대	판종	소장처
1	韓石峰千字文	1583년	목판본	김민영
2	李海龍 千字文	1601년	목판본	서울 화곡동 모씨
3	金國杓 書 천자문	1750년	목판본	서예박물관
4	李茂實 書 천자문	1735년 초간	목판본	경북대 북악문고
5	洪聖源 書 천자문 (註解千字文 초간본)	1752년	목판본	규장각 등
6	洪泰運 書 천자문 (주해천자문 중간본)	1804년	목판본	곳곳
7	五十一人 千字文	1826년	필사본	동아대 박물관
8	藏書閣本 千字文	19세기	필사본	한국학중앙연구원
9	예일대 소장 천자문	19세기	필사본	예일대
10	日省公書 註解千字文	19세기 말	필사본	이갑형
11	李承喬 書 千字文 (新訂千字文)	1908년	연활자본	홍윤표 등
12	鄭宅周書 천자문 (歷代千字文)	1911년	목판본	홍윤표 등
13	千人千字文	1910년 -1920년	필사본	서울역사박물관
14	松溪 書 천자문	1917년	목판본	곳곳

5.2.2. 한자 석음이 있는 천자문

(1) **韓石峰千字文**

名筆 韓濩가 쓴 천자문인데, 천자문의 대표격이라고 할 수 있다. 石峰千字文은 草千字文과 楷書千字文의 두 종류가 있는데, 草千字文에는 한자의 석이 붙어 있지 않고, 楷書千字文에만 석음이 달려 있다.

수많은 천자문이 전해 오고 있지만, 이 천자문을 중앙 관서에서 간행한 것은 이 석봉천자문이 유일하다. 1583年에 校書館에서 처음 간행한 후에 계속해서 중간본이 이루어져 왔다. 그 이본들을 보이면 다음과 같다.

	문헌	간행연대	판종	소장처
1	김민영 씨 소장본	1583년	목판본	김민영
2	內閣文庫本	1583년	목판본	일본 내각문고
3	成簣堂文庫本	16세기	목판본	成簣堂文庫
4	金東旭 所藏本	16세기	목판본	미상
5	御賜本	16세기	목판본	한산의 모씨
6	內府 開刊本	1601년	목판본	한국학중앙연구원 등
7	庚寅夏重補本	1650년	목활자	남권희
8	庚寅重補本	1650년	목판본	진태하, 한국학중앙연구원
9	辛未夏校書館重刊本	1691년	목판본	고려대
10	병자본(丙子本)	1696년	목판본	대마역사민속자료관
11	甲戌重刊本	1754년	목판본	규장각 등
12	섭첨대판(陟瞻臺板)	1868년	목판본(복각본)	규장각 등
13	統營開刊本	1888년	목판본	서예박물관

(2) 光州千字文

1575년에 전라도 光州에서 간행된 이 책은 한글에 의한 새김이 달려 있는 동시에 간기가 있는 천자문 중 가장 이른 시기의 것으로 알려져 있다. 그 석이 보수적인 점이 특징으로 알려져 있는 이 책은 석봉천자문과는 그 석에 있어서 뿐만 아니라 그 한자에 있어서도 몇 가지 차이가 있다. 석봉천자문의 161-164째 한자가 '女慕貞烈'인 반면 光州千字文은 이 중의 '烈'자가 '潔'자로 나타난다. 그래서 光州千字文 계통을 '潔字本', 石峰千字文 계통을 '烈字本'이라고 지칭하기도 한다. 그리고 石峰千字文의 825-828째 한자가 '妾御績紡'인 데 비해 光州千字文은 '妾御紡績'이다. 이것은 光州千字文의 誤書로 보인다. 일본의 東京大學 소장본이다.

이와 계통을 같이 하는 천자문, 즉 '潔字本'이 1979年 조선학보 93집에 영인 소개된 大東及紀念文庫本의 간기 없는 천자문이다. 이 책은 동경대학본보다는 뒤에 나온 17세기 후반의 책으로 알려져 있다.

(3) 寺刹刊本 千字文

천자문은 사찰에서도 많이 간행되었다. 그 천자문들을 소개하면 다음과 같다.

	문헌	간행연대	판종	소장처
1	水多寺板 千字文	1652년	목판(판목 현존)	통도사 聖寶博物館
2	七長寺板 千字文	1661년	목판(판목 현존)	칠장사
3	興國寺板 千字文	1665년	목판(판목 현존)	흥국사

4	把溪寺板 千字文	1668년	목판(판목 현존)	파계사
5	龍門寺 千字文	17세기	목판	
6	靈鳳寺板 千字文	1701년	목판(판목 현존)	영봉사
7	花芳寺板 千字文	19세기	목판(판목 소실)	유탁일
8	松廣寺板 千字文	1730년	목판(판목 현존)	송광사
9	淸溪寺板 千字文	18세기	목판(판목 현존)	청계사
10	開元寺板 千字文	1752년	목판	곳곳
11	安心寺板 千字文	1932년	목판	연세대

지금까지 필자가 조사한 사찰판 천자문의 목록 이외에 다른 사찰판이 있을 수 있을 것으로 생각된다. 예컨대 전남의 仙巖寺에는 類合의 판목만이 남아 있는데, 아마도 '千字文'과 함께 간행되었을 것으로 보이지만, 천자문은 보이지 않는다.

千字文이 현재도 그 판목들이 사찰에 소장되어 있는 이유는 대개 다음과 같은 이유에 기인할 것으로 이해된다.

① 僧侶들은 한문으로 된 佛經이나 法語 등을 읽어야 되기 때문에, 이를 위해 사찰 자체 내에서 한자 교육을 시키기 위해 천자문이나 유합을 간행하였을 것으로 이해된다.

② 천자문을 간행하고자 하는 개인이 각판에 능한 승려들에게 의뢰하여 판각을 하여 그 판목이 사찰에 남아 있을 수 있다. 천자문에 刻手名이 남아 있는 것은 사찰판뿐이라는 사실도 이러한 추정을 할 수 있게 한다.

③ 개인이나 문중에서 천자문을 사찰에 의뢰하여 판각한 후에 藏板閣이 없어서 보관이 어려워 판목을 보관할 수 있는 藏板閣을 마

련하기 쉬운 사찰에 맡기는 경우가 있을 수 있다.

이 사찰 간본 천자문은 다른 천자문에 비해 특징적인 요소가 있는데, 그것을 들어 보면 다음과 같다.

① 사찰 간본은 楷書體 천자문만 존재한다. 즉 초서 等으로 간행된 사찰본은 아직 발견되지 않고 있는데, 이것은 사찰에서 승려들이 천자문을 한자를 이해하는 데에 주로 이용하였음을 말해 준다.
② 사찰 간본 천자문은 대부분 類合과 함께 간행되었다. 이것은 앞에서 언급한 바와 같이 사찰에서 불경을 이해하기 위하여 한자를 교육하기 위해 천자문을 간행하였기 때문인 것으로 이해된다.
③ 지방 사찰본이 많아서 그것을 간행한 사찰이 있는 지역의 지역어를 반영한 것이 있다. 송광사판 천자문 등이 그러하다.
④ 사찰판 천자문에는 聲調 표시를 한 것이 없다. 이것은 사찰에서 한문을 이해하는 데에만 필요하고 한문으로 시를 쓰거나 하는 일은 필요가 없었기 때문일 것이다.
⑤ 複數 석음을 달아 놓은 천자문이 없다. 이처럼 복수 석음이 없는 것은 복수 석음을 달기 시작한 18세기 말 이전에 주로 이루어졌기 때문으로 해석된다.
⑥ 한자에 석음이 달려 있지 않은 것도 흔히 있는데, 이것은 주로 빈도가 높은 한자거나 또는 이미 잘 알 수 있는 한자에 주로 나타난다. 이러한 것은 소위 동승과 같은 어린이가 천자문을 본 것이 아니라 승려들이 보았기 때문인 것으로 이해된다.

(4) 방각본 천자문

19세기 중반 이후부터 20세기 초까지 천자문의 간행은 봇물 터지듯 간행되었다. 특히 20세기 10년대부터 30년대에는 우리나라의 거의 모든 출판사에서 천자문을 간행해 내었다고 해도 과언이 아니다. 필자가 조사하고 자료를 확보한 천자문의 목록을 들면 다음과 같다.

	문헌	간행연대	간행처
1	千字文	1858년	戊午孟冬完山新板
2	千字文	1858년	完山養洞新刊本
3	千字文	1867년	丁卯孟夏完山新板
4	千字文	1884년	歲甲申孟秋完山改刊
5	千字文	1898년	西內新刊本
6	千字文	19세기 중엽	孝橋新刊本
7	千字文	19세기 중엽	武橋新刊
8	日清韓 三國千字文	1900년	연활자본
9	日韓訓點千字文	1903년	日鮮通解
10	千字文	1905년	乙巳季冬完山新刊本
11	註解千字文	1905년	華林齋藏板
12	千字文	1911년	西溪書鋪
13	註解千字文	1913년	在田堂書鋪本
14	千字文	1913년	新舊書林板
15	千字文	1915년	紙物書冊鋪
16	訂本 千字文	1915년	紙物書冊商
17	註解千字文	1915년	乙卯完山新刊
18	千字文	1916년	多佳書鋪
19	三體註解千字文	1916년	滙東書館
20	千字文	1916년	翰南書林
21	日鮮諺解千字文	1916년	朴元植訂
22	千字文	1916년	弘壽堂

23	篆草諺註千字文	1916년	天寶堂
24	圖像註解千字文	1917년	趙慶勳家
25	千字文	1917년	博文書館
26	諺漢千字	1917년	滙東書館
27	註解千字文	1917년	漢南書林
28	日鮮註解千字文	1917년	博文書館
29	漢日鮮千字文	1917년	博文書館
30	千字文	1918년	滙東書館
31	千字文	1919년	天一書館
32	千字文	1923년	新安書林
33	千字文	1923년	昌新書館
34	千字文	1925년	滙東書館
36	日鮮註解千字文	1925년	博文書館
37	漢日鮮三體千字文	1925년	永昌書館
38	千字文)	1926년	廣安書館
39	千字文	1928년	大昌書院
40	四體千字文	1929년	匯東書館
41	漢日鮮四體千字文	1930년	新舊書林
42	漢日鮮千字文	1930년	博文書館
43	日鮮千字文	1930년	博文書館
44	千字文	1931년	崔聖運商店
45	新釋漢日鮮文 四體千字	1931년	新興書館
46	日鮮註解千字文	1931년	崔聖運書店
47	千字文	1932년	宇宙書林
48	千字文	1932년	佛教社
49	蒙學圖像日鮮千字文	1932년	翰南書林
50	新釋漢日鮮文 四體千字	1933년	新興書館
51	日鮮註解千字文	1933년	三文社
52	千字文	1933년	崔聖運商店
53	漢日鮮千字文	1933년	三文社
54	千字文	1934년	광안서림

55	千字文	1934년	세창서관
56	日鮮文四體千字文	1935년	재전당서포
57	日鮮四體千字文	1935년	三文社
58	訂正新編千字文	1935년	三成書林
59	千字文	1935년	三成書林
60	漢日鮮千字文	1935년	삼문사
61	日鮮圖像千字文	1936년	영창서관
62	日鮮千字文	1936년	三文社
63	註解千字文	1936년	盛文堂書店
64	註解千字文	1936년	水原
65	新釋漢日鮮文圖像千字	1937년	德興書林
66	千字文	1937년	全州梁冊房
67	日鮮千字文	1937년	梁冊房
68	千字文	1937년	梁冊房
69	圖像千字文	1937년	博文書館
70	日鮮四體千字文	1937년	광한서림
71	新釋漢日鮮文四體千字	1937년	新興書館
72	日鮮解註千字文	1937년	廣韓書林
73	千字文	1937년	全州梁冊房
74	千字文	1943년	삼중당서림
75	四體千字文	1945년	乙酉
76	新千字文	1945년	正文藏板
77	中鮮諺解四體千字文	1945년	廣韓書林
78	千字文	1945년	中央出版社

5.2.3. 다양한 서체의 천자문

책으로 간행된 천자문은 楷書體 천자문이거나 草書體 천자문이 대부분이다. 그러나 한글 석음이 달려 있는 천자문들 중에서 다양한 서체를 보여 주는 천자문이 여러 번 필사되거나 출간되었다. 그 목록을 보이면 다음과 같다.

	문헌	刊行연도	판종	출판사
1	篆楷行音韻千字文	1865년	筆寫本	
2	三體註解千字文	1916년	木板本	滙東書館
3	篆草諺註千字文	1916년	석인본	天寶堂
4	漢日鮮三體千字文	1926년	木板本	永昌書館
5	四體千字文	1929년	목판본	滙東書館
6	漢日鮮四體千字文	1930년	木板本	新舊書林
7	新釋漢日鮮文 四體千字	1931년	석인본	新興書館
8	日鮮四體千字文	1935년	석인본	三文社
9	日鮮文四體千字文	1935년	木板本	在田堂書鋪
10	日鮮四體千字文	1937년	석인본	廣韓書林
11	四體千字文	1945년	연활자본	乙酉
12	中鮮諺解四體千字文	1945년	석인본	廣韓書林
13	篆草楷三體千字文	20세기 초	木板本	불명
14	草千字文	20세기 초	木板本	불명
15	楷草隷書 千字文	20세기	석인본	불명

한글 석음이 달려 있는 천자문은 한자의 서체가 대부분 楷書體이지만 篆書, 隷書. 草書를 익히기 위한 천자문도 있었는데, 四體千字文은 한자의 楷書, 行書, 篆書, 草書를 다 써 놓은 것이고, 三體千字文은 그 중에서 篆書가 빠진 것이다. 대부분의 이러한 서체를 가진 천자문들은 20세기에 들어서 유행하였던 것으로 보인다.

5.2.4. 외국어를 동시에 배우는 천자문

천자문은 원래 한자를 익히기 위한 교재이었지만, 외국어까지도 함께 학습하도록 만든 천자문도 있다. 특히 일제강점기에 간행된 많은 천자문은 일본어를 동시에 배우도록 편찬된 것이 흔히 있다. 그래서 이 천자문들은 중국의 한자, 한국의 한글, 일본의 가나 문자가 쓰이고 있어서 대개 '漢日鮮'이라는 부제를 달고 출간되는 것이 일반적이다.

	문헌명	刊行연도	판본	출판사
1	日淸韓 三國千字文	1900년	연활자본	日本哲學書院
2	日韓訓點千字文	1903년	연활자본	日鮮通解 內
3	韓日千字文	1908년	筆寫本	
4	日鮮諺解千字文	1916년	木板本	朴元植訂
5	漢日鮮千字文	1917년	연활자본	博文書館
6	日鮮註解千字文	1917년	석인본	博文書館
7	新訂體法日鮮二千字	1925년	연활자본	德興書林
8	漢日鮮三體千字文	1926년	木板本	永昌書館
9	漢日鮮千字文	1930년	木板本	博文書館
10	漢日鮮四體千字文	1930년	木板本	新舊書林
11	日鮮千字文	1930년	木板本	博文書館
12	新釋漢日鮮文四體千字	1931년	석인본	新興書館
13	日鮮註解千字文	1931년	木板本	崔聖雲書店
14	蒙學圖像日鮮千字文	1932년	木板本	翰南書林板
15	漢日鮮千字文	1933년	석인본	三文社
16	日鮮註解千字文	1933년	석인본본	三文社
17	日鮮文新訂類合千字	1934년	연활자본	德興書林
18	日鮮四體千字文	1935년	석인본	三文社
19	漢日鮮千字文	1935년	석인본	三文社

20	日鮮文四體千字文	1935년	木板本	在田堂書鋪
21	日鮮圖像千字文	1936년	석인본	永昌書館
22	日鮮千字文	1936년	석인본	三文社
23	新釋漢日鮮文圖像千字	1937년	석인본	德興書林
24	日鮮千字文	1937년	木板本	梁冊房
25	日鮮四體千字文	1937년	석인본	廣韓書林
26	日鮮解註千字文	1937년	석인본	廣韓書林
27	中鮮諺解四體千字文	1945년	석인본	廣韓書林
28	實用韓英千字文	1946년	연활자본	自省文化社
29	日鮮諺解千字文	20세기	석인본	永昌書館

5.2.5. 주흥사 천자문 이외의 천자문

주흥사 편찬의 천자문이 아닌 다른 천자문도 꽤나 많이 있다. 그 문헌들을 소개하도록 한다.

1	千字類聚	1858년(?)	필사
2	別千字	19세기	필사
3	增補千字	19세기	필사
4	牖蒙千字(권1)	1903년	연활자
5	牖蒙千字(권2)	1904년	연활자
6	新訂千字文	1908년	연활자
7	千字文(新訂千字文)(정문연본)	1908년(?)	필사
8	牖蒙千字(권3)	1909년	연활자
9	歷代千字文	1910년	목판
10	牖蒙千字 (권4)	1910년	연활자
11	部別千字文	1913년	목판
12	圖形千字文	1922년	석인

13	漢日鮮作文千字	1923년	연활자
14	新千字	1924년	목판
15	童蒙須讀千字文	1925년	연활자
16	無雙千字	1927년	필사
17	朝鮮歷史千字文	1928년	연활자
18	性理千字文	1934년	석인
19	日鮮文新訂類合千字	1934년	연활자
20	續千字文	1940년	필사
21	詠史續千字文	20세기	목판
22	續千字文	20세기	필사
23	東千字	20세기 초	필사

(1) **千字類聚**

千字類聚는 1858年에 茂翁이라는 사람이 쓴 필사본 천자문이다. 책의 끝에 '萊州鄭善謨讀 戊午建未初回弧筵茂翁寫予'라는 기록이 있는데, 戊午年은 1858년으로 추정된다. 표기법 등이나 여기에 보이는 석음을 보고 추정한 연도다. 생일잔치에 선물로 써 준 것으로 보이는데, '茂翁'이 누구인지는 알 수 없다. '天(하늘천) 地(짜디) 父(아비부) 母(어미무俗모) 君(임금군) 臣(신하신) 夫(지아비부) 婦(지어미부)'로 시작하여 '爾(너이) 其(그기) 勉(힘쓸면) 哉(어조ᄉᆞ지) 無(읍슬무) 怠(게울을틔) 始(비로솔시) 終(마침죵)'으로 끝난다.

(2) **別千字**

이 천자문은 故 柳鐸一 교수 소장의 필사본이다. 앞에 '隱士歌, 漁父詞' 등 七言絶句를 써놓은 14장이 있고, 그 뒤에 있는 '別千字'는 모두

11장이다. 大字 6행 6자로 되어 있다. 필사기는 보이지 않고, 앞면지에 '冊主 爾也'라는 기록이 보일 뿐이다. /ɛ/를 주로 'ᄋᆡ'로 표기하는 표기법 등으로 보아 19세기 말의 자료로 추정된다. '天(하늘뎡)地(ᄯᅡ지)人(살암인)物(만물물)日(날일)月(달월) 星(벨셩)雲(굴움운)烟(연기연)霧(안ᄀᆡ무)雷(울ᄋᆡ뇌)電(번ᄀᆡ젼)'으로 시작하여 '袈(가사가) 衲(ᄭᅩᆨ갈납) 娼(창여창) 妓(기상기) 歌(노릐가) 舞(춤칠무) 粉(분분)膩(미질렬이) 琴(겨무고금) 竽(피리우) 巫(무당무) 覡(양죵격)'으로 끝난다.

(3) 增補千字

필사본으로 전하는 것인데, 충남지역어를 반영하고 있다. 忠南 天安市 城南面 신사리의 한 집안(소장자: 이우석)에서 전하는 것으로서 '乾'으로부터 시작하여 '尾'로 끝나는 四字成句로 되어 있다. 즉 '乾(하늘건) 坤(ᄯᅡ곤) 闔(다들합) 闢(렬벽) 江(물강) 山(뫼산) 開(렬ᄀᆡ)拆(터질탁)'으로부터 始作하여 '增(더홀증) 補(기울보) 罅(틈하) 漏(누수누) 遂(드듸여슈) 附(부칠부) 驥(긔마긔) 尾(ᄭᅩ리미)'로 끝난다. 소장자에 의하면 편찬자의 이름이 이복원이라는 사실만을 알 수 있다.

(4) 新訂千字文

李承喬가 실용 한자 1,000자를 모아서 새로이 편찬하여, 1908年에 조선도서주식회사에서 간행한 천자문으로 신식활자본으로 간행되었다. 한자 大字만은 李承喬의 글씨를 활자화하여 간행하였다. 앞에 李承喬의 서문이 있고, 이어서 4구로 된 한자 성어 250구를 싣고 각 한자의 아래에 한글로 석음을 달아 놓은 것이다. '天(하늘텬) 地(ᄯᅡ디) 日(날일) 月

(달월) 風(바롬풍) 雲(구름운) 雨(비우) 露(이슬노) 雷(우뢰뇌) 電(번기뎐) 霜(서리상) 雪(눈셜)'로부터 시작하여 '博(넓을박) 施(베플시) 廣(넓을광) 濟(건질졔) 注(부을쥬) 意(뜻의) 也(어죠야) 哉(어죠지)'로 끝나고 있어 속칭 주흥사의 『천자문』과는 그 내용이 전혀 다르다. 이 책과 동일한 내용의 『천자문』이 '新訂千字文'이 아닌, '千字文'이란 이름으로 되어 있는 문헌이 있다. 한국학중앙연구원에 소장되어 있는(구 安春根 소장본) (도서번호 大A10D-14) 이 책은 불분권 1책의 필사본이다. 내용은 모두 신식활자본 『新訂千字文』과 동일하다. 李承喬의 친필본으로 추정된다.

(5) 歷代千字文

『歷代千字文』은 惠山 李祥奎가 어린이들에게 한자교육과 중국 역사의 습득을 위하여 1910년에 鄭宅周의 필체를 빌려 쓴 것을 1911년에 목판본으로 간행한 책이다. 불분권 1책 32장으로 되어 있는 이 책은 필자를 비롯하여 서울대학교 일사문고 등에 소장되어 있다. '太(가장틔) 極(다홀극) 肇(비로소조) 剖(쪼갤부) 判(판결판) 天(ㅎ늘텬) 地(ᄯᅡ지) 造(지을조) 化(될화) 弘(클홍)'이라 하여 태극에서 천지가 개벽되는 때로부터 시작하여 '讀(일글독) 罷(프홀픽) 崇(노풀슝) 禎(ᄉᆼ서졍) 史(ᄉᆞ긔ᄉᆞ) 淚(눈물루) 迸(허틀병) 下(아릐ᄒᆞ) 泉(시미천) 流(흐를류)'라 하여 명나라까지의 역사로 끝내고 있다. 결국 이 책은 태고로부터 명나라에 이르기까지의 중국 역사를 간추려서 五字體의 百韻詩 200구로 엮은 것이다.

(6) 部別千字文

部別千字文은 1913年에 滄西라는 사람이 편찬하고 동시에 글씨를 쓴 목판 천자문이다. 책의 앞에 '滄西撰而書'라는 기록이 있는데, 그 밑에 '金熙國印'이라는 인기가 인쇄되어 있어서, '滄西'라는 사람의 이름이 '金熙國'임을 짐작하게 한다. 그러나 金熙國이라는 이름을 가진 인물이 여럿이어서 部別千字文의 찬자를 알 길이 없다. 권말에 '靑牛南至日撰者跋'이라는 발문이 있는데, 乙丑日에 쓴 것이어서 간행연도는 알 수 없으나, 이 책에 붙어 있는 대구의 在田堂書鋪에서 간행한 판권지에 간행연도가 1913년으로 되어 있어서 그 무렵에 간행된 것을 알 수 있다.

天(하날텬) 文(글월문, 문채 문) 地(짜디) 理(리치리, 다스릴리) 人(사람인, 남인) 倫(쩟쩟륜, 차레륜) 事(일사, 섬길사) 行(행할행, 항오항)으로부터 시작하여 螽(뫼두기죵), 蝗(황충황) 蝸(달팡이와, 달팡이왜) 蠹(좀두) 蟄(움추릴칩) 蠢(굼실거릴쥰) 化(화할화, 변화할화) 生(날생, 살생)으로 끝난다. 경북대 및 영남대 도서관 등에 소장되어 있다.

(7) 圖形千字文

1922년에 高裕相이 편찬하여 滙東書館에서 간행해 낸 천자문이다. 五字로 된 수자인 '一(하나일) 二(둘이) 三(셋삼) 四(넷ᄉᆞ) 五(다섯오) 六(여셧륙) 七(일곱칠) 八(여둛팔) 九(아홉구) 十(열십)'으로부터 시작한다. 이어서 三字成句인 '天(하놀텬) 地(짜디) 人(사람인)' 등의 성구 6개와 '前後左右 遠近高低 行走坐立 來去出入'으로 始作하여 '吾汝之求 知識思想 奮發

修業 復何爲也'로 끝나는 4字成句 243구로 되어 있는데, 그 책 제목대로 각 한자의 왼쪽에 이 한자의 석에 해당하는 그림을 그려 이해를 쉽게 한 것이다.

(8) 漢日鮮作文千字

한자 작문 교과용으로 편찬한 천자문으로, 4언으로 250구를 만들어 한자 1,000자를 학습하도록 한 것인데, 1923년에 회동서관에서 연활자본으로 간행한 것이다. 한글로 석음을 달고 역시 일본어 석음을 달아 놓았다. '天(하날텬) 高(놉흘고) 地(짜디) 闊(너를활) 日(날일) 明(발글명) 月(달월) 白(흰빅)'으로 시작하여 '嗟(슬플차) 爾(너이) 小(젹을소) 輩(무리빈) 凡(무릇범) 百(일빅빅) 注(쏫을주) 意(뜻의)'로 끝난다.

(9) 新千字

이 천자문은 匏軒居士가 편찬하고 글씨를 써서 1924年에 조선도서주식회사에서 간행해낸 목판본 천자문이다. 앞의 내제인 '新千字'의 바로 뒤에 '匏軒居士撰并書'라는 글이 있다. 역시 4언으로 된 250구가 실려 있다. 판권지에는 저작자가 '權輔相'으로 되어 있다. 匏軒居士의 이름이 權輔相일 것으로 보이는데, 이 편찬자가 혹시 國文硏究所의 위원으로 있던 權輔相인지는 알 수 없다. 조선도서주식회사의 대표는 洪淳泌이기 때문에 출판사 대표의 이름은 아니다. '上(우ㅅ샹) 天(하늘텬) 下(아례하) 地(짜디) 中(가운데ㅅ즁) 有(잇을유) 人(사람인) 生(날생)'으로부터 始作하여 '童(아희동) 顔(얼골안) 鶴(학학) 髮(터럭발) 龜(거북귀) 齡(해령) 纔(겨우자) 顯(나타날현)'으로 끝난다.

(10) 童蒙須讀千字文

이 책은 1925年에 金泰麟(1869-1927년)이 저술하고 직접 자필로 쓴 필사본 천자문으로 그의 손자인 金謂鎬 옹이 1986년에 영인본으로 출판한 책이다. 이 영인본의 표지 서명은 '童蒙須讀千字文'이지만 金泰麟이 직접 쓴 자필본의 권두서명은 '童蒙須讀'이다.

앞에 저자의 서문이 있고, 그 앞에 '乙丑六月臥寫單本'이란 필사기가 있다. 서문의 끝에도 '乙丑清明節小岡崎人書'란 필사기가 있는데, '乙丑年'은 1925년이다. 뒤에는 두 개의 跋文이 있는데 그중의 하나는 후손인 金謂鎬 옹이 쓴 것이다.

(11) 朝鮮歷史千字文

『朝鮮歷史千字文』은 沈衡鎭이 우리나라의 역사를 4字成句 250구로 압축하여 1928년에 전남 光州에서 간행한 천자문이다. 고조선으로부터 조선시대에 이르기까지의 우리나라 역사를 기록한 것이다. '乾(하늘건) 坤(싸곤) 曠(뷔일광) 漠(아득할막) 古(네고) 今(이제금) 連(련홀련) 緜(끈허지지안을면) 半(반반) 萬(일만만) 歷(지날력) 代(대신대) 槿(무궁화근) 域(지경역) 朝(아침조) 鮮(밝을션)'으로 시작하여 '翳(어됴사예) 吾(나오) 同(한가지동) 胞(터겁질포) 繁(번성할번) 殖(불을식) 永(길영) 昌(창셩할창)'으로 끝나는데, 현대의 한자석음과 매우 유사하다. 신식활자본으로 되어 있다.

(12) 性理千字文

이 천자문은 性理學과 儒學에 대한 내용을 천자문의 형식을 빌어 쓴 책이다. 책의 앞에 '魯軒老人'이 甲戌年(1934년)에 쓴 서문과 金衡七이 丁酉年(1957년)에 쓴 서문이 있고, 권말에 辛未年(1991년)에 權應奎가 쓴 간행 경위문이 실려 있다. 南健은 1850년에서 1943년까지 산 문인이다. 그의 문집인 魯軒文集이 남아있어 그의 일대기를 알 수 있다. 南健이 쓴 원고본을 權應奎가 그의 종제 權五欽家에서 얻어 보고, 이것을 權應奎가 등서하여 1991년에 인출한 것이어서 이 문헌에 쓰인 한자는 권응규의 글씨다. 그러나 한자 석음은 南健이 표기한 대로 쓴 것으로 보인다.

本文은 '一(한일) 理(이세이) 太(클틔) 極(극할극) 二(두이) 氣(기운기) 陰(그늘음) 陽(벧양) 乾(하눌건) 健(건장할건) 坤(싸곤) 順(순할순) 天(하눌쳔) 圓(두얼원) 地(싸지) 方(모방)'과 같은 4자 1구로 시작하여, '念(생각엽) 玆(이자) 戒(경계계) 惕(공경척) 罔(안일망) 敢(굿테감) 怠(계그를태) 荒(덕거칠황)'으로 끝난다.

(13) 日鮮文新訂類合千字

한자를 습득하기 위해 천자문과 유합을 다 공부하여야 하므로, 천자문과 유합에 등장하는 한자를 선택하여 만든 천자가 곧 이 책이다. 1934년에 덕흥서림에서 연활자본으로 刊行하였다. 한자 대자 밑에 한글로 석음을 달고 그 한글 아래에 일본어의 음과 석을 달아 놓았다. '初(쳐음초) 學(배울학) 文(글월문) 字(글자자) 天(하날텬) 地(싸디) 人(사람인) 物(만물물)'로부터 시작하여 '讀(읽을독) 誦(외일숑) 講(강논강) 習(익힐습) 次(버금차) 第(차례데) 經(경셔경) 史(사긔사)'로 끝난다.

(14) 續千字文

續千字文은 두 종류가 있다. 하나는 1940년에 江原道 三陟郡 蘆谷面 上斑川 閑斗谷書塾에서 金鍊泰가 편찬한 것이다. 필사본으로 한국학중앙연구원에 소장되어 있는데, 끝에 천자문 발문이 있다. '乾(하날건) 坤(싸곤) 闔(닷을합) 闢(열벽)으로 시작하여 徧(두루변) 踏(발불답) 閱(지낼열) 覽(볼람) 掇(주을철) 拾(주을습) 畢(다할필) 了(마칠요)'로 끝난다. 江原道 方言이 反映되어 있다. 例컨대 '洗(씰 세) 濯(씰 탁)'이나 '辛(씰 신) 苦(씨굴고)' 등이 그러하다.

또 하나의 續千字文은 단국대학교 율곡기념도서관 소장의 필사본인데, 필사기 등이 없다. 표기법 등으로 보아 19세기 말 또는 20세기 초기의 필사본으로 추정된다. '混(섯길혼) 沌(흐릴돈) 剖(쪼길부) 鑿(뚜를착) 乾(하늘건) 坤(싸곤) 確(굿을확) 隤(기우러질퇴)로 시작하여 邪(어조ᄉᆞ야) 歟(어조ᄉᆞ여) 兮(어조ᄉᆞ혜) 矣(주비의) 旨(맛지) 緊(긴홀긴) 詞(글ᄉᆞ) 漫(한만홀만)'으로 끝난다.

(15) 詠史續千字文

이 책은 중국의 역사와 관련된 한자 1,000자를 모아 4언 250구로 편찬한 천자문이다. 『詠史續千字文』이라고 칭한 것도 역사를 입으로 읊으면서 공부하는 續千字文이란 뜻일 것이다. 목판본으로 간행되었지만 서문이나 발문 또는 간기가 없어서 그 간행연도를 알 수 없다. 그러나 표기법이나 판식 등으로 추정하여 보면 19세기 말의 간본으로 보인다. '乾坤剖判 肇誕億兆'로 시작하여 '鮮擇蒭蕘 漫合馹角'으로 끝나고 있다.

5.3. 그림이 있는 천자문

천자문을 더 잘 이해시키기 위해 각 한자에 해당하는 의미를 그림으로 표시한 천자문이 있다. 대개 책 이름에 '圖像'이나 '圖形'이라는 부제를 달아 간행되었는데, 그 문헌을 보이면 다음과 같다.

	문헌명	刊行연도	판본	출판사
1	圖像註解千字文	1917년	석인본	廣學書鋪
2	圖形千字文	1922년	석인본	滙東書館
3	蒙學圖像日鮮千字文	1932년	木板本	翰南書林板
4	日鮮圖像千字文	1936년	연활자본	永昌書館
5	新釋漢日鮮文圖像千字	1937년	석인본	德興書林
6	圖像千字文	1937년	木板本	博文書館

이러한 방식은 소위 諺文反切表의 상단에 보이는 그림을 통해 한글을 배웠던 방식을 이어간 것으로 보인다.

6. 類合

우리나라 전래의 한자입문서인 이 유합은 서거정이 찬하였다고 하나 이를 뒷받침할 만한 근거는 없다. 유합은 대개 한자 1,512자를 석음을 달아 간행한 책이다.

유합은 16세기부터 20세기 초까지 계속 간행되었다. 그러나 국가의 공공기관에서는 간행된 적이 없다. 그리고 19세기 말부터는 방각본도 간행되었다. 훈몽자회의 방각본이 간행된 적이 없는 것에 비해 매우 이례적이라고 할 수 있다.

유합의 목록을 보이도록 한다. 여기에서는 유희춘이 편찬한 신증유합도 동시에 포함시키도록 한다.

16세기	新增類合(初刊本)	1576년	목판
17세기	新增類合(啓明大本)	1605년	목판
	新增類合(下,海印寺板)	17세기	목판
	類合(仙巖寺板)	17세기	목판
	類合(水多寺板)	1653년	목판
	類合(乙丑孟夏)	1625년	목판
	類合(七長寺板)	1664년	목판
	類合(興國寺板)	1669년	목판
	類合體(勉庵)	1682년	목판
18세기	新增類合(重刊本)(高麗大本)	1711년	목판
	類合(松廣寺板)	1730년	목판
	類合(靈鳳寺板)(道林寺所藏)	1709년	목판
	類合(靈長寺板)	1700년	목판
	類合(海印寺板)	18세기	목판
19세기	類合(乎隱齋藏板本)	1870년	목판
	類合(戊申刊板本)	1848년	목판
	類合(西洋刊本)	1838년	석인
	類合(목판본)	19세기	목판
	類合(冶洞新板本)	19세기 중엽	목판
	類合(파리동양어학교소장본)	19세기	목판
20세기	類合(新舊書林板)	1913년	목판
	類合(紙物書冊鋪)	1913년	목판
	類合(博文書館板)	1917년	목판

	類合(武橋新刊本)	1918년	목판
	類合(釋王寺板)	1929년	목판
	類合(滙東書館板)	20세기	목판

유합은 16세기부터 나타나지만 17세기에서 20세기에 이르기까지 조금씩이나마 계속 간행되었음을 알 수 있다.

6.1. 사찰간본 유합

유합은 각 사찰에서 많이 간행되었다.

類合(水多寺板)	1653년	목판
類合(七長寺板)	1664년	목판
類合(興國寺板)	1669년	목판
類合(仙巖寺板)	17세기	목판
類合(安心寺板)	17세기	목판
類合(靈長寺板)	1700년	목판
類合(靈鳳寺板)(道林寺所藏)	1709년	목판
類合(松廣寺板)	1730년	목판
類合(海印寺板)	18세기	목판
類合(釋王寺板)	1929년	목판

신증유합도 사찰에서 간행되었다.

新增類合(下,海印寺板)	17세기	목판

(1) 水多寺板 類合

이 유합은 그 판목이 현재까지 慶北 金泉市 황악산 直指寺 聖保博物館에 소장되어 있으나, 원래는 龜尾 무을면 상송리에 있는 水多寺에 전해 내려오던 것을 이곳 박물관으로 옮겨 놓은 것이다. 판목으로만 전할 뿐 聖保博物館에서도 쇄출본으로 가지고 있지 않다. 필자는 이 판목을 촬영한 사진으로만 확인하였을 뿐이다. 이 책은 '癸巳八月日 類合開板'이라는 간기를 가지고 있다. 계사년은 1653년이다. 수다사에서 천자문을 1652년에 개간한 후 그 이듬해에 유합을 간행한 것이다.

(2) 칠장사판(七長寺板) 유합

칠장사판 『유합』은 1664년(현종 5년)에 유합에 석음을 달아 칠장사에서 개간한 책으로 현재 경기도 안성군 칠장사에 『천자문』과 함께 그 판목이 보존되어 있다. 목판본 1책으로 책의 끝에 「康熙三年六月 日 私板」이란 간기가 있다. 이 칠장사판 『유합』은 후대에 간행된 武橋新刊本 『유합』이나 회동서관본 『유합』과 마찬가지로 1,512자의 한자에 석음을 달아 놓았다. 이에 비해 戊申刊板本 『유합』은 1,518자, 乎隱齋藏板本 『유합』은 1,554자이다. 松廣寺板 『유합』이나 仙巖寺板 『유합』은 그 낙장을 고려하여 그 자수를 생각한다면 아마도 1,512자의 『유합』일 것으로 보인다.

(3) 홍국사판(興國寺板) 類合

全南 麗水 興國寺에서 개간한 유합으로 현재 그 판목이 그 사찰에

남아 있다. 여전히 쇄출한 적이 없어서, 판목을 촬영한 형태로 확인할 수밖에 없었다. 끝에 '己酉年六月二十六日〇〇寺開刊'이란 간기가 있는데, '〇〇寺'의 〇〇부분은 깎아서 문자 식별이 불가능하다. 아마도 다른 사찰에서 만든 판목을 가지고 와서 그 부분을 삭제하고 간행한 것으로 추정된다. 1669년에 간행된 것인데, 끝부분에 '學?書 刻手智明' 이란 기록도 보인다. '?' 부분은 판독이 어렵다.

(4) 선암사판(仙巖寺板) 유합

전남 순천의 선암사에서 개간해 낸 유합으로, 현재 그 판목이 그곳에 보존되어 있다. 선암사에서 간행해 냈다는 기록과 刻手名만 나와 있다. 그리고 '歲在彊圉作噩黃鐘下浣新刊于仙巖寺'란 간기가 있다. 그 太歲는 '丁酉'年이므로 1717년이나, 1777년에 간행된 것으로 추정된다. 판목 중 6, 26, 27, 28, 29, 30, 31장이 없다. 이 선암사판은 송광사판 유합과 판광이 동일하고 체재도 동일하다. 그 음과 석이 다른 곳이 많다. 언뜻 보아서 이 선암사판은 송광사판의 복각본처럼 보이나 순전한 복각본은 아니고 부분적으로는 수정하고 부분적으로는 복각을 한, 일종의 교정본으로 보이나, 그것도 틀린 곳이 많다.

(5) 안심사판(安心寺板) 유합

안심사에서 개간한 책으로 간행연도를 알 수 없으나 17세기 중엽에 간행된 것으로 추정된다.

(6) 영장사판(靈藏寺板) 유합

1700년에 남해 영장사에서 개간한 천자문이다. '康熙三十九年 庚申六月日 南海望雲山靈藏寺書列'이라는 간기를 가진 유합으로서 최근까지 남해도 화방사(花芳寺)에 그 책판이 남아 있었으나 1981년의 화재로 소실된 책이다. 후쇄본만 남아 있다.

(7) 영봉사판 유합

實査하지 못함

(8) 송광사판(松廣寺板) 유합

전남 순천의 송광사에 그 판목이 보존되어 있는 유합이다. 1730년에 간행된 유합이다. 끝에 '擁正八年庚戌六月日開刊'이란 간기가 있다.

(9) 해인사판(海印寺板) 유합

해인사에 남아 있는 판목으로 쇄출한 것으로서, 17장-30장만 남아 있다. 그것도 19, 20, 21, 22, 27, 28장은 낙장이다.

(10) 석왕사판(釋王寺板) 유합

1929년에 석왕사에서 쇄출한 유합이다. 일본의 소창진평이 1929년에 석왕사에서 쇄출했다는 기록이 있으나 표기현상으로 보아서는 19세기의 간본으로 추정된다.

6.2. 방각본 유합

책을 상업 목적으로 만들어 파는 서사에서 만든 책이다.

類合(乎隱齋藏板本)	1870년(?), 18세기 중엽	목판
類合(戊申刊板本)	1848년	목판
類合(冶洞新板本)	19세기 중엽	목판
類合(파리동양어학교소장본)	19세기	
類合(新舊書林板)	1913년	목판
類合(紙物書冊鋪)	1913년	목판
類合(博文書館板)	1917년	목판
類合(滙東書館板)	1918년	목판
類合(武橋新刊本)	1918년	목판
日鮮文吐 類合	1918년	목판

이 중에서 1918년에 간행된 『日鮮文吐 類合』은 특이하다고 할 수 있다. 천자문 등은 외국어를 동시에 표기한 것이 있지만, 다른 한자 학습 문헌들에서는 이러한 자료를 찾기 어렵다. 유합도 그러한 경우가 없었는데, 이 책이 유일하다. 이것은 그 당시에 유합이 한자 학습서로서의 가치가 인정되었음을 증명하는 것이라고 할 수 있다.

6.3. 지볼트의 유합

지볼트(Philipp Franz von Siebold, 1796-1866)가 편찬하여 1838년에 네델란드 라이덴(Leiden)에서 간행한 책이다.

6.4. 필사본 유합

필사본 유합은 꽤나 많아서 일일이 그것을 소개할 수 없다. 단지 필사기가 분명하거나 또는 그 석음에 방언적 요소가 있는 자료를 소개하면 다음과 같다.

類合(筆寫本)	1828년	필사
類合(일사문고본)	1856년	필사
類合(戊戌十一月十日畢書)	1898년	필사
類合(乙酉本, 이상규 교수 소장본)	1885년	필사
類合(한밭도서관소장본)	19세기	필사
類合(박형익 교수 소장본)	1901년	필사
類合(辛丑十二月)	1901년	필사
類合(甲寅)(경북영덕)	1914년	필사
類合(全北 鎭安)	1928년	필사

6.5. 신증유합(新增類合)

유희춘(柳希春)이 유합을 증보 수정하여 1,488자를 더 보태 3,000자로 만든 유합이다. 이 신증유합도 여러 이본이 있다.

신증유합(羅孫本)	1576년	목활자
신증유합(內閣文庫本)	16세기	목판본
신증유합(大野晋本)	16세기	목판본
신증유합(남권희 소장본)	16세기	목판본
신증유합(동양문고본)	16세기	목판본
신증유합(계명대 소장본)	1605년	목판본
신증유합(高麗大本)	1711년	목판본

(1) 나손본(羅孫本)

김동욱 교수의 소장본으로 1576년에 목활자본으로 원간된 책이다. 일사문고본과 거의 동일한 책이지만 일사문고본은 권상뿐이고 그것도 19장 이후부터 남아 있다. 현재 원간본의 행방을 알 수 없다.

(2) 내각문고본(內閣文庫本)

일본의 내각문고 소장본으로 임진란 이전의 지방 복각본이다. 일사문고본의 복각본으로 추정하고 있다.

(3) 고려대본(高麗大本)

'戊寅三月日 海印寺開刊'이란 간기가 있는 목판본으로서 이 무인년은 1711년으로 추정된다. 고려대 소장본이다.

(4) 대야진본(大野晋本)

백조고길(白鳥庫吉) 구장본으로서 임진란 이전에 전라도 남평현에서 복각한 것이다. 일사문고에 이의 사본이 있다.

(5) 계명대 소장본

'萬曆乙巳仲春前主簿李壽崙家刊'이란 간기를 가진 것으로 개인 문중에서 간행한 신증유합이다. 1605년에 간행된 책이다.

(6) 남권희 소장본

앞의 1, 2, 3, 4장과 뒤의 59, 60, 61, 62, 63장은 배접한 책으로 권하

만 남아 있다. 초간본이 아닌 중간본이지만 전혀 새로운 이본이다.

(7) 동양문고본

일본의 동양문고 소장본으로 임진란 이전의 지방 복각본이다.

6.6. 유합체(類合體)

『類合體』는 면암(勉菴)이 1682년에 유합에 나오는 한자를 써서 그 글씨를 판하로 하여 간행한 책이다. 다른 『유합』이란 책과 다를 바가 없는 책인데, 거기에 '體'를 붙인 것은 다른 유합과 차별성을 보이기 위해 의도적으로 붙인 것으로 해석된다. '體'는 '몸, 신체'란 뜻이지만, '字體' 즉 글자의 모양이란 뜻과, '體裁' 등의 하위의미가 있어서 유합의 字體 또는 形體 및 體裁란 의미로 쓴 것으로 보인다.

이 책은 말미에 '壬戌春正月日勉菴◯'이란 글이 있는데 마지막 글자가 잘 보이지 않지만 어렴풋이 볼 수 있는 글자가 '書'의 윗부분인 것 같아 ,'壬戌春正月日勉菴書'로 보인다. 즉 임술년은 17세기의 임술년으로 추정된다. 이 문헌에 쓰인 한자 석음의 한글 표기에서 알 수 있다. 어간말 받침으로 'ㅅ'과 'ㄷ'이 대체로 구분되어 표기되는 등 대체로 17세기 말에 간행된 칠장사판 『유합』과 매우 유사한 표기법을 보이기 때문이다. 그래서 임술년은 1682년으로 추정된다. 고 유탁일 교수 소장본이다.

7. 訓蒙字會

최세진이 지은 한자교과서인 이 책은 천자문과 유합이 추상적인 개념을 나타내는 한자가 많아 이를 지양하고 구체적인 사물을 나타내는 한자 3,360자를 수록하고 석음을 달아 만든 책이다. 천자문과 마찬가지로 그 석에서 어휘를 엿볼 수 있다. 천문, 지리, 화품 등 33개의 부류로 나누고 있다.

필자가 조사한, 현존하는 훈몽자회의 목록을 보이면 다음과 같다.

<table>
<tr><td rowspan="5">16세기</td><td>訓蒙字會(固城板)</td><td>16세기 말</td><td>목판</td></tr>
<tr><td>訓蒙字會(內閣文庫本)</td><td>1559년</td><td>목판</td></tr>
<tr><td>訓蒙字會(東中本)</td><td>16세기</td><td>목판</td></tr>
<tr><td>訓蒙字會(叡山本)</td><td>1527년</td><td>활자</td></tr>
<tr><td>訓蒙字會(尊經閣本)</td><td>1527년</td><td>목판</td></tr>
<tr><td rowspan="2">17세기</td><td>訓蒙字會(奎章閣本)</td><td>1613년</td><td>목판</td></tr>
<tr><td>訓蒙字會(汎文社本)</td><td>1613년</td><td>목판</td></tr>
<tr><td>18세기</td><td>訓蒙字會(崔範勳敎授本)</td><td>18세기</td><td>목판</td></tr>
<tr><td>20세기</td><td>訓蒙字會(朝鮮光文會本)</td><td>1913년</td><td>석인</td></tr>
</table>

훈몽자회는 16세기에 만들어져서 유행하였음을 알 수 있다. 특히 흥미로운 사실은 16세기 간본들은 현재 거의 모두가 일본에 소장되어 있다는 점이다. 일본인들이 임진왜란 때 가져간 것으로 보이는데, 특히 훈몽자회에 관심이 많은 것으로 추정되기도 한다. 훈몽자회는 우리나라에서 크게 인기를 얻지 못하고 있었음을 볼 수 있다.

(1) **원간본**

1527년에 을해자(乙亥字)로 간행된 책인데 일본의 경도(京都) 예산문고(叡山文庫)에 소장되어 있다. 다른 훈몽자회에 비해 독특한 판식을 보이고 있다. 소위 미만본(瀰漫本)에 속한다.

(2) **동경대학 중앙도서관본**

목판본으로서 간년미상이지만 목판본 중 가장 오래된 것이다. 가람본과 유사한 것으로 알려져 있으나 현재 가람본은 실종되었다. 소위 미만본에 속한다.

(3) **존경각본(尊經閣本)**

목판본으로서 간년미상이지만 임진란 이전판으로 동경대 중앙도서관본과 규장각본이 간행된 시기의 중간 시기에 간행된 책으로 보인다. 역시 미만본이다.

(4) **규장각본**

서울대 규장각 소장본으로서 1613년의 內賜記가 있는 목판본이다. 이 책은 임진란 이후에 이루어진 최초의 중간본으로 알려져 있는데, 앞의 세 가지 훈몽자회에 비하여 傍點, 釋, 字音, 註가 많은 변화를 보이고 있다.

(5) **서재극(徐在克) 교수 소장본**

존경각본의 복각본으로 보이는 임진란 이전판으로 알려져 있다.

(6) 내각문고(內閣文庫) 소장본

1559년 평안도의 祥原郡에서 간행된 목판본으로 일본의 내각문고에 소장되어 있다. 嘉靖 38년에 쓴 申護의 발문이 있다. 국립중앙도서관에 그 마이크로필름이 있다. 동경대 중앙도서관본과 거의 동일하나 방점에 약간의 차이가 있다.

(7) 범문사본(汎文社本)

김익환(金益煥)씨 구장본(舊藏本)으로 범문사의 유익형씨가 소장하고 있다. 규장각본의 교정본으로 원래의 판은 규장각본과 동일하다.

(8) 가경본(嘉慶本)

가경 15년, 즉 1810년에 간행된 책으로 연세대 중앙도서관 소장이다.

(9) 한계본(閑溪本)

고 최범훈 교수 소장본인데, 훈몽자회가 보통은 4자씩 배열한 데 비하여 이 책은 5자씩 배열하여 간혹 5자본이라고도 한다. 18세기 이후의 간본으로 보인다.

(10) 광문회본(光文會本)

조선광문회에서 간행한 것이다. 주시경 선생의 再刊의 글이 있다.

8. 兒學編

정약용(丁若鏞)이 아동의 한자 학습을 위하여 만든 문자교육용 교재이다. 2권 1책. 상하 두 권으로 나누어 각각 1,000자의 문자를 수록하여 도합 2,000자로 이루어져 있다. 천자문의 문제점을 지적하고 그러한 내용과 체계의 문제점을 극복하기 위하여 이 책을 지었다.

2,000자를 유형자(有形字)와 무형자(無形字)로 구분하여 표현하였는데, 유형천자 1,000자와 무형천자 1,000자로 나누어 편찬하였다. 그리하여 『名物小學』이란 책으로 간행된 적도 있지만 이것은 후대에 간행된 것이고 원래 필사본으로만 전하고 있다.

아학편은 다산 정약용이 편찬한 19세기에는 많은 필사본들이 있었지만, 그 이후에는 많이 이용되지 않은 것으로 보인다.

19세기	兒學編(강경훈소장본)	1813년	필사
	兒學編(홍윤표본 A)	1856년	필사
	兒學編(남평문씨소장본)	1896년	필사
	兒學編(율곡기념도서관본)	1884년	필사
	兒學編(규장각본)(고도서)	19세기	필사
	兒學編(정문연본)	19세기	필사
	兒學編(홍윤표본B)	19세기	필사
	兒學編(홍윤표본C)	19세기	필사
20세기	兒學編(지석영)	1908년	석인
	兒學編(국립중앙도서관본)	1910년	필사
	兒學編(김영진 소장본)	1929년	필사
	名物小學	20세기	목판

(1) 名物小學

名物小學은 1,000자가 아닌 2,000자를 모아서 한자 학습서를 만들되, 그것이 이전의 천자문과 연관을 가지고 있음을 보이기 위하여 그 천자를 두 개로 분류해서 유형천자와 무형천자로 나눈 것이다. 그러나 책명은 『名物小學』으로 되어 있다. 茶山 丁若鏞이 편찬한 것으로 이 책이 곧 兒學篇이다. 이 책은 처음에 有形千字와 無形千字로 구분하여 편찬하였던 것으로 보인다. 아마도 아학편을 20세기에 와서 이러한 이름의 목판으로 간행한 것으로 보인다.

(2) 지석영 편 아학편

이 책은 지석영이 전용규(田龍圭)의 도움을 받아 연활자본으로 편찬하여 간행한 책이다. 한자 한 글자에 대해 '한자의 형태, 한자의 篆字, 한자의 성조, 석음, 중국 발음, 일본 문자, 일본음의 한글 표기, 알파벳, 영어 발음의 한글 표기' 등을 적어 편찬한 책이다. 한자에 영어로 표기한 최초의 책이기도 하다.

9. 二千字文

한자 1,000자로서는 부족하여 2,000자로 확장해 편찬한 책이 여럿 간행되었다. 그 일부를 보이면 다음과 같다.

	文獻名	刊行年度	板本	出版社
1	蒙學二千字	1914년	木板本	滙東書館
2	新訂體法日鮮二千字	1925년	木板本	永昌書館
3	日鮮四體二千字文	1925년	石印本	世昌書館
4	漢日鮮二千字	1926년	石印本	大昌書院
5	訓蒙日鮮二千字文	1926년	木板本	新舊書林
6	日鮮四體二千字文	1937년	石印本	영창서관
7	日鮮四體二千字文	1940년	石印本	德興書林(1937년본과 동일)
8	四體二千字文	1952년	石印本	大志社
9	圖像四體註解世昌二千字文	1956년	鉛活字本	世昌書館

(1) 蒙學二千字

『蒙學二千字』는 1914년에 鳳山 李鍾麟이 청소년들에게 漢字를 교육시키기 위하여 편찬해서 滙東書館에서 불분권 1책의 목판본으로 간행한 한자 교습서다.

4句로 된 한자성어 500수가 실려 있어 한자가 모두 2,000자인데, 각 한자의 아래에 한글로 그 석음을 달아 놓았다. 「一二三四 五六七八」로부터 시작하여 「謄寫剞劂 記載炳朗」으로 끝난다.

(2) 新訂體法日鮮二千字

1925년에 영창서관에서 목판본으로 간행한 책인데 한자 한 글자에 한글 석음을 달고 그 아래에 일본어의 뜻을 가타카나로 쓰고 왼쪽에는 일본음을 역시 가타카나로 표시해 놓은 책이다.

10. 특수 문헌 이해용 한자 학습 문헌

어떤 한자 학습서는 특정한 문헌에 등장하는 한자를 습득하기 위해 편찬되기도 하였다.

<table>
<tr><td rowspan="2">1</td><td>字訓諺解</td><td>1574년</td><td>목판</td><td rowspan="2">字訓(程端蒙)</td></tr>
<tr><td>字訓諺解(重刊本)</td><td>17세기</td><td>목판</td></tr>
<tr><td rowspan="2">2</td><td>百聯抄解(東京大本)</td><td>1576년</td><td>목판</td><td rowspan="2">百聯抄解</td></tr>
<tr><td>百聯抄解(洪允杓本)</td><td>17세기</td><td>목판</td></tr>
<tr><td>3</td><td>女小學</td><td>1882년</td><td>필사</td><td>女小學</td></tr>
<tr><td rowspan="3">4</td><td>眞理便讀三字經</td><td>1895년</td><td>목판</td><td rowspan="3">기독교</td></tr>
<tr><td>시편촬요</td><td>1898년</td><td>활판</td></tr>
<tr><td>三字經</td><td>1920년</td><td>연활자</td></tr>
<tr><td rowspan="4">5</td><td>增補字典尺牘完編(권1)</td><td>1910년</td><td>연활자</td><td rowspan="4">尺牘</td></tr>
<tr><td>增補字典尺牘完編(권2)</td><td>1910년</td><td>연활자</td></tr>
<tr><td>增補字典尺牘完編(권3)</td><td>1910년</td><td>연활자</td></tr>
<tr><td>增補字典尺牘完編(全)</td><td>1921년</td><td>연활자</td></tr>
<tr><td rowspan="3">6</td><td>新定 醫書玉篇</td><td>1921년</td><td>연활자</td><td rowspan="3">醫書</td></tr>
<tr><td>동의수세보원</td><td>1941년</td><td>석인본</td></tr>
<tr><td>洪家定診秘傳(附 醫書字典)</td><td>1955년</td><td>연활자</td></tr>
<tr><td rowspan="4">7</td><td>樵牧必知</td><td>1903년</td><td>연활자</td><td rowspan="4">각 본문</td></tr>
<tr><td>녀ᄌᆞ독본(女子讀本)</td><td>1908년</td><td>연활자</td></tr>
<tr><td>婦幼獨習</td><td>1908년</td><td>연활자</td></tr>
<tr><td>樵牧必知</td><td>1909년</td><td>연활자</td></tr>
<tr><td rowspan="2">8</td><td>詩傳字文疑抄</td><td>20세기 초</td><td>필사</td><td rowspan="2">詩傳</td></tr>
<tr><td>詩傳字音義(乙丑)</td><td>1925년</td><td>필사</td></tr>
<tr><td rowspan="5">9</td><td>言解論語(下)</td><td>1933년</td><td>연활자</td><td rowspan="5">經書</td></tr>
<tr><td>言解論語章句(上)</td><td>1932년</td><td>연활자</td></tr>
<tr><td>言解大學章句</td><td>1932년</td><td>연활자</td></tr>
<tr><td>言解中庸</td><td>1933년</td><td>연활자</td></tr>
<tr><td>言解中庸章句</td><td>1932년</td><td>연활자</td></tr>
</table>

(1) 자훈언해

『자훈언해』는 중국 남송(南宋)의 정단몽(程端蒙)이 편찬한 『자훈』(字訓)을 소재(穌齋) 노수신(盧守愼, 1515년-1590년)이 1555년에 언해하여 1574년에 불분권(不分卷) 1책의 목판본으로 간행해낸 책이다. 자훈을 이해하기 위해 이에 해당하는 한자에 석음을 달아 놓았다. 한자 자석에는 방점까지 달아 놓았는데, 아마도 한자 석음에 방점을 단 문헌으로는 『훈몽자회』 이후에 이 책이 유일한 것이 아닌가 한다. 평성은 무점, 거성은 1점, 상성은 2점으로 한 방식은 다른 방점 표기 문헌의 표기방식과 동일하다. 남권희 교수가 초간본을 소장하고 있다.

(2) 백련초해(百聯抄解)

초학자들에게 한시를 가르치기 위하여 칠언고시 중에서 연구(聯句) 100개를 뽑아서 한글로 해석을 붙여 1권 1책의 목판본으로 간행한 책이다. 한글로 각 한자의 석음을 단 뒤에 그 구의 번역을 붙였다. 김인후(金麟厚)가 편찬한 책으로 알려져 있다. 이 책은 여러 이본이 있다. 일본의 동경대학 소장본인 목판본은 간기가 없다. 방점이 없으나, ㅿ과 ㆁ이 쓰이고 있고 한자의 석음이 광주천자문과 공통되는 것이 많아서 전라도 장성 출신인 김인후가 1576년에 장흥에서 간행해 낸 것이 아닌가 추정하고 있다.

그 이후의 중간본도 있다. 홍윤표 소장본인데, 역시 한자의 석음이 달려 있다. 또한 이러한 석음이 달려 있지 않은 책이 있다. 장성의 필암서원(筆巖書院)과 순천의 송광사에는 그 책판까지 남아 있다. 이들은 동경대학 소장본과는 달라서 석음이 달려 있지 않음은 물론, 한시 연구의 순서도 다른데, 중간본 사이에서도 연구의 순서와 번역이 일치되지 않는다.

(3) **여소학(女小學)**

호산(壺山) 朴文鎬(1846~1918)가 1882년(고종 19년)에 부녀자들에게 필요한 글을 모아 언해한 부녀자용 교육서. 6권 6책. 필사본. 그의 문집인 『壺山集』의 부록 권1에 나오는 연보의 임오년(호산의 나이 37세때) 사월조에 '女小學成'이라 되어 있는 점으로 보아 이 책이 1882년에 이루어졌음을 알 수 있다. 호산의 친필본은 화재로 소실되었고, 그의 후손이 필사한 것으로 보이는 두 이본만이 남아 있다. 하나는 1897년 아세아문화사에서 출판한 『호산집』의 제4책에 영인되어 있는 여소학의 저본이 그것인데 호산의 후손이 소장하고 있다. 또 하나는 홍윤표 교수의 소장본이다. 이 두 이본은 거의 차이가 없다. 필체까지도 동일하다.

(4) **진리편독삼자경(眞理便讀三字經)**

중국 漢口에 있던 John Griffith가 중국인을 위하여 기독교의 교리를 전 16개 항목으로 구분하여 3자씩 어구로 구분하여 만든 기독교 입문서인 『眞理便讀三字經』을 Samual A. Moffett가 한국어로 번역하여 1895년에 耶蘇教書局에서 간행한 기독교 입문서. 목판본. 1책. 이 책의 원래의 서명은 The Christian Three Character Classic이다.

이 책은 16개의 항목(一 獨一上帝, 二 封神之謬, 三 萬有眞理, 四 聖賢敬帝, 五 人之本源, 六 鬼神之別, 七 歌頌上主, 八 救世眞主, 九 聖神感化, 十 福音聖教,

十一 去假歸眞, 十二 詳論禱告, 十三 審判善惡, 十四 聖教經典, 十五 畧引聖經, 十六 警醒幼童)으로 구분하고 이 각 항목에 한자 석자를 한 성구로 하여 기독교의 교리를 설명한 것이다. 한 성구를 이루는 한자의 각각에는 그 밑에 한글로 그 한자의 석음을 달고, 각 성구의 아래에는 한글로 토를 달아 놓아 한문으로도 읽을 수 있도록 하였다. 이러한 성구가 끝난 뒤에는 이에 대한 언해문을 달아 놓고, 이 언해문이 끝나면 다시 다른 항목으로 이어지는 방법을 택하고 있다.

(5) 삼자경(三字經)

『삼자경(三字經)』은 1893년에 목판본으로 간행된 기독교 관련 문헌이다. 한문을 3자로 된 어구로 만들어 기독교의 원리를 설명한 책인데, 책의 말미 부분에 '主一千八百九十三年 聖上 卽祚三十年癸巳'란 간기만 있어서 그 간행연도만 알 수 있을 뿐, 저자나 간행자 또는 간행지 등의 정보는 알 수 없다. 프랑스 파리 동양언어문화학교(Institut National des Langues et Civilisations Orientales) 소장본이다.

한자 3자로 된 한문구 320구(한자는 모두 960자)를 1행에 2구씩 나열하여 놓았는데 각 한자 아래에 한글로 석음(釋音)을 달아 놓았다. 모두 17장으로 되어 있는 책이어서 비록 책자 형식으로는 되어 있지만, 기독교를 전파하기 위해 만든 팜플렛 형식의 문서 종류로 보인다. 19세기 말과 20세기 초의 기독교 관련 문헌에서 흔히 볼 수 있는 책자 형식이다.

(6) 詩傳字音義

시전에 나오는 한자에 석음을 달아 놓은 것이다. 필사본이다.

(7) 詩傳字文疑抄

역시 시전에 나오는 한자의 석음을 제시한 것이다.

11. 音韻反切彙編

한자 학습을 위해 한자 검색을 편리하도록 한 책인데, 현재까지 발견된 문헌 중에 판본은 하나도 발견된 적이 없고, 모두 필사본으로 전해 온다. 이 책은 한자 약 10,000여 개를 漢字音別로 분류하여 나열하고 각각의 한자에 그 釋을 달아 놓은 漢字字典의 일종이다. 필사본으로서 작자나 편자를 알 수 없다. 단지 한글 자모의 가나다순 배열이나 한글표기법으로 보아서 대개 19세기 말이나 20세기 초에 이루어진 것으로 보인다. 각 장의 윗부분에 한글로 漢字音을 써 놓고 그 아래에 그 漢字音에 해당하는 漢字를 하나씩 쓴 후 그 한자의 바로 아래쪽에 다시 한글로 그 釋을 달아 놓았다. 한자음은 맨 위에 표시하여서, 각 한자의 音을 일일이 써 놓지 않고 단순히 동일하다는 의미인 'ㅣ'로 표시하여 놓았다. 가끔 한자로 풀이한 예도 보인다. 여러 이름으로 남아 있다.

音韻反切彙編(홍윤표본A)	1876년	필사
字會音韻反切彙編(충남대본)	1887년	필사
音韻編彙(東洋文庫本)	1898년	필사
彙音(국립한글박물관소장본)	1911년	필사
音韻反切彙編(서울대고도서)	1913년	필사
音韻反切彙編(국립중앙도서관본)	1917년	필사
音韻反切彙編(손희하 교수 소장본)	19세기	필사

音韻捷考(장서각본)	19세기	필사
音韻反切彙編(상백문고본)	19세기	필사
音韻反切彙編(규장각본)	19세기	필사
音韻捷考(홍윤표본)	19세기	필사
音韻反切彙編(홍윤표본B)	19세기	필사
音韻捷考(규장각본)	19세기	필사
音韻捷考(일석문고)	19세기	필사
音韻編彙(심악문고)	19세기	필사
字音類(국립한글박물관소장본)	19세기 말	필사
兒字(홍윤표 소장본)	20세기 초	필사
音韻反切彙編(홍윤표본C)	20세기 초	필사

12. 諺音捷考

음운반절휘편은 한자음별로 한자를 모아 놓아 검색을 용이하게 한 것이지만, 한편으로는 한자의 새김의 가나다순으로 배열해 놓은 문헌도 있다. 바로 석범(石帆) 조정순(趙鼎淳)이 1846년에 편찬한 『언음첩고(諺音捷考)』이다. 음운반절휘편(『음운첩고』라고도 한다)은 한자, 특히 그 석과 음을 풀이한 문헌인 데 반하여 『언음첩고』는 한글 내지 국어에 대한 것과 한자음에 대한 것을 다 설명한 문헌이다.

13. 기타 한자 학습 자료

이외에도 한자 학습 문헌은 우리가 상상하는 것 이상으로 많다. 필자가 한자 자석 역사 사전을 편찬하기 위해 수집한 자료 목록은 의외로 많아서 이들 자료 하나하나에 대한 설명을 다할 수 없다. 몇몇 문헌들에 대해서만 간략히 소개하도록 한다. 단 字典類(玉篇)는 제외한다.

1	初學字會	1458년	필사
2	字訓諺解	1574년	목판
3	百聯抄解(東京大本)	1576년	목판
4	字訓諺解(重刊本)	17세기	목판
5	百聯抄解(洪允杓本)	17세기	목판
6	字訓(한국학중앙연구원)	1786년	필사
7	字會集	1830년	필사
8	初學文	1877년	필사
9	初學文(유탁일 교수본)	1877년	필사
10	女小學	1882년	필사
11	正蒙類語	1884년	목판
12	蒙語類訓	1888년	목판
13	眞理便讀三字經	1895년	목판
14	한영자전	1897년	연활자
15	시편촬요	1898년	활판
16	字解	1899년	필사
17	識者初程	19세기	필사
18	類聚解字新編	19세기	필사
19	幼學一隅	19세기 말엽	필사
20	訓蒙排韻	1901년	필사
21	樵牧必知	1903년	연활자
22	녀ᄌᆞ독본(女子讀本)	1908년	연활자
23	婦幼獨習	1908년	연활자
24	言文(지석영)	1909년	연활자
25	幼學字聚	1909년	석인
26	字典釋要	1909년	연활자

27	樵牧必知	1909년	연활자
28	物名集(韓中洙 撰)	1910년	필사
29	增補字典尺牘完編(권1)	1910년	연활자
30	增補字典尺牘完編(권2)	1910년	연활자
31	增補字典尺牘完編(권3)	1910년	연활자
32	改正初學捷徑	1912년	연활자
33	訓蒙字集	1913년	석인
34	通學徑編	1916년	석인
35	訂本蒙學新編	1918년	석인
36	初學要選	1918년	연활자
37	三字經	1920년	연활자
38	新定 醫書玉篇	1921년	연활자
39	增補字典尺牘完編(全)	1921년	연활자
40	速修漢文訓蒙	1922년	목판
41	童蒙須讀千字文	1925년	연활자
42	詩傳字音義(乙丑)	1925년	필사
43	無雙千字	1927년	필사
44	字類集解(二)	1928년	필사
45	養正編	1929년	목판
46	時文新讀本	1930년	석인
47	入學準備兒童新讀本	1930년	석인
48	諺文解釋 千字破字占法	1931년	연활자
49	言解論語章句(上)	1932년	연활자
50	言解大學章句	1932년	연활자
51	言解中庸章句	1932년	연활자
52	言解論語(下)	1933년	연활자
53	言解中庸	1933년	연활자
54	免無識	1936년	연활자
55	行用漢文語套(海東社)	1939년	연활자
56	동의수세보원	1941년	석인본

57	洪家定診秘傳(附 醫書字典)	1955년	연활자
58	字學	1972	석인
59	訓蒙字略	20세기 초	필사
60	詩傳字文疑抄	20세기 초	필사
61	兒字	20세기 초	필사
62	彙略	1881(?)	필사
63	字集	19세기 말	필사

(1) 초학자회(初學字會)

『초학자회』는 1458년에 세조가 중추(中樞) 김구(金鉤)와 참의(參議) 이승소(李承召)에게 명하여 우보덕(右輔德) 최선복(崔善復) 등 12인을 거느리고 편찬하게 하여 만든 한자 자서(字書)이다. 『동국정운』의 각 운목(韻目)에 해당하는 자모에 속한 한자 중에서 취사선택하여 그 한자의 아래에 한글로 석음을 달아 놓는 방식으로 편찬되었다. 현존하는 문헌 중에서 한자 석음을 한글로 표기한 최초의 문헌이다.

세조가 원래 판서 최항(崔恒)과 참의 한계희(韓繼禧)에게 명령하여 『초학자회』를 언문으로 주(註)를 달도록 하였었는데, 두 사람이 모두 부모상(喪)을 당하여 그 일을 끝내지 못하여 김구(金鉤)와 이승소(李承召)에게 다시 명령하여 편찬하게 하였다는 것이다.

국립한글박물관 소장본인 필사본 『초학자회』는 서문과 발문 등 편찬과 관련된 기록은 보이지 않으며, 표지를 포함하여 전체 7장만이 남아 있다. 표지와 내지(內紙) 등을 제외하면 내용은 전체 5장만이 남아 있을 뿐이다.

한자 아래에 그 한자의 새김이 한글로 달려 있는데 방점은 없다. 『동국정운』의 26 운목(韻目) 중에서 3개의 운목만을 대상으로 하여 각 운목에 속한 한자의 새김을 주석한 것으로 보인다. 26 운목 중 '1. 公拱貢穀' '2. 弓重仲匊', '3. 江講絳覺'만 대상으로 하여 여기에 해당하는 한자 417자에 대해 새김을 달고 있다.

(2) 유학일우(幼學一隅)

『유학일우(幼學一隅)』는 한자를 배우려는 사람들에게 한자의 성조(聲調)와 석(釋)과 음(音)을 동시에 익히게 하기 위하여 편찬된 책으로 상중하(上中下) 및 보(補)의 4권 3책으로 된 필사본이다. 그러나 현존하는 책은 안타깝게도 중권(中卷)이 결본(缺本)인 상하(上下) 및 보(補)의 3권 2책의 영본(零本)이다. 上卷과 下卷은 각각 4행 6자로 한자를 배열하여 놓았고 그 한자의 아래에 그 한자의 석과 음을 달아 놓았다. 그리고 보권은 4행8자로 되어 있다.

상권에는 평성자(平聲字)인 한자 800자, 하권에는 입성자(入聲字)인 한자 370자가 배열되어 있어서 상하권에만 한자가 모두 1,170자가 된다. 필자의 소장본이다.

(3) 물명집(物名集)

『물명집(物名集)』은 1910년에 경헌(敬軒) 한중수(韓中洙)가 편찬한 물명 자료집으로서, 물명에 해당하는 한자를 써 놓고 그 한자에 대한 자석(字釋)을 달아 놓은 책이다. 편찬연대는 알 수 없으나 현재 전하는 책은 1910년에 필사한 문헌으로, 최소 2권 이상으로 되어 있었으나, 현재 전하는 책은 권2, 한 권뿐이다. 한자가 모두 1,630자로 되어 있다. 이 책은 19세기 말이나 20세기 초에 쓰인 문헌으로 추정된다.

(4) 정몽류어(正蒙類語)

1884년(고종 21)에 李承熙가 『千字文』의 四字韻語法과 茶山의 『兒學編』에 보이는 類輯之法을 본따서 한자 1,008자를 目과 類로 분류하고 각 한자의 한글로 그 音과 釋을 써 놓은 책이다. 목판본으로 不分卷 1책이다. 앞에 이 책의 편찬동기를 적은 序文이 있다. 그 끝에 "朝鮮開國四百九十三年甲申冬至大溪書"란 글이 있어서 이 책의 편찬연도와 편찬자를 알 수 있다. 본문은 5개의 目으로 분류하고 각 目을 또 여러 類로 분류하였는데 一理生生의 목에는 大本類 등의 15類로, 萬化散殊에는 稟生類 등의 12류로, 名器錯宗에는 人生名類 등의 12류로, 帝王立政에는 授職類 등의 12류로, 聖學明道에는 心體類 등의 12류로 분류하여 모두 5目 63類로 분류하였다. 각 類에 16개의 한자가 있으므로 모두 1,008자가 있는 셈이다.

(5) 몽어유훈(蒙語類訓)

大溪 李承熙가 천지, 인물의 생성으로부터 시작하여 人道, 人事, 王統, 聖學에 이르기까지의 글을 한문에 한글토를 달아 어린이들에게 교육시키기에 편하도록 편찬한 어린이 교육서. 1책. 목판본. 1888년에 편찬하였으나 간행은 1935년에 경북 성주군의 月峯書堂에서 간행되었다. 앞에 '朝鮮開國四百九十七年戊子冬大溪書'로 끝나는 이승희의 서가 있어서 1888년에 편찬된 것임을 알 수 있다. 그러나 책 뒤에는 판권지가

붙어 있는데, 이 판권지에 의하면 간행연도가 1935년으로 되어 있다. 그러나 어느 책은 1936년으로 되어 있기도 하다. 이 서에 이어서 본문이 나오는데, '一理生生, 萬化散殊, 名器錯綜, 聖王立政, 聖學明道, 三才會一'의 6개의 항목으로 구분되어 있다. 그리고 이 항목들은 다시 '章'으로 세분하였는데, 모두 각 항목별로 몇 장으로 구분하였다. 이를 합치면 모두 34장이나 된다. 이 본문은 모두 한문에 한글로 토를 달아 놓은 것이다. 책의 끝부분에 '蒙語類訓字釋'이 있는데, 이것은 앞에 나온 한자 중에서 어려운 한자를 익히게 하기 위하여 각 한자에 석음을 달아 놓은 것이다. 모두 420자에 석음을 달아 놓았는데, 이 석음은 『천자문』이나 『유합』에 사용되는 석이 아니라, 그 문맥에 부합하는 석을 달아 놓은 것이다. 몇 가지 점에서 이 자료는 영남방언을 반영하고 있다고 할 수 있다.

(6) 통학경편(通學徑編)

신녕군(新寧郡) 참사인 황응두(黃應斗)가 편찬한 한자학습서. 2권 1책. 목판본. 1916년 경상북도 영천군의 혜원서루(蕙然書樓)에서 간행하였다. 어린이가 한자를 학습할 때 『천자문』이나 『유합』은 적합하지 않다고 보고, 새로운 물목명칭(物目名稱)을 중심으로 하여 한자를 학습하도록 편찬한 분류어휘집이다. 각 한자에 한글로 그 음과 석을 달아 놓았다. 영천군수 남필우(南泌祐)가 서문을 썼고 유한익(劉漢翼)이 그 판하의 글씨를 써서 만들었다. 상권은 물목명칭(物目名稱) 자류회합(字類會合)의 한자를 천문부(天文部), 지축부(地軸部) 등 14개의 부류로 나누어 배열하였다. 하권은 서취문자(書聚文字), 의미포함(意味包含)이라 하고 한자를 배열하였는데, 그 뒤에는 명심편이 실려 있다. t 구개음화는 물론 k 구개음화도 보이며(겨래 戚 등), 치찰음 아래에서의 전설모음화(시승ᄉ 師, 일실 존 存 등), i 모음역행동화(맥길 임 任 등), '에'와 '애'의 혼란(개으를 란 懶, 개으를 타 惰 등) 등의 현상뿐만 아니라, 방언어휘(정구지 힉 薤, 졍지 쥬 廚 등)도 나타나 1916년 당시의 영천지역어의 방언을 반영하고 있다. 1921년에 일본어를 첨가시켜 중간하기도 하였다. 이 중간본은 서문에 조선문(朝鮮文)이라 하여 한글 자모의 명칭과 작자법(作者法) 및 합음(合音)의 예와 철자(綴字)의 예를 싣고 있다. 그 부류는 초간본과 동일하나 각 항목에 등재된 한자어는 다른 것이 많다. 고려대학교 도서관 등에 소장되어 있다.

(7) 자류주석(字類註釋)

1856년에 정윤용(鄭允容)이 지은 자전(字典)으로 필사본의 상하 2권으로 되어 있다. 18,000여 자의 한자를 유별로 분류하고 각 한자에 석과 음을 달았다. 序, 目錄, 總論, 上, 下, 附錄 등의 순서로 되어 있다. 총론에서는 자서(字書), 운서(韻書), 언석(諺釋), 자음(子音), 자표(字標), 자수(字數) 등에 대하여 설명하고 있다. 특히 자서(字書)에서는 자체(字體)와 자음(字音)은 『규장전운(奎章全韻)』에 의거하였다는 것과, 언석(諺釋)은 방언물명을 찾아 증보하였다는 사실을 밝히고 있다. 그리고 자음 항에서는 정음으로 중국음을 표시한다면 ㅂ과 ㅍ, ㅊ과 ㅌ이 비슷하게 혼용되며, ㅇ 음은 ㆆ, ㆁ, ㅿ 세 음과 비슷하나 지금은 ㅇ만을 쓸 뿐이고 전탁음 6개와 ㅋ 음은 우리 한자음에는 없음을 밝히고 있다. 상권은 천도부(天道部), 지도부(地道部), 인두부(人道部)上으로, 하권은 인도부下로 나누어져 있으며, 각 부는 다시 여러 類로 나누어져 있다. 각 유에는 여기에 속한 한자를 제시하고 각 한자의 밑에 그 석과 음을 한글로 달고 또 한문으로 그 뜻을 풀이하였다. 예컨대 천도부의 천문류에 속하는 '天' 자의 경우, '하늘텬'과 같이 한글로 석음을 붙이고, 그 뒤에 '至高無上' 이라고 한문으로 뜻풀이를 하였다. 이와 같이 한문의 뜻풀이는 대개 4자의 句로 하였는데, 이는 한자와 더불어 한문학습에 도움을 주기 위해서였다. 규장각본과 멱남본(覓南本)의 두 이본이 전한다. 이 중 멱남본을 1974년 건국대학교 출판부에서 상하권을 합본하여 영인하였다.

(8) 속수한문훈몽(速修漢文訓蒙)

이 책은 2권 2책의 목판본으로서 경북 안동군 임하면 송천동에 있는 봉양서숙(鳳陽書塾)에서 간행해 낸 것이다. 서당에서 학동들에게 한문과 한자를 가르치기 위하여 편찬된 것이다. 권1은 제1편 字學과 제2편 合字로 되어 있다. 자학편은 한자와 그 석음을 장별로 구분하고, 같은 류의 한자끼리 갈래를 모아서 구성하였다. 제1장 신체, 제2장 가족, 제3장 세계, 제4장 기물(器物), 제5장 동물, 제6장 식물, 제7장 광물, 제8장 인도 등으로 분류하였다. 제2편 합자는 2자 이상으로 된 한자어와 산명, 도명(道名) 등을 내용으로 하여 모두 9장으로 분류되어 있다. 권2는 권1의 1, 2편에 이어 제3편인 석의(釋義)로 이루어져 있다. 이것 역시 장별로 세분되어 제1장의 신체석의 등 8장이며, 그 유목(類目)은 권1의 것과 동일하다. 권1에 한자의 석음이 달려 있어서 한자의 석음에 대한 정보를 얻을 수 있다.

(9) 자회집(字會集)

『字會集』은 필자 소장의 1책의 필사본이다. 책의 말미에 '歲在道光拾季庚寅閏四月日謄書'라는 필사기가 있어서 1830년에 이루어진 것임을 알 수 있다. 정윤용의 『字類註釋』이 1856년에 이루어진 것이니 이보다 26년이 앞선 문헌이어서 그 가치가 높다고 할 수 있다. 필자는 알려져 있지 않고 면지에 '讀者勤勤歷覽 千萬字在此'란 기록이 보인다. 표제제목은 없고 내지서명이 '字會集'이다. 9행 17자로 되어 있다.

모두 136개의 부수로 분류하고 그 부수에 해당하는 한자를 배열하였는데, 각 한자의 아래에 한글로 그 석음을 달아 놓았다. 그리고 한문으로 그 의미를 간략히 기술하여 놓은 책이다. 예컨대 '土'의 부수에는 '塤 壎 壑, 塡 坼 坍 塌 坎 坳 堉 址 坌 塕 圻 垞 堛 塑 坪 墈 垤 堤' 등 215자가 배열되어 있고 각 한자에 대해 '塤 훈 樂器土音' '壎 동塤', '壑 굴헝학 谷也坑也' '塡 붑소리젼 皷音 메올젼' '坼 터질탁' '坍 믈허질단', '塌 믈허질 탑 地低' '坎 굴헝감 陷也 북방 감 正北又坳卦名' 등으로 되어 있다. 모두 약 10,700여 개 정도의 한자가 등재되어 있다.[4)]

(10) 자집(字集)

2권 2책의 필사본으로 서울대 가람문고 소장본이다. 한자의 음과 뜻을 한글과 한자로 간단히 설명해 놓은 책인데, 편찬자는 알 수 없다. 한자 한 글자마다 어느 한자는 아래에만, 어느 한자는 오른쪽과 아래쪽에만, 그리고 어느 한자는 왼쪽과 아래쪽에만 작은 글자로 간단한

4) 이 문헌에 대해서는 홍윤표(2019), 韓國式 漢字字典 字會集과 音韻反切彙編, 한국어사연구 5를 참조할 것.

설명을 해 놓았다. 모든 한자는 아래쪽에는 모두 설명을 붙였지만, 어느 것은 오른쪽에도, 그리고 어느 것은 왼쪽에도 설명을 붙였다. 왼쪽에 설명을 붙인 것은 매우 드물다. 아래쪽에는 주로 한글로 한자의 음과 뜻을 써 놓았다. 왼쪽에는 주로 그 한자가 들어가는 숙어를, 그리고 오른쪽에는 한자로 음과 뜻을 적어 놓았다. 아래쪽에 그 뜻을 써 놓은 것도 어느 것은 한글로 석음을 달아 놓았지만 어느 것은 한자로 설명을 한 것도 있다. 목차가 없어서 한자의 배열순서는 알 수 없지만, 대체로 천문, 지리, 금속, 수목, 조류, 곤충, 금수, 신체, 등에서 시작하여 마지막에는 어조사 등으로 끝난다. 한글 표기법으로 보아 19세기 말에 쓰인 문헌으로 추정된다.

〈자집 하권 마지막 이전의 장〉

〈자집 상권의 첫장〉

상권의 첫장만 8행 9자이고 나머지는 모두 5행 8자로 되어 있다. 한자는 상권에 3,264자, 하권에 3,283자가 등재되어 있어서 모두 6,547자가 등재되어 있는 셈이다.

(11) 휘략(彙略)

1책의 필사본이다. 표지 서명과 내지 서명이 모두 '휘략(彙略)'이다. 天道, 地理, 稼穡, 人民, 身體, 儒行, 衣冠, 酒食, 祭祀, 燕饗, 花卉, 樹木, 果實, 飛禽, 走獸, 虫豸, 魚鼈, 古今氏姓의 18개 부류로 나누고 이에 해당하는 한자를 쓰고 그 아래에 한글로 석음을 달아 놓았다.

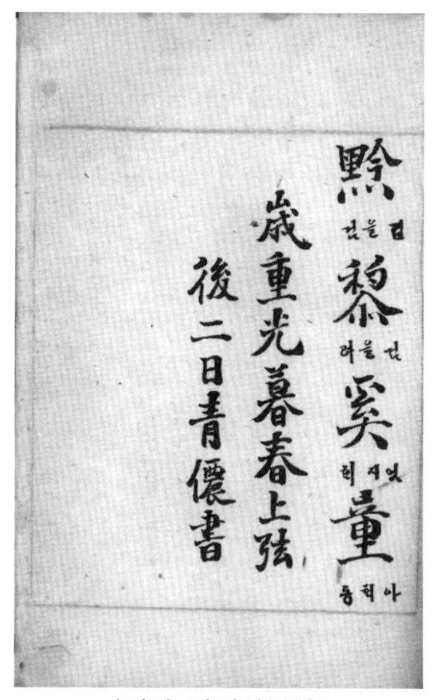

〈휘략 마지막부분〉

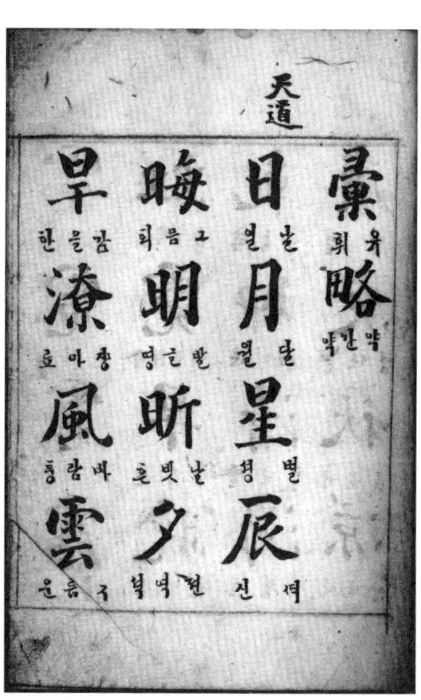

〈휘략 앞부분〉

책의 말미에 '歲重光暮春上弦 後二日 青儂書'라는 필사기가 있는데,

重光은 '辛'을 의미하므로 '辛◯'년에 필사했지만, 간지의 뒷부분이 없어서 정확한 필사년을 알 수 없다. 한글 표기로 보아 19세기 말로 보인다. 즉 'ㆍ'가 대체로 지켜지나 가끔 'ㅏ'와 혼가되고 'e'가 '에'로 그리고 'ɛ'가 '익'로 표기되는 것으로 보아 19세기 말로 보인다. 그래서 1881년의 辛巳년이거나 1891년의 辛卯년에 필사된 것으로 추정된다. 그리고 이 책을 지은 '청농'이 누구인지는 알 수 없다. 모두 33장이고 한자는 924자이다. 필자의 소장본이다.

14. 맺음말

앞에서 우리나라의 한자 학습서에 어떠한 자료가 있었으며 그 자료들이 어떠한 변화를 거쳐 왔는가를 주마간산격으로 살펴 보았다. 여러 제약으로 한자 학습서에 등재되어 있는 한자의 성격이나 특징에 대해서는 언급하지 못하였다. 예컨대 천자문과 유합에 공통적으로 등재되어 있는 한자는 570자인데, 그 한자의 특징은 대체로 다의어가 아닌 단의어가 대부분이며, 한자를 반절식으로 표기할 때, 정의항에 주로 사용되는 한자라는 점 등의 내용이다. 예컨대 '東'의 반절식 음 표기는 '德紅切'인데 '德'과 '紅' 부분에 해당하는 한자가 대부분이라는 점이 천자문과 유합에 공통적으로 등재되어 있다는 뜻이다. 그러나 이러한 점에 대한 연구는 후일로 미룬다.

앞에서 언급한 자료들을 검토한 결과 다음과 같은 사실들을 발견할 수 있었다.

(1) 한글로 석음을 단 한자 학습서는 훈민정음 창제 직후부터 편찬

되었지만(初學字會, 文宗語釋), 실제로 한자 학습서가 일반에 널리 보급되기 시작한 것은 16세기의 훈몽자회(1527년), 광주천자문(1575년), 신증유합(1576년), 석봉천자문(1583년) 등이 편찬된 이후였다. 그러나 한자 학습서로서 천자문과 유합은 한글 석음을 달지는 않았지만 구전되어 온 것으로 보인다.

(2) 천자문은 광주천자문 계열(潔字本)과 석봉천자문 계열(烈字本)이 있었지만, 석봉천자문이 널리 퍼지게 되었다. 이 석봉천자문은 특히 '御製序'를 붙여 중앙정부에서도 간행했을 정도로 광범위하게 알려져 있었다.

(3) 이 석봉천자문은 1804년에 홍태운의 주해천자문이 등장하면서 천자문의 주도권을 주해천자문에 넘겨 주게 되었는데, 이것은 주해천자문의 복수 자석과 그 보충설명의 장점 때문으로 이해된다.

(4) 20세기 초에는 주해천자문 등의 주흥사 천자문을 대신하는 다양한 천자문들이 편찬되거나 간행되었는데, 중국의 역사를 기술한 역대천자문(1911년), 한국의 역사를 기술한 조선역사천자문(1928년) 등이 그것이다. 그러나 주흥사 천자문의 세력을 이기지는 못하였다.

(5) 우리나라 한자 학습서의 시대적 추세를 든다면, 16세기에는 천자문, 유합, 훈몽자회 등의 한자 학습서가 등장하여 널리 퍼졌었지만 17세기에 들어서 훈몽자회가 점차 그 세력을 잃어서 17세기와 18세기에는 천자문과 유합이 널리 알려져 있었다. 그러다가 19세기에 아학편이 등장하여 천자문, 유합, 아학편이 많이 읽혀진 것으로 보인다. 그러나 20세기에 들어서서는 아학편은 사라지고 천자문과 유합만 살아 남게 되었다. 20세기 초에는 주흥사 천자문에 대응할 수 있는 여러 가지 천

자문들이 등장하였지만 결국에는 주흥사 천자문만 남게 되어 오늘날에 이르렀다.

이상의 현상으로 보아서 시기적으로 다음과 같은 모습을 볼 수 있다.

	15세기	16세기	17세기	18세기	19세기	20세기
천자문		══	══	══	══	══
유합		══	══	══	══	══
훈몽자회		══	──			
아학편					══	──

※ ══는 주된 사용, ──는 미미한 사용을 표시한다.

(6) 천자문은 4자성구 250수로 되어 있는데 반해, 훈몽자회, 유합, 아학편은 모두 등재 한자의 의미영역별 부문으로 나누어 배열하여 교육시키는 방안으로 마련된 것이었다. 이러한 의미영역에 따른 분류는 우리나라 유서들의 일반적인 분류 방법이었다.

우리나라의 類書들의 일반적인 분류 방법은 표제어의 음절수에 따라 單字解(또는 1字類), 2字解(2字類) 등으로 분류하는 방식(노박집람 등)과 초목류, 조수류 등의 의미영역별로 분류하는 방식(物名攷 등의 모든 類書類)이었었는데, 이 방안에 따라 마련된 훈몽자회와 아학편이 그 세력을 잃게 된 것은 특이한 현상이라고 할 수 있다.

여러 한자 학습서 중 천자문만 남게 된 것은 이러한 한자의 배열방식이나 분류방식에 의한 것이라기보다는 학습방식에 관계되는 것으로 이해하는 것이 더 나을 것이다. 하나는 한자의 학습이 낭송으로 쉽게 암송할 수 있는 것이 한자 성구(곧 '文字')에 익숙해 있는 일반인들에게 접근하기가 훨씬 수월하였기 때문일 것이다. 그래서 오늘날까지 '하늘 천 따지 감을현 누루황'(심지어는 하늘 천 따지 검은 솥에 누룽갱이 박박 긁어서 운운) 등으로 암송되고 있는 것이다. 또 한 가지는 한자 학습량에 관여되는 것으로 보인다. 천자문의 1,000자가 훈몽자회의 3,360자, 유합의 1,500자 내외, 아학편의 2,000자보다 초보자들에게는 더 합리적이었기 때문인 것으로 이해된다.

(7) 한자를 익힐 뿐만 아니라 이것을 검색하여 참고로 삼는 자전들도 여러 단계를 거치게 되었다. 한자를 의미영역별로 찾으려는 것이 초기였다고 한다면 성조별로, 서체별로, 또는 한자 성구에 대한 부수설명을 부가하는 방식 등이 그 다음 단계였으나, 대부분 성공하지 못하였다. 그 이후에 한자 새김의 音相別로, 즉 가나다순으로 검색할 수 있는 책이 등장하였는데, 그것이 언음첩고(1846년)이다. 다시 漢字音의 가나다순으로 배열하여 검색을 용이하게 만든 책이 편찬, 유행하였는데, 그 책이 곧 19세기에 등장한 음운반절휘편이었다. 이것은 오늘날의 국어사전의 배열방식과 동일하다. 이러한 점으로 보아, 오늘날 국어사전의 가나다순 배열 방식은 서양으로부터 들어온 것이라는 기존의 생각이 잘못된 생각임을 알 수 있다. 역사적으로 자연발생한 것이었음을 알 수 있다. 이러한 방식은 20세기 초에 한자의 부수로 찾는 방식으로 바뀌게 되었는데, 그것이 곧 字典(또는 玉篇)으로 國漢文新玉篇(1908년)이 그 최초이다. 그 이후에 字典釋要, 新字典 등의 수많은 옥편이 등장하여 오늘날에 이르게 되었다. 그러나 음운반절휘편의 방식은 옥편에서 그대로 살아 있어서, 옥편의 뒤에는 한자음의 가나다순으로 색인을 붙여 검색을 용이하게 하려는 그 뜻을 그대로 살려 놓고 있다. 음운반절

휘편의 전통은 그대로 살아 있는 셈이다.

(8) 한자 학습의 대표적인 요소는 形音義인데, 이것은 '天 하늘 천'식의 형식으로 굳어져 계속 이어져 왔다. 이러한 한자 학습 방식은 15세기의 언해문에서도 동일한 방식으로 주석을 달던 방식이었다. 아마도 15세기 이전부터 구두로 전승되어 온 것이었을 것으로 이해된다.

(9) 천자문은 자형을 배우는 명필의 천자문이 등장하였고 그것은 꾸준히 19세기 말까지도 유행하였다. 그러나 19세기 말의 필기도구의 변화(붓에서 펜으로)가 일어나면서 명필의 천자문은 서예가들에게만 관심의 대상이 되었다.

(10) 대부분의 한자 학습서는 해서체로 되어 있다. 특히 한글로 석음을 달아 놓은 한자 학습서는 거의 다 해서체로 되어 있다. 필자가 조사한 바로는 초서체로 되어 있으며 한글로 석음을 달아 놓은 문헌은 1종류에 불과하며, 전서체로 된 것은 전혀 발견할 수 없었다. 초서체와 전서체의 한자 학습서는 그 학습의 목표가 한자의 서체를 익히기 위한 것이었기 때문이다.

(11) 20세기에 천자문 등이 많이 등장한 것은 인쇄술의 변화로 일반인들의 지식 욕구가 강했기 때문이다. 대개 1950년 이후에는 한글 문헌의 보급으로 한자 학습의 필요성이 줄어들게 되었다. '한글전용에 관한 법령'이 공포된 이후부터는 그러한 한자 학습은 급격히 쇠퇴하게 되었다. 그것이 오늘날 한국학 연구의 역사적인 연구가 쇠퇴하는 결과를 초래하기도 하였다. 특히 20세기 말의 디지털 시대가 되면서(컴퓨터로 한자 처리가 불편하게 되면서) 한자 학습은 급격히 쇠퇴되기 시작하였다.

(12) 한자 학습서의 변화에서 나타나는 현상은 무엇을 가르치는가

하는 것보다 어떻게 가르칠 것인가에 대해 더 많은 관심을 가지고 편찬되어 왔음을 볼 수 있다.

(13) 정부에서도 한자 교육에 관심을 가지고 한자 학습서를 간행해 내었으나 19세기 이후부터는 정부에서 한자 학습서를 편찬 간행한 일은 없다.

(14) 한자 학습에서는 불교계의 영향이 컸다고 할 수 있다. 불교계에서는 한글 보급에도 남다른 관심을 보였었는데, 한자보급에도 큰 영향을 주었다고 할 수 있다. 반면에 서원에서 만든 한자학습서는 보이지 않는다. 유교의 교육에서는 경서를 읽기 위한 한자 참고서는 20세기에 이르러서야 관심을 두기 시작한다. 도교, 동학에서는 한자 학습서가 없었다.

(15) 한자 교육은 정규 교육보다는 별도의 교육을 통해 이루어진 것으로 보인다. 방각본의 유행이 그러한 사실을 알려 준다.

(16) 한국에서 만든 한자(예컨대 乭는, [illegible] , [illegible] 등)는 한자 학습서에는 포함되어 있지 않다. 일반적으로 한국 한자는 특별한 경우에만 사용되었기 때문이다.

(17) 유니코드에 없는 한자도 많이 학습 대상이 되었는데, 이것이 어디에서 온 한자인지에 대한 출전은 보이지 않는다. 우리나라에서 사용하여 왔던 한자의 숫자가 몇 개나 되는지에 대해서는 아직 알려져 있지 않다. ISO(국제표준기구)의 CJK(China, Japan, Kores)에서 제정한 한자 이외의 한자도 매우 많이 사용되어 왔다. 필자가 CJK의 한자 목록에 없는 한자를 찾아낸 것만도 500자가 넘는다. 몇 예만 보이도록 한다.

蔃 (개나리 강)	仉(가벼울 범)	髂 (갈비뼈 갈)
靆 (검은구름 대)	肞 (고기국 급)	䲭 (골거홀 감)
痟 (골절아플 연)	皮 (금날 피)	㽥 (기명 두)
韒 (누를 돈)	靈 (령귀 령)	䑗 (배 당)

漢字에서 유래한 어휘 몇 가지

서 대 석

어려서 할머니에게 듣던 말이나 경상도나 전라도에 가서 들은 말들 중에 한자에서 유래하여 일상생활에서 사용하는 몇몇 어휘에 대하여 생각해 본다.

제신(祭神)

내가 어렸을 때 같은 나이 또래 아이들과 같이 뛰어놀 때 할머니로부터 들은 말이 있다. 나는 농촌에서 살았는데 내가 사는 집은 ㄱ자 형태의 안채와 ㄴ자 형태의 행랑체가 서로 마주한 초가집이었다. 대문 밖에 바깥마당이 있었는데 여기에서는 추수한 보리나 밀, 벼 등을 타작하는 곳이었고 대문 안에는 안마당이 있었다. 안마당 위에는 봉당이 있고 봉당과 마루 사이에는 뜰돌이 있었는데 이 뜰돌 위에 신발을 벗어 놓고 마루로 오르내리었다. 마루는 안방과 건넛방 사이에 넓은 대청과 건넛방에 붙어있는 툇마루가 있었다. 그래서 아침에 일어나면 마당을 쓸고 봉당을 쓸고 다음에 마루에 걸레질을 하여 집안청소를 하였다. 특히 마루에서는 식사를 하기에 항상 깨끗하게 닦아놓아야 했다.

할머니는 온종일 마루걸레를 들고 틈틈이 마루를 닦았다. 바람이 불면 흙먼지나 검불이나 재티 등이 날아와 마루가 더럽혀지기 때문이다. 그런데 나는 친구 아이들과 같이 집안에서 뛰어다니며 놀았다. 맨발로 마당에서 술래잡기를 하면서 뛰어놀다가 흙이 묻은 발로 마루로 뛰어 올라왔다가 다시 마당으로 뛰어 내려가기도 하면서 마당과 봉당, 마루 사이를 오르고 내리었다. 할머니는 내가 흙이 묻은 발로 마루를 밟아 생긴 발자국을 걸레로 열심히 닦아내시며,

"애들아 웬 제신이냐 정신없다"

라고 하시며 야단을 치시곤 했다. 그리고 깨끗한 마루를 발자국을 내어 자주 더럽히는 나에게,

"고만 좀 제신 떨어라"라고도 하셨다.

그런데 애들이 술래잡기를 하면서 마당이나 마루에서 뛰어노는 것을 "제신"이라고 한 말이 무슨 의미이며 어디에서 온 것인지 깊이 생각해보지 않았다. 다만 애들이 시끄럽게 뛰어다니는 것을 뜻하는 말인 줄 알았을 뿐이다. 그러나 이 말이 어디에서 유래한 것인지는 알지 못했다. 그런데 지금 가만히 생각해보니 여러 사람들이 모여서 시끌벅적하면서 큰소리가 나는 것을 "굿을 한다"고도 하였는데 '제신'이란 말도 "굿을 한다"라는 말과 같은 의미로 쓴 것이 아닌가 생각하였다. 그렇다고 한다면 "굿을 한다"라는 말은 곧 신에게 제를 올린다는 말이고 "제신"이란 말은 바로 신에게 제사를 드린다는 한자어 "제신(祭神)"에서 유래한 말이 아닐까 생각한다. 할머니는 한문을 배운 분이 아니다. 한글도 잘 모르는 분이었다. 그런데도 한자어로 된 "제신"이란 말을 일상적 대화에서 자연스럽게 사용한 것을 보면 한자 어휘가 우리말에 스며들어 일용 어휘로 쓰였던 사례가 많았을 것으로 생각한다.

법석(法席)

이런 말이 또 있다. 여러 사람이 모여 큰소리를 내며 시끌벅적한 판이 벌어지면 이를 "법석을 친다"고 하거나 또는 "법석을 떤다"라고 한다. "법석(法席)"은 불교에서 "설법하는 자리"라는 말인데 이 말이 왜 소란스럽고 시끄러운 모양을 의미하는 말이 되었는지 생각해 본다.

불교의식인 법석의 자리는 많은 스님들이 모여 제단(祭壇)을 만들어 부처님을 봉안하고 성대하게 제물을 차려놓고 많은 스님들이 함께 놋쇠로 만든 쟁(錚)과 동발(銅鈸)을 크게 울리며 불경을 독송하는데 악기 두드리는 소리가 무척 크고 스님들의 독경소리도 우렁차서 시끄럽기 이를 데 없었다. 불교가 국교이었던 고려조에서는 대규모 불교의식이 자주 행하여졌고 일반인들의 큰 구경거리가 되기도 했었다. 그래서 여러 사람이 언성을 높이거나 시끄러운 소리를 내면 "법석을 떤다"거나 "법석을 친다"고 하는 말이 일상의 언어에서 자연스럽게 쓰이게 되었던 것이다. 흔히 요즈음에는 잔치판이나 놀이판에서 여러 사람이 큰소리를 치며 노래도 하고 웃고 떠들면서 씨끄러운 장면이 연출되면 "법석을 떤다"라고 말하는데 불교의식인 법석(法席)을 전혀 모르거나 한 번도 구경하지 않은 사람들도 모두 이런 말을 일상어휘로 자주 사용한다.

괴, 꾀(袴衣)

이런 말이 또 생각난다. 내가 군에서 소대장으로 근무할 때이다. 1960년대 후반, 그 당시는 보병소총소대 소대원들 중에 문맹자도 더러 있어서 "보초일반수칙"이나 "직속상관관등성명" 등 병사들이 암기할 사항은 한글로 써서 내무반 벽에 붙여놓거나 프린트를 하여 병사들에게 나누어 주고 수시로 읽어서 외우도록 하고 점호 시에는 암기상태를 점검하였는데 한글을 모르는 병사들은 분대장이 데리고 한줄 한줄 읽어주면서 따라하도록 하여 암기를 시키곤 하였다. 분대장은 국졸이나 중졸 이상인 병장이 맡았는데 한글을 읽고 쓸 수 있어야 하달된 명령을 받아서 적었다가 분대원들에게 하달하여 통솔할 수 있었다. 내무반 안에 병사들 침상에는 관물대가 놓여있고 관물대 위에는 작업복을 비롯하여 내의등을 잘 개어 접힌 부분이 모가 나도록 차곡차곡 보기 좋게 쌓아놓고 맨 위에는 철모나 작업모를 놓아두었다.

그런데 야외 훈련을 마치고 돌아온 병사 하나가,

"내 꾀! 네 꾀가 어디 갔어?"

라고 외치었다. 나는 그 말이 무슨 말인지 몰라서

"무엇을 찾느냐?"

고 물어보니 "작업복 바지가 없어졌다"는 것이었다. 군대 행정용어로는 작업복 상의를 "작상", 작업복 하의를 "작하"라고 하여 병사 개인의 소지품이나 소대원 전체의 보유 품목을 파악할 때는 '작상이 몇 벌', '작하가 몇 벌' 등으로 기재하고 있었다. 그런데 이 병사는 작업복 바지를 "꾀"라고 한 것이다. 알고 보니 그 병사의 고향이 전라도였는데 학교 교육을 전혀 받지 않은 문맹자였다. 다른 병사들 말에 의하면 전라도에서는 바지를 '꾀'라고 하고 때로는 겉옷을 "꾀"라고 하기도 한다는 것이었다.

나는 이 말을 듣고 <춘향전>의 한 대목이 떠올랐다. <열여춘향수

절가>에서 암행어사가 된 이몽룡이 춘향집을 찾아갔을 때 춘향집 풍경을 묘사하는 대목에서,

"일락서산 황혼시에 춘향문전 당도하니 행랑은 무너지고 몸채는 괴를 벗었는데 예보던 벽오동은 수풀 속에 우뚝 서서 바람을 못 이기어 추레하고 서있거늘"

이라는 구절이다. <춘향전>의 교주자인 구자균선생은 "괴"를 "너스레의 사투리"라고 풀이하였는데 이것은 잘못된 풀이라고 본다. "너스레"는 "물건이 빠지지 않도록 그릇의 아가리에 걸쳐놓는 막대기"라는 의미와 "수다스럽게 떠벌리는 말이나 행동"의 두 가지 의미가 있는데 이런 의미로는 문맥의 의미와 맞지 않는다. 여기서 "괴"는 바로 전라도 방언 "꾀"를 말하는 것이고 <춘향전>에서 문맥상의 의미는 형체라는 것으로 이해된다. 즉 춘향이 옥살이를 하면서 집을 돌보는 사람이 없어서 행랑체가 무너지고 헐벗어서 본래의 모습에서 벗어났다는 것이다.

그렇다고 하면 "꾀"나 "괴"는 어디서 온 말일까? 이는 바지를 뜻하는 한자어 "고의(袴衣)"에서 유래한 말이라고 본다. 전라도뿐만 아니라 중부지방에서도 고의를 "괴"라고 하고 바지 위에 허리띠를 매는 앞부분을 "괴춤"이라고 한다. 그래서 주머니가 없는 한복 바지를 입으면 손을 괴춤에 넣는 것이 일상적 행위가 되어 있었다. "고의"가 "괴"가 되고 경음화하여 "꾀"가 되고 이것이 "겉옷"이라는 말로 의미가 확대되고 더 나가서 사물의 형체나 형태를 가리키는 말이 된 것이 아닌가 생각해 본다.

씨겁(食怯)

이처럼 한자에서 유래한 말이 경상도에도 있다. "씨껍하다"가 그것이다.

내가 처음으로 대학에 전임으로 부임한 곳이 대구 계명대학이었다. 그래서 본대학과 전문대학에서 교양국어를 가르쳤는데 국어책에 수록된 글 중에서 내가 좋아하는 것들을 골라서 강의하였다. 그 글 중에 하나가 바로 <춘향전>이다. <춘향전>을 학생들에게 읽히고 나서 신나게 풀이하는데 학생 하나가 친구하고 귓속말을 주고 받으며 낄낄거리는 모습이 눈에 들어왔다. 나는 화가 나서 소리를 버럭 지르며 그 학생을 지적하고 수업태도를 나무랐다. 얼굴이 시뻘겋게 달아오른 그 학생이 혼잣말처럼 하는 말

"왔따. 시껍했심더"

나는 더욱 화가 났다. 선생 보고 쌍소리를 하다니 그래서,

"너 지금 무어라고 했느냐? 어디 다시 한번 말해보라"

고 추궁을 하였다. 그 학생은 주저하지 않고 당당하게

"씨껍했다 캤심더"

라고 대답하는 것이었다. 나는 의아했다. 그 말이 내가 생각한 것처럼 쌍스러운 욕설이라면 어떻게 선생에게 당당하게 대놓고 말할 수 있을가? 그래서 무슨 의미의 말이냐고 재차 큰 소리로 추궁을 하였다. 그러자 다른 학생이 "혼났다"거나 "놀랐다"라는 말이라고 하였다. 그래서 그 말은 내가 생각하였던 그런 욕설이 아님을 알았다. 그 후로 나는 다른 교수들과 어울리면서 깜짝 놀랄 일이 있을 때 "씨껍했다"고 하자

이 말을 잘 아는 대구출신 교수들이 와 하고 웃으며,

"이제 서선생도 대구사람 다 되었네"

라고 했던 생각이 난다.

그런데 이 "씨껍"이란 말도 한자에서 유래한 말이다. '겁을 먹다'라는 "식겁(食怯)"이란 한자말에서 나온 것이다. 경상도 지방에서는 다른 지역보다도 어휘에 한자를 많이 쓴다. 가족에 대한 지칭에서도 누님의 남편은 자형(姉兄), 여동생의 남편은 매제(妹弟)라고 한다. 경기도에서는 누님의 남편을 매형(妹兄)이라고 하는데 정확히 말하면 '자형'이라고 하는 것이 옳다. 한자 "자(姉)"는 손 위의 누님을, "매(妹)"는 손아래 여동생을 가리키기 때문이다. 또한, 흔히 나이를 말할 경우에도 "쉰 다섯"이라고 하지 않고 "오십 다섯"이라고 하거나 "일흔 셋"이라고 하지 않고 "칠십 서이"라고 한다. "씨껍하다"라는 말은 처음에 쌍스럽게 들렸지만 자주 들으니 별로 어색하지도 않았다.

배포(排布)도업(都邑)침

제주도 무속에서 큰 굿인 <초감제>의 첫 번째 제차로 "배포도업침"이란 굿거리가 있다. 이 말이 무슨 의미인지 모르는 사람이 많아서 제주도 태생인 사람도 '배포도 업침'으로 읽고 "'업침'은 '엎어버린다'는 뜻 같은데 '배포도'는 무엇인지 모르겠다"고 말하는 것을 들은 적이 있고 심지어 제주도 무가를 공부하는 학자들 중에서도 이 말의 정확한 의미를 잘 모르는 사람이 많은 것으로 알고 있다.

현용준 선생은 『제주도무속자료사전』(신구문화사, 1980)에서 <배포도업침>을 다음과 같이 설명하였다.

배포도업침… 천지 혼합으로부터 우주개벽, 일월성신(日月星辰)의 발생, 국토(國土)의 생성, 국가의 발생 등 지리적 역사적 사상(事象)의 발생을 차례차례 노래해 나간다. 이는 굿하는 장소를 신에게 해설하여 바치기 위하여 우주개벽까지 확대시켜 설명을 시작하는 것이다.(56면)

이러한 설명은 이 굿거리에서 창송하는 무가사설의 의미를 약술한 것인데 "배포도업침"이란 어휘의 의미에 대해서는 상세한 풀이를 하지 않았다.

"배포도업침"은 "배포 침"과 "도업 침"이 합하여져서 이루어진 말이다. 그러면 "배포 침"은 무슨 말이고 "도업 침"은 무슨 의미인가? 배포는 한자말 배포(排布)로서 어떤 사물의 공간적 분포를 말한다. 즉, 지상(地上)의 산과 강 등 자연물이 분포되어 있는 모양새를 의미한다. "침"은 "치다"의 명사형으로서 어떤 말문서를 지속적으로 나열하여 일정한 율조로 독송하는 것을 말한다. 스님들이 천수경을 독송하는 것을 "천수를 친다"라고 하고 주문(呪文)을 외우는 것을 "진언을 친다"라고 한다. 즉 "배포 침"은 한반도의 산과 강등 자연물이 어떻게 분포되어 자리잡고 있는가를 일정한 율조로 독송한다는 말이다. 그러면 "도업 침"은 어떤 의미인가? 도업은 도읍(都邑)이나 도업(都業)이라는 한자어에서 온 말로 생각한다. 도읍(都邑)은 국가를 창건하고 통치자가 통치권을 행사하는 정치의 중심지를 말한다. 국가를 창건하면 반드시 도읍을 정하고 통치자인 왕이 즉위를 하고 율령을 반포한다. 인간의 역사를 정치사적 측면에서 약술한다면 새로운 국가를 창건한 시조왕과 도읍지만을 서술하는 것으로 대체된다. 도업(都業)이란 말은 국어사전에 없는 어휘인데 글자 그대로 '으뜸이 되는 사업'이라는 의미로 본다면 정치행위를 뜻하는 말일 것이다. 즉 도읍 정하고 나라를 다스리는 일을 의미하는 어휘라고 본다. 본토의 무가의 서두 축원문에는 이러한 한반도의 공간 형성과 역사의 약술이 담기는데 중부지역 무가에서는 이를 <지두서(指頭書)>라고 하고 <치국잡기>라고도 한다.

> "국호를 조선이라 첫 번 서울 잡으시니 경상도 경쥬 서울 김비대왕 치국이요 두 번 서울 치국은 전라도 전주 부여 백제왕 치국이요 세 번재 치국은 피양반 서울 긔자쳔년 단군쳔년 이쳔년 도읍이오 네 번 둘러잡으시니 송도 서울 왕근 태조 치국이오 … " (赤松智城, 秋葉隆, 『朝鮮巫俗의 研究 上』 大阪屋號書店, 1937, 258-259면)

이는 왕조의 변천사를 약술한 사설인데 시간의 흐름에 따라 새로운 국가가 개창됨을 시조왕과 도읍지만으로 서술한 것이다. 즉 "도업 침"은 고대부터 현재의 이르기까지의 시간의 순서에 따른 시국의 변화를 서술한 것이다.

그렇다면 이와 같은 공간의 질서와 시간의 순서를 서두 축원에 서술하는 이유는 무엇인가? 굿에서 하는 서두 축원은 신에게 강림을 청하는 사설인데 신이 오는 시기와 장소를 알려주어야 신이 지정한 때에 지정한 장소로 강림하겠기에 '배포 침'과 '도업 침'은 신이 내림할 시간과 공간을 지정하여 언제 어디로 와야 하는지를 알려주는 기능을 가지는 축원사설이라고 본다.

이처럼 우리말 중에는 한자 어휘에서 유래되어 일상생활에서나 무속의식에서 관용어로 쓰이는 말이 많다.

황복사 3층석탑 금동사리함기 명문의 왕 지칭어에 관하여

서 정 목

1. 서론

皇福寺 3層石塔 金銅舍利函記 銘文은 신라 사람들이 신라 시대에 자신들의 일을 적은 글이다. 이 명문은 706년[성덕왕 5년, 당 신룡 2년] 5월 30일에 조성되었다. 그리고 1942년에 세상에 모습을 드러내었다. 이 명문에는 신목태후의 사망일자가 700년 6월 1일이라고 적혀 있어서 신라 중대 정치사를 논의하는 사람들이 주목한 바 있다.[1] (1)에서 보듯이 700년 5월에 '경영의 모반'이 있었으니 신목태후가 이 모반으로 죽은 것으로 추정되기 때문이다. *{ }* 안은 세주이고 #{ }# 안은 필자가 붙인 주이다.

(1) 효소왕 9년[700년], 九年 --- 夏五月 伊飡慶永*{一作玄}*謀叛 伏誅

1) 박해현(1993, 2003), 김수태(1996), 조범환(2010, 2015), 김태식(2011, 2017), 이현주(2015a, b) 등이 참고된다.

[여름 5월에 이찬 경영*{永은 玄으로도 적음}*이 모반하여 복주하였다]. 中侍順元緣坐罷免[중시 순원이 이에 연좌되어 파면되었다]. <『삼국사기』 권 제8, 「신라본기 제8」「효소왕」>

그 명문에는 왕과 왕후를 지칭하는 말들이 몇 개 있다. 神文大王, 神睦太后, 孝照大王, 今主大王, 隆基大王이 그것이다.2) 그런데 그 말들은 좀 복잡한 설명을 필요로 한다. 그리고 그 말들은 신라 사회를 들여다볼 수 있는 작은 창의 역할을 할 수도 있을 것으로 보인다. 특히 32대 효소왕을 '孝照大王', 33대 성덕왕을 '隆基大王'으로 적고 있는 것은 주목할 만한 일이다.

이 글은 이 명문의 '孝照大王'은 『삼국유사』 권 제3 「탑상 제4」「대산 오만 진신」에 나오는 (2a)의 '孝照', (2b)의 '孝明乃孝照*{一作昭}*之訛也', (2c)의 '孝照*{一作昭}*', (2d)의 '<u>孝照</u>卽位甲辰#{壬辰의 잘못: 필자}#'라는 구절을 해명하는 데 결정적인 증거가 됨을 보이고자 한다. 그리하여 서정목(2014a, b) 이래 주장해 온 효소왕의 원래의 諡號가 '孝照王'이었는데 則天武后의 이름 자 '照'를 피휘하여 임시로 적은 것이 '孝昭王'일 것이라는 가설, 그리고 '孝明'의 '明'은 측천자 '曌'를 피휘한 것이라는 가설이 옳은 것임을 보이고자 한다.

---

2) 神睦太后, 孝照大王은 諡號이다. 이 명문이 706년에 조성되었으니 이 2인은 당시에 이미 사망하였다. 그런데 『삼국사기』에는 神穆, 孝昭(또는 孝明)으로 적혀 있다. 睦 자와 照 자가 피휘에 걸린 것이다. 그런데 神文大王은 『삼국사기』에는 그대로 적히지만 『삼국유사』에는 '神文王', '淨神大王', '政明王'으로도 적힌다. 706년에 33대 왕은 아직 살아 있다. 그러므로 그의 시호 '聖德'은 아직 정해지지 않았다. '隆基大王'은 시호가 정해지기 전에 33대 왕의 이름에 대왕을 붙인 것이다.

(2) a. 聖德之兄孝照名理恭*{一作洪}*亦神文之子[성덕의 형 효조는 이름이 이공*{恭은 洪으로도 적음}*인데 역시 신문왕의 아들이다].

b. 孝明乃孝照*{一作昭}*之訛也[효명은 이에 효조*{照는 昭로도 적음}*의 잘못이다].

c. 按孝照*{一作昭}*以天授三年壬辰卽位時年十六長安二年壬寅崩壽二十六[살펴보면 효조*{照는 昭로도 적음}*는 천수 3년 임진년[692년]에 즉위하였는데 그때 나이가 16세였으며, 장안 2년 임인년[702년]에 붕어했으니 누린 나이가 26세였다].

d. 若曰太和元年戊申 則先於孝照卽位甲辰#{壬辰의 잘못: 필자}#已過四十五歲 乃太宗文武王之世也[만약 말한 대로 (이때가) 태화원년 무신년[648년]이라고 한다면, 즉 효조가 즉위한 갑진년#{임진년(692년)의 잘못: 필자}#보다 45년이나 앞선 태종문무왕#{당 태종문무대성황제를 지칭함: 필자}#의 치세이다]. <『삼국유사』 권 제3 「탑상 제4」 「대산 오만 진신」>

그리고 살아 있는 그 당시의 왕, 성덕왕을 지칭하는 '隆基大王'은 (3)의 『삼국유사』 권 제3 「탑상 제4」 「대산 오만 진신」과 「명주 오대산 봇내(寶叱徒)태자 전기」[3] 기사의 '淨神', '淨神大王', '淨神王'을 설명하는 새로운 가설을 세우는 데에 중요한 근거가 된다.

(3) a. 新羅淨神太子寶叱徒與弟孝明太子[신라(의) 정신(의) 태자 봇내가 아우 효명태자와 더불어] 到河西府[하서부에 이르러], <『삼국유사』 권 제3 「탑상 제4」 「명주 오대산 봇내태자 전기」>

b. 藏師之返 新羅 淨神大王太子寶川孝明二昆弟[자장법사가 (오대산

---

3) '寶叱徒'는 '寶川'의 다른 표기이다. '叱'은 향찰에서 '-ㅅ'을 적는 한자이다. '내 川'은 훈독자이다. '무리 徒'는 吏讀에서 복수 접미사 '-내'를 적는 글자이다(이기문(1998:89-90) 참고). '川'과 '徒'의 훈이 모두 '내'이다. 그러므로 이 왕자의 이름은 寶를 음독한다고 할 때 '봇내[寶叱徒, 寶川]'이다. 寶를 훈독하면 달라질 수 있다.

으로부터) 돌아가고, 신라(의) 정신대왕의 태자 보천, 효명 두 형제가], <『삼국유사』 권 제3「탑상 제4」「대산 오만 진신」>

c. 淨神王#{太子 결락: 필자}#之弟與王爭位國人廢之[정신왕 #{태자: 결락: 필자}#의 아우가 왕과 왕위를 다투어 국인이 폐하였다]. <『삼국유사』 권 제3「탑상 제4」「대산 오만 진신」>

이 글은 이 '淨神'이 시호 '神文'이 정해지기 전에 신라의 31대 왕을 가리키는 생시의 지칭어인데 피휘 문제로 나중에 '정명', '명지'로 바뀌었을 것이라는 가설을 새로이 제시하고자 한다.

2. '孝照大王'에 관하여

이 명문에는 (4)에서 보듯이 '孝照大王'이라는 말이 3번이나 나온다. 단순 실수나 착각이 아님을 알 수 있다. 하기야 4년 전에 사망한 왕의 시호를 적는데 3번씩이나 실수할 사람이 어디 있겠는가? 이 '孝照大王'은 의심의 여지없이 정확한 사실을 적은 것이다. 문맥상으로 보아 이 '孝照大王'이 신라 32대 孝昭王을 가리킨다는 것도 의심의 여지가 없다. 그렇다면 이 명문은 왜 '孝昭王'을 '孝照大王'이라고 적고 있는 것일까? (4)에서 원문의 띄어 쓴 곳은 존경의 공백[honorific gap]이다.

(4) a. 有 神文大王五戒應世十善御民治定功成天授三年壬辰七月二日乘天所以 神睦太后 孝照大王奉爲 宗廟聖靈禪院伽藍建立三層石塔[신문대왕이 오계로 세상에 응하고 십선으로 백성에 임하여 다스림을 안정시켜 공을 이루고 692년 7월 2일에 죽어서 신목태후와 효조대왕이 종묘 성령을 위하여 선원 가람을 바치고 3층 석탑을

건립하였다].

b. 大足[4]二年壬寅七月二十七日 孝照大王登霞[702년 7월 27일에 효조대왕이 멀리 올라갔다].

c. 以卜以此福田上資 神文大王 神睦太后 孝照大王代代聖廟枕涅盤之山坐菩提之樹[빌건대 이 복전으로 상자를 삼아 신문대왕, 신목태후, 효조대왕 대대의 성묘가 열반의 산에 눕고 보리의 나무에 앉기를 바란다]. <皇福寺 3層石塔 金銅舍利函記 銘文>

(5)에는 『삼국사기』에서 볼 수 있는 '효소왕'과 관련된 기사들을 모아 두었다. 모두 '孝昭' 또는 '孝昭王'으로 적고 있다.

(5) a. 692년(효소왕 원년) 孝昭王立[효소왕이 즉위하였다]. 諱理洪*{一作恭}*神文王太子[이름은 이홍*{洪은 恭으로도 적음}*으로 신문왕의 태자이다]. 母姓金氏 神穆王后 一吉飡金欽運*{一云雲}*女也[어머니의 성은 김씨로 신목왕후인데 일길찬 김흠운*{運은 雲이라고도 함}*의 딸이다].

b. 702년(효소왕 11년) 十一年 秋七月王薨[가을 7월 왕이 승하하였다]. 謚曰孝昭 葬于望德寺東[시호를 효소라 하고 망덕사의 동쪽에 장사지냈다]. *{觀#{舊의 잘못: 필자}#唐書云 長安[5]二年 理洪卒 諸古記云 壬寅七月二十七日卒 而通鑑云 大足三年卒 則通鑑誤[『구당서』에 이르기를 장안 2년(702년)에 이홍이 돌아갔다 하였고 여

---

4) 『자치통감』「측천후」 장안 원년[701년] 봄 정월 정축일[3일]에 成州(감숙성 예현 남쪽)에서 부처의 자취를 보았다고 말하여서, 大足으로 연호를 고쳤다(권중달 옮김, 2009: 159). 그 책의 주 27에는 감옥에 갇힌 죄수들이 큰 발자국을 만들어 놓고 聖人이 나타났다는 소문을 퍼뜨려 사면을 노린 사건이 있다. 이에 천하를 사면하고 연호를 大足으로 고쳤다고 하였다.

5) 『구당서』의 「본기」 大足 연간에는 원년 겨울 10월 연호를 長安으로 고쳤다는 기록이 있고, 2년 겨울 10월 일본국이 사신을 보내오고 방물을 바쳤다는 기록은 있지만, 신라왕의 승하와 후계 문제는 기록되지 않았다. 『신당서』에도 「본기」에는 없다. 두 사서의 「열전」「동이전」「신라」 조에는 이 기록이 있다.

러 「고기」에도 이르기를 임인년(702년) 7월 27일에 돌아갔다 하였으나, 『통감』에 이르기를 대족 3년(703년)에 돌아갔다 하였으니 이는 곧 『통감』의 오류이다.]}* <『삼국사기』 권 제8 「신라본기 제8」 「효소왕」>

c. 702년(성덕왕 원년) 聖德王立[성덕왕이 즉위하였다], 諱興光[휘는 홍광이다]. 本名隆基 與玄宗諱同 先天中改焉*{唐書言 金志誠}*[본명 융기가 현종의 휘와 같아서 선천[712년]에 바꾸었다*{『당서』는 김지성이라 하였다.}*]. 神文王第二子[신문왕의 제2자이다]. 孝昭同母弟也[효소왕의 같은 어머니 아우이다]. 孝昭王薨 無子 國人立之[효소왕이 승하하고 아들이 없으므로 국인이 세웠다]. 唐則天聞孝昭薨 爲之擧哀 輟朝二日[당의 측천무후는 효소왕이 승하했다는 말을 듣고 위하여 거애하고 이틀 동안 정사를 보지 않았다]. <『삼국사기』 권 제8 「신라본기 제8」 「성덕왕」>

(5a)에서 '孝昭王'을 볼 수 있다. 그의 휘 '理洪'에도 '一作恭'이라는 주를 달았다. (5b)에서 보듯이 왕이 702년 7월 승하하였다고 적었다. 그래서 시호를 '孝昭'라고 지었다고 한다. 이 왕이 죽은 뒤에 성덕왕이 올린 시호가 '孝昭'인 것이다. 처음부터 '효소'가 시호였을까? 그런 것은 아닐 것이다. 그리고 주에서 여러 「고기」에서는 702년 7월 27일에 사망한 것으로 적고 있다고 하였다. 그런데 이 명문에서도 (4b)처럼 효조대왕이 702년 7월 27일에 승하하였다고 적었다. 그러니 이 명문의 '孝照大王'이 『삼국사기』의 '孝昭王'인 것은 확실하다.

(5c)에서는 효소왕의 사후 왕이 된 성덕왕이 효소왕의 동모제라고 적었고 효소왕이 죽었으나 아들이 없어 국인이 성덕왕을 즉위시켰다고 하였다.[6] 그리고 측천무후는 효소왕의 사망 소식을 듣고 이틀 동안

조회를 열지 않고 슬퍼하였다고 적었다. 전체적으로 보아 『삼국사기』는 이 왕을 '孝昭王'으로 적는 것이 일반적이라는 것을 알 수 있다.

『삼국유사』에도 이 왕은 권 제2「기이 제2」「만파식적」,「효소왕대 죽지랑」, 권 제3「탑상 제4」「백률사」 등 여러 곳에 '孝昭王', '孝昭大王'으로 적혀 있다.

(6) a. 明年壬午五月朔[이듬해 임오년[682년] 5월 초하루] --- 十七日到祇林寺西溪邊留駕饍[17일에 기림사 서쪽 시냇가에 수레를 멈추고 점심을 먹었다]. 太子理恭*{卽孝昭大王}*守闕聞此事走馬來賀徐察奏曰 此玉帶諸窠皆眞龍也[태자 이공*{즉 효소대왕}*이 대궐을 지키다가 이 소식을 듣고 말을 달려와 축하하며 천천히 살펴보고 아뢰기를 '이 옥대에 달린 여러 개의 장식 쪽은 모두 진짜 용입니다.'라고 하였다]. <『삼국유사』 권 제2「기이 제2」「만파식적」>

b. 第三十二代 孝昭王代 竹曼郎之徒 有得烏*{一云谷}*級干[제32대 효소왕대에 죽만랑지도에 득오*{곡이라고도 함}* 급간이 있었다]. <『삼국유사』 권 제2「기이 제2」「효소왕대 죽지랑」>

c. 天授三年壬辰九月七日孝昭王奉大玄薩湌之子夫禮郎爲國仙 珠履千徒親安常尤甚[천수 3년 임진년(692년) 9월 7일 효소왕은 대현살찬의 아들 부례랑을 받들어 국선으로 삼으니 천도가 그를 따랐고 안상과 매우 친했다]. ---天授四年(長壽二年)癸巳暮春之月 領徒遊金蘭 到北溟之境 被狄賊所掠而去[천수 4년(장수 2년) 계사년(693년) 늦봄에 도를 거느리고 금란에 유하였다가 북명의 경계에 갔을 때 적적에게 피랍되어 갔다]. 門客皆失措而還 獨安常追迹之[문객들이 모두 어쩔 줄 모르고 돌아왔으나 안상이 홀로 쫓아갔다]. 是三月十一日也[이때가 3월 11일이었다]. <『삼국유사』 권 제3

6) 이것은 역사 왜곡이다. 그에게는 김수충이라는 아들이 있었다. 이 김수충이 719년 경 당나라에 가서 지장보살의 화신 김교각이 되었다. 그의 사후 시신에 금을 입힌 月身佛이 안휘성 지주 청양현의 구화산에 아직도 있다. 세계 최초의 等身佛이다(서정목(2016a, 2017) 참고).

「탑상 제4」「백률사」>

d. 及神文王崩 孝昭卽位 修山陵除葬路 鄭氏之柳當道 有司欲伐之[신문왕이 세상을 떠나고 효소왕이 즉위하여 산릉을 닦고 장례 길을 만드는데 정씨의 버드나무가 길을 가로막고 섰으므로 유사가 베어내려 하였다]. <『삼국유사』 권 제3「탑상 제5」「혜통항룡」>

e. 長壽元年壬辰 孝昭卽位 始創望德寺 將以奉福唐室[장수 원년[692년] 임진에 효소왕이 즉위하여 망덕사를 창건하고 당 황실의 복을 빌고자 하였다]. --- 八年丁酉設落成會王親駕辦供[8년 정유년(699년)#{기해년이 옳음}#에 낙성회를 열어 왕이 친히 가서 공양하였다]. <『삼국유사』 권 제5「감통 제7」「진신수공」>

(6a)는 신문왕 즉위 다음 해인 682년 5월의 일을 적은 것이다. 682년 5월 17일에 692년 7월에 '孝昭大王'이 되는 태자 이공이 말을 타고 함월산의 용연에 왔다는 것이다. 이것은, 효소왕이 신문왕과 신목왕후가 683년 5월 7일 혼인하기 전에 태어났다는 것 등 많은 이야기를 필요로 하지만 여기서는 그를 '孝昭大王'이라고 적고 있는 것만 보면 된다(서정목(2014c) 참고).

(6b)에는「모죽지랑가」를 지은 득오 급간이 32대 효소왕대에 죽만랑 지도에 속해 있었다고 적고 있다. 이 설화는 측천무후로부터 생불로 존숭받던 원측법사의 제자 道證의 귀국과 익선의 아들이 못에서 동사한 것을 고려하면 692년 가을~겨울을 배경으로 하고 있다.

(6c)에는 효소왕이 692년 가을에 부례랑을 국선으로 삼았고 693년 3월에 狄賊에게 잡혀간 부례랑을 682년에 얻은 만파식적이 데리고 오는 신통력과 관련하여 '万万波波息笛'으로 책호했다는 이야기가 들어 있다. 장수 원년은 692년 10월부터이므로 692년 7월은 천수 3년이 맞

다. 효소왕이 7월에 즉위하였으니 9월 7일에 부례랑을 국선으로 삼았다고 하는 것도 옳다. 부례랑이 적적에게 붙들려 간 693년 3월 11일은 장수 2년도 되고 천수 4년도 된다. 이는 (6a)에서 본 「만파식적」 조의 기록과 일치한다.

(6d)는 692년의 신문왕의 장례를 위한 길을 내는데 鄭恭의 버드나무에 깃든 독룡이 심술을 부려 정공을 비정상적으로 효소왕에게 맞서게 한 일을 소재로 하고 있다. 이를 통하여 승려 혜통이 독룡을 항복시키고 효소왕의 딸의 병을 치료하는 신통력을 지녔음을 보이는 설화이다.

(6e)는 망덕사 낙성회에 초대된 초라한 승려가 진신석가였다는 이야기이다. 효소왕이 희롱삼아 '왕이 주관하는 낙성회에 참예하였다는 말을 하지 말라.'고 하자 그 승려는 '폐하도 진신석가와 함께 불공을 드렸다는 말을 하지 말라.' 하고는 떠나 버렸다.

(6)의 기사에서는 모두 신라 32대 왕을 '孝昭王'으로 적고 있다. 그리고 이 '孝昭'는 그의 시호이고 諱는 理恭{또는 理洪}이다.

그런데 『삼국유사』 권 제3 「탑상 제4」 「대산 오만 진신」의 세주에는 (7)에서 보듯이 '孝照'가 등장한다. 이 '孝照'는 무엇일까? 『삼국유사』는 왜 다른 데서는 '孝昭(王)'라고 적던 이 왕의 시호를 여기서는 갑자기 '孝照'라고 적고 있는 것일까? (7)에 인용한 글은 전체가 그 글의 세주이다. *{ }* 안은 그 세주 속의 글자에 대하여 일연선사가 주를 붙인 것이다.

(7) a. 按國史新羅無淨神寶川孝明三父子明文[『국사』를 살펴보면 신라에는 정신, 보천, 효명의 3부자에 대한 분명한 글이 없다]. 然此記

下文云神龍元年開土立寺 則神龍乃聖德王卽位四年乙巳也[그러나 이 「기」의 아래 부분 글에서 신룡 원년[705년]에 터를 닦고 절을 세웠다고 하였으니, 즉, 신룡이란 성덕왕 즉위 4년 을사년이다]. 王名興光[왕의 이름은 흥광이다]. 本名隆基[본명은 융기이다]. 神文之第二子也[신문왕의 제 2자이다]. 聖德之兄<u>孝照</u>名理恭*{一作洪}*亦神文之子[성덕의 형 효조는 이름이 이공*{恭은 洪으로도 적음}*인데 역시 신문왕의 아들이다]. 神文政明字日照[신문 정명은 자가 일조이다]. 則淨神恐政明神文之訛也[즉, 정신은 아마도 정명{이나, 과} 신문의 잘못이 아닐까 한다]. <u>孝明</u>乃<u>孝照</u>*{一作昭}*之訛也[효명은 이에 효조*{照는 昭로도 적음}*의 잘못이다]. 記云孝明卽位而神龍年開土立寺云者 亦不細詳言之尒[「기」에 이르기를 효명이 즉위하여 신룡년에 터를 닦고 절을 세웠다 하는 것은 역시 불세상한 말이다]. 神龍年立寺者乃聖德王也[신룡년에 절을 세운 사람은 이에 성덕왕이다].

b. 按<u>孝照</u>*{一作昭}*以天授三年壬辰卽位時年十六 長安二年壬寅[702년]崩壽二十六[살펴보면 효조*{照는 昭로도 적음}*는 천수 3년 임진년[692년]에 즉위하였는데 그때 나이가 16세였으며, 장안 2년 임인년[702년]에 붕어했으니 누린 나이가 26세였다]. 聖德以是年卽位年二十二[성덕이 이 해에 즉위하였으니 나이 22세였다]. 若曰太和元年戊申 則先於<u>孝照</u>卽位甲辰#{壬辰의 잘못: 필자}#已過四十五歲 乃太宗文武王之世也[만약 말한 대로 (이때가) 태화 원년 무신년[648년]이라고 한다면, 즉 효조가 즉위한 갑진년#{임진년(692년)의 잘못: 필자}#보다 45년이나 앞선 태종문무왕#{당 태종문무대성황제를 지칭함: 필자}#의 치세이다]. 以此知此文爲誤 故不取之[이로써 이 문장이 잘못된 것임을 알 수 있으므로 취하지 않았다]. 侍衛不知所歸 於是還國][모시고 호위하던 자들은 간 곳을 알지 못하여 나라[서라벌]로 돌아갔다]. <『삼국유사』 권 제3 「탑상 제4」 「대산 오만 진신」>

일연선사는 이 '照' 자에 '一作昭'라는 주를 붙이고 있다. '一作'은 그 글자를 다른 글자로 적기도 한다는 뜻이다. 즉, '孝照'는 '孝昭'로도 적는다는 말이다. 이 주를 어떻게 이해하여야 할 것인가? 이에 대하여 서정목(2014b) 이래 필자는 여러 차례에 걸쳐 이것이 측천무후의 이름자 '照'를 피휘한 것이라는 요지의 주장을 펼쳐왔다.

신라가 당나라와 가까이 지내게 된 이래로 신라는 문자 생활에서 당나라 황실의 휘를 피해야[避諱] 하게 되었다. 이와 관련된 기록을 몇 가지 살펴보면 (8)과 같다.

(8) a. 692년(신문왕 12년) 唐中宗遣使口勅曰 我太宗文皇帝 神功聖德超出千古 故上僊之日 廟號太宗[당 중종이 사신을 파견하여 말하기를, 우리 태종문황제는 신공성덕이 천고에 초출하였으므로 돌아가신 날에 묘호를 태종이라 하였다]. 汝國先王金春秋與之同號 尤爲僭越 須急改稱[너희 나라 선왕 김춘추도 같은 호를 받았는데 심히 분수에 넘치니 필히 빨리 고쳐야 할 것이다]. 王與群臣同議 對曰 小國先王春秋謚號 偶與聖祖廟號相犯 勅令改之 臣敢不推命是從[왕은 여러 신하와 함께 의논하고 대답하여 말하기를, 우리나라 선왕 춘추의 시호가 우연히 성조의 묘호를 서로 범하여 칙명으로 고치라 하나 신은 감히 명을 따를 수 없다]. 然念先王春秋 頗有賢德[그러나 선왕 춘추를 생각하면 자못 어진 덕이 있었다]. 況生前得良臣金庾信 同心爲政 一統三韓 其爲功業 不爲不多[하물며 생전에 양신 김유신을 얻어서 같은 마음으로 다스리고 일통삼한하였으니 그 이룬 공업이 많지 않다 할 수 있겠는가]. 捐館之際 一國臣民不勝哀慕 追尊之號 不覺與聖祖相犯 今聞教勅 不勝恐懼[돌아가실 때에 한 나라의 신민들이 애모함을 이기지 못하여 추존한 호가 성조의 호를 범한 것을 깨닫지 못하였는데 이제 교칙을 들으니 두려움을 이기지 못하겠다]. 伏望使臣復命闕廷 以此上聞[사신을 보

내어 조정에 복명하여 이로써 알리오니 이 뜻을 헤아리기 바란다]. 後更無別勅[그 후에는 다시 별다른 칙서가 없었다]. <『삼국사기』 권 제8 「신라본기 제8」「신문왕」>

b. 692년(효소왕 원년] 改左右理方府爲左右議方府[좌우이방부를 좌우의방부로 고쳤다]. 理犯諱故也[이가 휘를 범하기 때문이었다]. <『삼국사기』 권 제8 「신라본기 제8」「효소왕」>

c. 702년(성덕왕 원년) 聖德王立[성덕왕이 즉위하였다]. 諱興光[휘는 홍광이다]. 本名隆基 與玄宗諱同 先天中改焉[본명 융기가 현종의 휘와 같아서 선천(712년)에 바꾸었다]. *{觀#{舊: 필자}#唐書言 金志誠[『구당서』는 김지성이라 하였다].}* <『삼국사기』 권 제8 「신라본기 제8」「성덕왕」>

d. 712년[성덕왕 11년] 3월 --- 大唐遣使盧元敏勅改王名[당나라가 사신 노원민을 보내어 왕명(융기)를 고치라고 하였다]. <『삼국사기』 권 제8 「신라본기 제8」「성덕왕」>

제일 심각한 것이 (8a)이다. 당 태종의 묘호와 신라 태종의 시호가 같다고 태종무열왕의 시호를 바꾸라고 한다. 신문왕이 태종무열왕의 공적이 적지 않다고 하여 변명하고 넘어갔다. 그런데 당 중종이 그런 요구를 해 왔다는 것이 이상하다. 당 중종은 684년 1월 즉위하였다가 2월에 쫓겨났고, 어머니 측천무후가 병이 깊이 든 후인 705년에 복위하여 710년에 독살되었다. 그러므로 692년은 당 중종의 시대가 아니다. 이 요구를 한 것은 690년부터 국명 唐을 大周로 바꾸고 705년까지 여황제 역할을 한 則天武后로 보아야 한다. 그렇다면 신라 시대의 기록에서 피휘가 문제되기 시작한 시기가 측천무후의 시대와 관련을 맺는다는 가설을 세울 수 있게 한다.

(8b)는 선불리 말하기 어려운 자료이다. 관청명일 것 같은 '左右理方

府'를 '左右議方府'로 고쳤다는 것을 원년의 즉위 기록에 덧붙여 놓았다. 그리고 '理 字가 諱를 범하기 때문'이라고 이유를 밝혔다. 효소왕 즉위 시기인 692년에 피휘가 문제되고 있었다는 것을 알 수 있다. 이 기록은 참 아쉽다. 누구의 휘 '理'를 피하여 '議'로 고쳤을까? 나는 효소왕 理恭{洪}의 휘 속에 있는 '理'를 피하여 '議'로 바꾸었다고 하였지만 모를 일이다.[7] '신라 관청의 이름에 신라 왕의 이름 자를 쓰면 안 된다,'는 원칙이 통용되고 있었을까? 그렇다면 이것은 당나라가 신라에 요구한 피휘를 응용하여 신라는 신라 내에서 자신들의 왕의 휘를 피하도록 적용하였다는 말이 된다. 이런 것을 사대라 한다. 그 세상은 말하고 글쓰기 참 어려운 세상이다.

(8c)의 성덕왕의 휘 隆基가 당 현종의 휘와 같아서 興光으로 바꾸는 先天(712년) 시기의 황제는 당 睿宗이다. 710년 당나라 융기는 중종을 독살한 안락공주, 위 황후 일파를 제거하고 자신의 아버지 예종을 다시 제위에 올렸다. 712년 9월에 예종은 연호를 선천으로 하고 셋째 아들 융기에게 양위하였다. 융기가 당 玄宗이다. (8d)의 712년 3월에 사신이 와서 성덕왕의 휘 융기를 바꾸라고 한 것은 황태자로 있는 융기의 휘를 피하라는 요구이다. 『구당서』에는 성덕왕의 이름이 金志誠으로 되어 있고 『자치통감』에는 金崇基로 되어 있다. 신라는 스스로 당나라와 손잡고 고구려, 백제를 정복당하게 한 후, 이름도 제대로 못 적는 피곤한 나라로 변해 버렸다.

---

7) 서정목(2018:54)에서 "『삼국사기』 권 제8 「효소왕」 조에는 '왕은 左右理方府를 左右議方府로 고쳤는데 고친 까닭은 '理' 자가 이름[理洪] 자를 범하기 때문이었다.'는 기록이 있다."고 하였다. 아직 이것이 맞는지 틀렸는지 모르겠다.

그런데 이 내용을 적은 『구당서』의 기록이 좀 이상하다. 『구당서』의 기록 (9b)는 선천에 성덕왕의 본명 융기를 흥광으로 바꾼 것이 측천무후라고 하고서는, 주에서 선천에는 측천이 이미 죽었으므로 이것이 틀렸다고 하고 있다.[8]

(9) a. 天授三年 政明卒[천수 3년[692년] 정명이 죽었다]. 則天爲之擧哀[측천이 위하여 거애하였다]. 遣使弔祭 冊立其子理洪爲新羅王[사신을 보내어 조문하고 제사 지낸 후 그 아들인 이홍을 신라왕으로 책립하였다].

b. 理洪以長安二年卒[이홍이 장안 2년[702년]에 죽었다]. 則天爲之擧哀 輟朝二日[측천이 위하여 거애하고 이틀 간 조회를 하지 않았다. 遣立其弟興光爲新羅王 仍襲兄將軍都督之號[(사신을) 보내어 그 아우 흥광을 세워 신라왕으로 삼고 인하여 형의 장군 도독의 호를 이어받게 하였다]. 興光本名與太宗同 先天中則天改焉[흥광의 본명이 太#{玄의 잘못: 필자}#宗과 같으므로 선천에 측천이 바꾸었다]*{按先天時則天已卒此處有誤[생각컨대 선천에 측천은 이미 죽었으므로 이곳에 오류가 있다].}* <『구당서』 권 199 上「열전」 제149 上「동이전」「신라」>

왜 이렇게 되어 있는지 알 수 없다. (8a)는 측천무후가 한 일인데 당 중종이 한 일로 되어 있고, (9b)는 당 예종이 한 일인데 측천무후가 한 일처럼 되어 있다. 참고로 측천무후가 주름잡은 시기의 당나라 황실 사정은 (10)과 같이 정리된다.

---

8) 先天은 712년 9월부터 12월까지 4개월 동안 사용된 연호이다. 당 예종은 712년 9월에 연호를 선천으로 바꾸고 셋째 아들 융기에게 양위하였다. 융기는 즉위하여 713년부터 개원으로 연호를 바꾸었다.

(10) a. 624년 武照 출생, 637년 무조가 태종(재위: 626년-649년)의 후궁으로 입궁 才人이 됨, 649년 태종 사망, 武媚娘 감업사 출가.

b. 649년 고종 즉위(재위: 649년-683년), 651년 무조 고종의 후궁으로 재입궁, 652년 무조 昭儀가 됨, 655년 무조 王황후와 蕭숙비를 죽이고 황후가 됨, 660년 백제 정복, 668년 고구려 정복, 683년 고종 사망, 중종 즉위와 폐위(684년 1월-684년 2월), 예종 즉위(684년-690년).

c. 690년 예종 폐위, 무조 大周로 국명을 바꾸고 여황제 등극, 측천문자 창제(특히 照를 대치한 曌를 만듦), 705년 12월 측천무후 사망, 중종 복위(705년-710년), 710년 중종 독살, 예종 복위(710년-712년), 선천(712년) 9월 예종 양위, 현종 즉위(712년-756년), 713년 연호를 開元으로 바꿈.

효소왕의 시대[692년 7월-702년 7월]은 당나라 측천무후[690년-705년]의 시대와 겹친다. 통일 신라에 가장 강한 영향을 미친 사람이 여황제 측천무후이다. (10c)에서 보듯이 측천무후는 자신의 이름 자인 '照'를 대치한 글자 '曌'를 창제하였다. 그만큼 글자에 예민하다. 아마도 신라가 당나라 황실의 휘를 피하여 문자 생활을 하게 된 것이 측천무후 때문인지도 모른다.

일연선사가 (7)에서 '孝照'를 적고는 '照'는 '昭'로도 적는다고 주를 붙이는 것이 이와 관련이 있을 것이다. (7)에서 필요한 부분만 발췌하여 적은 (2)를 자세히 검토해 보자.

(2a, d)는 효소왕을 아예 '孝照'라고 적고 있다. (2b, c)는 '孝照'로 적고 '照'는 '昭'로도 적는다고 하였다. 그렇다면 孝照가 원래의 것이고 그것을 孝昭로 고친 것이라는 말이 된다.

702년 7월 27일 신라 32대 왕이 죽은 후, 오대산에서 와서 왕위에 오른 아우 융기(흥광, 효명)은 죽은 형의 시호를 '孝照'로 하였을 것이다.[9] 706년 5월 30일에 조성된 황복사 3층석탑 금동사리함기 명문의 '孝照大王'이 이를 명백하게 증언하고 있다. 그리고 효조대왕이 죽은 날도 그 명문에서 말하는 702년 7월 27일이다. 이는 (5b)의 '여러 『고기』에 이르기를 임인[702년] 7월 27일에 돌아갔다 하였다[諸古記云 壬寅七月二十七日卒].'는 『삼국사기』의 기록에서도 알 수 있는 날짜이다.

그런데 (10)에서 보듯이 '照'가 측천무후의 이름 자이다. 측천무후의 이름 자는 피휘 대상이 되는 글자이다. 그의 손자 이름인 '隆基'도 피휘하여 성덕왕의 이름을 바꾸었는데, 하물며 여황제의 이름을 그대로 謚號에 쓸 수 있었겠는가? 피곤한 약소국 신라의 본질이다.

'照'에서 '불 灬'를 떼고 '昭'로 하면 피휘가 된다. 그것이 '孝昭王'이다. 그러니까 孝照를 孝昭로 바꾼 것은 측천무후의 이름 照를 피휘하여 '불 灬'를 떼고 昭로 쓴 것이다. 이 왕은 원래 孝照王인데 피휘하여 임시로 孝昭王이라 적은 것이다. 이 임시 시호 '孝昭'가 본 시호처럼 전해져 오게 되었다.

그러니까 (2a, d)는 아예 원래 시호 '孝照'를 피휘하지 않고 그냥 쓴 것이다. (2c)는 원래 시호 '孝照'라고 써 놓고 이 '照' 자를 다른 기록에서는 '昭'로 적기도 한다는 뜻에서 '一作 昭'를 붙인 것이다.

그러면 (2b)는 무슨 말일까? '효명'과 '효조', '효소'는 무슨 관계에

---

9) 진작에 황복사 3층석탑 금동사리함기 명문의 '孝照大王'을 보았으면 한 줄로 끝낼 논증이었다. 그러나 그렇게 했으면 이 긴 추리가 주었던 고통과 희열의 시간을 누릴 수는 없었을 것이다.

있는가?

(2) b. 孝明乃孝照*{一作昭}*之訛也[효명은 이에 효조*{照는 昭로 적기도 함}*의 잘못이다].

일단 이 주석은 틀린 것이다. 이 주석은 이 글의 주인공 '효명'에 대하여 일연선사가 잘못 알고 있었을지도 모른다는 암시를 주는 것이다. 이 기록에 나오는 왕자 '효명'은 '효조'나 '효소'가 아니다. 이 이야기의 주인공 왕자 효명은 33대 성덕왕이다. 일연선사조차 잘 몰랐을지도 모르는 '효명과 효조'의 사연은 다음과 같다.

'효조', '효소'는 성덕왕의 형인 32대 왕의 시호이다. 32대 효소왕은 이름이 '理恭'이었다. (2a)에서는 '理恭'에 '一作 洪'이라는 주를 붙였다. (5a)에서는 그의 휘 '理洪'에도 '一作恭'이라는 주를 달았다. 그런데 『구당서』(9a, b)에서는 '理洪'이라고 적고 있다. 『삼국사기』도 대체로 '理洪'이라고 적는다. 전체적으로 기록을 고려할 때 아마 '理恭'이 원래의 휘인데 어떤 이유에선지 '理洪'으로 적기도 한다는 말로 보인다. 아마 '恭'이 피휘 대상 글자일 것이다. 그가 신문왕의 태자이다. 어머니는 김흠운의 딸인 神穆王后이다. 이 명문은 '神穆'도 '神睦'으로 적고 있다. '睦' 자가 피휘 대상이었다고 할 수 있다.

앞에서 본 대로 理恭이 죽은 후 시호를 '孝照王'으로 하였다. 이 '照' 자는 측천무후의 이름 武照를 범한다. 아직 황제가 되지도 않은 황태자 '隆基'의 이름도 피휘하라고 712년 3월에 사신 노원민을 보내어 33대 왕의 이름 '융기'를 바꾸라고 하는 것이 당 황실이다. 그런데 측천무후의 이름 자를 죽은 왕의 시호에 쓸 수야 없지. 그러니 孝照를 孝昭로 바꾸어 적었다.

그런데 측천무후는 여황제가 된 뒤에 자신의 한자, 측천자를 제정하였다. 그 측천문자 중에는 자신의 이름자 '照'를 대치할 글자 '曌'가 들어 있다. 필자가 보기엔 측천자 가운데 이 글자가 가장 중요하다. '하늘 空' 위에 뜬 '해 日'과 '달 月', 이 멋진 具象性의 상징성을 음미해 보라. 하늘에 떠서 세상을 비추는 해와 달, 그보다 더 황제를 잘 나타내는 글자가 따로 있겠는가? '하늘 空' 위의 '해 日'와 '달 月'을 의미하는 이 글자가 당나라 측천무후 때의 새로운 '비췰 曌(조)' 자이다.

『삼국사기』 권 제31 「연표 하」 683년[癸未]에 (11)처럼 '武曌'가 엄연히 적혀 있다. 이 글자 '曌'가 고려 시대에 식자들에게 알려져 있었다.

(11) 則天順聖皇后 武曌[측천순성황후 무조] <『삼국사기』 권 제31 「연표 하」 683년[癸未]>

그런데 이 글자를 이용하여 '효조왕'을 적으면 '孝曌王'이 된다. 그리고 이 '曌'는 피휘 대상이 된다. '曌'를 피휘하기 위하여 '하늘 空'을 떼면 '明'이 남는다. 그러면 '孝曌'는 '孝明'으로 쓰게 된다. 이제 '孝明王'이 등장한 것이다. '효명'으로 적힌 사람이 효소왕을 가리키기도 하고 효명태자(성덕왕)을 가리키기도 하는 혼란이 생길 수 있다.

이렇게 하여 '孝昭王'과 '孝明王'이 같아진다. 그러므로 '효소왕 즉위'를 '효명왕 즉위'라고 적을 수는 있다. 실제로 『삼국사기』 권 제8의 권두 차례는 (12)로 되어 있다.

(12) 神文王 孝明*{明本文作昭}*王 聖德王[신문왕 효명왕*{明은 본문에서는 昭로 적는다.}* 성덕왕] <『삼국사기』 권 제8 「표지」>

효소왕을 孝明王이라고 적고 있는 것이다. 효명왕은 이러한 사정에 따라 효소왕을 가리키는 말이다. 그리고 그 '明' 자에 주석을 붙여 '明 자는 본문에서는 昭 자로 적는다.'고 한 것이다.

이것은 측천무후의 이름 자 '照, 曌'와 관련을 짓지 않고는 설명이 안 된다. 흔히 고려 광종의 휘인 昭를 피휘하여 孝昭王을 孝明王이라고 적었다고 하는 모양인데 이는 말이 안 된다. 그렇다면 본문에서는 왜 '昭' 자를 쓰는가? '孝昭王'도 못 쓰는 말이 되어야 하지 않겠는가? '昭'를 피휘해야 한다면 孝昭王을 쓸 수 없다. 昭와 明은 사용 가능했고 못 쓰는 글자는 照와 曌이다.

(4)에서 보는 대로 '孝照大王'은 이 명문에 세 번이나 나온다. 이 네 글자는 서정목(2014b) 이래 수도 없이 주장해 온 효소왕의 원래의 시호와 관련된 논의에 종지부를 찍는 확고한 증거이다. 필자는 '효소왕의 원 시호는 孝照王이었을 것이다. 그런데 照가 측천무후의 이름 자여서 피휘하여 불 灬를 떼고 孝昭王으로 적었다.'고 누누이 주장해 왔다.

이 주장은 필자의 통일 신라 시대 이해에 관한 일종의 사다리 같은 것이었다. 이것이 무너지면 필자의 통일 신라 시대에 대한 이해는 제대로 설 수 없다. 그런데 706년에 신라인들이 쓴 명문에 '孝照大王'이 나오다니. 언어학자들은 언어 변화의 규칙에 따라 과거의 어형을 재구하는 경우가 있다. 그런데 그렇게 논리상으로 재구한 어형이 새로 발견된 옛 문헌에 나타나는 경우가 있다.[10] 그때 언어학자들은 귀신에

씌인 듯한 전율을 느낀다. 역사도 논리상으로 재구한 사실이 옛날의 기록이나 금석문에 나타난다면 그에 못지않은 전율을 불러올 것이다. 이제 孝昭王의 원 시호가 孝照王이었다는 확증을 갖게 되었다.

(7a)에는 이를 보강하는 또 다른 증거가 들어 있다. 다시 쓴 (7a 일부)에서 보듯이 효소왕, 성덕왕의 아버지인 31대 신문왕의 字가 '日照'라는 것이다. 이 시대에 이미 兒名, 名, 諱, 字, 號, 謚號 등이 다 다른 뜻을 가지고 사용되고 있다. 字를 가지는 것은 우리 할아버지 세대까지에는 일반적인 관습이었다.

(7a 일부) 神文政明字日照[신문 정명은 자가 일조이다]. <『삼국유사』 권제3「탑상 제4」「대산 오만 진신」>

그런데 이 왕의 字가 다른 곳에서는 달리 적히고 있다. (13a)에서는 '日怊(일초)'라고 되어 있다. 왜 '슬플 怊' 자를 字에다 넣었을까? 이 글자는 왕의 자에 들어갈 만한 글자가 아니다. '日照'의 '照'가 측천무후의 이름 자여서 나중에 피휘해야 하게 되자 '怊' 자를 쓴 것으로 보인다. (13b)는 '신문'이 죽은 뒤에 올린 시호임을 명백하게 보여 준다.

(13) a. 681년 神文王立[신문왕이 즉위하였다]. 諱政明*{明之}*[휘는 정명이다*{명지라고도 한다}*]. 字日怊[자는 일초이다].
b. 692년(신문왕 12년) 秋七月 王薨謚曰神文葬狼山東[가을 7월, 왕이

10) 박사학위논문을 쓸 때 어미 '-제'가 중세 한국어의 접속어미 '-디비'의 후계형일 것이라고 추정하였다(서정목, 1987:134-136). 심사 과정에서 안병희 선생께서 '-됴에'가 들어 있는 1581년에 간행된 『삼강행실도』를 보여 주셨다. 일본의 志部 선생이 '-됴에'에 대하여 문의해 왔다고 하시면서. 그때 두 분께 충분히 감사를 드리지 못했다.

승하하여 신문이라 시호하고 낭산 동에 장례지냈다]. <『삼국사기』 권 제8, 「신라본기」 「신문왕」>

c. 第三十一代 神文王 金氏 名政明 字日炤[제31대 신문왕 김씨이고 이름은 정명, 자는 일소이다]. 父文虎王[11] 母慈訥王后[아버지는 문호왕이고 어머니는 자눌왕후이다]. 妃神穆王后 金運公之女[비는 신목왕후로 김운공의 딸이다]. 辛巳立 理十一年[신사년에 즉위하여 11년을 다스렸다]. <『삼국유사』 권 제1 「왕력」>

(13c)의 『삼국유사』 권 제1 「왕력」에는 그의 자가 '日炤'라고 되어 있다. 아마 이 '밝을 炤'가 '日照'의 '照'를 제대로 피휘한 글자일 것이다. 이 '밝을 炤'는 '照'를 피휘하기 위하여 '불 灬'를 떼고 '날 日'을 '불 火'로 바꾼 것으로 일반적인 피휘 방식이다. 결론적으로 신문왕의 字가 여러 가지로 적혀 있는 것도 원래의 자인 '日照'에서 측천무후의 휘 '照'를 피휘한 것이라 할 수 있다.

3. '隆基大王'에 관하여

(4a)의 신문대왕이나 신목태후, 효조대왕은 모두 죽은 뒤에 올린 시호이다. 그러므로 그들이 살았을 때의 기록에는 그들이 어떻게 적혀 있을지 알 수가 없다. 그런데 이것을 알게 해 주는 것이 황복사 3층석탑 금동사리함기 명문이다. 이 명문에는 (14)에서 보듯이 살아 있는 왕

---

11) 文武王을 文虎王으로 적고 있다. '明'을 고려 광종의 휘 '昭'를 피한 것이라는 오해와 비슷하게, 흔히 고려 惠宗의 휘 武 자를 피휘하여 虎로 썼다고 하고 있다. 그러나 『삼국유사』 권 제1 「왕력」 연호란에는 武后를 虎后로 적고 있으니 측천무후의 성이 武라서 그것을 피했을 수도 있다.

을 지칭하는 말도 들어 있다.

(14) a. 神龍二年丙午五月三十日 今主大王佛舍利四果金彌陀像六寸一軀無垢淨光大陀羅尼經一卷安置石塔第二層[706년 5월 30일 금주대왕이 부처 사리 4과, 금미타상 6촌 1구, 무구정광대다라니경 1권을 석탑 제2층에 안치한다]. 以卜以此福田上資 神文大王 神睦太后 孝照大王代代聖廟枕涅盤之山坐菩提之樹[빌건대 이 복전으로 상자를 삼아 신문대왕, 신목태후, 효조대왕 대대의 성묘가 열반의 산에 눕고 보리의 나무에 앉기를 바란다].

b. 隆基大王壽共山河同久爲與軋川等大千子具足七寶呈祥[융기대왕의 수도 산하와 같이 길기를 알천 등과 더불어 대천자가 칠보를 갖추어 바친다]. <皇福寺 3層石塔 金銅舍利函記 銘文>

(14a)의 '今主大王'은 아마도 '이젯임금인 대왕'을 의미하는 것으로 33대 왕을 가리키는 것으로 보인다. 이 명문이 706년 5월 30일에 되었으므로 '今主'는 33대 왕이다. 그리고 706년은 33대 왕의 시호 '聖德'이 정해지기 전이다. 마치 조선 시대의 '今上', '上', '殿下'를 보는 듯하다.

(14b)에는 '隆基大王'이 있다. '隆基'는 신라 33대 왕의 본명이다. 그러나 당 현종의 휘와 같아서 앞에서 본 대로 712년에 33대 왕의 휘를 '興光'으로 고쳤다. 그런데 706년 5월에, 그 33대 왕이 살아 있을 때 '隆基大王'이라고 지칭하고 있다. 이 시점은 705년 12월 측천무후가 죽고 폐위되었던 중종이 복위하여 있던 때이다. 그러므로 710년에 황태자가 되어 712년에 즉위하는 당나라 '隆基'의 이름을 피휘할 필요는 없다. 그리하여 '隆基'를 그대로 사용하고 있는 것이다.

그런데 중요한 사실은 살아 있는 왕을 지칭할 때 그의 휘에다 대왕을 붙였다는 것이다. 시호는 죽은 뒤에 후계 왕이 지어서 올리는 것이다. 706년에는 33대 왕이 아직 살아 있으므로 그를 지칭할 시호 '聖德'은 없다. 그런 상황에서 '융기대왕'이 사용된 것이다. '금주대왕'이 보통명사라면 '융기대왕'은 고유명사이다.

이렇게 이름에 '왕'을 붙인 지칭어는 (15)에서도 볼 수 있다. (15a)에서는 文武王이 '法敏王'의 시호라고 주를 붙였다. 그들에게는 아예 휘를 이용한 법민왕이 더 자연스럽고 문무왕이 낯설었다는 말이다. (15b)에서는 문무왕의 태자 이름인 '政明'에 '王'을 붙여 '政明王'이라 하고 있다. 이 정명왕이 살아 있을 때의 지칭어일까?

(15) a. 美矣哉 文武王*{法敏王謚也}*[아름답도다, 문무왕*{법민왕의 시호이다.}*이여.

b. 新羅第三十一代<u>政明王</u>卽位開耀元年辛巳號爲金官京置太守[신라 제31대 정명왕이 즉위한 개요 원년 신사(681년)에 이름을 금관경이라 하고 태수를 두었다]. <『삼국유사』 권 제2 「기이 제2」 「가락국기」>

『삼국유사』의 편찬 시기는 이미 '법민왕', '정명왕'이 죽어서 '문무왕', '신문왕'이라는 시호를 받은 뒤이다. 그러므로 문무왕, 신문왕으로 적어도 되는 시기이다. 실제로 일연선사는 『삼국유사』의 곳곳에서 '文武王', '神文王'이라고 적고 있다. 그러나 신라 당시에 문무왕이 가락국 수로왕을 제사지냈다는 기록, 금관경 설치를 적은 기록이 있고 그것을 일연선사가 단순히 옮겨 적어 둔 것이라면 이 '法敏王', '政明王'

도 '隆基大王'과 같이 생시의 지칭어라고 할 수 있다.

이제 『삼국유사』의 기사를 둘로 나누어 볼 필요가 있다. 첫째는 일연선사가 재구성한 글이다. 그런 글에는 신라 왕들의 지칭이 시호로 적히는 것이 일반적이다. 둘째는 신라 시대부터 전해 온 기록을 거의 그대로 옮겨 적은 글이다. 그런 경우에는 그 신라 시대 사람들이 당시에 생존한 왕을 지칭하는 말, 즉 시호가 아닌 '휘+(대)왕'을 사용한 예가 나타날 수 있다.

그런데 『삼국유사』 권 제3 「탑상 제4」 「대산 오만 진신」과 「명주 오대산 봇내태자 전기」에는 '정신', '정신대왕', '정신왕'이 등장한다. 이 '정신', '정신대왕', '정신왕'은 어느 왕을 지칭하는 것일까?

(16) a. 新羅 淨神太子寶叱徒與弟孝明太子 到河西府 世獻角干家一宿[신라(의) 정신(의) 태자 봇내가 아우 효명태자와 더불어 하서부에 이르러 세헌 각간의 집에서 하룻밤을 묵었다.

b. 淨神太子(與 결락)弟副君在新羅爭位誅滅[정신의 태자(효소왕)이 아우 부군과 셔블에서 왕위를 다투다가 주멸하였다]

c. 國人遣將軍四人到五臺山[국인이 장군 네 명을 보내어 오대산에 이르러], 孝明太子前呼萬歲 卽時有五色雲自五臺至新羅 七日七夜浮光[효명태자 앞에서 만세를 부르자 즉시 5색 구름이 오대산으로부터 신라[셔블]에 이르기까지 7일 밤낮으로 빛이 떠 있었다]. <『삼국유사』 권 제3 「탑상 제4」 「명주 오대산 봇내태자 전기」>

(17) a. 藏師之返 新羅 淨神大王太子寶川孝明二昆弟 *{세주 생략}* 到河西府 *{세주 생략}* 世獻角干之家留一宿[자장법사가 (오대산으로부터) 돌아가고, 신라(의) 정신대왕의 태자 보천, 효명 두 형제가 *{세주 생략}* 하서부*{세주 생략}*에 이르러 세헌 각간의 집에서 하룻밤을 묵었다].

b. 淨神王#{太子 결락: 필자}#之弟與王 __ 爭位國人廢之[정신왕 #{太子 결락: 필자}#의 아우가 왕과 왕위를 다투어 국인이 폐하였다].

c. 遣將軍四人到山迎之[장군 네 사람을 보내어 산에 이르러 맞아 오게 하였다]. 先到孝明庵前呼萬歲[먼저 효명의 암자 앞에 이르러 만세를 불렀다]. 時有五色雲七日垂覆 __ [이때 5색 구름이 7일 동안 드리워 덮여 있었다]. <『삼국유사』 권 제3 「탑상 제4」 「대산 오만 진신」>

이 '淨神太子', '淨神王', '淨神大王'에 대한 국사학계의 통설은 상식을 벗어나 있다. '정신', '정신태자'를 오대산에 은거하여 고승이 된 신문왕의 왕자 寶川, 寶叱徒로 보고, 정신왕, 정신대왕은 효명이 성덕왕으로 즉위한 후 그의 형 寶川, 寶叱徒를 예우하여 부른 칭호일 것이라고 하고 있다.[12] 이것이 왜 상식을 벗어났는가?

첫째, 아우가 왕이 된 뒤에 형을 예우하여 '(대)왕'으로 불렀다는 가설이 논증 가능한가? 다른 사례가 있는가?

둘째, (17a)의 '정신대왕태자'는 '정신대왕의 태자'이다. 만약 고승이 된 봇내를 예우하여 '정신대왕'이라 하였다면 그 스님에게 '태자'가 있었다는 말이 된다. 성립 가능한 말인가?

셋째, (16b)에서 '정신태자가 아우인 부군과 서라벌에서 쟁위하다가 죽었다'고 하였다. 스님 봇내가 서라벌에서 아우인 부군과 왕위를 다

---

12) 신종원(1987)에서 이 기록들에 나오는 '정신', '정신태자'를 오대산에 은거하여 고승이 된 신문왕의 왕자 寶川, 寶叱徒라고 오판하고, 정신왕, 정신대왕은 효명이 성덕왕으로 즉위한 후 그의 형 寶川, 寶叱徒를 예우하여 부른 칭호일 것이라고 한 이래 더 나아간 논저는 없는 것으로 보인다. 그런데 이 가설은 나중에 보는 대로 淨神太子에서 太子를 결락시킨 「閔漬記」를 근거로 하는 것으로 명백히 틀린 것이다.

투다가 죽다니? 그러면 봇내가 왕인가? 부군이 왕인가? 기록에는 봇내가 장수하고 득도의 경지에 이른 것으로 적고 있지 않은가?

넷째, 『삼국사기』 권 제8 「신라본기 제8」 「신문왕」 조에는 왕비였던 김흠돌의 딸이 오랫동안 무자하였다고 적고 681년 8월 아버지가 난을 일으킨 데에 연좌되어 폐비되었다고 하였다. 그런데 보천태자와 성덕왕, 부군이 그 김흠돌의 딸의 아들이라면 '무자'라는 『삼국사기』의 기록은 어떻게 된 것일까? 그리고 『삼국사기』는 성덕왕이 효소왕의 동모제라고 적고 있는데, 효소왕이 후처의 아들이고 성덕왕이 전처의 아들이라면 『삼국사기』가 온통 틀린 것인가?

참으로 납득하기 어려운 주장을 그 논문은 하고 있다. 이런 것이 상식적인가? 어떻게 이런 가설이 통설이 되도록 30년 가까이 내버려 두고 있었다는 말인가? 이제 보면 다시 언급할 가치도 없을 정도로 기록의 전후 문맥에도 맞지 않고, 실제의 신라 역사에서 논증되지도 않는 지어낸 거짓말을 가설이라고 내세우고 그것이 통설로 자리 잡도록 방치한 것으로 볼 수밖에 없다. 이것이 국사학계의 본 모습이라면 우리는 지금 존재하는 신라 중대 정치사 연구 논저들을 하나도 신뢰할 수 없게 된다.

'정신태자'는 동격 구성이 아니라 속격 구성으로 '정신의 태자'이다. '정신대왕태자'가 이를 명백하게 보여 준다. '정신', '정신대왕'으로 적히는 이 사람은 봇내와 효명을 태자(왕자)로 두었으니 왕이다.[13] 그 왕

13) '봇내태자', '효명태자'를 '태자'라는 존칭호로 부르는 것이 이상하다. 신문왕의 태자는 (13c)에서 보듯이 효소왕이 된 이공이다. '효명태자'는 나중에 성덕왕이 되지만 태자로 책봉된 기록은 없다. 이런 경우의 '태자'는 그냥 '왕자' 정도로 이해하는 수밖에 없다. 태자가 '왕자'처럼 사용된 이 기록에서는 '정신(왕)의 태자'가 봇내나 효명을 가

을 찾아야 한다.

(16), (17)은 일연선사가 오대산 산중에 전해 오는 「산중의 고전」을 보고 적고 있는 것이다. (16)은 비교적 원 글의 모습을 그대로 옮겨 쓴 것 같이 보인다. 그러나 (17)은 그 「산중의 고전」을 재구성하고, 의심스러운 내용들에는 세주를 붙여가면서 새롭게 쓴 것이다. 그 근거는 '新羅'와 '國'에 대한 용법이 두 기록 사이에 차이가 나는 데서 온다.

(16a, b, c)에는 모두 '新羅'가 사용되고 있다. 그러나 뜻은 서로 달라서 (16a)의 '新羅'는 '국명'이고 (16b, c)의 '新羅'는 '셔블'을 뜻하는 말이다. 원래 '徐伐'을 음독하여 '시벌[동쪽 벌판]'이라는 경주 지역을 가리키던 말이 국명과 도읍 명으로 통용되고 있었다. 이 말을 '새 新', '벌 羅'로 훈을 이용하여 적은 것이 '新羅'이다. 그러다가 국명은 점점 음독하여 '신라'로 되고, 도읍 명은 '서라벌'로 되었다. 일연선사는 (16b, c)에도 '셔블'을 뜻하는 '新羅'를 그대로 두고 있다.

그러나 (17)에서는 국명으로서의 '新羅'는 (17a)에 그대로 두면서 (17b)의 도읍 명으로서의 '新羅[셔블]'은 지웠다. 밑줄 친 자리에 있어야 할 '在新羅[셔블에 이셔]'라는 글자를 지운 것이다. (17c)는 문장이 워낙 많이 바뀌어 속단하기 어렵다. (16c)의 '自五臺至新羅'라는 내용이 너무 황당해서인지 통째로 지웠다. '垂覆[드리워 덮이다]'의 목적어가 나라 전체라면 뜻은 같아진다. 그러나 도읍 명으로서의 '新羅'를 사용하지 않은 것은 확실하다.

리킬 수도 있고 효소왕을 가리킬 수도 있다. (16a)의 '정신의 태자'는 봇내이고 (17a)의 '정신대왕의 태자'는 봇내와 효명이다. 그러나 (16b)의 '정신의 태자'는 효소왕 이공이다. 서정목(2014b, 2016a, 2019)을 참고하기 바란다.

(18), (19)는 각각 (16), (17)과 같은 글 속에 나오는 단락이다. 그런데 이 단락에서는 '國[나라]'가 이상하게 사용되고 있다.

(18) a. 徒中侍衛等推覓不得並皆還國[도 가운데 모시고 호위하던 자들이 좇아 찾았으나 찾지 못하고 모두 나라[셔볼]로 돌아갔다].

b. 國人尋光到五臺 欲陪兩太子還國[국인이 빛을 찾아 오대산에 이르러 두 태자를 모시고 나라[셔블]로 돌아가려 했다]. 寶叱徒太子涕泣不歸 陪孝明太子歸國卽位[봇내태자는 울면서 가지 않으므로 효명태자를 모시고 나라[셔블]에 와서 즉위시켰다]. <『삼국유사』 권 제3 「탑상 제4」 「명주 오대산 봇내 태자 전기」>

(19) a. 侍衛不知所歸 於是還國[모시고 호위하던 자들은 간 곳을 알지 못하여 나라[셔블]로 돌아갔다].

b. 國人尋雲而畢至 排列鹵簿 將邀兩太子而歸 __ 寶川哭泣以辭[국인이 그 구름을 찾아 마침내 이르러 임금의 수레 노부를 벌여 놓고 두 태자를 맞이하여 ___ 돌아가려 하니 보천은 울면서 사양하였다]. 乃奉孝明歸 _ 卽位[이에 효명을 받들어 __ 돌아와 즉위시켰다]. <『삼국유사』 권 제3 「탑상 제4」 「대산 오만 진신」>

(18a, b)에서 일연선사는 세 곳에 '國'을 적고 있다. 그런데 그 '國'은 모두 우리가 아는 '나라'가 아니다. 그들이 돌아간 곳은 '나라'가 아니라 '셔블'이다. 왜 '셔블'을 '國'으로 적는가? 그것은 '國' 자가 원래 왕이 사는 宮, 궁을 둘러싼 城, 그리고 성의 외곽에 설치한 廓을 포함하는 뜻을 가진 단어라서 그렇다. 이 말의 우리 말은 '나랗'이다. 15세기까지도 '나라히, 나라홀, 나라흔 등'으로 사용되었다. 그러니까 '나랗'이 '셔블'과 비슷한 뜻을 가진 말이 된다.

그러나 (19)에서는 (19a)에만 '國'을 적고 (19b)에서는 밑줄 친 두 군

데에 다 '國'을 적지 않았다. 일연선사는 도읍지 서라벌로 가는 것을 '나라'로 간다고 적는 것이 마땅치 않았을까?

아무튼 (16)~(19)의 기록들은 일연선사가 「산중의 고전」을 보면서 옮겨 적고 필요한 곳에 변화를 가하거나 주석을 달면서 적고 있는 글이다. 그 「산중의 고전」에는 밑줄 친 곳에도 각각 해당 글자들이 있었다. 만약 「산중의 고전」이 신라 때 된 기록이라면 그 곳에는 신라인의 언어 감각이 반영되어 있음에 틀림없다.

일연선사가 그것을 보고 옮겨 적을 때 재구성하거나 주석을 붙이는 단계에는 고려 시대 언어 감각이 반영될 수 있다. 그러나 손대지 않고 거의 그대로 옮겨 썼을 경우에는 신라 시대의 언어 감각의 흔적이 남을 수밖에 없다. 좀 더 오래 된 것 같은 모습을 보이는 「명주 오대산 봇내 태자 전기」는 원래의 「산중의 고전」을 거의 바꾸지 않고 그대로 쓴 것이다. 이에 반하여 「대산 오만 진신」은 원래의 「산중의 고전」에 일연선사의 손질이 어느 정도 가해진 것이다.

이 말은 굉장히 중요한 의미를 가진다. (16)~(19)가 기본적으로 신라 시대의 기록을 보고 옮겨 적은 것이라면 거기에 나오는 이상한 단어는 신라 시대의 언어 감각을 담고 있는 말일 수 있다. 지금 문제되는 '정신', '정신대왕'도 신라 시대의 언어 감각이 남아 있는 말일 수 있다. 이미 앞에서 본 황복사 3층석탑 금동사리함기 명문이나 『삼국유사』의 일부 '孝照'가 『삼국유사』의 대부분과 『삼국사기』의 '孝昭'와는 달리 측천무후의 이름 자 照를 피휘하기 전 언어 감각을 담고 있듯이.

이 구절을 포함하고 있는 전체 기사의 내용은 (20)과 같이 요약된다. 이 내용은 서정목(2014b, 2016a, 2017, 2019 등)에 자세하게 밝혀져 있다.

(20) a. 신라 정신대왕의 태자인 봇내는 아우 효명태자와 693년경 가을 오대산에 숨어들어 수도하고 있었다.

b. 32대 왕[효소왕, 정신의 태자]이 부군인 아우[사종]과 왕위를 다투다가 702년에 죽어서 국인이 아우를 부군에서 폐위하였다.[14)]

c. 국인은 장군 4인을 오대산에 보내어 효명태자를 서라벌로 데려와서 33대 왕으로 즉위시켰다.

d. 그 33대 성덕왕이 705년 3월 오대산에 진여원을 개창하였고, 706년 5월 30일 황복사 3층석탑에 금동사리함을 안치하였다.

(17a)의 '정신대왕'은 신라의 왕이다. 그러나 신라에는 정신왕이 없다. 그런데 여기서 '정신대왕'으로 적히는 왕이 누구인가 하는 것은 누구나 알 수 있게 되어 있다. 그 사람은 32대 왕, 33대 왕의 아버지인 31대 왕이다. 31대 왕은 706년에 조성된 황복사 3층석탑 금동사리함기 명문에 '神文大王'으로 적혀 있다. 그런데 그 '신문'은 시호이다. 그의 시호는 692년 7월 2일 그가 죽은 후에 32대 왕이 지어서 바친 것이다.

그러면 왜 '신문왕'을 '정신왕'이라고 적었는가? 알 수 없다. 그러나 추정은 할 수 있다. 필자는 신문왕을 정신왕이라고도 하는 데에는 다음 두 가지 이유 후보 가운데 어느 하나가 작용했을 것이라고 생각한다.

제1 후보: '정신'이 신문왕의 또 다른 이름으로 아마도 시호 '신문'을 정하기 전에 생시에 통용되던 이름일 것이다. 그런데 '정신'이나 그 중의 어느 글자가 피휘에 걸려서 나중에 피휘한 이름이 '정명', '명지'이다.

제2 후보: 시호를 먼저 '정신'으로 정했으나 피휘 문제로 '신문'으로

14) 이 '金嗣宗'이 신문왕과 신목왕후의 첫 번째 원자이다. 그는 728년 7월 당나라로 가서 무상선사가 되었다(서정목(2016a, c, 2017, 2019) 참고).

바꾸었을 것이다. 이럴 경우 '정신'이 사용된 기간은 아주 짧아진다.

이 가운데 어느 것이 합리적일까? 그것을 결정하는 데에 황복사 3층 석탑 금동사리함기 명문의 '隆基大王'은 결정적인 근거가 된다. (14b)에는 33대 왕의 생시의 지칭어로 '隆基大王'이 나온다. '정신대왕'의 '정신'은 '융기대왕'의 '융기'에 해당한다. '융기'는 33대 왕의 본명이다. (14)의 황복사 3층석탑 청동사리함기 명문은 706년[성덕왕 5년]에 조성되었다. 그런데 이 '융기'라는 이름을 712년 당 현종의 휘를 피하여 '興光'으로 고쳤다. 그러면 712년부터 737년 33대 왕이 죽을 때까지는 어떻게 지칭했을까? 당연히 '興光大王'으로 적었을 것이다.[15] 이제 살아서의 휘에 '대왕'을 붙인 칭호도 두 개 이상 있을 수 있는 가능성이 열린다. '聖德'은 737년 2월 33대 왕이 죽은 뒤에 34대 왕이 지어서 올린 것이다.

이제 31대 왕의 본명이 '정신'이라고 생각할 수 있다. (16), (17)에 나오는 '정신'은 살아 있을 때의 그를 지칭하던 이름이었을 가능성이 있다. 그러나 그 '정신'이 어떤 사유에 의하여 후에 '정명', '명지'로 바뀌었다. 아마도 피휘와 관련될 것이다. 이미 (15)에서 본 대로 『삼국유사』는 그를 '정명왕'으로 적기도 하였다. '정신'은 먼저 이름이고 '정명', '명지'는 뒤의 이름이라고 볼 수 있는 것이다.

(21)에는 성덕왕의 두 왕비의 지칭이 살아서의 것과 죽어서의 것으

15) 이 글은 2019년 8월쯤 탈고하여 학회로 보낸 것이다. 마지막 교정을 보면서 이 주를 추가한다. 2020년 6월 『삼국유사 다시 읽기 13』을 집필하면서 『삼국유사』 권 제3 「탑상 제4」 「황룡사종 분황사약사 봉덕사종」에서 '聖德乃景德之考典光大王也[성덕은 경덕의 아버지 전광대왕이다].'를 보았다. '典'은 '興'의 오각이다. 興光大王이 나타난 것이다. 정말 귀신에 씌인 것인가?

로 두 가지가 있었음을 적고 있다. 이와 같이 왕도 생시의 지칭과 사후의 지칭이 다른 것이다.

(21) 第三十三 聖德王 名興光[제33 성덕왕. 이름은 흥광이다]. 本名 隆基[본명은 융기이다]. 孝昭之母弟也[효소왕의 동모제이다]. 先妃陪昭王后[선비는 배소왕후이다]. 謚嚴貞[시호는 엄정이다]. 元大阿干之女也[원대 아간의 딸이다]. 後妃占勿王后[후비는 점물왕후이다]. 謚炤德[시호는 소덕이다]. 順元角干之女[순원 각간의 딸이다]. <『삼국유사』 권 제1「왕력」「성덕왕」>

(13)에 있는 31대 왕의 신상명세를 다시 보자, (13b)에서 보듯이 시호는 신문왕이다. 죽은 뒤에 정한 이름이 '신문'이다. 그러면 생시에는 어떻게 적혔을까? 諱에 '(대)왕'을 붙이면 될 것이다. 그런데 그의 휘는 (13a)에 보면 '정명', '명지' 둘로 되어 있다. '정명왕'은 이미 (15)에서 보았다. 그러면 '명지왕'도 가능할까? 이제 31대 왕의 휘가 정명, 명지 외에도 있을 수 있는지가 문제 된다. 그럴 것 같은 정황이 있다.

「산중의 고전」이 31대 왕을 '淨神(王)'이라고 부르고 있는 것이다. (7)에서 이미 본 대로 이 '淨神'에 대하여 일연선사는 (22)와 같은 주석을 붙이고 있다.

(22) 則淨神恐政明神文之訛也[즉, 정신은 아마도 정명{이나, 과} 신문의 잘못이 아닐까 한다].

'淨神'에 관한 이 주가 매우 중요하다. '政明神文之訛也'를 어떻게 읽을 것인가? 현재로서는 모른다. 두 명사가 나란히 오면 속격 구성,

동격 구성, 접속 구성 가운데 하나이다.

'정명의 신문'은 말이 안 된다. '정명인 신문'도 여기서는 이상하다. 접속 구성은 두 가지가 있다. 대등, 종속 접속이 있고, 그 대등 접속에 또 두 가지가 있다. and, or가 그것이다. '정명과 신문', 또는 '정명이나 신문' 둘 가운데 어느 하나이다. 그러니까 이 주는 두 가지 뜻으로 해석될 수 있다. 제1 뜻은 '정신은 정명과 신문의 오류가 아닐까 한다.'이고 제2 뜻은 '정신은 정명이나 신문의 오류가 아닐까 한다.'이다.

제1 뜻을 택하면 또 둘로 나뉘어 '정명과 신문'으로 쓸 것을 잘못 썼다는 뜻으로 해석할 수도 있고, '정명'에서 '정'을 따고 '신문'에서 '신'을 딴 오류라고 해석할 수도 있다. 그러나 뒤의 것은 '政' 자와 '淨' 자가 다르므로 가능성이 떨어진다.

제2 뜻을 택하면 '정명이나 신문' 둘 중 하나의 오류가 된다. 일단 '신문'의 오류라는 것은 정확하다. 시호의 측면에서 접근하면 그렇다. 그리고 '정명'의 오류라는 것도 시호가 정해지기 전 생시 지칭의 측면에서 보면 옳다.

'淨神'이 '정명과 신문의 와전'이든 '정명이나 신문의 와전'이든 관계없이 일연선사가, '정신대왕, 정신왕, 정신'으로 적히는 이 인간이 31대 왕이라고 확신하고 있는 것은 틀림없다. 필자도 그렇다. 다른 어떤 왕일 수가 절대로 없기 때문이다. '정신왕'은 군소리 필요 없이 '신문왕'이다. 왜? 효소왕 사후 왕위에 오른 자는 효소왕의 아우 성덕왕이고, 그 형제의 아버지는 신문왕이기 때문이다. 「대산 오만 진신」에서 '정신대왕'이 성덕왕의 아버지라는 것은 분명한 것이다.

신문왕을 '정명왕'이라 적은 (15)와 (21)로써 왕과 왕비의 지칭어가

둘 이상 있을 수 있고 살아서의 지칭과 죽어서의 지칭이 다르다는 것은 확정되었다. '정신대왕', '정신왕'은 '신문'으로 시호가 정해진 692년 이전에 신라 31대 왕을 가리키는 말이었음에 틀림없다. 황복사 3층 석탑 금동사리함기 명문은 706년에 되었으므로 거기에는 시호인 '神文大王'으로 적고 있다. 그런데 그의 휘 '정신'에 피휘상의 무슨 문제가 있어 후에 '정명'이나 '명지'로 휘를 바꾸었을 것이다.

왜 『삼국유사』에는 피휘하기 전의 이름이 언뜻언뜻 보이는 데 반하여, 『삼국사기』에는 주로 피휘한 이름들이 사용되는가? 이는 『삼국유사』라는 책이 가지는 성격과 관련될 것이다. 그 책은 일연선사가 신라 때부터 전해 온 기록들을 모아 편찬한 책이다. 그런데 그 글에는 중국 측 기록과 『삼국사기』를 참고하여 거의 재구성하다시피 새로 쓴 글도 있고 원 기록을 거의 그대로 옮겨 써 둔 글도 있다. 원 기록을 거의 그대로 옮겨 쓴 경우 피휘하기 전의 글자가 남아 있을 수 있다.

신라 시대에 된 진여원 개창을 적은 기록이 오대산에 있었고 그것을 일연선사가 옮겨 적는 상황이라면 '정신대왕'도 '융기대왕'과 같은 경우라 할 수 있다. 즉, '정신대왕(신문왕) : 융기대왕(성덕왕) = 정명대왕(신문왕) : 흥광대왕(성덕왕)'이라고 볼 수 있다. 다만 아직 신문왕의 생시의 이름이 '정명', '명지'는 확인되지만 '정신'은 확인되지 않고 있을 뿐이다. '융기대왕'과 '흥광대왕'은 확인되었다.

이 '淨神太子', '淨神王', '淨神大王'에 대한 국사학계의 통설이 왜 틀리게 되었을까? 그것은 「閱潰記」라는 고려 시대의 사관이 쓴 글을 잘못 이해하였기 때문이다. (23a)는 '봇내가 정신의 태자의 아명'이라고 한 것이다. 이 '정신의 태자'를 '정신태자'라고 읽고 '봇내가 정신태자이다.'고 지레짐작하였다. 그리하여 『삼국유사』의 '정신', '정신태자'를 오대산에 은거하여 고승이 된 신문왕의 왕자 寶川, 寶叱徒라고 오판하고, 정신왕, 정신대왕은 효명이 성덕왕으로 즉위한 후 형 寶川, 寶叱徒를 예우하여 부른 칭호일 것이라고 하였다. 이 가설이 틀렸음을 논증한 것은 서정목(2015a, 2016a, 2019 등)이다.

(23) a. 寶叱徒*{寶叱徒淨神太子兒名也}*房改名爲華嚴寺[봇내*{봇내는 정신의 태자의 아명이다.}*방을 개명하여 화엄사라 하였다].

b. 至唐則天嗣聖十九年壬寅 新羅王薨而無子 國人欲迎兩王子[당나라 측천 사성 19년 임인년에 이르러 신라 왕이 죽었으나 아들이 없어 국인이 두 왕자를 맞이해 오려 하였다]. 將軍四人先到孝明前呼萬歲[장군 4인이 먼저 효명의 앞에 이르러 만세를 불렀다]. 時有五色雲現光觸于國者七日七夜[이때 5색 구름이 나타나 그 빛이 서라벌에까지 비취기를 이레 날 이레 밤 동안 하였다]. 群臣尋其光到山以迎 淨神泣請而留 孝明不得已而嗣王位[신하들이 그 빛을 찾아 산에 이르러 모셔가려 하니 정신은 울면서 머무르기를 청하여 효명이 부득이 왕위를 이었다]. *{新羅本紀云 孝昭王無子 國人立神文王第二子金志誠立王 三十六年 元年壬寅-原註.[신라본기에 이르기를 효소왕이 아들이 없어 국인이 신문왕의 제2자인 김지성을 왕으로 세웠다고 하였다. 재위 36년이고 원년은 임인년이다]}*. 是爲第三十三聖德王也[이 이가 제33대 성덕왕이다]. <「閔漬記」>

「閔漬記」는 앞에서 본 오대산의 진여원 개창 기록의 내용을 옮겨 쓴 것이다. 이 옮겨 쓰는 과정에서 결정적인 중대 실수가 빚어졌다. 그것은 (23b)의 '淨神泣請而留[정신은 울면서 머무르기를 청하여]'이다. (18),

(19)에서 보면 이때 울면서 가지 않으려 한 사람은 寶叱徒이고 寶川이다. 그러므로 이 '淨神' 뒤에는 '(大王) 太子'가 결락된 것이다. '정신태자'는 '정신의 태자', '정신대왕의 태자'이다.

(17b)의 '淨神王'도 그대로 두고는 뜻이 통하지 않는다. 그러나 '淨神王太子之弟'에서 '太子'가 결락되었다고 보면 '정신왕의 태자의 아우가'가 되어 (16b)와 뜻이 같아진다. 속격을 2중으로 쓰는 것은 위험하다는 것이 작문의 기본이다. '아버지의 어머니의 삼촌'은 '아버지의 외종조부' 즉, '진외종조부'이다. 아이들에게 촌수를 가르칠 때 힘들지 않았던가? 지칭어란 그래서 중요한 것이다.

4. 餘滴: 소판 김순원, 김진종에 관하여

황복사 3층석탑 금동사리함기 명문에서 필자에게 가장 놀라운 것은 (24)의 '소판 김순원, 김진종'이라는 두 사람의 이름이다.

(24) 寺主沙門善倫蘇判金順元金眞宗特奉教旨[절 지주 사문 선륜, 소판 김순원, 김진종이 특별히 교지를 받들어].

자의왕후의 동생인 김순원은 698년(효소왕 7년) 2월에 대아찬[5등관위명]으로서 중시에 임명되었다. 그리고 700년(효소왕 9년) 5월 '경영의 모반'에 연좌되어 파면되었다. 저자는 이로부터 그가 요석공주와 대립하여 720년 3월 딸 소덕왕후를 성덕왕의 계비로 넣을 때까지 권세에서 멀어져 있었던 것으로 파악하였었다. 그러나 이 기록을 보면 이 생각을 고쳐야 한다.

그는 706년 5월에 이미 조정에 복귀하여 성덕왕의 교지를 특별히 받들어 이 사리함 봉헌을 시행한 것으로 보인다. 그동안 파진찬을 거쳐 소판에까지 이른 것이다. 그렇다면 706년에 이미 김순원은 조정에서 중요한 지위를 차지하고 있었던 것이다. 그는 아마도 700년 파면될 때 파진찬[4등관위명] 정도로 승진해 있었을 것이고, 706년에는 소판[3등관위명], 그리고 720년에는 이찬[2등관위명], 그 후 언젠가 각간[1등관위명]에 이르기까지 승승장구하고 있었던 것으로 파악된다.

그리고 그 뒤에 이어지는 이름은 '金眞宗'이다. 『한국 금석문 종합영상정보 시스템』에서는 '金興宗'으로 읽고 있지만, 그 글자는 '興' 자가 아니라 '眞' 자이다. 김진종은 혜명왕비의 아버지이다. 『삼국사기』가 (25a)에서 효성왕의 계비가 되는 혜명왕비를 '伊湌順元女惠明'이라고 적은 것은 오식을 낸 것이다. 여기서의 '順元'은 '眞宗'으로 적어야 옳다. 혜명왕비는 순원의 딸이 아니고 『삼국유사』가 (25b)에서 말한 대로 진종의 딸이다.

(25) a. (효성왕 3년) 三月 納伊湌順元女惠明爲妃[3월 이찬 <u>순원의 딸 혜명</u>을 들여 비로 삼았다]. <『삼국사기』 권 제9 「신라본기 제9」 「효성왕」>

b. 第三十四孝成王[제34대 효성왕]. 金氏名承慶[김씨이고 이름은 승경이다]. 父聖德王 母炤德太后[아버지는 성덕왕이고 어머니는 소덕태후이다]. 妃惠明王后眞宗角干之女也[왕비는 <u>혜명왕후인데 진종 각간의 딸이다</u>]. <『삼국유사』 권 제1 「왕력」 「효성왕」>

김순원은 성덕왕의 계비인 소덕왕후의 아버지이다. 김진종과 김순원은 어떤 관계일까? 여러 가지 사정으로 보아 김진종은 김순원의 아들로 보인다. 이러한 사정은 서정목(2016b, 2018: 제5장)에 자세히 논증되어 있다. 이 명문에 김순원-김진종이 나란히 등장하는 것은 이들이 부자 관계임을 증명해 주는 것이다. 그리고 성덕왕 즉위 직후에 이 자의왕후의 친정이 이미 권력 핵심부에 자리하고 있었음을 보여 준다.

이를 보면 자의왕후-김순원 세력이 700년 5월의 경영의 모반으로 김순원이 중시에서 파면된 후로부터 비교적 빠른 기간 안에 요석공주 세력과 화해하고 함께 정국을 이끌어 간 것으로 보인다. 이 정보는 통일 신라 사회를 자의왕후 친정의 전성시대로 파악하는 것이 더 합리적이라고 할 정도의 정보이다. 이 정보를 진작 보았으면 저자도 요석공주 전성시대로부터 자의왕후 친정 세력 전성시대로의 이행을 더 조기에 설정하였을 것이다. 통일 신라는 그냥 자의왕후 친정 세력의 전성시대로 파악하고 거기에 요석공주가 협력하고 있었다고 보는 것이 더 온당할지도 모른다.

올케 자의왕후 세력과 시누이 요석공주가 첨예하게 대립한 기간은 700년 5월 경영의 모반으로 700년 6월 1일 신목왕후가 죽고 702년 7월 27일 효소왕이 사망한 사건이 일어나는 시기까지 정도이다. 사종을 부군에서 폐위시키고 702년 오대산에서 효명을 데려와서 '융기대왕'으로 즉위시킨 후, 요석공주 세력과 김순원 세력은 타협하여 서로 도우며 협치하고 있었을 가능성이 크다. 권력 투쟁에서는 영원한 적도 없고 영원한 친구도 없다.

'신문대왕'과 '신목태후'는 시호이다. 그들이 죽은 뒤인 706년 5월에 새긴 명문이니 당연히 시호가 들어오게 되어 있다. 다만 '神穆'을 '神睦'으로 적고 있는 것이 눈에 뜨인다. 아름답지도 못하였고 화목하지도 못하였을 것 같은 이 여인의 이름에 왜 이 아름답고 화목한 글자를 썼는지 모르겠다. 信忠이 불충한 신하의 이름이듯이, 혹시 사후에 짓는 이름은 생시에 부족하였던 면을 기워 주는 글자를 썼던 것일까? 불효한 왕, 왕자들의 시호에 孝 字가 들어갔듯이.

5. 결론

모든 역사 기록은 언어, 문자로 되어 있다. 문자에 대한 이해, 그리고 그 문자가 적고 있는 언어에 대한 이해가 역사의 진실에 다가가는 데에 필수적이다. 한자로 적힌 우리 역사 기록은 한자 자체의 이해, 그 한자가 적은 우리말에 대한 이해를 떠나서는 제대로 해석되지 않는다.

그런데 『삼국사기』, 『삼국유사』의 한자들은 우리가 아는 현대적 의미를 넘어설 수도 있고, 문자의 운용에서도 피휘 등 여러 가지 제약을 받은 결과 대체하여 사용된 글자도 더러 있다. 그리고 언어, 문자 자체가 가진 숙명상 언어나 문자는 현실을 그대로 반영하지는 못한다.[16)] 이 글에서는 그 몇 가지 사례를 엮어서 한자로 된 고문헌들을 읽는 것이 얼마나 섬세하고 면밀한 작업을 거쳐야 하는 것인지 그 일단을 보이고자 하였다. 이상의 논의를 요약하면 (26)과 같다.

16) 문학의 언어에 대하여 이런 이론을 펴고 있는 것은 정재관(1979 등)이다. 선생의 저작은 정재관 선생 문집 간행위원회(2018)에 수합되어 있다.

(26) a. 황복사 3층석탑 금동사리함기 명문에는 '孝照大王', '隆基大王'이 있다. 이 명문은 706년 5월 30일에 조성되었다. 이 시기에는 32대 왕은 이미 죽었고 33대 왕은 살아 있다. 32대 왕은 휘가 理恭{洪}이고 시호는 孝昭{照, 明}이다. 33대 왕은 712년에 휘를 '隆基'에서 '興光'으로 고쳤다.

b. '孝照'는 32대 왕의 원래 시호였다. 그러나 당나라 측천무후의 이름 자 '照'를 피휘하여 '불 灬'를 떼고 '昭'로 적은 것이 '孝昭'이다. 측천무후가 창제한 측천자 '曌'에서 '하늘 空'을 떼면 '明'이 남는다. 그러므로 '孝曌王'을 '孝明王'이라고 적은 경우도 있다. 이 '孝照大王'은 효소왕이 죽은 뒤에 붙인 시호를 원래 모습 그대로 보여 준다.

c. '隆基大王'은 살아 있는 33대 왕을 지칭한 말이다. 706년에는 아직 시호 '聖德'이 정해지지 않았다. 신라 시대에는 살아 있는 왕을 '휘+대왕'으로 지칭하는 전통이 있었음을 알 수 있다. 이 왕의 휘 '융기'는 712년에 흥광으로 바뀌었다. 그러니 그 후의 그의 생시의 지칭은 '흥광대왕'이 되었다. 이에 비추어 보면 생시의 효소왕을 가리키는 말이 '理恭大王'이었을 것으로 추측할 수 있다.

d. 31대 신문왕을 시호가 아닌 다른 이름으로 지칭하려면 '휘+대왕'으로 썼을 것이다. 『삼국유사』 권 제2 「기이 제2」 「가락국기」의 '정명왕'이 그것을 보여 준다. 거기에는 30대 문무왕을 법민왕으로도 적고 있다. 『삼국유사』 권 제3 「탑상 제4」 「대산 오만 진신」, 「명주 오대산 봇내태자 전기」에는 '정신', '정신대왕', '정신왕'이 나온다. 이 '정신대왕'은 신문왕이 살아 있을 때의 지칭어로서 '융기대왕'과 같은 차원의 단어이다. 이 '정신'에 피휘상의 어떤 문제가 있어서 바꾼 휘가 '정명', '명지'일 것이다. 아직 신문왕의 諱가 '정신'이라는 기록이 발견되지는 않았다.

e. 이상의 세 왕을 가리키는 지칭어는 '정신대왕{정명대왕}:이공대왕{이홍대왕}:융기대왕{흥광대왕}=신문대왕:효조대왕{효소대왕}:성덕대왕'으로 나타낼 수 있다.

이로 보면 신라 시대에 신라 자체의 기록에서는 피휘를 하지 않았다고 할 수도 있다. 당나라에 보내는 表文과 같은 외교 문서, 또는 특별히 요구된 경우에 피휘를 한 것으로 보인다. 이 명문은 사리함에 새겨 탑 속에 넣은 것이니 당나라 눈치를 볼 것도 없었는지도 모른다.

『삼국사기』는 고려 시대의 언어 감각으로 적었다. 그러니 피휘 대상인 한자는 피하여 적었다. 이에 비하여 『삼국유사』는 두 가지 성격을 지닌다. 신라 시대부터 전해 온 기록을 거의 그대로 옮겨 적은 경우에는 원 글자가 그대로 나올 가능성이 있다. 그러나 『삼국사기』의 기록과 직결되는 기사나 일연선사가 새로 쓰다시피 한 기사에는 피휘가 적용된 글자가 나올 가능성이 크다.

〈부록〉

황복사 3층석탑 금동사리함기 명문을 정병삼 선생이 판독하여 『한국 금석문 종합영상정보 시스템』에 올려놓은 전문과 저자가 대강 번역한 내용은 (27)과 같다(밑줄과 이탤릭체: 저자). 이 정병삼 판독문은 이탤릭체로 표시한 글자 셋을 잘못 판독하였다. 글자를 자세히 보면 (27e)의 '全'은 '果'이고, (27f)의 '興'은 '眞'이며, (27f)의 '典'은 '與'이다. 이렇게 바꾸어야 역사적 사실과 일치하고 올바른 문장이 된다. 번역은 이 글자 셋을 바꾸어서 하였다. 특히 金眞宗은 혜명왕비의 아버지로서 자의왕후의 동생인 金順元의 아들임을 강조하여 둔다. 그리하여 김선품의 딸 자의왕후–김순원의 딸 소덕왕후–김진종의 딸 혜명왕비가 한 집안에서 3대에 걸쳐서 배출된 왕비임을 알 수 있다. 이렇게 함으로써 진흥왕의 셋째 왕자 구륜의 아들인 선품의 집안이 통일 신라 시기의 외척 세도 가문었음을 분명히 할 수 있다.

(27) a. 夫聖人垂拱處濁世而育蒼生至德無爲應閻浮而濟群[무릇 성인은 품을 드리워 탁세에 처하여 창생을 기름에 지덕무위로 염부에 응하여 무리를 제도한다].

b. 有 神文大王五戒應世十善御民治定功成天授三年壬辰七月二日乘天所以 <u>神睦太后</u> <u>孝照大王</u>奉爲 宗廟聖靈禪院伽藍建立三層石塔[신문대왕이 오계로 세상에 응하고 십선으로 백성에 임하여 다스림을 안정시켜 공을 이루고 692년 7월 2일에 하늘에 올라서 신목태후와 효조대왕이 종묘 성령을 위하여 선원 가람을 바치고 3층 석탑을 건립하였다].

c. 聖曆三年庚子六月一日 <u>神睦太后</u>逐以長辭高昇淨國[700년 6월 1일

신목태후가 뒤쫓아 장사로써 정국에 높이 올랐다].

d. 大足二年壬寅七月二十七日 孝照大王登霞[702년 7월 27일에 효조대왕이 멀리 올라갔다].

e. 神龍二年丙午五月三十日 今主大王佛舍利四全金彌陀像六寸一軀無垢淨光大陀羅尼經一卷安置石塔第二層[706년 5월 30일 금주대왕이 부처 사리 4과, 금미타상 6촌 1구, 무구정광대다라니경 1권을 석탑 제2층에 안치한다]. 以卜以此福田上資 神文大王 神睦太后 孝照大王代代聖廟枕涅盤之山坐菩提之樹[빌건대 이 복전을 상자로 하여 신문대왕, 신목태후, 효조대왕 대대의 성묘가 열반의 산에 눕고 보리의 나무에 앉기를 바란다]. 隆基大王壽共山河同久爲與軋川等大千子具足七寶呈祥[융기대왕의 수도 산하와 같이 길기를 알천 등과 더불어 대천자가 칠보를 갖추어 바친다]. 王后體類月精命同劫數[왕후의 체류도 월정명과 같이 무궁하기를 빈다]. 內外親屬長大玉樹茂實[내외 친속이 크게 되고 옥수가 무성한 열매를 맺기를 빈다]. 寶枝梵釋四王威德增明氣力自在天下泰平恒轉法輪三塗勉難六趣受樂法界含靈俱成佛道[보배로운 가지가 범석 4왕의 위덕을 더하여 밝고 기력이 자재하여 천하가 태평하고 항상 법륜이 굴러서 삼도의 난과 육취를 면하고 낙을 받아 법계의 함령들이 갖추어 불도를 이루기 바란다].

f. 寺主沙門善倫 蘇判金順元金興宗特奉 教旨[절 주지 사문 선륜, 소판 김순원, 김진종이 특별히 교지를 받들어], 僧令傕僧令太韓奈麻阿摸韓舍季歷塔典僧惠岸僧心尙僧元覺僧玄昉韓舍一仁韓舍全極舍知朝陽舍知純節匠季生閼溫[승 영휴, 승 영태, 한내마 아모, 한사 계력이 승 혜안, 승 심상, 승 원각, 승 현방, 한사 일인, 한사 전극, 사지 조양, 사지 순절, 장인 계생 알온과 더불어 탑을 세웠다].

〈참고문헌〉

국사편찬위원회(1998), 『한국사 9』 「통일신라」, 탐구당.

권덕영(1997), 『고대 한중 외교사』, 일조각.

권중달 옮김(2009), 『자치통감』 22, 도서출판 삼화.

김수태(1996), 『신라 중대 정치사 연구』, 일조각.

김완진(1980), 『향가 해독법 연구』, 한국문화연구총서 21, 서울대 출판부.

김완진(2000), 『향가와 고려가요』, 서울대 출판부.

김원중 옮김(2002), 『삼국유사』, 을유문화사.

김종권 역(1975), 『삼국사기』, 대양서적.

김종권 역(1988), 신완역 『삼국사기』, 명문당.

김태식(2011), 「'모왕'으로서의 신라 신목태후」, 『신라사학보』 22, 신라사학회, 61~98.

김태식(2017), 「박창화, 『화랑세기』 필사자에서 역사학도로」, 『한국고대사탐구』 27, 한국고대사탐구학회, 467~483.

박노준(1982), 『신라 가요의 연구』, 열화당.

박해현(1993), 「신라 효성왕대 정치세력의 추이」, 『역사학연구』 12, 전남대.

박해현(2003), 『신라 중대 정치사 연구』, 국학자료원.

서정목(1987), 『국어 의문문 연구』, 탑출판사.

서정목(2014a), 『향가 모죽지랑가 연구』, 서강학술총서 062, 서강대 출판부, 368.

서정목(2014b), 「효소왕의 출생 시기 관련 기록 검토」, 『진단학보』 122, 진단학회, 25~48.

서정목(2015a), 「『삼국유사』의 '정신왕', '정신태자'에 대한 재해석」, 『한국고대사탐구』 19, 한국고대사탐구학회, 319-366.

서정목(2015b), 「『삼국사기』의 '원자'의 용법과 신라 중대 왕자들」, 『한국고대사탐구』 21, 한국고대사탐구학회, 121-238.

서정목(2016a), 『요석-「원가」에 대한 새로운 생각: 효성왕과 경덕왕의 골육상쟁』, 글누림, 700면.

서정목(2016b), 「신라 제34대 효성왕의 계비 혜명왕비의 아버지에 관하여」, 『진단학보』 126, 진단학회, 41-68.

서정목(2016c), 「입당 구법승 교각[지장], 무상, 무루의 정체와 출가계기」, 『서강인문논총』 47, 서강대 인문과학연구소, 361-392.

서정목(2017), 『삼국시대의 원자들』, 역락, 390면.
서정목(2018), 『삼국유사 다시 읽기 12-효성왕의 후궁 스캔들』, 글누림, 366.
서정목(2019), 『삼국유사 다시 읽기 11-왕이 된 스님, 스님이 된 원자들』, 글누림, 404.
서정목(2020 예정), 『삼국유사 다시 읽기 13-통일 신라 망국사』, 글누림.
성호경(2008), 『신라 향가 연구』, 태학사.
신동하(1997), 「신라 오대산 신앙의 구조」, 『인문과학연구』 제5집, 동덕여대 인문과학연구소.
신종원(1987), 「신라 오대산 사적과 성덕왕의 즉위 배경」, 『최영희선생 화갑기념 한국사학논총』, 탐구당, 91~131.
안병희(1992), 『국어사 자료 연구』, 문학과지성사.
양주동(1942/1965/1981), 증정 고가연구, 일조각.
양희철(1997), 삼국유사 향가연구, 태학사.
여성구(1998), 「입당 구법승 무루의 생애와 사상」, 『선사와 고대』 제10호, 한국고대학회, 161~178.
여성구(2017), 「신라의 백률사와 관음보살상」, 『한국고대사탐구』 제27호, 한국고대사탐구학회, 311~350.
여성구(2018), 「당 영주 하란산의 불교와 무루」, 『한국고대사탐구』 제28호, 한국고대사탐구학회, 119~154.
이기동(1998), 「신라 성덕왕대의 정치와 사회-'군자국'의 내부 사정」, 『역사학보』 160, 역사학회.
이기문(1961), 『국어사 개설』, 민중서관.
이기문(1970), 「신라어의 「福」(童)에 대하여」, 『국어국문학』 49-50합병호, 국어국문학회, 201~210.
이기문(1971), 「어원 수제」, 『해암 김형규 박사 송수기념 논총』, 일조각.
이기문(1972), 『개정 국어사 개설』, 민중서관.
이기문(1998), 『신정판 국어사 개설』, 태학사.
이기백(1974a), 『신라 정치사회사 연구』, 일조각.
이기백(1974b), 「경덕왕과 단속사, 원가」, 『신라 정치사회사 연구』, 일조각.
이기백(1986), 「신라 골품체제하의 유교적 정치이념」, 『신라 사상사 연구』, 일조각.
이기백(1987a), 「부석사와 태백산」, 『김원룡선생 정년기념 사학논총』, 일지사.
이기백(1987b), 「『삼국유사』 「탑상편」의 의의」, 『이병도선생 구순기념 사학논총』,

지식산업사.
이기백(2004), 『한국고전연구』, 일조각.
이병도 역(1975), 『삼국유사』, 대양서적.
이병도, 김재원(1959/1977), 『한국사』, 고대편, 진단학회, 을유문화사.
이숭녕(1955/1978), "신라시대의 표기법체계에 관한 시론", 서울대 논문집 2. 국어학 연구선서 1, 탑출판사.
이영호(2003), 「신라의 왕권과 귀족사회」, 『신라문화』 22, 동국대 신라문화연구소..
이영호(2011), 「통일신라시대의 왕과 왕비」, 『신라사학보』 22, 신라사학회, 5~60.
이재호 역(1993), 『삼국유사』, 광신출판사.
이종욱(1986), 「『삼국유사』 죽지랑조에 대한 일고찰」, 『한국전통문화연구』 2, 효성여대 한국전통문화연구소.
이종욱(1999), 『역주해, 화랑세기』, 소나무.
이종욱(2017), 「『화랑세기』를 통해 본 신라 화랑도의 가야파」, 『한국고대사탐구』 27, 한국고대사탐구학회, 485~527.
이현주(2015a), 「신라 중대 효성왕대 혜명왕후와 '정비'의 위상」, 『한국고대사탐구』 21호, 한국고대사탐구학회, 239~266.
이현주(2015b), 「신라 중대 신목왕후의 혼인과 위상」, 『여성과 역사』 22.
이홍직(1960/1971), 「『삼국유사』 죽지랑 조 잡고」, 『한국 고대사의 연구』, 신구문화사.
정재관(1979), 「새로운 세계에의 지향」, 『심상』 1979년 9월호, 심상사.
정재관 선생 문집 간행위원회(2018), 『문학과 언어, 그리고 사상』, 도서출판 경남.
조명기(1949), 「원측의 사상」, 『진단학보』 16, 진단학회.
조범환(2008), 「신라 중고기 낭도와 화랑」, 『한국고대사연구』 52. 한국고대사연구회.
조범환(2010), 「신목태후」, 『서강인문논총』 제29집, 서강대 인문과학연구소.
조범환(2011a), 「신라 중대 성덕왕대의 정치적 동향과 왕비의 교체」, 『신라사학보』 22, 신라사학회, 99~133.
조범환(2011b), 「왕비의 교체를 통해 본 효성왕대의 정치적 동향」, 『한국사연구』 154, 한국사연구회.
조범환(2012), 「화랑도와 승려」, 『서강인문논총』 제33집, 서강대 인문과학연구소.
조범환(2015), 「신라 중대 성덕왕의 왕위 계승 재고」, 『서강인문논총』 43, 서강대 인문과학연구소, 87~119.
謝樹田(1993), 「慈風長春 慧日永曜」, 『佛教大學院論叢』 1.

小倉進平(1929), 鄕歌 及 吏讀의 硏究, 京城帝國大學.
『구당서』, 『신당서』, 『자치통감』
『역주 한국고대금석문 3』, 1992.
『한국 금석문 종합영상정보 시스템』

『小倉進平「朝鮮語方言의 硏究」所載資料에 의한 言語地圖와 그 解釋. 第2集』에 대하여

南 豊 鉉

이 第2集은 지난 13집에 실린 第1集에 이어 작성된 것이다. 이 言語地圖는 東京大學大學院人文社會系 硏究科의 韓國朝鮮文化硏究室의 福井 玲 교수가 同大學院에서 공부하는 박사과정 학생들과 함께 연구하여 제작 편찬한 것이다. 제1집에서는 小倉進平의 '朝鮮方言의 硏究'에서 31개의 단어를 뽑아 地圖化한 것이었는데 이 제2집에서는 30개의 단어를 뽑아 지도화하였다.

제1집에 실린 단어를 들면 다음과 같다.

星(별)	雹(우박)	秋(가을)	冬(겨울)	海등(바다)
瞼(눈거풀)	頬(뺨)	臂(팔)	柱(기둥)	瓦(기와)
台所(부엌)	木履(나막신)	木棉(목화)	麻布(베)	漬物(김치)
箕(키)	石臼(확)	白合花(나리꽃)		杏子實(살구)
甘薯(고구마)-馬鈴薯(감자)		砂(모래)	鐵,金(쇠)	柄(자루)
火爐(화로)	狐(여우)	蛭(거머리)	鰕(새우)	蝸牛(달팽이)
蚯蚓(지렁이)	煙(연기)	炭(숯)		

이상으로 보면 제1집은 모두 33개의 단어이고 지도도 33개가 그려져 있음을 볼 수 있다.

제2집에 실린 단어는 다음과 같다.

細雨(가랑비)	山-墓(뫼)	外(밖)	子의 妻(며느리)	男子-男兒(사내)
巫女(무당)	舌(혀)	簪(비녀)	下馱(나막신)-靴(구두)	粉(가루)
李實(오얏)	大根(무)	蕎麥(모밀)	黃瓜(외)	稻(벼)
玉蜀黍(옥수수)	小豆(팥)	土(흙)	鋏(가위)	馬槽(구유)
俎(도마)	盥(대야)	鏡(거울)	熨斗(다리미)	猫(고양이)
龜(거북)	鮎(은어, 메기)	木(나무)	尖れるさま(뾰족)	塵(티끌)

이 방언들의 지도화는 흑백으로만 하지 않고 청색과 홍색을 더하였으므로 그 방언의 위치를 쉽게 구별할 수 있다. 일본어를 모르는 사람이라도 지도만 보면 그 방언의 위치를 쉽게 찾아 볼 수 있게 한 것이 장점이다.

小倉進平『朝鮮語方言の研究』所載資料による言語地図とその解釈
第2集

2018年3月30日

福 井 玲 編

東京大学大学院人文社会系研究科

韓国朝鮮文化研究室

小倉進平『朝鮮語方言の研究』所載資料による言語地図とその解釈
第２集

初版　　2018 年 3 月 30 日（PDF 版および冊子版）

編者　福井　玲 (fkr@l.u-tokyo.ac.jp)

(連絡先)
113-0033 東京都文京区本郷 7-3-1
東京大学大学院人文社会系研究科
韓国朝鮮文化研究室

本篇は，平成 27～29 年度科学研究費補助金（基盤研究 (C)(一般)，課題番号 15K02504，研究代表者 福井玲，研究課題名「小倉進平による朝鮮語方言資料の言語地図化と言語地図作成ソフトウェアの開発」）による成果の一部である。

Geolinguistic studies of the Korean languge based on the data collected by
Ogura Shinpei. Volume 2.

First edition. March 30, 2018 (PDF and print versions)

Department of Korean Studies, Graduate Shool of Humanities and Sociology,
The University of Tokyo
Edited by Fukui, Rei (fkr@l.u-tokyo.ac.jp)

This work was partly supported by Grant-in-aid Scientific Research (C), 15K02504, 2015–2017.

目　次

はじめに

本篇は，昨年度に公表した第 1 集の続編である。第 1 集は 32 篇の小論で 33 の語彙項目を扱ったが，今回の第 2 集では 30 篇の小論で 31 の語彙項目を扱っている。

昨年度同様，この第 2 集も小倉進平の『朝鮮語方言の研究』(1944 年，岩波書店)に掲載されている朝鮮語方言資料を言語地図化し，その結果と文献上のデータをつきあわせることによって各語彙項目の歴史を立体的に再構成し，その解釈を示したものである。筆者がさまざまな研究会において発表してきた研究と，東京大学韓国朝鮮文化研究室において行なってきた大学院の授業「韓国朝鮮語語彙史」，および 2017 年度に自主ゼミとして行なった研究会における大学院生諸氏の発表がもとになっている。

小倉進平（1882–1944）は，朝鮮語の諸方言の研究に力を入れ，1910 年代から 1930 年代にかけて朝鮮半島全土について調査を行ない，多くの論文やモノグラフにその成果を発表したが，亡くなる直前の 1944 年には上記の著書においてその集大成を行なった。その後，彼の方言研究は河野六郎に引き継がれ，また戦後は韓国において，多くの学者による方言研究が行なわれたが，残念なことに，彼が集めた方言調査資料はいまだに十分に活用されてきたとはいえない状態にある。本編は，そのような状態にあって，それをできるだけ活用することを目指したものである。

彼の残した方言資料の特徴とそれを扱う際の留意点については，凡例に示した筆者の論文などですでに述べてきたのでここでは省略する。

言語地図化の作業には，現在開発を行なっている言語地図作成用ソフトウェア Seal 8.0 を用いた。これは科学研究費（平成 27～29 年度科学研究費補助金 基盤研究 (C)(一般)，課題番号 15K02504，研究代表者 福井玲，研究課題名「小倉進平による朝鮮語方言資料の言語地図化と言語地図作成ソフトウェアの開発」）を得て，開発を続けているものである。このソフトウェアはもともと福嶋秩子・福嶋祐介夫妻が開発されたもので，今回，それを Windows の最新の環境（Visual Studio）に合わせて移植し，さまざまな機能の追加を行なったものである。なおこの Seal 8.0 およびマニュアルも本篇と同じウェブページで公開される予定である。

なお，『朝鮮語方言の研究』所載資料の言語地図化は本研究が初めてではなく，すでに中井精一氏による『朝鮮半島言語地図』(平成 19 年 3 月)があるが，調査地点や音声記号の表示等に難点があり，また各項目の解説が付けられていないので，畏友遠藤光暁氏の勧めもあって，今回，新たに地図化を行なうとともに，各項目の解説を執筆することにしたものである。

最後に，オリジナルの Seal のソースコードを提供してくださった福嶋秩子先生，さまざまな研究会において研究発表の機会を作ってくださっている遠藤光暁先生はじめ多くの先生方に感謝する。また，これまで筆者の授業に参加した多くの学生諸君から有益なコメントを得たこと，編集作業を手伝ってもらったことにも感謝したい。

2018年3月30日

福 井 玲

凡　例

▶本書では『朝鮮語方言の研究』上巻に記載された資料のうちから 33 項目を選んで，解説および言語地図を提示する。31 項目のうち「下駄」と「靴」は関連する部分が多いので，解説はまとめて執筆してある。

▶各項目の名称は原則として小倉進平による日本語による表記に従う。ただし読みにくい場合には括弧内に読み仮名を付した。

▶語形の転写は原則として『朝鮮語方言の研究』下巻の「総説」13–14 頁に示されている小倉進平の音声表記に従っているが，便宜上，次の３つの記号は本書では別の記号に変更して示す。

小倉の記号	本書の記号
u̇ (上点つきの u)	ɨ
o (o の斜体字)	ʌ
ö (o ウムラウトの斜体字)	œ

これらのうち，「o の斜体字」と「o ウムラウトの斜体字」は済州島の独自の母音を表わすのに用いられているが，斜体字は誤読されやすいので，上で示した記号で代替させることにする。また，「上点つきの u」はハングルの ‘으’ の母音の転写に用いられているが，Times New Roman など現行のユニコード準拠のフォントでは単独の文字としては定義されておらず，特定のソフトウェアの上で補助記号の重ね合わせによって表現することは可能であるが，可搬性が低いので，やむを得ずこの母音によりふさわしいと考えられる ‘ɨ’ で代替させることにしたものである。なお，小倉進平が用いた音声記号についての詳細な検討は編者による次の論文を参照されたい。

福井玲 (2016) 小倉進平の朝鮮語方言調査について―『朝鮮語方言の研究』所載資料の活用のために―『東京大学言語学論集』37: 41–70. 東京大学言語学研究室.

なお，激音に現れる有気性を表わす記号として，小倉進平は ‘ を用いているが，本編では項目によって，それをそのまま用いている場合と，現行の IPA の標準である h (上付きの h)を用いる場合の両方がある。また，濃音の表記に用いられる声門閉鎖音の記号も項目によって通常の大きさのもの(ʔ)と，『朝鮮語方言の研究』で用いられている上付きのもの(ˀ)の両方の場合があることをお断りしておく。

▶小倉進平による調査地点は『朝鮮語方言の研究』下巻の「総説」15–20 頁によれば 259 地点とされているが，実際に資料編に登場する調査地点はそれより 5 地点多い 264 地点である。これについても詳細は編者による上掲論文を参照されたい。なお，調査地点一覧とその位置を示す地図を凡例の末尾に掲載する。

▶過去の文献資料に見られる語形については主に中世語，近代語，開化期について提示した。その際，刊行年，書名，用例の張数などの情報を次のように略記する。なお，書名の漢字表記には日本の現行の漢字の字体を用いた。

例　무뤼為雹　＜1446 訓民正音解例本 56a＞

この例では 1446 が刊行年，次いで書名，最後に張数と表裏（表が a，裏が b）である。なお，正確な刊行年が不明の場合は次のように表示した。

例　16--　1600 年代で下 2 桁が不明の場合
　　160-　1600 年代で下 1 桁が不明の場合

▶各項目にはそれぞれ参考文献を付けたが，次の 2 つはほぼすべての項目に共通するので，個別の項目で掲げるのは省略する。それ以外のものは各項目において個別に掲げることにした。

小倉進平 (1944)『朝鮮語方言の研究』上下 2 巻. 東京：岩波書店.
李翊燮・田光鉉・李光鎬・李秉根・崔明玉 (2008)『韓国言語地図』ソウル：太学社.

なお，上記以外のもののうち，多くの項目を通じて本編でしばしば言及されるものを参考までに次に掲げておく。なお，日本の読者のために，著者名，書名，出版社名で漢字表記が可能なものは漢字に直して表記した。

韓国精神文化研究院語文研究室編 (1987–1995)『韓国方言資料集』全9巻. 城南：韓國精神文化研究院.
姜吉云 (2010)『比較言語学的語源辞典』 ソウル：韓国文化社.
金敏洙 (1997)『우리말語源辞典』ソウル：太学社.
金武林 (2012)『韓国語語源辞典』ソウル：知識と教養.
金泰均編著 (1986)『咸北方言辞典』ソウル：京畿大学校出版局.

金履浹編著 (1981)『平北方言辞典』城南：韓国精神文化研究院.
玄平孝 (1962, 修正版 1985)『済州島方言研究』(資料篇・論考篇) ソウル：二友出版社.
国立国語研究院 (1999)『標準国語大辞典』ソウル：斗山東亜.
崔鶴根 (1978)『韓国方言辞典』ソウル：玄文社.
崔鶴根 (1990)『増補 韓国方言辞典』ソウル：明文堂.
志部昭平 (1990)『諺解三綱行実図研究』東京：汲古書院.
李基文 (1991)『国語語彙史研究』ソウル：東亜出版社.
李基文 (1998, 修正版 2002)『新訂版 国語史概説』ソウル：太学社.
劉昌惇 (1964)『李朝語辞典』ソウル：延世大学校出版部.
한글학회 (1991)『우리말큰사전』ソウル：語文閣.

▶調査地点一覧

番号は『朝鮮語方言の研究』下巻 15–20 頁に基づくが，そこで漏れている地点については，* を表示した。各地点の行政上の所属が現在とは異なる場合があるが，これもすべて『朝鮮語方言の研究』に基づく。

全羅南道（済州島を含む）

1 濟州　2 城山　3 旌義　4 西歸　5 大靜　6 突山　7 麗水
8 光陽　9 順天　10 筏橋　11 高興　12 寶城　13 長興　14 康津
15 莞島　* 智島　16 海南　17 珍島　18 靈岩　19 木浦　20 咸平
21 靈光　22 羅州　23 和順　24 光州　25 長城　26 潭陽　27 玉果
28 谷城　29 求禮

全羅北道

30 雲峰　31 南原　32 淳昌　33 井邑　34 高敞　35 扶安　36 金堤
37 裡里　38 群山　39 全州　40 任實　41 長水　42 鎭安　43 茂朱
44 錦山

慶尚南道

45 蔚山　46 梁山　47 東萊　48 釜山　49 金海　50 馬山　51 巨濟
52 統營　53 固城　54 咸安　55 宜寧　56 晋州　57 泗川　58 南海
59 河東　60 山清　61 咸陽　62 居昌　63 陜川　64 昌寧　65 密陽

慶尚北道

66 淸道　67 慶山　68 永川　69 慶州　70 浦項　71 興海　72 盈德
73 大邱　74 高靈　75 星州　76 倭館　77 知禮　78 金泉　79 善山
80 軍威　81 義城　82 尚州　83 咸昌　84 聞慶　85 醴泉　86 安東
87 榮州　88 乃城　89 英陽　90 靑松　91 道洞

忠清南道

92 大田　93 公州　94 論山　95 江景　96 扶餘　97 鴻山　98 靑陽
99 舒川　100 藍浦　101 大川　102 保寧　103 炭浦　104 廣川　105 洪城
106 海美　* 葛山　107 瑞山　108 唐津　109 沔川　110 禮山　111 温陽

112 天安　113 鳥致院

忠清北道

114 清州　115 報恩　116 沃川　117 永同　118 鎭川　119 陰城　120 槐山
121 忠州　122 丹陽　123 堤川

京畿道

124 平澤　125 安城　126 水原　127 龍仁　128 利川　129 驪州　130 楊平
131 廣州　132 京城　133 永登浦　134 仁川　135 金浦　136 江華　137 開城
138 長湍　139 汶山　140 議政府　141 漣川　142 抱川　143 加平

江原道

144 歙谷　145 通川　146 長箭　147 高城　148 杆城　149 襄陽　150 注文津
151 江陵　152 三陟　153 蔚珍　154 平海　155 旌善　156 寧越　157 平昌
158 原州　159 横城　160 洪川　161 春川　162 華川　163 楊口　164 麟蹄
165 淮陽　166 金化　167 鐵原　168 平康　169 伊川

黄海道

170 金川　171 延安　172 海州　173 甕津　174 苔灘　175 長淵　176 松禾
177 殷栗　178 安岳　179 信川　180 載寧　181 沙里院　182 黄州　183 瑞興
184 南川　185 新溪　186 遂安　187 谷山

咸鏡南道

188 新高山　* 高山　189 安邊　190 元山　191 德源　192 文川　193 高原
194 永興　195 定平　196 咸興　197 五老里　198 新興　199 洪原　200 北青
201 利原　202 端川　203 豊山　204 甲山　205 惠山　206 三水　207 長津

咸鏡北道

208 城津　209 吉州　210 明川　211 鏡城　212 羅南　213 清津　214 富居
215 富寧　* 烟台洞　216 茂山　* 明臣　217 會寧　218 鍾城　219 穏城
220 慶源　221 慶興　222 雄基

平安南道

223 中和　224 平壌　225 鎭南浦　226 龍岡　227 江西　228 江東　229 成川
230 陽德　231 孟山　232 寧遠　233 德川　234 价川　235 順川　236 順安
237 永柔　238 粛川　239 安州

平安北道

240 博川　241 寧邊　242 熙川　243 雲山　244 泰川　245 亀城　246 定州
247 宣川　248 鐵山　249 龍岩浦　250 新義州　251 義州　252 朔州　253 昌城
254 碧潼　255 楚山　256 渭原　257 江界　258 慈城　259 厚昌

次頁に上記の地点番号を示す地図を掲載する。1–259 までの番号は小倉進平によるものと同じであり，上で述べたように，* で表示した筆者が追加した 5 地点はそれに続く 260–264 の番号を次のように割り当てて表示してある。

咸北：260 烟台洞，261 明臣，咸南：262 高山，全南：263 智島，忠南：264 葛山

ix

細雨

林 茶 英

1　はじめに

韓国語の標準語は ka-raŋ-bi (가랑비)である。『朝鮮語方言の研究』(上: 12–13)にはこれにあたる語が 19 種記録されている。類似している語形同士まとめると次の通り。

(1) ka-nɨn-bi 系
(1a) ka-nɨn-bi / kʌ-raŋ-bi / ka-raŋ-bi / ko-raŋ-bi / ka-gɨ-raŋ-bi / kal-baŋ-bi / kal-gaŋ-bi / kal-gɨ-raŋ-bi
(1b) nɨŋ-gɛ-bi
(2) po-su-rak-pi 系
po-su-rak-pi / ˀsa-rak-pi / ˀsa-gɨ-raŋ-bi
(3) ja-si-bi 系
ja-si-bi / i-sɨl-bi / i-si-rɛŋ-i / an-gɛ-bi
(4) ʧum-bɔŋ-i 系
ʧum-bɔŋ-i / ʧum-beŋ-i / ʧi-nɛŋ-bi

しかし，これらのうち ka-nɨn-bi，an-gɛ-bi，i-sɨl-bi，nɨn-gɛ (ʧum-bɔŋ-i の標準語)，ja-si-bi は現代韓国語において，ka-raŋ-bi とは少し異なる表現として用いられている。『標準国語大辞典』に基づき 19 種の語形を分類すると，次の通りである[1]。

(1) ka-raŋ-bi 系
(1a) kʌ-raŋ-bi / ka-raŋ-bi / ko-raŋ-bi / ka-gɨ-raŋ-bi / kal-baŋ-bi / kal-gaŋ-bi / kal-gɨ-raŋ-bi
(1b) nɨŋ-gɛ-bi　(1c) po-su-rak-pi / ˀsa-rak-pi / ˀsa-gɨ-raŋ-bi
(2) i-sɨl-bi 系
i-sɨl-bi / i-si-rɛŋ-i / ʧi-nɛŋ-bi
(3) ʧum-bɔŋ-i (nɨn-gɛ)系

---

[1] 『標準国語大辞典』によると，雨粒の大きさは ka-raŋ-bi＞i-sɨl-bi＞nɨn-gɛ＞an-gɛ-bi の順である。an-gɛ-bi の場合，(1)雨粒が小さく霧のように見える雨という説明と，(2) nɨn-gɛ の済州方言という説明があるが，小倉の資料には an-gɛ-bi が京畿、黄海地域に分布する語形となっているため，本報告においては，(1)の説明を採択し，an-gɛ-bi を(4)その他に入れておいた。また，19 種のすべての語形を探してみたが，『標準国語大辞典』に ka-nɨn-bi，ko-raŋ-bi，ja-si-bi，i-si-rɛŋ-i，ʧum-beŋ-i は載っていなかった。これらの場合，語形の類似しているグループに配属した。

ʧum-bɔŋ-i / ʧum-beŋ-i

(4) その他

ka-nɨn-bi / an-gɛ-bi

(5) ja-si-bi （「日照り雨」を表す。）

2 地理的分布

(1a)の語形のうち，kʌ-raŋ-bi や ko-raŋ-bi は済州島にしか見られない。ka-raŋ-bi は全羅道，慶尚道，忠清道の広い範囲にかけて分布し，京畿道や江原道にも 1 箇所づつ見られる。ka-gɨ-raŋ-bi は慶尚北道に，kal-baŋ-bi は慶尚南道や慶尚北道に 3 箇所づつ分布する。kal-gaŋ-bi は慶尚南道，慶尚北道，江原道に若干見られ，kal-gɨ-raŋ-bi は慶尚北道の 1 箇所に見られる。

(1b)の nɨŋ-gɛ-bi は咸鏡南道にだけ見られる。

(1c)の po-su-rak-pi は主に平安北道に分布するが，黄海道，咸鏡南道，平安南道にも 1 箇所づつ見られる。ˀsa-rak-pi やˀsa-gɨ-raŋ-bi は咸鏡南道に若干見られる。

(2)の i-sɨl-bi は全羅南道や咸鏡南道に分布し，i-si-rɛŋ-i は忠清南道の 1 箇所に，ʧi-nɛŋ-bi 咸鏡南道の 2 箇所に見られる。

(3)は済州島にしか見られない。

(4)の ka-nɨn-bi は全羅南道, 全羅北道, 咸鏡南道に分布し, an-gɛ-bi は主に京畿道に分布し，黄海道にも若干見られる。

(5)の ja-si-bi は慶尚北道の大丘に見られる。

4 文献上の記録

『月印釈譜』(1459)に載っている kʌ-rʌ-βi (ᄀᆞᄅᆞ비)が細雨に当たる語形のうち最も古いものと思われ，これが ka-raŋ-bi の古い語形と考えられる。『訳語類解』(1690)や『方言類釈』(1778)に kʌ-raŋ-bi (ᄀᆞ랑비)が見られるが，これらの語形に当たる漢字語は「濛鬆雨」と表現されている。標準語である ka-raŋ-bi は『韓仏字典』(1880)に見られる。

『杜詩諺解』(1481)や『漢清文鑑』(1779)には kʌ-nʌn-pi (ᄀᆞᄂᆞᆫ비)が見られるが，これが ka-nɨn-bi の古い語形と考えられる。ka-nɨn-bi が見られる文献には『国韓会語』(1895)がある。

i-sɨl-bi は 2 つの文献に見られるが,『広才物譜』(18--)では「濛鬆雨」を表す語とされており，『韓仏字典』(1880)では「細雨」を表す語と説明している。用例を見ると次の通り。

ᄀᆞᄅᆞ비가티 <1459 月印釈譜 1: 36b>

ᄀᆞ랑비 濛鬆雨 <1690 訳語類解 上 2a>

ᄀᆞ랑비 濛鬆雨 <1778 方言類釈 申部方言 4b >

가랑비 細雨 <1880 韓仏字典 133>

ᄀᆞᄂᆞᆫ비 오놋다 <1481 杜詩諺解 23:27a >

이슬비 細雨 <1880 韓仏字典 46>

濛鬆雨 이슬비 <18-- 広才物譜 天道 3a>

5 考察

ka-raŋ-bi (가랑비)の古い語形である kʌ-rʌ-βi (ᄀᆞᄅᆞ비)は，粉を表す kʌ-rʌ (ᄀᆞᄅᆞ)と雨を表す bi (비)の合成語である。金敏洙編(1997)は，近代語の段階において kʌ-rʌ-βi (ᄀᆞᄅᆞ비)の kʌ-rʌ に接辞 -aŋ (앙)が付加されたと考えるのが正しいとしている。また，남광우(1957)は ka-raŋ-bi (가랑비)を '골(粉)'+'앙(接辞)'+'비(雨)' のように説明している（金敏洙編(1997: 9)の再引用)。

19 種の語形の中で，(1a)の 7 種の語形の場合，kʌ-rʌ-βi から変化を起こした結果と推察できるが，それらを除いた他の語形は ka-raŋ-bi とは関連性が薄いと思われる。『標準国語大辞典』の解説を参考にすると，ka-raŋ-bi (가랑비)の方言に当たる語形には(1b)の nɨŋ-gɛ-bi,（1c)の po-su-rak-pi, ˀsa-rak-pi, ˀsa-gɨ-raŋ-bi がある。しかし，それらの語形のうち po-su-rak-pi は po-sɨl-bi の方言(平北，咸南，黄海)とも説明している。次に，(2)の i-sɨl-bi の場合，ka-raŋ-bi より雨粒の小さい雨を表すとされており，ʧi-nɛŋ-bi が i-sɨl-bi の方言とされている（i-si-rɛŋ-i は現れない)。また，(3)の ʧum-bɔŋ-i は nɨn-gɛ の方言と説明しているが，nɨn-gɛ は i-sɨl-bi より雨粒が小さい雨を指す。(4)の an-gɛ-bi の場合，nɨn-gɛ よりさらに小さい雨とされている。最後に(5)の ja-si-bi は他の語とは意味が異なり，「日照り雨」を表す jɔ-u-bi (여우비)の方言形と思われる。

参考文献

国立国語研究院 (1999)『標準国語大辞典』ソウル：斗山東亜.
金敏洙編 (1997)『우리말語源辞典』ソウル：太学社.
金泰均編著 (1986)『咸北方言辞典』ソウル：京畿大学校出版局.
崔鶴根 (1990)『増補 韓国方言辞典』ソウル：明文堂.

3

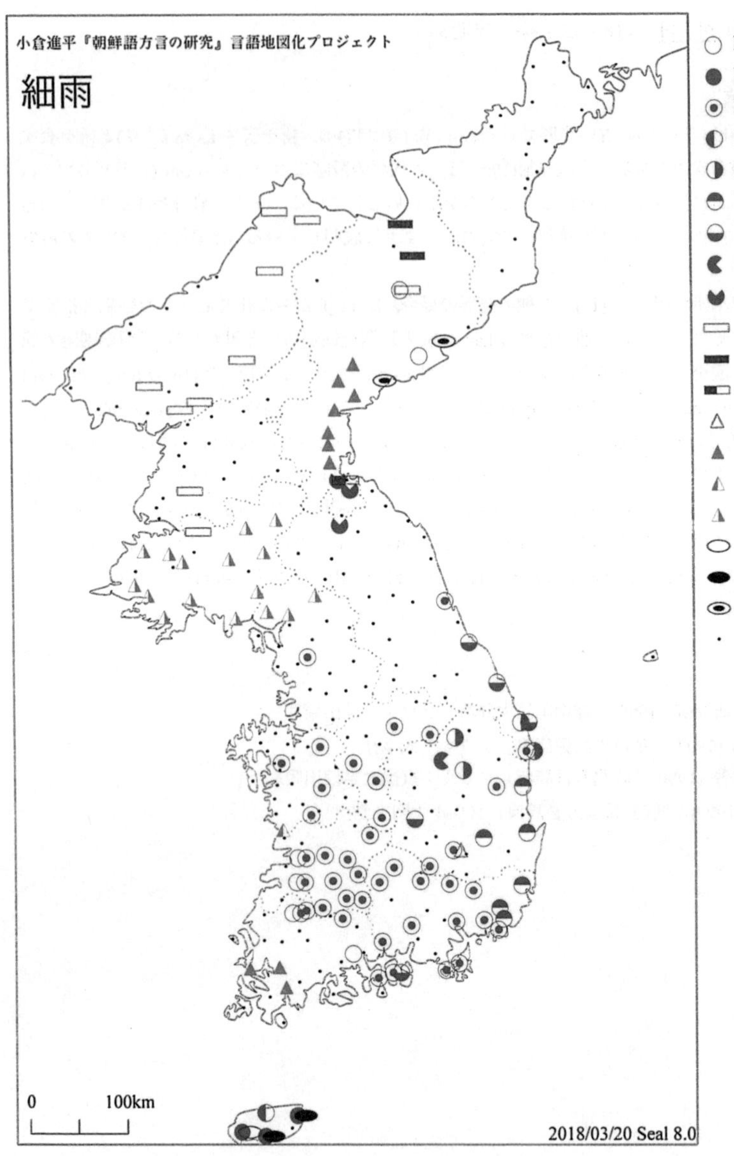

小倉進平『朝鮮語方言の研究』言語地図化プロジェクト
細雨
ka-nɨn-bi
kʌ-raŋ-bi
ka-raŋ-bi
ko-raŋ-bi
ka-gi-raŋ-bi
kal-baŋ-bi
kal-gaŋ-bi
kal-gi-raŋ-bi
nɨŋ-gɛ-bi
po-su-rak-pi
ʔsa-rakpi
ʔsa-gi-raŋ-bi
ja-si-bi
i-sɨl-bi
i-si-rɛŋ-i
an-gɛ-bi
tʃum-bɔŋ-i
tʃum-beŋ-i
tʃi-nɛŋ-bi
NR
0
100km
2018/03/20 Seal 8.0

4

山・墓

岩井亮雄

1　はじめに

韓国の標準語は「山」と「墓」で綴りが異なり，「山」の方は固有語 me（메），「墓」の方は固有語 mø（뫼）である。標準語の語形にはこの他に，「山」の方は漢字語 san（산）が，「墓」の方は固有語 mu-dɔm（무덤）や漢字語 mjo（묘）がある。「墓」の mø と mjo の語種は違うが，小倉進平の「票」「学校」等のデータを参照すると mjo ＞ mø と変化した可能性がある。項目名が「山・墓」となっているが，これは語源に由来するものと思われる。

これにあたる語は『朝鮮語方言の研究』の「地理・河海」に「山・墓」という項目名で 14 種の語形が記録される（上: 35–36）。

(1) mø 系：　(1a) mø / me, (1b) mɛ, (1c) mi, (1d) mo-i
(2) met 系：　(2a) met, (2b) mɛt
(3) mø-ˀtoŋ 系：　(3a) mø-ˀtoŋ / me-ˀtoŋ / me-ˀtɔŋ, (2b) mɛ-ˀtoŋ / mɛ-ˀtɔŋ
(4) ˀkak-kɨm 系：　(4a) kak-kɨm / ˀkak-kɨm

(1) は開音節の一音節語であり，(1a) の半狭母音，(1b) の半広母音，(1c) の狭母音，(1d) の中世語の発音を保存した母音の連続に下位分類できる。(2) は閉音節の一音節語であり，(2a) の半狭母音，(2b) の半広母音に下位分類できる。(3) は (1) の語形に -ˀtoŋ / -ˀtɔŋ がついた複合語である。(4) は (1–3) とは別の語形である。

2　その他の語形

『韓国言語地図』(2008) にはこの項目はない。『韓国方言辞典』(重版 1987) には산（山）の見出しで (1) mø 系の me / mø / mi:（ハングルのローマ字転写は小倉進平の方法（下: 13–14）による。以下同様）が，この他に mɛ-ˀka-tʰe / mɛ-ˀka-tʰi / mɛ-ˀka / mek-kan / mek-kat / san（山）/ sɔk-kat / sɔk-kat-tʰaŋ / o-rɨm があり，무덤（墓）の見出しで小倉進平のデータにない語形として，(1) の変種に mɛ: / mɔ:i / me: / mo / mo: / mo-i / mo:-i / mø: / mjoi（뫼）/ mjo / mjo: / mu:-i / mi: が，(3) の変種に me:-ˀtɔŋ / me:-ˀtoŋ / me-ˀtɔŋ-gɔ-ri / me-ˀtuŋ / mø-ˀtɔŋ / mø-ˀtuŋ / mjo-ˀtoŋ / mi:-ˀtoŋ / mi-ˀtuŋ が，この他に mjo-sa（廟社）/ mu-dɔm / mu-dɨm / pa-ˀkal / san（山）/ san-so（山所）がある。小倉進平のデータは主に무덤（墓）にあたる。ここで，小倉進平のデータには見られない長母音の語形がある点が重要である。この項目の中世語は声調が上声の二重母音（母音の連続）であったとされるからである。また，小倉進平のデータでは記録されていない咸鏡北道については『咸北方言辞典』(1986) に뫼:（墓）の見出しで mo / mo-i / mos / mjo / san-so（山所）が，산（山）の見出しで san（山）という語形が見られる。

3　地理的分布

(1a) の mø は全羅北道，忠清道，江原道，京畿道，黄海道，平安南道，咸鏡南道に見られ，me は済州島，慶尚南道，京畿道，江原道，黄海道，平安北道などに見られる。(1b) の mɛ は全羅南道と慶尚南道に，(1c) の mi は慶尚道に，(1d) の mo-i は忠清道に見られる。

(2) は全羅道に見られる。

(3) は全羅道や慶尚南道に見られる。(1) か (4) の併用形として現れやすい。

(4) は全羅南道や慶尚南道に見られる。基本的には併用形として現れる。

4　文献上の記録

まず「山」にあたる中世語の語形は固有語の:뫼/:뫼ㅎ（左の：は上声を表し，語幹は助詞などとの結合に伴い交替し得た）である。代表的な用例は以下のようである（：や・は傍点である)。漢字語の산（山）を使った用例も既に見られる。

ㅁ 如:뫼爲山　<1446 訓民正音（解例本）24b–25a>
:뫼히·며 ᄆᆞ리·며 ᄀᆞᆯ·히·디 아·니·ᄒᆞ·야　<1447 釈譜詳節 3: 35b>
그 山·애 다ᄃᆞ·라 가·니　<1459 月印釈譜 22: 40a>

両唇音後の ø（ㅚ）はほとんどが e（ㅔ）に変わるが，19 世紀末にこうした変化が起きたとされる（兪弼在 2006)。表記と発音に変化が生じたことになる。中世語の発音は [moi] で，それが [me] に変化したことになるが，その過程で [mø] を経たかなどは明らかではないと思われる。20 世紀初の文献には固有語の뫼と메の両方の語形も見られるが，この頃になるとほとんどが漢字語の산を使った用例である。

놉흔 뫼에셔 안거ᄒᆞ야　<1907 宝鑑（京郷新聞）2: 334>
슐을 가지고 뫼에 올나 절 ᄒᆞᄂᆞᆫ 이가 잇거늘　<1908 神学月報 6: 184>
山 메 산　<1913 部別千字文 4b>
山 뫼 산　<1916 通学径編 3b> <1918 初学要選 005>
산에 올나가며　<1901 神学月報 1: 53>

次に「墓」にあたる中世語の語形は固有語の무·덤（左の・は去声を表す）と漢字語の묘（墓）や분묘（墳墓）である。これらの語は現代でも用いられるが，このほか，中世語では「墓」の意味での用例が確認できなかった뫼という語も使われるようになる。

聖人 무더미라 ᄒᆞ더라　< 1459 月印釈譜 2: 68a>
國人이 다 울어늘 墓애 가ᄉᆞᆲ 제부톄 앒셔시니　< 1459 月印釈譜 10: 3b>
한아비와 어버의 분묘ᄅᆞᆯ 다 손조 ᄒᆞᆰ 지여 ᄆᆡᆼᄀᆞᆯ오　<15-- 三綱行実図（東京）孝 26a>

흙을 ᄡᅡ하 뫼를 만들며 <1852 太上感応篇図説諺解 2: 61a>
남의 뫼를 억지로 파거나 <1890 独立新聞>

5 考察

項目名が「山・墓」である所以の一つは語源によると思われる。語源に関して『詞源辞典』（1996: 175–176）に記述が見られるので，それを紹介する。まず mø は山の意味の mo-ro, 即ち mjo-roŋ-i に由来する。『龍飛御天歌』(1447）に p^{h}i-mo-ro（椵山）という例が見られる。この mo-ro はもともと墓を意味し，o-rom が山を意味した。san という漢字語が使われだすと同時に o-rom が次第に使われなくなり，墓が山のように盛り上がっていたので山とともに使われるようになった。即ち，mo-ro（mjo）は墓を意味するものとして山の一部分だったが，山全体をなすことばになった。現代にかけては mo-ro → mø → me のように変化した。このように『詞源辞典』(1996: 175–176）では説明している。

この項目は中世語では上声で [moi] のように発音されたとされるが，その後 oi / ø ＞ e（ハングルではしばしばㅚ＞ㅔのように書かれるためㅚの発音が判然としないので oi / ø のように書く）のような両唇音後の母音の典型的な変化を経たものである。19 世紀末にこのような変化が起きたとされる（兪弼在 2006)。小倉進平のデータから，音変化の地理的特徴が分かる。me に変化している，音変化の点からいうと典型的な地域は，済州島，慶尚道の一部, 京畿道, 黄海道, 平安北道である。moi ＞ mø のような変化を経た地域は, 全羅北道, 江原道，京畿道，黄海道，平安南道，咸鏡南道である。忠清道では中世語での発音の moi を維持する。慶尚道は me ＞ mi のような狭母音化が起きたと考えられる。以上のような発音の地域差を示すのは興味深い。ところで，文献上の記録によると中世語 mø は「山」の意味で基本的に用いられているようなので,「墓」の方では mjo ＞ mø という変化があったかもしれない。

(1) mø 系以外の語形については，必ずしもその由来が明らかではないが，全羅道や慶尚南道といった朝鮮半島南部に見られる点が共通している。(2) met 系の音節末子音 t は，met-tø-dʒi（멧되지）などの接頭辞から転じたもの，(3) の後部要素が脱落した名残，中世語の音節末の h の名残の可能性があるかもしれない。(3) の後部要素についてもよく分からないが，漢字語 ton-dɛ（墩台，高台を意味する）の ton が意味から見ると関係があるかもしれない。(4) の由来についても判然としない。

参考文献

安玉奎（1996）『詞源辞典』（海外우리語文学研究叢書 62）ソウル：韓国文化社.
金泰均編著（1986）『咸北方言辞典』ソウル：京畿大学校出版局.
崔鶴根（1978，重版 1987）『韓国方言辞典』ソウル：明文堂.
兪弼在（2006)「양순음 뒤 'ㅚ＞ㅔ', 'ㅟ＞ㅣ' 변화에 대하여（両唇音後の oi ＞ e，ui ＞ i の変化について)」『李秉根先生退任紀念国語学論叢』193–209. ソウル：太学社.

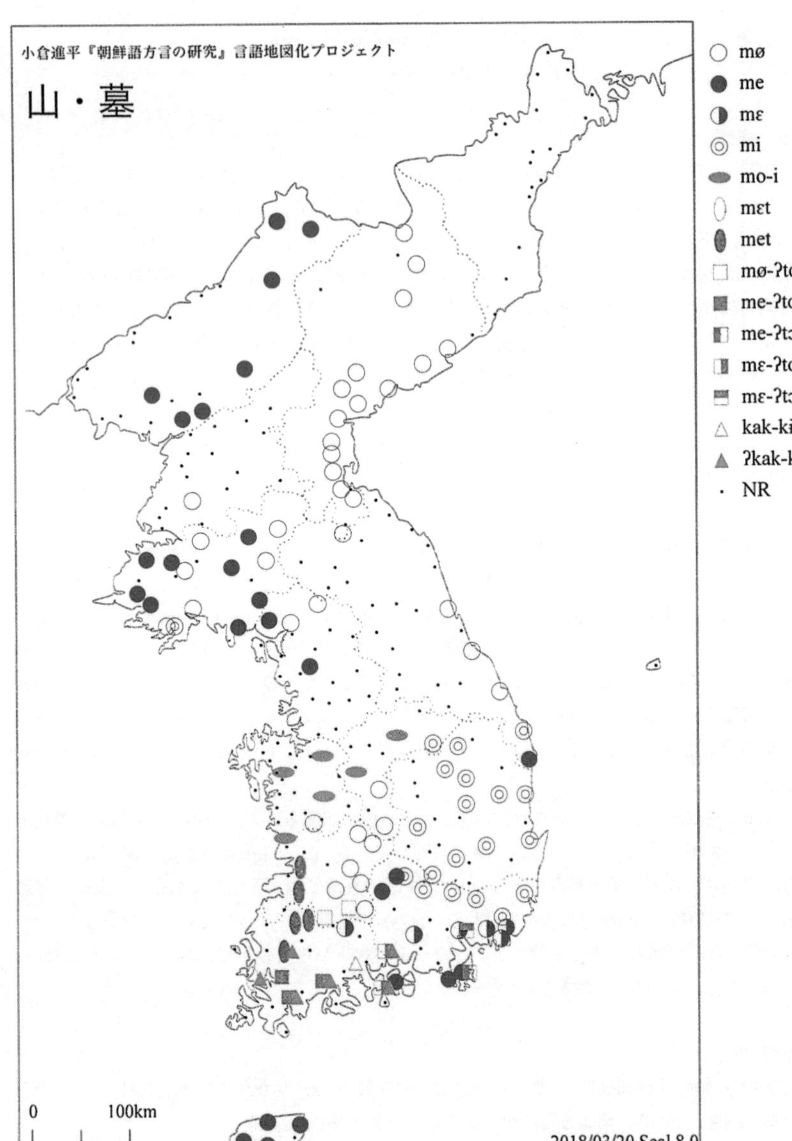

小倉進平『朝鮮語方言の研究』言語地図化プロジェクト
山・墓
mø
me
mɛ
mi
mo-i
mɛt
met
mø-ʔtoŋ
me-ʔtoŋ
me-ʔtɔŋ
mɛ-ʔtoŋ
mɛ-ʔtɔŋ
kak-kɨm
ʔkak-kɨm
NR
0
100km
2018/03/20 Seal 8.0

8

外

岩井亮雄

1　はじめに

この項目は母音 ø の当時の発音とその地域差を示す貴重な資料である。

韓国の標準語は漢字語の ø（외，[ø] または [we] と発音される）である（固有語で pak（밖）という語もある）。これにあたる語は『朝鮮語方言の研究』の「方位」に「外」という項目名で7種の語形が記録される（上: 54–55）。これらの語形は ø と母音の変種から成る。

(1) ø / we / e

(2) wɛ / ɛ

(3) ui (= wi) / i

地理的分布と音声的特徴を考慮に入れると，(1) 半狭母音の語形，(2) 半広母音の語形，(3) 狭母音の語形に下位分類できる。なお，(3) の ui は，wi と転写する方が適当であると思われる（下: 13–14）。

語形のほかに，一部の地点には地名の読み方のメモ書きなどが残されている（上: 54–55）。「外」の他，「會」「苽」「槐」などを含む地名の読みにおいても，以下のとおり，「外」と同じ母音の発音が現れるか，その地域の周辺で見られる母音の発音が現れる。

[ɛ]〔慶南〕金海（郡内外洞里を [ɛ-doŋ-ni] 又は [wɛ-doŋ-ni]，會峴を [hɛ-in] 又は [hi-in] といふ），居昌（郡内苽亭里を [ɛ-mak-kɔl] (sic) 又は [we-mak-kol] といふ），〔慶南〕密陽（郡内山外面を [san-ɛ-mjɔn] といふ）；〔慶北〕浦項（郡内槐東洞を [kɛ-doŋ-doŋ] といふ）；〔咸南〕洪原（邑内では [ø] 西方西上里では [ɛ]）

[e]〔慶南〕河東（郡内横川面を [heŋ-tʃ^{h}ɔn-mjɔn] といふ）；〔忠北〕清州（郡内江外面を [kaŋ-e-mjɔn]，槐山郡を [ke-san-gun] といふ），永同（郡内槐木里を [ke-moŋ-ni] といふ。また槐山を [ke-san] と發音するを以て，稽山 [ke-san] と混同する）

[i]〔慶北〕尚州（怪異を [ki-i]，回答を [hi-dap] などといふ）

[wɛ]〔慶南〕陜川（郡内嘉會面を [ka-hwɛ-mjɔn], [ka-hwe-mjɔn], [ka-he-mjɔn] などといふ）；〔慶北〕青松（郡内月外里を [wɔl-wɛ-ri] といふ）；〔平北〕龜城（郡内龍退洞を [noŋ-t^{h}wɛ-doŋ] といふ）

[we]〔慶南〕蔚山（郡内南外里を [nam-we-ri] といふ）；〔忠北〕忠州（槐山及び忠州では槐山郡を [kwe-san-gun] といふ），丹陽（槐山郡を [kwe-san-gun] といひ，また郡内の外中坊里を [we-tʃuŋ-baŋ-ni]，槐坪里を [kwe-p^{h}jɔŋ-ni]，檜山里を [hwe-sal-li]，長淮里を [tʃaŋ-we-ri] といふ）；〔咸北〕富居（郡内最賢洞を [tʃ^{h}we-hjɔn-doŋ]，横兵洞を [hweŋ-bjɔŋ-

doŋ] といふ), 會寧(會寧を [hwe-rjɔŋ] といふ)

2 その他の語形

『韓国言語地図』(2008) にはこの項目はない。『韓国方言辞典』(重版 1987) には固有語の語形 pa-ˀka-tʰe / pa-ˀkat / pa-ˀkat-tʰe / pe-ˀka-tʰe (ハングルのローマ字転写は小倉進平の方法 (下: 13–14)による)も見られるが, 漢字語の語形については小倉進平の語形と同じである。全て短母音である点も小倉進平のデータと同様である。

3 地理的分布

言語地図から分かるように, (1) は平安道の一部を除いて全道的に見られる。このうち単母音 ø は朝鮮半島の主に中央付近に分布するのに対し, 二重母音 we は済州島, 慶尚道, 咸鏡道といった朝鮮半島の南部と北部に主に分布する。換言すると, ø は朝鮮半島の西南から東北にかけて帯状に分布する特徴がある。ただし, 咸鏡道にも ø が見られるし, 全羅道, 忠清道, 京畿道の一部にも we が見られる。

(2) は慶尚道, 平安道, 咸鏡道に見られる。慶尚道の多くと咸鏡道の一部では, 言語地図から分かるように, (1) と併用ないし共存して分布している。従って, これらの地域では we / wɛ や e / ɛ の対立がほとんどなかった可能性がある。これに対し, 咸鏡道の北端と平安道では半広母音の wɛ だけが分布するのが特徴である。また, (1–2) を総合すると, 二重母音 we / wɛ は, 単母音 ø が現れないような, 朝鮮半島の南部や北部に主に分布する特徴がある。

(3) は慶尚道にのみ見られる。これはおそらく狭母音化 e / ɛ ＞ i によるものであろう。

4 文献上の記録

中世語は漢字語の:외 (外, 左側の : は上声を表し, [oi] と発音されたとされる) である。『朝鮮漢字音研究』(2007) の代表的な漢字音も [ˀoiᴿ] であり,『六祖法宝檀経諺解』(1496),『真言勧供・三壇施食文諺解』(1496),『翻訳小学』(1517),『訓蒙字会』(1527),『小学諺解』(1586),『大学諺解』(1590),『中庸諺解』(1590) などに用例が見られる。

中部方言 (特にソウルとその隣接地域) の ø (외) の発音に関する文献上の記録を整理した金鳳國 (2006) を参照すると, 19 世紀末から 20 世紀初の記録は主に [oi / ø / we] の 3 種類があり, 中世語の発音を反映した [oi] を除くと, 観察や記述の精密さなどにより単母音 [ø] が優勢であったとされる。1920 年以降の記録は主に [ø / we] の 2 種類があるが, この頃になると二重母音 [we] が優勢になったとされる。

5 考察

この項目は中世語では声調が上声の二重母音 (母音の連続) であったので, 長母音が記録される地点があることが期待される。しかし, 小倉進平のデータや『韓国方言辞典』(重版 1987) には長母音がどの地点にも観察されない。これは, この項目が漢字語であることや,この項目が単独でというよりはむしろ「〜の外」のような環境で用いられることが多いことによるものと思われる。なお，福井玲（2016: 50）では小倉進平の方言データ全体を通して「母音 [ø] が現れる場合には原則として短母音として表記されているような印象を受ける」と言及している。

ø（외）の発音の地域的特徴については，3 節で述べたように，[ø] が全羅道，忠清南道，京畿道，江原道，黄海道，平安南道，咸鏡道に集中して分布する。朝鮮半島を西南から北東にかけて帯状に広がる如くである。済州島は [we] で発音され，[we / e] は全羅南道の一部，慶尚道，忠清北道，京畿道の一部，咸鏡道の一部に分布する。[wɛ / ɛ] は慶尚道などでも [we / e] と共存して現れるが，平安北道や咸鏡北道の一部に分布するところが特徴的である。従って，[we / e / wɛ / ɛ]（＝A）と [ø]（＝B）は ABA 型分布をなすように見える。[wi / i] は慶尚道に分布するが，これは狭母音化によるものであろう。以上の如き発音の地理的特徴は，「外」を中心にこの母音を含む語を幾らか例示しつつ検討した小倉進平の考察（下: 26–28）や，『朝鮮語方言の研究』(1944) で全道的に調査された語彙項目からこの母音を含むものについて検討した岩井亮雄（2017）などに一脈通ずる。

次に，中世語の発音から小倉進平の調査時の発音へどのように変化したかを考える。この音変化に関する先行研究には，(i) oi ＞ ø ＞ we や (ii) oi ＞ we ＞ ø のような直線的な変化と，(iii) oi ＞ ø 及び oi ＞ we のような複線的な変化などの議論がある（金鳳國 2006: 178–181)。まず，小倉進平の記録から分かることの一つは，oi ＞ ø に変化した地域，oi ＞ we / e に変化した地域，oi ＞ wɛ / ɛ に変化した地域があり，音変化に地域差が見られるということである。これは先の (iii) の考え方に似ている。そして，地理的分布が一種の ABA 型分布をなす可能性について言及したが，このことから，we / wɛ ＞ ø のような変化が想定できるかもしれない。これは先の (ii) の考え方に通じる。ただし，例えば本稿で引用した金鳳國 (2006) は開化期以降の文献上の発音の観察記録や音韻論的な説明の妥当性などを勘案し，先の (i) の考え方を支持している。音変化に関する詳細な検討が要請される。

なお，「外」は親族名称などの接頭辞としても用いられるが，小倉進平のデータにはそのような項目ない。

参考文献

伊藤智ゆき（2007）『朝鮮漢字音研究』東京：汲古書院.

岩井亮雄（2017）「韓国語の母音 ø の音色の地域差について—小倉進平著『朝鮮語方言の研究』所載資料を活用して—」『東京大学言語学論集』38: 87–99. 東京大学言語学研究室.

金鳳國（2006）「개화기 이후 국어의 ‘위, 외’ 음가와 그 변화（開化期以降の国語の ui，oi の音価とその変化)」『李秉根先生退任紀念国語学論叢』155–191. ソウル：太学社.

崔鶴根（1978，重版 1987）『韓国方言辞典』ソウル：明文堂.

福井玲（2016）「小倉進平の朝鮮語方言調査について—『朝鮮語方言の研究』所載資料の活用のために—」『東京大学言語学論集』37: 41–70. 東京大学言語学研究室.

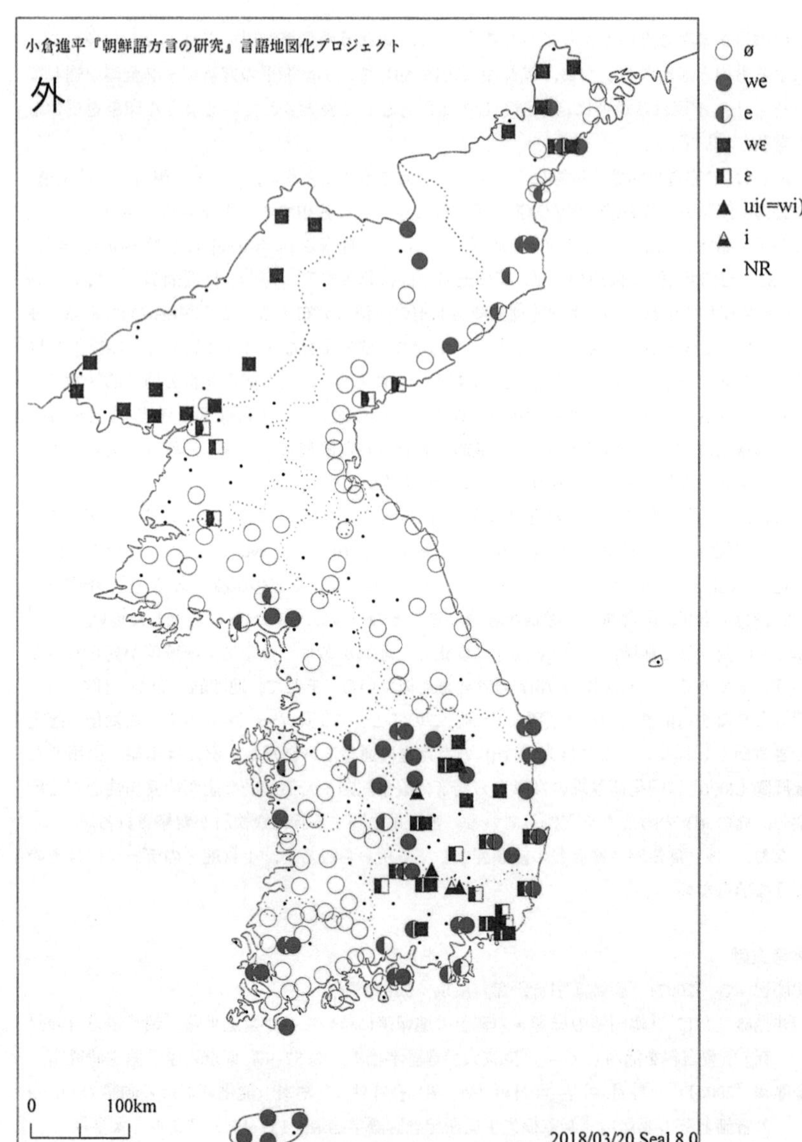
小倉進平『朝鮮語方言の研究』言語地図化プロジェクト
外
ø
we
e
wɛ
ɛ
ui(=wi)
i
NR
0
100km
2018/03/20 Seal 8.0

12

子の妻

徐 旼 廷

1 はじめに

韓国語の標準語は mjɔ-nɨ-ri（며느리）であるが，これにあたる語は『朝鮮語方言の研究』の「人倫」に「子の妻」という項目名で 15 種記録されている（上: 63–64)。済州島で見られる a-ʤaŋ を除けば，全ての語形は第 1 音の母音を基準に，mjɔ-nu-ri 系，me-nu-ri 系，mɛ-nɨ-ri 系，mi-nu-ri 系に分けられる：

(1) mjɔ-nu-ri 系
　mjɔ-nu-ri / mjɔ-nɨ-ri
(2) me-nu-ri 系
　me-nu-ri / me-nul / me-nɨ-ri / me-na-ri / me-nɔ-ri / me-ni-ri
(3) mɛ-nɨ-ri 系
　mɛ-nɨ-ri / mɛ-nɨl / mɛ-nɔ-ri
(4) mi-nu-ri 系
　mi-nu-ri / mi-nɨ-ri / mi-na-ri
(5)その他
　a-ʤaŋ

これらの語形は大部分 3 音節語であり，各音節の子音には変種がないが，母音にはいろいろな変種が見られる。第 1 音節の母音には jɔ / e / ɛ / i の 4 種があり，これによって語形を分類することができる。また第 2 音節も第 1 音節と同様，母音の違いによる変種があり，母音の種類としては u / ɨ / a / ɔ / i がある。その中で最も多く見られる母音は u / ɨ である。これに対し，第 3 音節は ri と固定されている特徴がある。2 音節語の me-nul と mɛ-nɨl は各々me-nu-ri と mɛ-nɨ-ri が縮約されたものと考えられる。

2 その他の語形

『咸北方言辭典』(1986)によると，咸鏡北道において小倉進平の資料には見られない며늘，아기，아기네のような語形も見られる。また，小倉進平の資料では，済州島に関して a-ʤaŋ という 1 種の語形しか見られないのに対し，『済州島方言研究資料編』(1985)によると，語形메누리が済州島全地域にわたって見られる。

3 地理的分布

最も広く分布しているのは(2)の me-nu-ri 系であり，その中でも語形 me-nu-ri は北西地方

(平安道) の一部を除いて, 全地域にかけて分布している。さらに『済州島方言研究資料編』(1985)によると, 済州島においても分布している。他に第 2 音節の母音の違いによる変種 me-nɨ-ri が全羅南道と咸鏡道に見られ, また me-nɔ-ri が慶尚道の一部, me-na-ri が慶北, 江原道の一部, me-ni-ri が平北に見られる。これに対し, 現在韓国語の標準語の(1a) mjɔ-nɨ-ri は全北の咸平と咸北の鐘城の 2 か所にしか見られず, もう 1 つの(1) mjɔ-nu-ri 系の語形(1b) mjɔ-nu-ri も忠南, 忠北, 黄海にしか現れない。

なお, 第 1 音節の母音が ɛ である(3) mɛ-nɨ-ri 系と, i である(4) mi-nu-ri 系は, 主に南部に分布している特徴がある。(3) mɛ-nɔ-ri 系の mɛ-nɨ-ri は全南, 慶尚道に, mɛ-nɔ-ri もまた慶尚道に分布している。mɛ-nɨl も慶北の永川の一か所に見られる。(4) mi-nu-ri 系の mi-nu-ri は全羅道, 慶尚道と忠北に見られ, mi-nɨ-ri も全南, 慶尚道に見られる。mi-na-ri は慶北の金泉と江原道の一部に見られる。

4　文献上の記録

子の妻を表す語は文献上며·느·리, 며○·ᄂᆞ·리, 며·ᄂᆞᆯ, 며느라기の記録がある。その中で最も古い記録は『ᄋ釋譜詳節』で見られる며·느·리であるが, 同じ15世紀の文献『月印千江之曲』では2音節語で, 第2音節の母音が'·'[ʌ]（アレア）である며·ᄂᆞᆯも見られる。

부인이 며느리 어드샤ᄆᆞᆫ... 자손이 니ᅀᅥ 가ᄅᆞᆯ 위ᄒᆞ시니　<1447 釈譜詳節 6: 7>

며느리 부(婦)　<1527 訓蒙字会 上31>

며ᄂᆞᆯ이 ᄃᆞ외야　<1449 月印千江之曲 36>

며ᄂᆞᆯ의 네 되리라　＜1703 三訳総解 10: 20＞

며ᄂᆞ리 ᄉᆡ아비 ᄉᆡ어미ᄅᆞᆯ 셤교ᄃᆡ　＜1586 小学諺解2: 2＞

며ᄂᆞ리 부(婦)　＜16世紀　類合上29＞

ᄉᆡ어마님 며느라기　<1728 青丘永言 p.120>

15 世紀から 16 世紀にかけて, 非語頭音節におけるアレアから一への母音の変化 (ʌ > ɨ)が起きていたこと[1]から, 古い語形は 2 第音節の母音がアレアである며·ᄂᆞᆯ/며·ᄂᆞ·리であった可能性も考えられる。

5　考察

語源について, 金敏洙編(1997)『우리말語源辞典』で次のような記述がある：

[1] 李基文(1998)参照。

[語源未詳。変化 며느리(釈譜 6:7)/며ᄋᆞ리(月曲 36) > 며느리。参考 ①√메[食]+√ᄂᆞ르－(運搬)+이[接辞] (정호완 1991.4.15:177)。②√며늘[?]+이[接辞](韓美辞典)]（筆者訳）

ここで語源説の1つとして①にあげてあるのは，この項目の語源を「√메[食]+√ᄂᆞ르－(運搬)+이[接辞]」とするものである。しかし，『標準国語辞典』によると，「메」は「1. 祭事の時神位の前に置くご飯，2. 宮廷で「ご飯」の意味で使われる言葉」（筆者訳）の意味であるが，「運搬」に関する用言나르다の古い語形は나ᄅᆞ다であるため，子の妻の語源と関連付けるのは難いと考えられる。

なお，文献上の記録から，この語形は古くから第1音節の母音がjɔであったことが明らかであり，me-nu-ri系，mɛ-nɨ-ri系，mi-nu-ri系の第1音節の母音はjɔ > e/ɛ > iのような単母音化と前舌母音化の変化を経たと考えられる。特にmi-nu-ri系が南部地方で見られることは前舌母音化が活発に起きる南部地方方言の特徴が現れたものと説明できる。

第2音節の母音に関しては，ɨの他u，a，iもある。上述のごとく15世紀から16世紀にかけて非語頭の位置の母音‘・’[ʌ]はʌ > ɨのような変化を経たことが良く知られているが，この語形にはɨ以外の母音，特にuが多く見られる。ɨ > u或いは，ɨ > a，ɨ > iのような変化は説明し難いため，母音‘・’の変化は，地域によっては変種があったと考えられる。

最後に，現在の韓国語の標準語は第1音節の母音がjɔ，また第2音節の母音がɨのmjɔ-nɨ-riであるが，実際の方言形の分布においては語形me-nu-riが全地域にかけて現れ，mjɔ-nɨ-riは2か所にしか見られない。より広い分布を見せた語形ではなく他の語形が標準語になったのは，標準語を定める際，古い語形を考慮し，mjɔ-nɨ-riという語形を標準語として定めた可能性も考えられるが，より詳しい検討が必要であろう。

参考文献

李基文(1998)『新訂版 国語史概説』ソウル：太学社.
金泰鈞編著(1986)『咸北方言辞典』ソウル：京畿大学校出版局.
金敏洙編(1997)『우리말語源辞典』ソウル：太学社.
玄平孝(1985)『済州島方言研究資料編』ソウル：太学社.

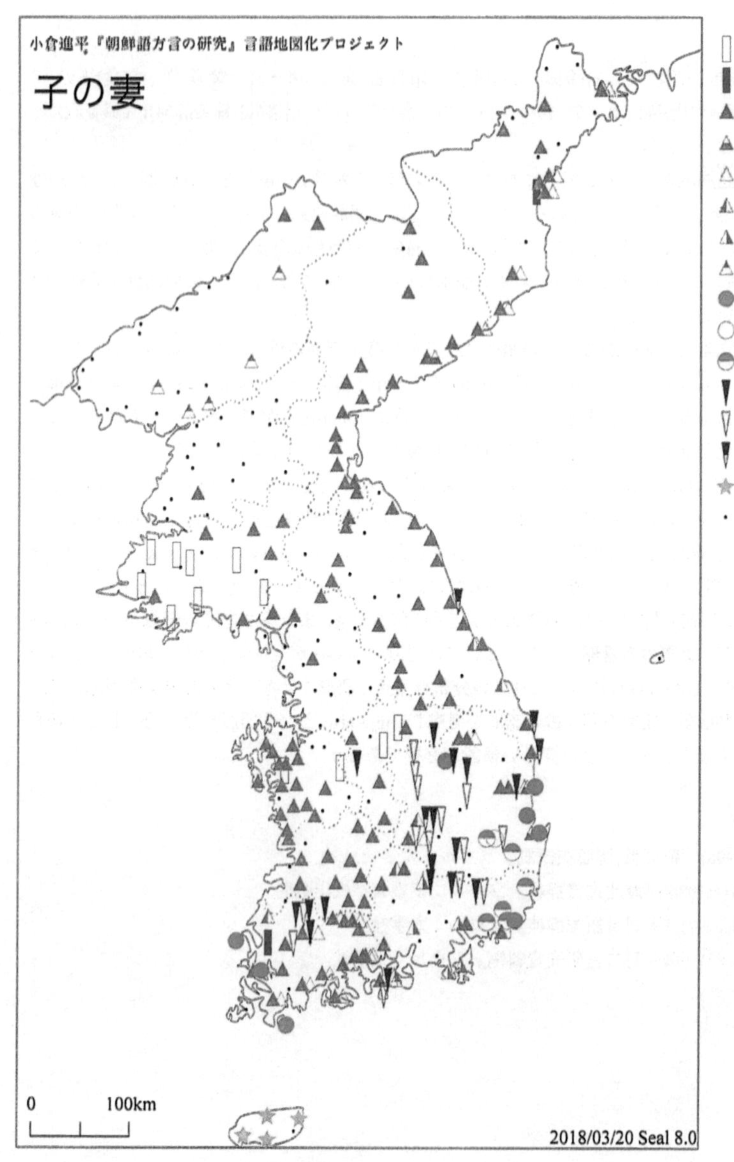

小倉進平『朝鮮語方言の研究』言語地図化プロジェクト
子の妻
mjɔ-nu-ri
mjɔ-nɨ-ri
me-nu-ri
me-nul
me-nɨ-ri
me-na-ri
me-nɔ-ri
me-ni-ri
mɛ-nɨ-ri
mɛ-nɨl
mɛ-nɔ-ri
mi-nu-ri
mi-nɨ-ri
mi-na-ri
a-dʒaŋ
NR
0
100km
2018/03/20 Seal 8.0

16

男子・男児

徐 旼 廷

1　はじめに

現在韓国語の標準語は sa-na-i (사나이)であるが，これにあたる語は『朝鮮語方言の研究』の「人倫」に「男子・男児」という項目名で 19 種種記録されている（上: 64–65)。これらは(1) sa-na-i 系と(2) mɔ-si-ma 系の 2 つに分類される：

(1) sa-na-i 系

(1a) sʌ-na-i, (1b) sa-na-i / sa-nɛ / sa-na-ʤuŋ, (1c) sɔ-na-i / sɔ-na / sɔ-na-ʤi

(1d) sɔn-si-na / sɔn-si-ni / si-na-ʤø, (1e) si-na-i / si-na-ʤuŋ-i

(2) mɔ-si-ma 系

(2a) mɔ-si-ma / mɔ-si-ma-gi / mɔ-sɔ-ma / mɔ-si-ma

(2b) mɔ-si-mɛ / mɔ-si-mɛ / mɔ-i-mɛ

sa-na-i 系は古い語形ᄉᆞ나ᄒᆡ/ᄉᆞ나ᄒᆡから由来したと考えられるが，古い語形の第 1 音節に対応する音節の母音を基準に分類することができる。即ち，(1a), (1b), (1c), (1e)は古い語形の第 1 音節に対応する音節は第 1 音節であり，各々の第 1 音節の母音には a / ʌ / ɔ / i のようなものがある。これらの語形は殆ど 3 音節語であるが，(1b)の sa-nɛ は sa-na-i の第 2 音節と第 3 音節の母音が縮約されて 2 音節語になったもの，また，(1c)の sɔ-na は sɔ-na-i の第 3 音節の母音の脱落によって 2 音節になったと考えられる。

(1d)の語形は，古い語形の第 1 音節に対応する音節の母音は ɨ であり，si-na-ʤø は第 1 音節がそれに該当する。sɔn-si-na / sɔn-si-ni に関しては，語形 sɔ-na の存在を考慮すると，古い語形から由来する*si-na-i を想定し，さらに最後の母音 i が脱落し 2 音節語*si-na, *si-ni になり，後に接頭辞 sɔn-が付いたものだと解釈できる。即ち，古い語形の第 1 音節に対応する音節は第 2 音節であり，これらを考慮すると，古い語形の語頭母音 ‘ᆞ’ [ʌ] に対応する方言形の母音には a / ʌ / ɔ / ɨ / i の 5 種がある。なお，sa-na-i 系の中では語末に接尾辞が付いた，(1b)の sa-na-ʤuŋ, (1c)の sɔ-na-ʤi, (1d)の si-na-ʤø, (1e) si-na-ʤuŋ-i の語形もあるが，これらの語形に付いた接尾辞は全て子音 ʤ-から始まる特徴がある。

mɔ-si-ma 系の語形は，第 3 音節が(2a) -ma のものと，(2b) -mɛ のものの２つに分類することができる。mɔ-si-ma も殆どが 3 音節語であり，第 1 音節は mɔ と固定されているが，2 音節と 3 音節の子音と母音には変種がある。2 音節の母音には ɨ / ɔ / i があり，子音は s である語形が殆どであるが，(2b)の語形の中で 2 音節の子音 s が脱落した語形 mɔ-i-mɛ もある。また，(2a)の語形の中には単語末に -gi が付いた 4 音節語 mɔ-si-ma-gi もある。

2 その他の語形

小倉進平の資料以外では，金泰鈞編著(1986)によると咸鏡北道には선서나，선순아，선스나이，선신아，션셔나，스나のような語形もあり，特に語形선스나이，스나が見られることは，小倉進平の語形(1d) sɔn-sɨ-na / sɔn-sɨ-ni が스나の前に sɔn- が付いて作られたことの裏付けになる。また，金英培(1997)によると平安道には새나이，서날미，선서나，선서날미，아쎄끼のような語形があり，玄平孝(1962/1985)によると済州道には第 1 音節の母音が o である語形소나의，소나이と ʌ であるᄉᆞ나의もある。

3 地理的分布

忠清道地域で sa-na-i 系と mɔ-si-ma 系の分布に重なりが見られるものの，それ以外の地域では 2 つの語系の分布が南北に分かれており，典型的な南北対立型分布[1]を成している。即ち，朝鮮半島の北では sa-na-i 系が，南では mɔ-si-ma 系が分布している。

sa-na-i 系の中では，sɔn-si-na が咸鏡道，平安道を中心に最も広く分布している。現在標準語として登録されている sa-na-i は黄海道を中心に，また sa-nɛ は京畿道，忠清道を中心に分布している。mɔ-si-ma 系では，mɔ-si-ma が慶尚道，全羅道，江原道に最も広く分布し，第 3 音節の母音が前舌母音である mɔ-si-mɛ/mɔ-si-mɛ が忠清道と全羅道など，西の地域を中心に分布している。忠清道では sa-na-i 系の sa-nɛ と mɔ-si-ma 系の mɔ-si-mɛ 或いは mɔ-si-ma と併用している特徴が見られる。

4 文献上の記録

文献上の記録としては，(1) sa-na-i 系の古いものと考えられるᄉᆞᆫ아·ᄒᆡ，ᄡᅡᄒᆡ，ᄉᆞ나·ᄒᆡ，ᄉᆞ나희があり，最も語源的な構成をよく示す語形は 15 世紀のᄉᆞᆫ아·ᄒᆡである。

ᄉᆞᆫ아ᄒᆡ 오좀 <1466 救急簡易方 6: 29>
남지늬 소리 겨지븨 소리 ᄡᅡᄒᆡ 소리 갓나ᄒᆡ 소리 法 소리 <1447 釈譜詳節 19: 14b>
져믄 ᄉᆞ나ᄒᆡ 오좀 <1542 分門瘟疫易解方 20>
ᄉᆞ나ᄒᆡ가 간나ᄒᆡ가 <16 世紀 朴通事諺解初刊上 55>
우리 뎌긔 ᄉᆞ나희ᄂᆞᆫ 믈깃디 아니ᄒᆞ고 <1670 老乞大諺解 上 33>
ᄉᆞ나희ᄂᆞᆫ 지고 겨집은 이고 <1676 捷解新語 4: 24>
간나희 가ᄂᆞᆫ 길흘 ᄉᆞ나희 에도ᄃᆞ시 <1728 青丘永言 p.13>
ᄉᆞ나희 녜ᄂᆞᆫ 길흘 계집이 최도ᄃᆞ시 <1747 松江歌辞 2: 2>

15 世紀の文献に見られるᄉᆞᆫ아·ᄒᆡは 15 世紀以降ᄉᆞ나·ᄒᆡと表記され，その後第 3 音節の母音の変化によってᄉᆞ나희の語形が現れたと考えられる。ᄉᆞ나희は主に 17 世紀以降の文献で

---

[1] 福井玲(2017)によると，朝鮮語方言の分布のパターンには南北対立型分布，東西対立型分布，逆 L 字対立型分布，周圏論的分布がある。

見られる。ᄉᆞᆫ아·ᄒᆡと同じく 15 世紀の文献に 1 件見られる싸ᄒᆡは，ᄉᆞᆫ아·ᄒᆡの第 1 音節の母音‘ᆞ’が省略さてた表記と考えられる。なお，文献上の記録では(2) mɔ-sɨ-ma 系の古いものは見当たらない。

5　考察

金敏洙(1997)では sa-na-i について「男を堂々と威勢が良くて潔いことを強調する言葉。語源：√ᄉᆞᆫ[壯丁]+√아·ᄒᆡ[兒]　。変化：ᄉᆞᆫ아·ᄒᆡ>ᄉᆞ나ᄒᆡ>ᄉᆞ나희>사나이」（筆者訳）と説明している。ᄉᆞᆫ[壯丁]の現代韓国語では漢字語の‘장정’であり，16 世紀の文献で見られるが(ᄉᆞᆫ뎡(丁) <1527 訓蒙字會　中 2>)，現在は使われていない。아·ᄒᆡ[兒]の現代韓国語は아이に変化した。

上述のごとく，ᄉᆞᆫ아·ᄒᆡの表記はᄉᆞ나·ᄒᆡになり，ᄉᆞ나·ᄒᆡから第 1 音節の母音の変化，また第 3 音節の母音の変化と子音 h の脱落が想定できる。特に第 1 音節の母音‘ᆞ’[ʌ] に関しては，18 世紀に a に変化したことがよく知られているが，方言形 sa-na-i 系で，古い語形の第 1 音節と対応する音節の母音には a のみならず ʌ/ɔ/ɨ/i があり，玄平孝(1962/1985)の語形を受け入れると o もある。これらの母音を a>ʌ/ɔ/ɨ/i/o のような変化として解釈するのは難いため，語頭母音‘ᆞ’の変化には地域差があった可能性が考えられる。

また，sa-na-i 系で最も広く分布している語形は sɔn-sɨ-na であるが，sɔn-sɨ-na はᄉᆞᆫ아·ᄒᆡに由来する*sɨ-na の前に接頭辞 sɔn-が付いた語形と解釈できる。咸鏡道，平安道方言に sɔn-が付いた他の語が見当たらないため，sɔn-の意味は不明であるが，現代韓国語の선무당，선머合のような語彙で，「未熟だ」の意味を表す接頭辞 sɔn-と関連があるかもしれない。

mɔ-sɨ-ma 系に関しては，姜吉云(2010)で mɔ-si-ma/mɔ-sɨ-mɛ の語源をトルコ語の男の意味の merdüm と対応させているが，文献上の記録が見当たらないことから(2) mɔ-sɨ-ma 系がいつから使われるようになったかは不明であり，話し言葉でしか使われてなかったことが考えられる。

なお，現在韓国語の標準語で「男」を意味する言葉は漢字語の nam-ʤa(남자(男子))であり，sa-na-i は標準国立国語辞典に「血気盛りの時の男」(筆者訳)を意味する言葉とされている。nam-ʤa の古い語形남ᄌᆞは 16 世紀の文献から見られるが（남ᄌᆞ의　ᄲᅢᄂᆞᆫ　회오 <1553 恩重經 2>)，ᄉᆞ나ᄒᆡと남ᄌᆞが如何に区別されていたかに関してはより詳しい検討が必要である。

参考文献

金英培(1997)『平安方言研究資料編』ソウル：太学社.
金泰鈞編著(1986)『咸北方言辞典』ソウル：京畿大学校出版局.
金敏洙編(1997)『우리말語源辞典』ソウル：太学社.
玄平孝(1962/1985)『済州島方言研究』ソウル：太学社.
福井玲(2017)「言語地図化した小倉進平方言方言資料から見えてくるもの」，第 256 回朝鮮語研究会発表，朝鮮語研究会.

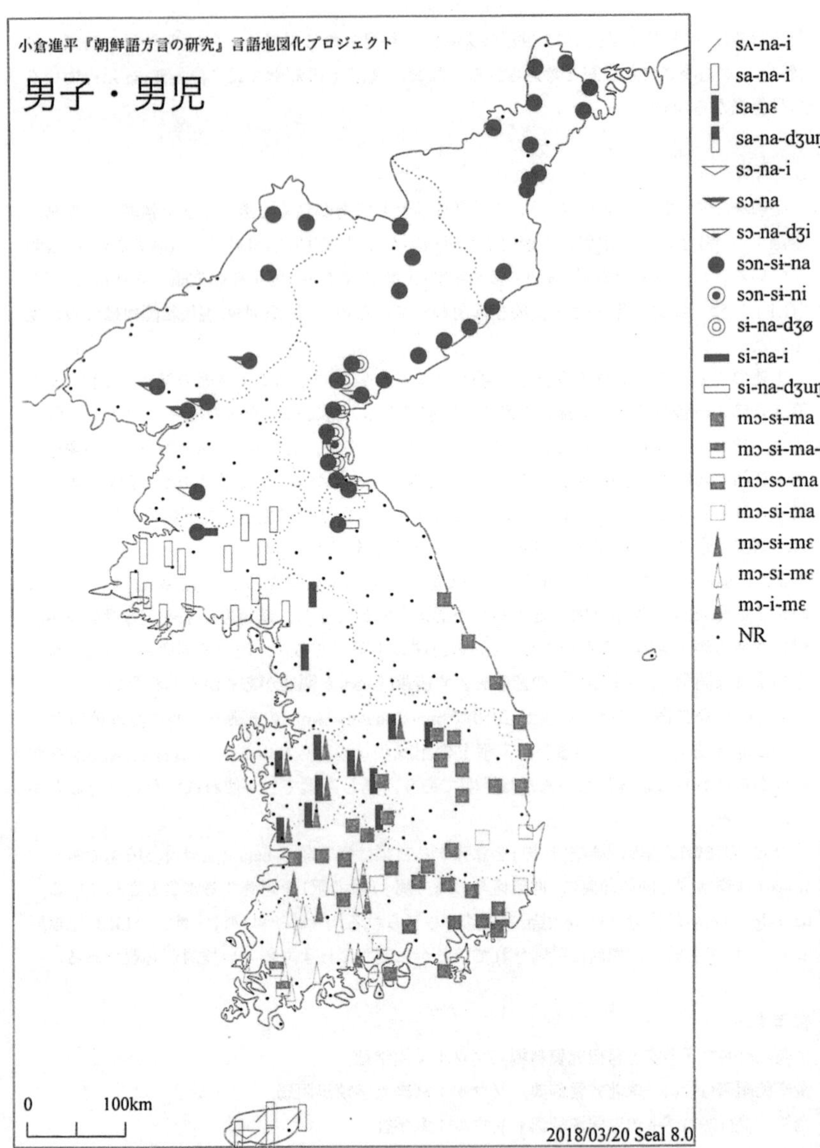
小倉進平『朝鮮語方言の研究』言語地図化プロジェクト
男子・男児
sʌ-na-i
sa-na-i
sa-nɛ
sa-na-dʒuŋ
sɔ-na-i
sɔ-na
sɔ-na-dʒi
sɔn-si-na
sɔn-si-ni
si-na-dʒø
si-na-i
si-na-dʒuŋ-i
mɔ-si-ma
mɔ-si-ma-gi
mɔ-sɔ-ma
mɔ-si-ma
mɔ-si-mɛ
mɔ-si-mɛ
mɔ-i-mɛ
NR
0
100km
2018/03/20 Seal 8.0

20

巫女

林 茶 英

1　はじめに

韓国語の標準語は mu-daŋ (무당)である。『朝鮮語方言の研究』(上: 73－74)にはこれにあたる語が 14 種記録されている。

14 種の語形はさらに(1) mu-daŋ 系，(2) tan-gol 系，(3) sɨ-sɨŋ 系，(4)その他に分類することができる。そのうち(2)の tan-gol 系や(4)の ho-se-mi は固有語である可能性が高いと思われ，(1)の mu-daŋ 系や(3)の sɨ-sɨŋ 系，そして(4)の pok-sul や sin-baŋ は漢字語と考えられる。

(1) mu-daŋ 系

(1a) mu-daŋ / mu-dɛŋ-i / mu-dɛŋ / mu-dɛ / mu-dɔŋ，(1b) mu-jɔ

(2) tan-gol 系

tan-gol / tan-gol-le

(3) sɨ-sɨŋ 系

sɨ-sɨŋ / sɨ-sɨiŋ-i / sɨ-sɔŋ

(4) その他

pok-sul / sin-baŋ / ho-se-mi

2　地理的分布

(1a)の mu-daŋ は最も広い範囲にかけて分布する。全羅南北道，慶尚南北道，忠清南北道，江原道，咸鏡南北道，平安南北道及び，京畿道の 3 箇所や黄海道の黄州にも見られる。mu-dɛŋ-i は全羅南道の谷城にしか見られない。mu-dɛŋ は咸鏡北道の 2 箇所に分布し，mu-dɛ は咸鏡南道の 1 箇所や咸鏡北道の 1 箇所に見られる。mu-dɔŋ は京畿道の開城や黄海道の延安に分布する。(1b) mu-jɔ は咸鏡南道の甲山に見られる。

(2)の tan-gol は主に全羅南北道に分布するが，平安南北道にも若干見られる。tan-gol-le は全南や全北にしか見られない。

(3)の sɨ-sɨŋ は主に咸鏡北道に分布し，咸鏡南道や平安南道にも 1 箇所づつ見られる。sɨ-sɨiŋ-i は咸北の明川に見られ，sɨ-sɔŋ は黄海道の黄州に分布する。

(4)の pok-sul は咸鏡南北道に分布し，sin-baŋ は済州島に分布する。ho-se-mi は咸南の豊山に見られる。

4　文献上の記録

以上の語形の中で文献において確認できる語形には mu-daŋ 及び sɨ-sɨŋ がある。まず，mu-daŋ が現れる文献は次のとおり。

后ㅣ 그 ᄢᅴ예 오래 病ᄒᆞ샤 무당과 醫員을 信티 아니ᄒᆞ샤 <1475 内訓 2: 54a>
巫 무당 무 <1527 訓蒙字会 中 2b>
무당과 祝 귓것ᄉᆡ게 빌기 <1588 小学諺解 5: 60a>
師婆子 무당 <1690 訳語類解上 27b>

次に sɨ-siŋ が見られる文献は次のとおり。

녯 님그미 스승 ᄉᆞ로ᄆᆞᆯ 삼가시고 (前聖慎焚巫) <1481 杜詩諺解 10: 25b>
도로 와 큰 스승을 뵈리아 (還来謁大巫) <1481 杜詩諺解 19: 7b>

以上の他に，次のような例に見られる심방は済州島に見られる sin-baŋ と関係があるのかもしれない。

어미 平生애 심방 굿ᄲᅮᆫ 즐길ᄊᆡ 天宮에 몯 어더보니 <1459 月印釈譜 23: 68b>
祝ᄂᆞᆫ 男人 심방이라 <1461 楞厳経諺解 8:117b>

5　考察

巫覡は韓国の土着のシャーマニズムに関連しているため，巫女を表す固有語があったはずであるが，上述した 14 種の語形の中では，(1)の mu-daŋ，(2)の tan を含む語形や(4)の ho-se-mi が固有語に当たる語形である可能性が高い。

金敏洙編(1997: 381)は，mu-daŋ について「語源未詳」としながらも，「参考」として『韓国文化象徴辞典 1』(1992)における mu-daŋ についての「満州語の mu-dan (音，声，響)の語根である mud と韓国語の mud-da (問の意味)の語根である mud が一致し，巫女は神と人の間で言葉の仲立ちの役割を務めている」という説明（徐廷範氏による）を引用している。

なお，mu-daŋ の mu は漢語「巫」との関連が考えられるかもしれないが，実際に文献に現れる語形を見ると「巫堂」いう漢字語は見当たらず，巫，師婆子，祝神人などの漢字語しか見られない。したがって mu-daŋ あるいはこれに似ている固有語が存在し「巫堂」は後に漢字を借りて表記したと推測できる。(1b)の mu-jɔ の場合，漢字語である可能性が高い。mu-jɔ を除いた mu-daŋ 系の語形の音変化は次のとおり。

mu-daŋ ＞ mu-dɛŋ ＞ mu-dɛŋ-i
　　　　　　　　　＞ mu-dɛ
　　　＞ mu-dɔŋ

次に，ho-se-mi を見ると，咸鏡道では女性の巫覡を ho-se-mi あるいは ho-si-mi と呼び，男性の巫覡を ho-se-a-bi，または ho-si-a-bi と呼ぶ。それらの語形にはそれぞれ母や父を表す ə-mi や a-bi が含まれている。

最後に tan-gol の語源が「檀君」にかかわっているという説もあるが，檀君の意味が祭祀をつかさどる人という事実を考えれば，まったく関係がないとは言えないだろう。ただ，現時点では根拠が不足しているため，断言できない。

(4)の語形のうち pok-sul は漢字語の「卜術」であり，sin-baŋ は「神房」かもしれないが，上で見たように中世語に심방という語が存在するので，それが変化した形かもしれない。ただし，『韓国民族文化大百科』では逆に sin-baŋ の n が子音の同化を起こして sim-baŋ になったのではないかとしている。

参考文献

金敏洙編 (1997)『우리말語源辭典』ソウル：太学社.

『韓国文化象徵辞典 1』(1992) ソウル：斗山東亜.

『韓国民俗信仰事典』 (http://folkency.nfm.go.kr/minsok/index.jsp)

『韓国民族文化大百科』(http://encykorea.aks.ac.kr/)

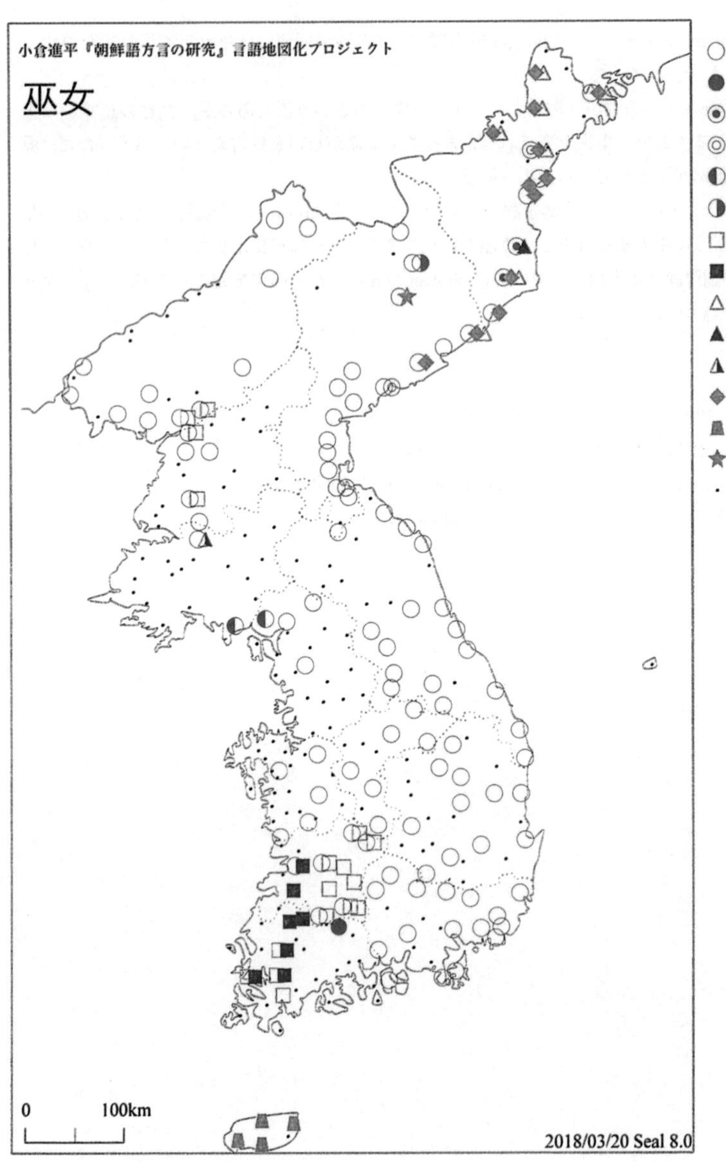
小倉進平『朝鮮語方言の研究』言語地図化プロジェクト
巫女
mu-daŋ
mu-dɛŋi
mu-dɛŋ
mu-dɛ
mu-dɔŋ
mu-jɔ
tan-gol
tan-gol-le
si-siŋ
si-siŋ-i
si-sɔŋ
pok-sul
sin-baŋ
ho-se-mi
NR
0
100km
2018/03/20 Seal 8.0

24

舌

李美姫

1　はじめに

韓国の標準語は hjɔ(혀) であるが，これにあたる語は『朝鮮語方言の研究』の「身体」に「舌」という項目名で 25 種記録されている (上: 92–93)。

これらの語形は語頭子音の種類により，大きく(1) hjɔ 系と(2) sɔ 系に分類できる。

(1) hjɔ 系

(1a) hjɔ

(1b) he / hɛ / he-ˀte-gi / he-ˀpa-dak

(2) sɔ 系

(2a) sɔ / sɔ-ˀkal / sɔ-ˀkɨt / sɔ-ˀpa-dak

(2b) se / ˀse / se-ˀka-dak / se-ˀkɨt / se-ˀtɛ / se-ˀtɛ-gi / se-ˀtɨi / se-ˀpa-dak / ˀse-ˀpa-dak / sɛ / ˀsɛ

(2c) sø / swe / si / ˀsi / ˀsi-ˀpa-dak

(1) の hjɔ 系は，中世語から用例が見られる(1a) hjɔ と，この hjɔ から母音が変化したとみられるものとそれにさらにˀte-gi やˀpa-dak が付いた(1b)に分けられる。

(2) の sɔ 系は母音の種類により，母音が ɔ である(2a)と e または ɛ である(2b)，その他の母音で現れる(2c)に分けられる。またそれぞれにˀte-gi などの接辞や先や端の意味を表すˀkɨt，平らな表面や底の意味を表すˀpa-dak などの名詞が付いたものも含まれる。

2　その他の語形

小倉進平の資料では，咸鏡北道は口蓋音化が起きた語形である sɔ 系しか現れないが，『咸北方言辞典』(1986)によると헤，혀も見られる。そして「혀」の俗語として세떼:，세떼:，셰떼:，세띠:などの語形も見られるが，第二音節が長母音で現れるのは小倉の資料と異なる点である。『韓国言語地図』では慶尚南道の昌寧と密陽で히が見られる。

3　地理的分布

現在の標準語形である(1a) の hjɔ はあまり見られず，朝鮮半島の中央部に散発的に数か所見られるのみである。(1a) hjɔ の母音の変形である(1b)は平安道の多くの地点と慶尚北道の数地点で現れる。

(2)の sɔ 系は，平安道を除いた全ての地域に広く分布している。李基文(1991)で指摘されているように西北方言(平安道方言)の非口蓋音化はよく知られている現象である。

(2)の sɔ 系の中でも(2a)の母音が ɔ であるものは黄海道や全羅道など，朝鮮半島の西部に集中して現れる。それ以外の地域(咸鏡道，江原道，慶尚道)では(2b)の母音が e または ɛ のものが広く現れる。その中でも se は咸鏡道，江原道，忠清北道に多く現れ，se が濃音化したˀse は全羅南道や慶尚南道に集中的に現れる[1]。そして se に接辞 -ˀtɨi が付いた se-ˀtɨi は咸鏡北道の多くの地点で，se-ˀtɛ-gi は咸鏡南道と江原道の境界線の周囲に，se-ˀpa-dak とˀse-ˀpa-dak は全羅北道と忠清北道とそれに隣接した地域，そして京畿道と黄海道の 1 地点で現れる。

sø は小倉の資料では慶北の知禮の一地点しか現れないが，『韓国言語地図』(2008)では京畿道と忠清北道の多くの地点で見られ，その使用地域が小倉の資料より広いことが分かる。

4 文献上の記録

文献上で現れる最も古い語形は『訓民正音』合字解の혀である。혀が口蓋音化した sɔ 系のものは調べた限り中世語の段階では現れない。

ᄃᆞᆫ 혀쏘리니 <1446 訓民正音解例>
ᄒᆞ은 혜라 <1447 釈譜詳節 19: 9>

5 考察

上記で見たように，舌の意味で現れる文献上の最も古い語形は혀である。『韓国言語地図』(2008)では文献上の혀の音価を hjə であるとし，小倉の資料で見られる sɔ は hjə が口蓋音化により sjə になり，さらに口蓋音 s の後で j が脱落し，sə (> sɔ)になったものとしている。以下は『韓国言語地図』(2008)の説明をまとめたものである。

hjə > (口蓋音化) sjə > (口蓋音 s の後で j 脱落) sə > sɔ
> (‘여’の縮約) hje > (口蓋音化) sje > (口蓋音 s の後で j 脱落) se

しかしそうすると文献上や方言形で sjə が現れないのは不思議である。そして hjə から hje への変化は‘여’の縮約であると見るより，j の影響で前舌化したと見た方が妥当であろう。

文献上の혀の実際の音価は明らかではないが，現代韓国語のㅎは結合する母音により様々な音価で現れ[2]，i や半母音 j の前では口蓋音化し，無声硬口蓋摩擦音 [ç] になる。15 世紀のㅎの音価も現代と同じであったと仮定すると혀の音価は çjə になる。そうすると小倉の資料で現れる(2)の sɔ 系は çjə が前舌化したものと考えられる。

(1a)の hjə と(1b)の he や hɛ の関係と(2a) sɔ と(2b)se の関係は，小倉進平の他の資料でも現れるㅕ>ㅔの変化であると言えよう。例えば星(piɔl > pel)，別に(piɔl-lo > pel-lo) 硯(piɔl-lu >

---

[1] 慶尚道方言には hjɔ の方言形である ˀse が使われる ‘쎄가 빠지게’，‘쎄빠질놈’ などの慣用的な表現がある。

[2] ɯ の前では無声軟口蓋摩擦音 [x] になり，u や w の前では無声両唇摩擦音 [ɸ] になったりする。

pel-lu)などの項目がある。以上のことを考えると次のような変化が考えられる。

çjə > çjɔ/hjɔ > he~hɛ > he-ˀte-gi / he-ˀpa-dak
(> ʃɔ) > sɔ
> se~sɛ > se-ˀka-dak / se-ˀkɨt / se-ˀtɛ / se-ˀtɛ-gi / se-ˀtɨi / se-ˀpa-dak
> ˀse~ˀsɛ > ˀse-ˀpa-dak
> sø
> swe
> si > ˀsi > ˀsi-ˀpa-dak

参考文献

金泰均編著 (1986) 『咸北方言辭典』ソウル：京畿大学校出版局.

李基文 (1991) 『国語音韻史研究』ソウル：塔出版社.

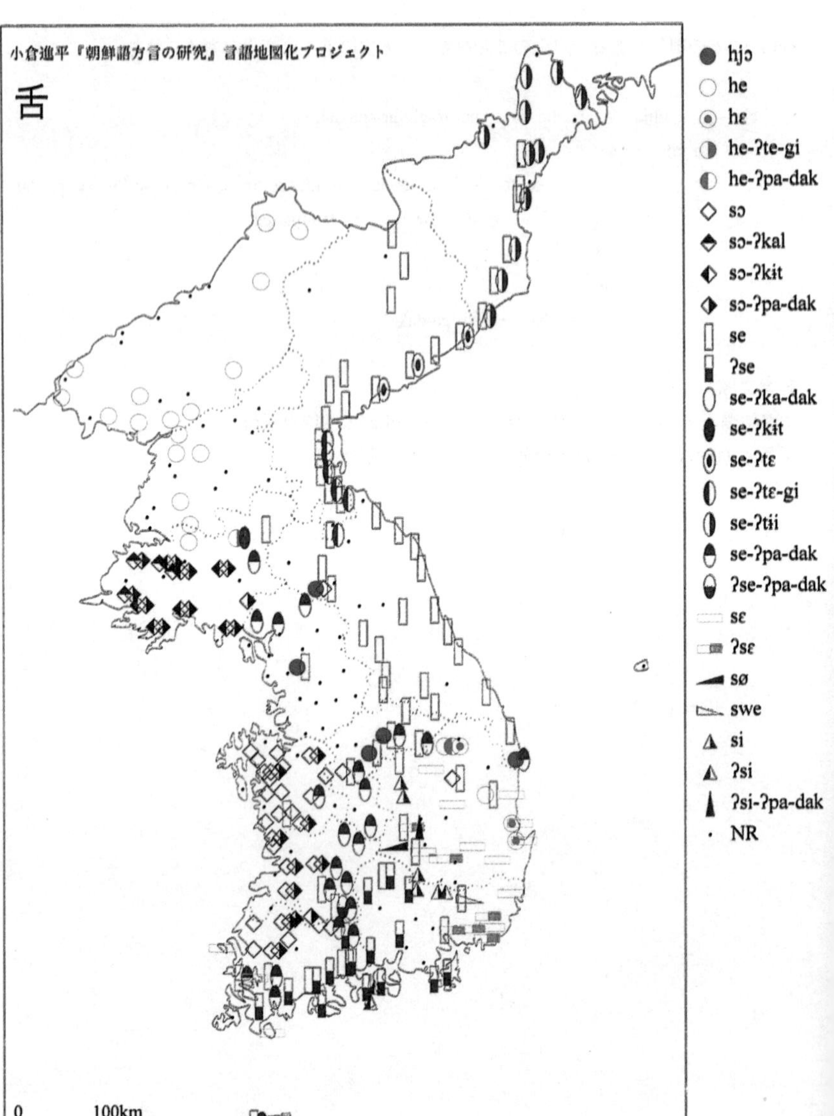
小倉進平『朝鮮語方言の研究』言語地図化プロジェクト
舌
hjɔ
he
hɛ
he-ʔte-gi
he-ʔpa-dak
sɔ
sɔ-ʔkal
sɔ-ʔkit
sɔ-ʔpa-dak
se
ʔse
se-ʔka-dak
se-ʔkit
se-ʔtɛ
se-ʔtɛ-gi
se-ʔtii
se-ʔpa-dak
ʔse-ʔpa-dak
sɛ
ʔsɛ
sø
swe
si
ʔsi
ʔsi-ʔpa-dak
NR
0 100km
2018/03/20 Seal 8.0

28

簪

全 恵 子

1　はじめに

韓国の標準語は pi-njɔ (비녀)であるが，これにあたる語は『朝鮮語方言の研究』の「服飾」に「簪」という項目名で6種記録されている (上: 152–153)。

語形の種類は多くないが，これらは (1) pi-njɔ 系，(2) pin-nɛ 系に分類でき，さらに(1) pi-njɔ 系は，(1a) pi-nɔ，pi-ne と(1b) pi-na，pi-nɛ に下位分類することができる。

(1)　pi-njɔ 系

　(1a)　pi-njɔ / pi-nɔ / pi-ne

　(1b)　pi-na / pi-nɛ

(2) pin-nɛ 系

(1)の pi-njɔ 系は(1a)のように第2音節の母音が狭い母音 ɔ/e に交替したものと, (1b)のように第2音節の母音が広い母音 a/ɛ に交替したものに分けることができる。その中でも(1b)の pi-na という語形は目を引く。

(2)の pin-nɛ 系は，広い母音 ɛ に交替した変種に，第1音節の終声に /n/ が挿入されたものである。

2　その他の語形

小倉進平の『朝鮮語方言の研究』では平安南道のデータが無く，『韓国言語地図』にもこの項目は含まれていなかった。そのため，その他の語形を確認することはできていない。

3　地理的分布

標準語である pi-njɔ の語形は忠清北道の清州と槐山の2地点のみで見られる。(1a) pi-nɔ は忠清南道の1地点でしか見られず， (1a) pi-ne は全羅南道，慶尚北道の一部と，北に離れた平安北道の一部に分かれて分布している。

(1b) pi-na は忠清道と京畿道, 黄海道一帯に見られる。(1b) pi-nɛ は最も多く分布しており，済州の1地点と全羅道全域，慶尚道全域，忠清北道の一部，江原道，黄海道の1地点，咸鏡道全域，平安北道まで，pi-na が見られる地域を取り囲むように広く分布している。

(2) pin-nɛ 系は済州島の2地点のみで見られる。

4　文献上の記録

pi-njɔ (비녀)の古い形は빈혀で，この語形が現れる最も古い文献は『救急方諺解』(1466)である。その後も，『内訓』(1475)，『杜詩諺解』(1481)，『訓蒙字会』(1527)，『光州千

字文』(1575), 『新増類合』(1576), 『小学諺解』(1588), 『家禮諺解』(1632), 『女訓諺解』(1658), 『女四書』(1737), 『方言類釈』(1778)など多くの資料に現れる。また, 開化期までこの語形は現れ, 『毎日新聞』(1898), 『大韓毎日申報』(1904)などの新聞でも古い形で表記されている。いくつかの例を挙げる。

시혹 쇠 빈혀를 ᄉᆞ라 굼긔 니기 지지라 <1466 救急方上 67b>
내 머리 우횟 빈혀ᄅᆞᆯ 바사 ᄇᆞ료리라 <1481 杜詩諺解 15:4b>
簪 빈혀 ᄌᆞᆷ <1527 訓蒙字会 12a> <1576 新増類合 31a>
箴 빈혀 ᄌᆞᆷ <1575 光州千字文 16a>
笄ᄂᆞᆫ 이제 빈혀니 婦人의 首飾이라 <1632 家礼諺解 3:20a>
크게 울고 빈혀ᄅᆞᆯ ᄀᆞ라 목을 딜러 죽으니 <1737 女四書 4:25b>
안히의 빈혀를 잡히며 <1904 大韓毎日申報>

また,『韓国漢字語辞典(巻 4)』の「鬢」の項目に「鬢舌 빈혀」の記載があり,『古今釋林』からその用例を引いている。『古今釋林』の第 28 巻東韓釋語には「鬢舌」の項目で次のように説明されている。

鬢舌　本朝 東俗謂簪釵之 屬曰빈혀即鬢舌也

現在の標準語である비녀の語形が現れる最も古い文献は『戒女書』(16--)で, その後 19 世紀末から 20 世紀初頭の 『女士須知』(1889), 『独立新聞』(1896), 『大韓毎日申報』(1904), 『部別千字文』(1913)などに見られる。用例は次の通り。

아비 가라칠 일 아니로ᄃᆡ 네 나히 비녀 쏫기의 이르러 <16-- 戒女書>
은 비녀들을 쎄여 보내면서 이걸 팔아 곡식을 사셔 <1896 独立新聞>
簪 비녀 잠 <1913 部別千字文>

また,『17 世紀国語辞典(上)』には빈하が見出し語として挙がっており, 文献では『七長寺版類合』(1664), 『靈藏寺版類合』(1700)にこの語形が見られる。

簪 빈하 ᄌᆞᆷ <1664 七長寺版類合 19a> <1700 類合靈藏寺 19a>

5　考察

標準語の(1) pi-njɔ 系のうち(1a)は, 古い形の빈혀の h が脱落し n が連音化して現代語の pi-njɔ となり, 半母音 j が脱落して狭い母音の pi-nɔ , そして接尾辞が付いた pi-ne へ変化したと考えられる。 (1b) pi-na は古い形の빈하の h が脱落し n が連音化して現代語の pi-na に変化したと考えられるが, (1b) pi-nɛ は pi-na に接尾辞が付いて pi-nɛ へ変化したものか, あ

るいは，狭い母音の/ɔ/が広い母音の/a/に交替して接尾辞がついたものかは判断し難い。(2) pin-nɛ 系は(1b)の広い母音の pi-nɛ に/n/挿入現象が見られる変種であるが，これは済州道でのみ見られる。また，慶尚道で pi-ne と pi-nɛ が併用されているのを見ると，この地域で既に애と에の区別が無くなっていた可能性も考えられる。

文献上の記録を見ると，17 世紀に빈하の語形が『七長寺版類合』に現れるが，七長寺は京畿道の安城にあり，小倉進平の調査データで pi-na という語形が京畿道に見られることから地理的分布が一致する。また，『霊蔵寺版類合』にも빈하の語形が現れるものの，霊蔵寺の所在ははっきりせず[1]，現代語の pi-na の分布との関係はわからない。

語源についてははっきりしないが，古い形の빈혀が「鬢舌」として文献に見られることから，部分的に漢字語を含むと考えられる。『韓国漢字語辞典(巻 4)』では「鬢」は音読みにし，「舌」は설とは読まずに，訓である「혀（舌)」と解釈されている。音読みと訓読みを合わせて対応させているのは「혀」という字音が存在しないからであろう[2]。

参考文献

李基文解題(1977)『古今釈林 三』ソウル：亜細亜文化社.
檀国大学校附設東洋学研究所(1996)『韓国漢字語辞典』ソウル：檀国大学校出版部.
韓国精神文化研究院編(1995)『17 世紀国語辞典(上)』ソウル：太学社.

[1] NAVER（https://search.naver.com）で検索すると平安北道に同名の寺があるが，詳細は不明である。

[2] 「혀」には舌という意味の他に「서까래(垂木)」という意味もある。「서까래」とは木造建築物などに用いる構造材で，棟から軒に架けられる角材で，形状は細長い。

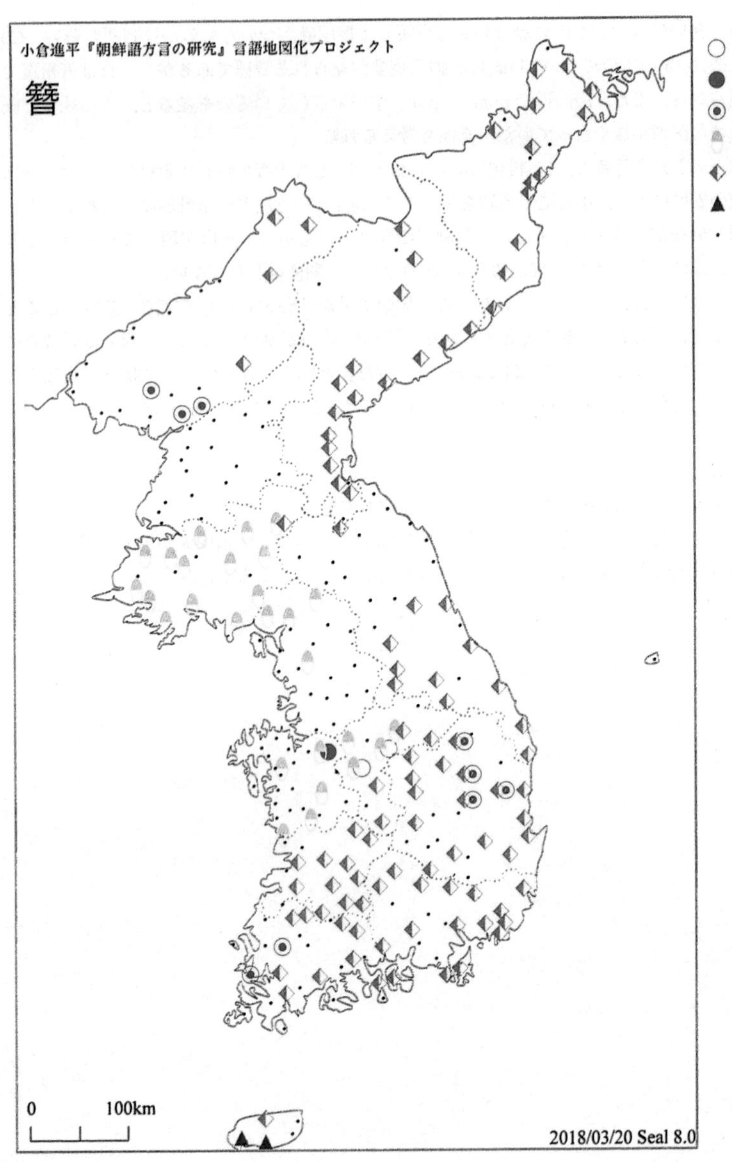
小倉進平『朝鮮語方言の研究』言語地図化プロジェクト
簪
pi-njɔ
pi-nɔ
pi-ne
pi-na
pi-nɛ
pin-nɛ
NR
0
100km
2018/03/20 Seal 8.0

32

下駄と靴

福 井 玲

1　はじめに

この２つの項目は日本語からの借用語であるという点で他の多くの項目とは異なり，韓国語の語彙史の研究対象とされたことはほとんどないものと思われる。これらはいずれも20世紀初頭に日本語から借用されたと考えられる。「下駄」の方は現在では廃語となっているが，小倉進平のデータでは変種が比較的多く，新語が導入当時にどのような変種が生じうるのかという点に関心が引かれる。一方，「靴」の方は ku-du (구두)という語形で現在でも使われ，標準語にもなっている点が異なる。韓国語における ku-du の意味は『標準国語大辞典』によると，「主に皮で作った西洋式の履物。≒洋鞋・洋靴。(< (日) kutsu [靴])」（筆者翻訳）とあり，語源が日本語であることも明示している。

2　「下駄」について

上でも述べたようにこれは20世紀初頭の日本語からの借用語と考えられるが，新しく入った語にしては変種が多いのが特徴である。『朝鮮語方言の研究』には合計 12 種の語形が記録されている（上: 137–138)。これらは第 1 音節の母音のバリエーション，第 2 音節の頭子音の種類（閉鎖音か破擦音か，あるいは濃音か)，また語末に子音-l が添加されているかどうかといった観点から分類することができる。

(1) ke-da / kɛ-da / ki-da / kja-da, (2) ke-dʒa / kɛ-dʒa / kjɔ-dʒa,
(3) ket-ta / kit-ta / ken-ʔta, (4) ke-dal / ke-da-ri

(1)は語中子音を平音で表した語形で，母音はさまざまである。(2)は語注子音が破擦音になっているもの，(3)はそれが濃音になっているものである。(4)は第２音節以下が -dal あるいは -da-ri となって，語末に -l あるいはそれにさらに -i が添加されている形である。

2.1　地理的分布

(1) の語形が全国的に最も広く分布する。現在の韓国語では日本語の語中の清音を写すときに，濁音と区別するために激音（または濃音）を用いるが，当時は平音を用いるのが普通のことだったと考えられる。この習慣は非標準語とされながら現在でも俗語として残っている借用語によく見られる現象である（例えば，노가다 <「土方」，시다 <「下」)。(2)の語中子音が破擦音となる語形は慶尚南道を中心として用いられるが，咸鏡南道，黄海道などそれ以外の地域にも若干見られる。(3)の濃音化する語形は全羅南北道に主に分布し，咸鏡南道にも 1 地点存在する。(4)の語末に –l を付加した形は咸鏡道特有の語形である。

2.2 文献上の記録

19世紀末から20世紀初頭の例はいまだ見出していないが，朴景利の小説『土地』(1969–1994)などのような植民地時代のことを描いた文学作品などでは使われている。

3 「靴」について

「靴」は言うまでもなく日本語では履物を表す語として古くから使われてきた。『万葉集』巻14の東歌「信濃路は今の墾道刈りばねに足踏ましむな(なむ)くつ(久都)はけわが背」(3399)のようによく知られた歌にも登場する。

韓国語に借用された「靴」を表す語形は『朝鮮語方言の研究』では，(1) ku-du と(2) ku-dʒu の２つであるが，後者の地域で２地点（咸鏡南道文川と咸鏡北道羅南）について ku-tsu と発音されるという注記がなされているので（上: 138），本稿の地図ではこれも別語形として都合３種類の語形をあげておく。ただし，ku-tsu という発音は普通の韓国語の音韻体系に沿った発音とは考えられないので，日本語としての外来音発音だった可能性がある。

3.1 地理的分布

(1) の語形は黄海道以南で用いられる。(2)の語形は咸鏡道を中心に用いられるが，黄海道でも２地点で用いられている。この他，小倉進平のデータにはこの項目について平安道の記録がないが，金履浹編著（1981）によるとやはり(2)の구주という語形が用いられている。

3.2 文献上の記録

今のところ19世紀以前には見られず，20世紀初頭の新聞や新小説などに若干の例が見られる。これらは「下駄」よりも「靴」の方が早くから用いられていたことを示している。

보리집 모즈 장스와 구두 장스와 양복 장스가 수날거시오 <1904 大韓毎日新報 (5451)>
소례복에 고모 쓰며 통량갓에 구두 신고 흔들흔들 가는 모양 한인 일인 겸힛고나 <1904 大韓毎日新報(7829)>

4 考察

「下駄」については，新語にも関わらずこのような変種が存在する理由は不明であるが，(3)の濃音の発音は日本語の語中の清音をどう写すかに関する見解の相違を反映したものかもしれない。また「靴」について，そもそも今日の標準語でなぜ ku-du となっているかが問題である。開化期に日本語の「つ」を実際の発音とかかわりなく機械的にこう捉えたのかもしれない。また，もう１つの ku-dʒu の方は日本語の破擦音を反映したものかもしれない。

参考文献

金履浹編著（1981）『平北方言辞典』韓国精神文化研究院.

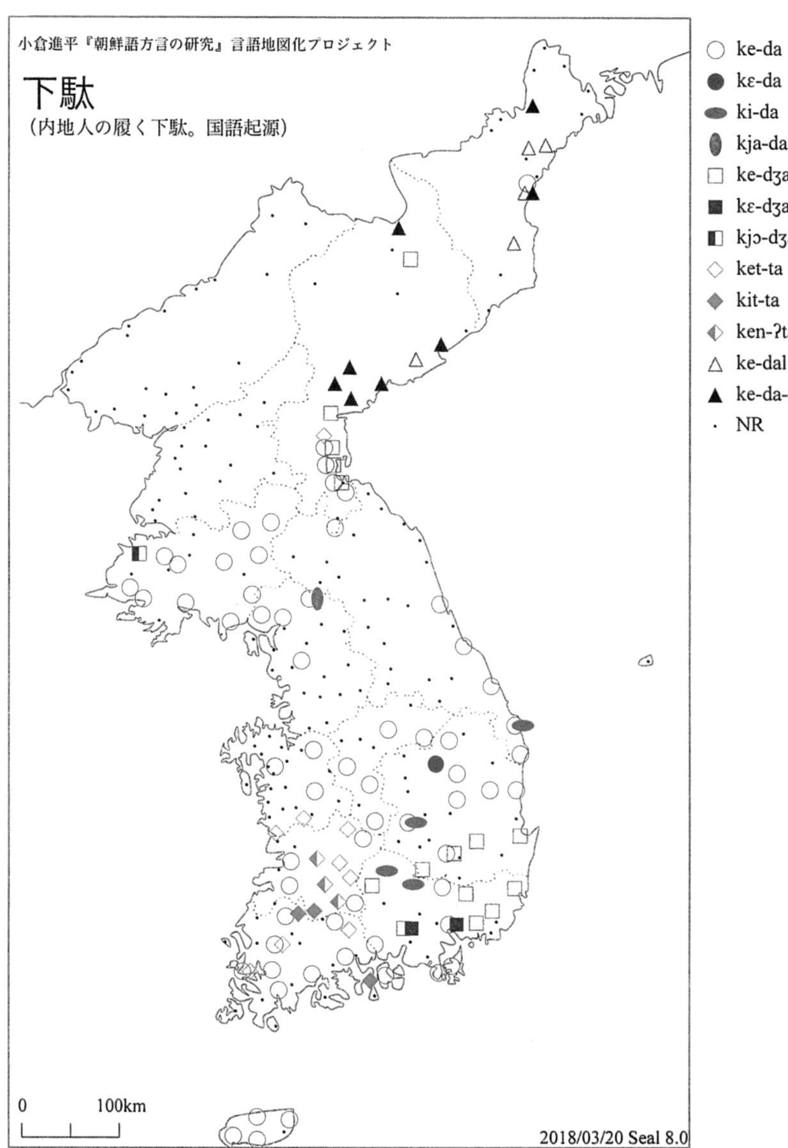
小倉進平『朝鮮語方言の研究』言語地図化プロジェクト
下駄
（内地人の履く下駄。国語起源）
ke-da
kɛ-da
ki-da
kja-da
ke-dʒa
kɛ-dʒa
kjɔ-dʒa
ket-ta
kit-ta
ken-ʔta
ke-dal
ke-da-ri
NR
0
100km
2018/03/20 Seal 8.0

35

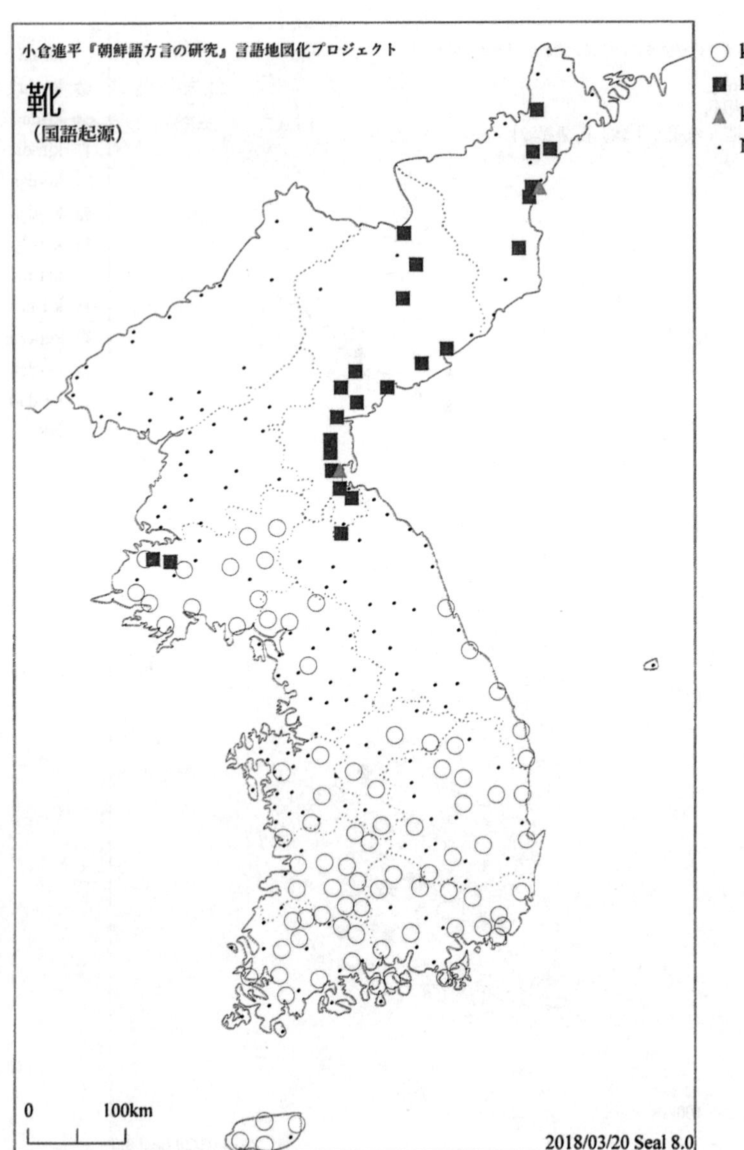
小倉進平『朝鮮語方言の研究』言語地図化プロジェクト
靴
(国語起源)
ku-du
ku-dʒu
ku-tsu
NR
0
100km
2018/03/20 Seal 8.0

36

粉

李 美 姫

1　はじめに

韓国の標準語は ka-ru (가루) であるが，これにあたる語は『朝鮮語方言の研究』の「飲食」に「粉」という項目名で 6 種記録されている (上: 162)。この 6 種はすべて語頭に k を持ち，語中に流音(r または l)を持っており，同一の語形からの変種であると考えられる。

(1) ka-ru 系

(1a) ka-ru / ka-ri / kʌ-ru

(1b) kal-lu / kal-li

(1c) kal-gi

(1a)は，現在の標準語である ka-ru とその母音の変種である。(1b)の kal-lu 系は語中に-ll-が現れるもの，(1c) の kal-gi 系は語中に -g- が現れるものである。

2　その他の語形

小倉進平の資料では，咸鏡北道で kal-gi しか現れないが，『咸北方言辞典』(1986)によると갈기は「粉が」(粉+主格)という意味でも使われるとしており，「粉を」(粉+対格)という意味では갈그，「粉に」(粉+所格)という意味では갈게，갈위에が使われるとしている。これらの語形から格助詞の部分を除くと粉の語形としては갉が想定できる。

済州島の語形として kʌ-ru 以外に，『済州島方言研究資料篇』(1985)によるとᄀᆞ를，ᄀᆞ르，ᄀᆞ로などの語形が見られる。これらはすべて第一母音が中期語の‘・’[ʌ](いわゆるアレア)に対応する母音である。

3　地理的分布

現在の標準語形である ka-ru は京畿道，黄海道，平安道，忠清道，全羅北道や慶尚北道の一部にかけ，全国的に広く現れる。それと対照的に，ka-ri は南部地域である全羅道と慶尚道で集中して現れる。第一母音がアレアである kʌ-ru は済州島にだけ現れる。

語中に-ll-が現れる kal-lu と kal-li は散発的に現れ，kal-lu は黄海道の新渓の一か所，kal-li は慶南の陜川と慶北の高靈の二か所にだけ現れる。しかし『韓国言語地図』(2008)によるとその使用地域が小倉の資料より広く，kal-lu は京畿道と江原道の境目に数地点[1]，kal-li は慶尚北道と南道の境目に数地点[2]現れる。

---

[1] 京畿道の漣川，抱川，加平，南楊州，江原道の鐵原，横城，原城である。

[2] 慶尙北道の金陵，星州，達城，慶尙南道の陜川，昌寧，咸安である。

kal-gi は地図上では咸鏡道の多くの地点と江原道の 2 地点にしか現れないが，小倉の資料の ka-ru の項目のところで括弧内に「以上平北各地では主格を表す場合には [kal-gi] といふ」と記されていることから，平安北道では ka-ru と kal-gi が併用されていたことが分かる。そして『韓国言語地図』(2008)によると갈기または갉は江原道と慶尚北道にかけ，小倉の資料より多くの地点で見られる[3]。

4　文献上の記録

粉に当たる中期語の語形は単独形と共同格ではᄀᆞᄅᆞ(가루)，その他の格助詞が付いた場合は ᄀᆞᆯᄋᆞ로(가루로)，ᄀᆞᆯᄋᆞᆯ(가루를)，ᄀᆞᆯᄋᆡ(가루에)などで現れ，ᄀᆞᄅᆞ/ᄀᆞᆯㅇの語形が想定できる。

命을 ᄀᆞᄅᆞᄀᆞᆫ히 ᄒᆞ야도 得道ᄒᆞᆯ 期限이 잇디 아니ᄒᆞ리니　<1463 法華経諺解 1:223a>
沒藥ㅅ ᄀᆞᄅᆞ와 차 져고매 조쳐　<1466 救急方諺解 71b>
梅檀香ㄱ ᄀᆞᆯᄋᆞ로 ᄇᆞᄅᆞ고　<1447 釈譜詳節 6:38a>
細辛과 桂皮ㅣ ᄀᆞᆯᄋᆞᆯ 等分ᄒᆞ야 입 안해 녀흐라　<1466 救急方諺解 18a>
梅檀末ᄋᆞᆫ 梅檀香ㅅ ᄀᆞᆯ이라　<1459 月印釈譜 10:54b>

その他にもᄀᆞᆯᄅᆞᆯ(가루를)，ᄀᆞᆯᄅᆡ(가루에)，ᄀᆞᆯ리(가루가)なども現れる。この語形は主に 16 世紀以降の文献で多く見られる。

이베 피 나거든 부도조젯 ᄀᆞᆯᄅᆞᆯ 더 녀흐라　<1541 牛馬羊猪染疫病治療方 10a>
사당 ᄀᆞᆯᄅᆡ 섯거 잉도 마곰 비븨여　<1608 胎産集要 45b>
두 山이 어우러 ᄀᆞ라 ᄀᆞᆯ리 ᄃᆞ외ᄂᆞ니라　<1459 月印釈譜 1:29a>

5　考察

中期語で現れるᄀᆞᆯᄋᆞ로，ᄀᆞᆯᄋᆞᆯ，ᄀᆞᆯᄋᆡなどの語形のㅇは有声軟口蓋摩擦音 [ɣ] であったと考えられるため，それより古い時代では *kʌlk であったと想定できる。そして主に咸鏡道で現れた kal-gi の g は *kʌlk の k の名残であると考えられる。小倉の資料で現れるㅇ[ɣ] の名残として方言形で k または g が現れる例としては，柄(tʃal-gi)，砂(mol-gɛ / mol-gɛ-mi など)の項目がある[4]。

中期語よりさらに古い時代の語形を *kʌlk と仮定すると，そこから現代の諸方言へは次のような変化が想定できる。

---

[3] 江原道の高城，襄陽，溟州，三陟，平昌，旌善，寧越と慶尚北道の奉化，安東，醴川，尙州，善山である。
[4] しかしこれらの語形の使用地域の共通性は見当たらなかった。柄の tʃal-gi は主に咸鏡道,平安北道，砂の mol-gɛ / mol-gɛ-mi などは咸鏡道，平安北道，黄海道，慶尙北道などと比較的広い地域で現れる。

38

*kʌlk > kʌl-gi > kal-gi

　　> kʌlɣ

　　> kʌ-rʌ > kʌ-rɨ > ka-rɨ > ka-ru

　　　　> ka-ri

　　　　> kʌ-ru

咸鏡道で現れる kal-gi は*kʌlk に接辞-i が付いて kʌl-gi になり，ʌ > a により kʌl-gi > kal-gi の変化を経たと考えられる。中期語の kʌ-rʌ は*kʌlk の末子音 k の弱化，脱落によるもので，済州島で現れる kʌ-ru は中期語の kʌ-rʌ の第二母音のアレアが ʌ > ɨ の変化により kʌ-rɨ になり，円唇化により kʌ-ru になったと考えられる。ka-ru と ka-ri はそれぞれ kʌ-rʌ > kʌ-rɨ > ka-rɨ の変化から第二母音の円唇化により ka-ru となり，前舌化により ka-ri になったと思われる。kal-lu および kal-li の語中のㄹ > ㄹㄹの変化は用言や体言などにも散発的に見られる現象である[5]。語源については『우리말語源辭典』(1997)によるとᄀᆞᆯ−[碎]+ᄋᆞ[接辞]であるとしているが明確なことは分からない。

参考文献

金敏洙編 (1997)『우리말語源辭典』ソウル：太学社.

金泰均編著 (1986) 『咸北方言辞典』ソウル：京畿大学校出版局.

玄平孝(1985)『済州島方言研究資料篇』ソウル：太学社.

[5]用言の例としては흐르-(流)+ -어 > 흘러，모ᄅᆞ(不知)- + -아 >몰라などがある。

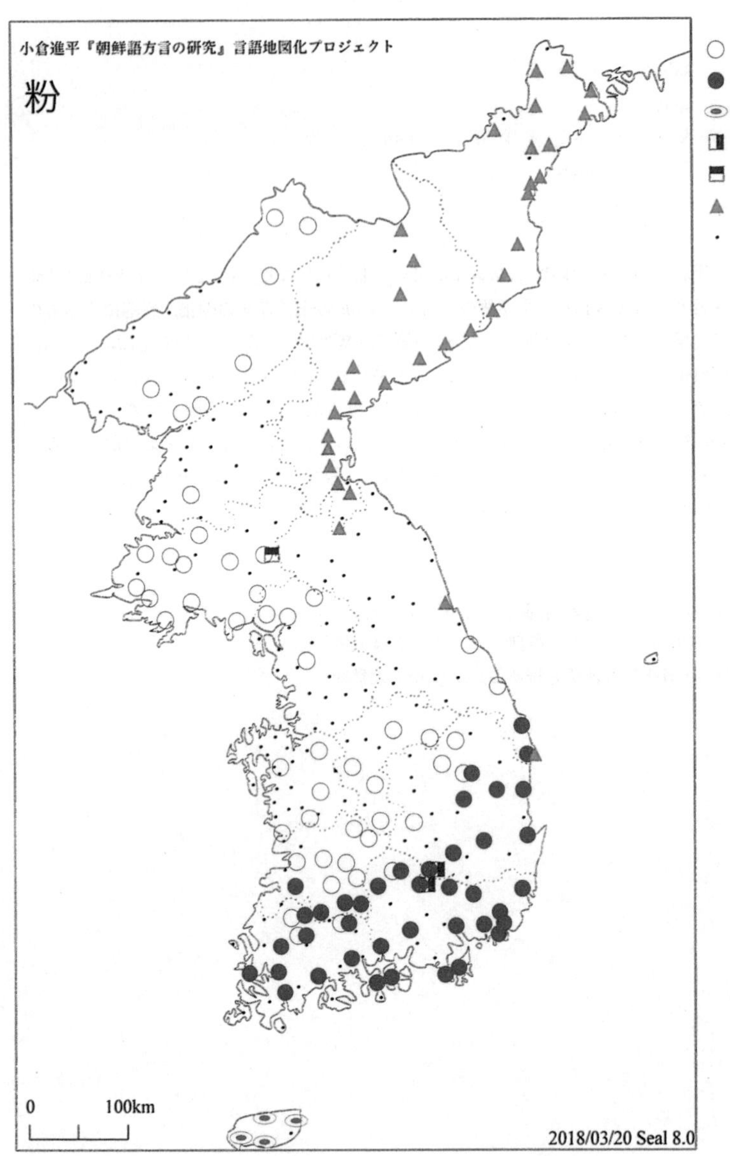
小倉進平『朝鮮語方言の研究』言語地図化プロジェクト
粉
ka-ru
ka-ri
kʌ-ru
kal-li
kal-lu
kal-gi
NR
0
100km
2018/03/20 Seal 8.0

40

李(すもも)の実*

朱 林 彬・福 井 玲

1　はじめに

韓国の標準語は tʃa-du (자두)であるが，これにあたる語は『朝鮮語方言の研究』の「花果」に「李(すもも)の実」という項目名で 27 種記録されている(上: 192–193)。これらは次のように 7 つのグループに分類することができる。

(1) o-jat 系　o-ja / o-jat / o-jak / o-ja-dʒi
(2) wɛ-dʒi 系　wɛ-dʒi / wɛ-dʒu / wɛ-tʃʰi / u-ɛ-tʃʰu / wɛt / we-jat
(3) ɛ-tʃʰi 系　ɛ-tʃʰi / ɛ-ɛ-tʃʰo / ɛ-a-tʃʰi
(4) oŋ-a 系　oŋ-a / oŋ-ɛ
(5) ko-ja 系　ko-ja / ko-jak / kwe / ʔkwe / pʰuŋ-gɛ
(6) tʃa-do 系　tʃa-do / tʃa-du
(7) no:l 系　no:l / no:-ri / nøŋ-i / noŋ-gu

このうち，(2)の wɛ-dʒi 系と(3) ɛ-tʃʰi 系は(1)の o-jat 系の第 1 母音と第 2 母音が縮約したもの，(4)の oŋ-a 系は o-jat 系の第 1 母音と第 2 母音の間に鼻音 ŋ が挿入されたもので，語源的には相互に関係のある語形と考えられる。(5)の ko-ja 系は語頭が k で始まる点を除いては(1)の o-jat 系と似ている。なお，その中で pʰuŋ-gɛ という語形は独特であるが，後半部の gɛ が ko-ja 系と関係があるものとしてこれに含めることにする。(6)の tʃa-do 系は漢字語「紫桃」に由来するものである。(7)の no:l 系は以上のいずれとも異なる語形である。

2　その他の語形

『標準国語大辞典』，『韓国方言資料集』などにはこれ以外にも多くの語形が見られるが，類型としてはおおむね上の 7 つのグループのいずれかにまとめられるものが多い。

この他に，小倉進平自身も『朝鮮語方言の研究』において，「李の実」とは別に「李の実(大きいもの)」という項目を立てているが，そこには tʃʰu-ri, si-tʰøŋ-i という，上の 7 つとはまったく異なる語形が見られる。

3　地理的分布

(1)の o-jat 系は慶尚北道，忠清道，江原道の沿海地域で主に用いられ，咸鏡南道の一部に

---

* 本稿は朱林彬(2015)の本論の一部(3.5 節)に基づき，本書の体裁に合わせて福井玲が加筆修正を行なったものである。

も見られる。

(2)の wɛ-dʒi 系は咸鏡道，平安道といった北部地域と，黄海道，京畿道のほか，慶尚北道の南部，全羅南道の海岸沿いに分布している。

(3)の ɛ-tʃʰi 系は慶尚南道の海岸沿いに見られる。

(4)の oŋ-a 系は忠清北道を中心に，それに隣接する慶尚北道，全羅北道の一部でも用いられている。

(5)の ko-ja 系は慶尚南北道と江原道の南部に分布している。

(6)の tʃa-do 系は全羅北道の一部と京城に見られる。

(7)の no:l 系は咸鏡道と平安北道という北部地域にのみ見られる。

4　文献上の記録

中世語から近代語にかけての資料には主に오얏，오야지，외얏という 3 種類の語形が見られる

아마커나 ᄠᆞᆯ 알퓟 복셩화 오얏나모 ᄃᆞ려 묻노라　<1482 南明集諺解 上 57b>

李葉 오얏닙　<1489 救急簡易方諺解 6: 29a>

李 오얏 니　<1576 新增類合 上 8b>

블근 오야지 므레 ᄃᆞ마도 ᄎᆞ디 아니ᄒᆞ고 (朱李沈不冷)　<1481 杜詩諺解 10: 23a>

복샹홰 블그며 오야지 ᄒᆡ며 薔쨩薇밍 감ᄇᆞᆯ고ᄆᆞᆯ　<1482 金剛経三家解 1: 23b>

복셩화 션 길콰 외얏 션 길히 ᄒᆡ 비록 오라나　<1481 杜詩諺解 15:15a>

李 외얏 니　<1583 石峰千字文 3b>

このうち외얏に関しては表記上の変種が見られる。

李 외얃 니　<1575 光州千字文 3b>

외옫 리 李　<1781 倭語類解 下 7a>

次に現在の標準語である자두(자도)に関しては，19 世紀末になって初めて자도の語形が見られる。

자도 紫桃　<1880 韓仏字典 530>

자도 紫桃　<1895 国漢会語 245>

これに関連して，ハングル表記された文献には見当たらないが「紫李」という語形が漢文

で書かれた史料にはいくつか見られる。

上記以外の語形は 20 世紀初頭頃までの文献上には見られないようである。

5　考察

この項目は(1)の o-jat 系の語形，及びそれに語源的に関連すると思われる(2)〜(4)のグループの語形を加えると，方言分布においてほぼ全国的に広がっていると言っても過言ではない。また，文献上の記録においても 19 世紀末まで o-jat 系の語形しか見られない。それに比べると標準語となっている(6)の tʃa-do 系の語形は全羅北道の一部と京城に見られるのみで非常に範囲が狭い。また文献上でも 19 世紀末になって初めて見られるようになる。なぜ o-jat 系の語形の勢力が強い中で「紫桃」という漢字語に由来する語形が新たに導入されたのかは明らかではない。

これら以外の語形の由来は今のところ不明のものが多いが，朱林彬 (2015)によると小倉進平が「李の実(大きいもの)」という別項目で扱った語形のうち tʃʰu-ri については漢語の「醜李」あるいは「秋李」に由来する可能性がある。

参考文献

韓国精神文化研究院語文研究室編 (1987–1995)『韓国方言資料集』全9巻. 城南：韓國精神文化研究院.

国立国語研究院 (1999)『標準国語大辞典』ソウル：斗山東亜.

崔鶴根 (1978)『韓国方言辞典』ソウル：玄文社.

朱林彬 (2015) 『韓国語語彙史研究ー小倉進平の方言調査に基づいてー』2015 年度東京大学人文社会系研究科修士学位論文.

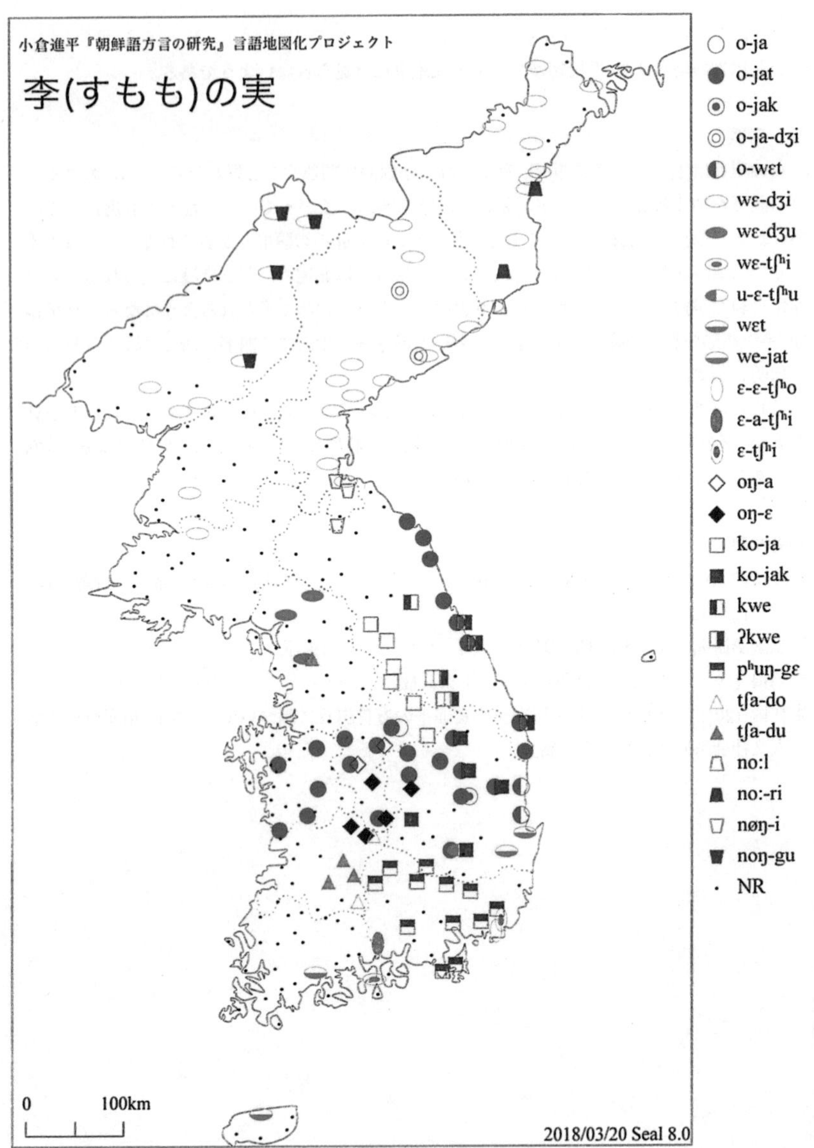

小倉進平『朝鮮語方言の研究』言語地図化プロジェクト
李(すもも)の実
o-ja
o-jat
o-jak
o-ja-dʒi
o-wɛt
wɛ-dʒi
wɛ-dʒu
wɛ-tʃʰi
u-ɛ-tʃʰu
wɛt
we-jat
ɛ-ɛ-tʃʰo
ɛ-a-tʃʰi
ɛ-tʃʰi
oŋ-a
oŋ-ɛ
ko-ja
ko-jak
kwe
ʔkwe
pʰuŋ-gɛ
tʃa-do
tʃa-du
no:l
no:-ri
nøŋ-i
noŋ-gu
NR
0
100km
2018/03/20 Seal 8.0

44

大根

梁 紅 梅

1 はじめに

韓国の標準語は mu であるが，これにあたる語は『朝鮮語方言の研究』の「菜蔬」に「大根」という項目名で 10 種記録されている(上: 202–203)。

これらは (1) mu-su 系，(2) mu: 系，(3) mut-ku 系，(4) nʌm-ˀpi の 4 つのいずれかに分類できる。

(1) mu-su 系
　(1a) mu-su，(1b) mu-si
(2) mu: 系
　(2a) mu:, (2b) mu-i，(2c) mu-ju，(2d) mi-u
(3) mut-ku 系
　(3a) mut-ku，(3b) mut-ki，(3c) mit-ki
(4) nʌm-ˀpi 系

(1)の mu-su 系はさらに，第 2 音節の母音が u であるか i であるかによって(1a)，(1b)に分けられる。

(2)の mu: 系は第 1 音節の母音が長母音か短母音かにより(2a)とその他に分けられ，また第 2 音節に母音 i か ju が付いているかにより，また第 1 母音と第 2 母音が入れ替わっているかにより(2b)，(2c)，(2d)に分けられる。また，『現代韓国方言資料集』に muu の語形も現れることから mu:と muu が共存していた可能性も考えられる。

(3)の mut-ku 系は第 2 音節の母音が u か i かによって(3a)，(3b)に分けられ，また第 1 音節の母音が i である(3c)に分けられる。

(4)は以上の語形とはまったく違う語形であって，ʌ が入る語形として済州道だけに見られる。

2 その他の語形

『韓国方言資料集』では，京畿道篇，江原道篇，忠清南北道，慶尚北道，全羅北道で mu: 以外に muu (무우)の語形も現れる。また江原道篇では，뭉우という語形も現れる。

3 地理的分布

(1)の mu-su 系の語形は主に江原道の南部地方と忠清南北道，全羅南北道，慶尚南北道に分布している。咸鏡南道には定平の 1 か所だけ見られるが，これは恐らく南部地方から飛び地的に流入した語かもしれない。(2)の mu:系は忠清南北道，江原道，京畿道，黄海道，咸鏡南道，平安南北道に分布していて，主に半島の中央に集中している。(3)の mut-ku 系は咸鏡南北道，江原道，慶尚北道，忠清北道にあって，主に半島の西部地方に分布している。(4)ʌ を伴う nʌm-ˀpi 系は済州道だけに分布する。

なお，地点によってはこれらの語形が併用されており，中には特に江原道と忠清北道，慶尚北道の境にある一部地域では(4)のほかの 3 種類がすべて併用されている地点もある。この場合は新古語の地域間の相互の影響が考えられる。

4　文献上の記録

大根を表す 4 種類の語形の中で最も古い語形は恐らく mu-su 系であるが，この語形は文献には現れてない。ハングル資料の中で一番古い語形は 15 世紀に現れるが，それは무ᅀᅮ系であった。

불휘 댓 무ᅀᅮ ᄀᆞᆮᄒᆞ니라　<1459 月印釋譜 21: 168b >
댓 무ᅀᅮ 불휘ᄅᆞᆯ（蔓菁根）　<1466 救急方諺解 上 58 >
겨ᅀᅳᆺ 무ᅀᅮ는 밥과 半이니（冬菁飯之半）<1481 杜詩諺解 16: 70 >

16 世紀になってから무ᅀᅮからᅀが脱落した무우系が現れ始めた。

菁 댓무우　<1576 新增類合 10b>
나죄 ᄡᅢ븨ᄂᆞᆫ 무우와 박만 ᄡᅵᆸ을 ᄯᆞᄅᆞ미니라　<1586 小学諺解 6: 126 >

nʌm-ˀpi　系は文献上には現れない。

5　考察

mu: に関して河野六郎(1979: 156–157)に考察があり，それを参考にするとこの項目に関する語形変化は次のとおりである。

mu: は大きく第 2 音節に s を含んでいるかいないかによって 2 種類に分けることができる。 分布状況からもわかるように s を含む形は半島の南部に集中しているが，朝鮮朝初期の文献にでる z よりは古い語形である可能性がある。musi は mus-i という主格形に由来するものかもしれない。

s を含んでない形は第 2 音節に k を含んでいるかいないかによって大きく分けることができる。mu:の古い語形を musu に設定した場合，s の弱化により朝鮮朝初期の文献で見られるように s > z の変化が起き，それから muʒi > muʒwi > muwi > mui あるいは muzu > muwu; muzu > muju > mju > miu のような変化が推定できる。

mutku 系に関しては咸鏡北道でよくおこる k 曲用を挙げることができる。咸鏡北道では

名詞曲用の際によくㄱ，글，게が挿入されるが，そのために mus-ki という語形が生まれ，この時の i が主格形であろうと誤って解釈された結果，musk-i から mutki > mutku のような語形が生まれたのかもしれない。

nʌm-ˀpi 系は『韓国方言資料集』の済州道篇にも載っているが，고훈식(2016)によれば，「骨のような堅いナムル」という意味で，나물+뼈 > 남삐になったが，뼈 > 삐になったのは同じ発音の単語との意味混同を避けるためであるとされている。

参考文献

河野六郎 (1979) 『河野六郎著作集 1 』東京：平凡社.

고훈식 (2016)『제주도의 어원을 찾아서』제민일보.

韓国精神文化研究院語文研究室編 (1987–1995)『韓国方言資料集』全 9 巻. 城南：韓國精神文化研究院.

47

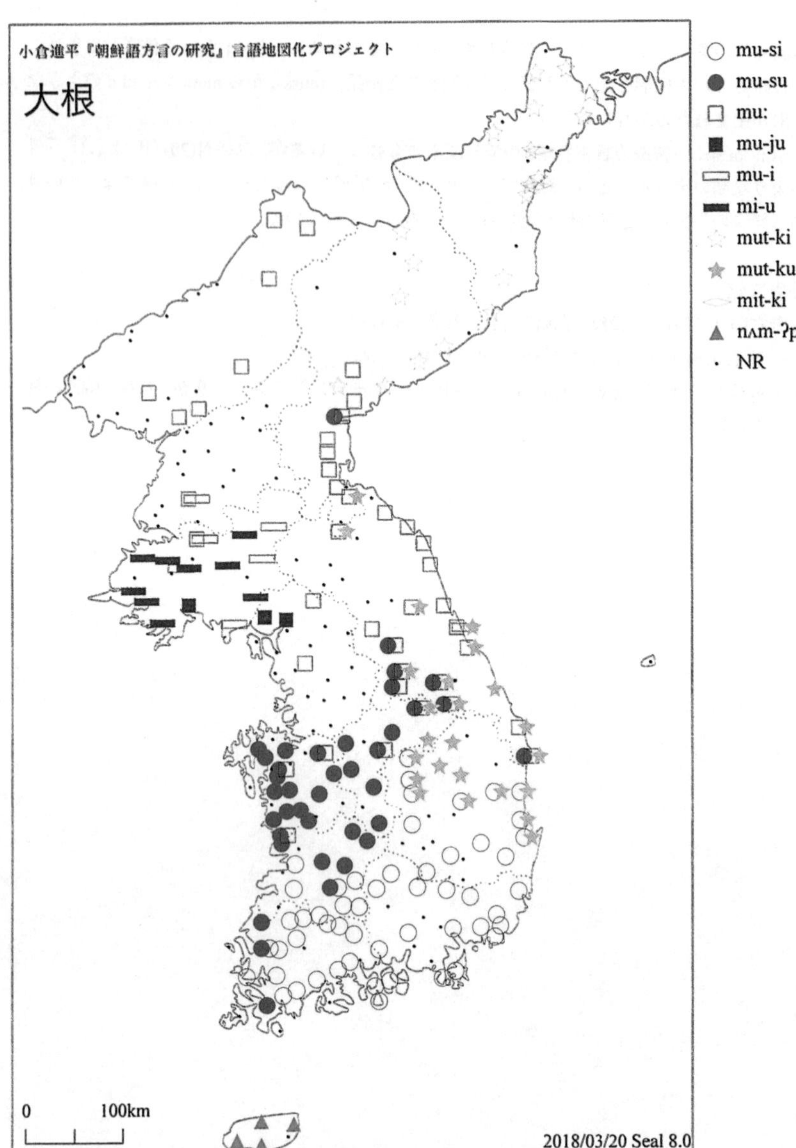
小倉進平『朝鮮語方言の研究』言語地図化プロジェクト
大根
mu-si
mu-su
mu:
mu-ju
mu-i
mi-u
mut-ki
mut-ku
mit-ki
nʌm-ʔpi
NR
0
100km
2018/03/20 Seal 8.0

48

蕎麥

岩 井 亮 雄

1　はじめに

韓国の標準語は me-mil（메밀）である。これにあたる語は『朝鮮語方言の研究』の「菜蔬」に「蕎麥」という項目名で 9 種の語形が記録される（上: 201–202）。第一音節母音の変種によって次の 4 種類に分類できる。

(1) me-mil 系
　(1a) me-mil, (1b) me-mul
(2) mø-mil 系
　(2a) mø-mil, (2b) mø-mul, (2c) mø:l
(3) mɛ-mil 系
　(3a) mɛ-mil, (3b) mɛ-mul, (3c) mɛ:l
(4) mi-mul

以上の語形は，(i) 第一音節母音（e / ø / ɛ / i），(ii) 第二音節母音（i / u），(iii) 音節数（二音節語か，二音節語から mi / mu が脱落して一音節語に縮約されたか）といった観点で分類することができる。

2　その他の語形

『韓国言語地図』（2008）にはこの項目はない。『韓国方言辞典』（重版 1987）には (1) の変種として me-mi / me-mu:l / me-mu-ul / me:-mul（ハングルのローマ字転写は小倉進平の方法（下: 13–14）による。以下同様），(3) の変種として mɛ-mɨl，(4) の変種として mi-mil / mi:-mul / mim-mul，中世語に由来する mo-mil，その他 ʧaŋ-mil / pʰe-mil / ho-mil が見られる。小倉進平のデータには中世語に由来する mo-mil が見られないことと対照的である。

小倉進平のデータでは空欄になっている地点のうち，済州島については『済州島方言研究』（1962）に mo-mɔl / mo-mɨl / mo-mʌl という語形が見られる。平安道については『平安方言研究』（1997）に mɛ-mi-ri（平北のみ）/ mø-mil（平南のみ）/ mɛ-mil / mo-mil という語形が，また平安北道について『平北方言辞典』（1981）に mɛ-mi-ri / mɛ-mil / mo-mil という語形が見られる。

3　地理的分布

現在の標準語形にあたる (1a) me-mil は京畿道と黄海道に見られる。(1b) me-mul は全羅道，慶尚道，忠清道，江原道に見られる。

(2a) mø-mil は京畿道，黄海道，咸鏡南道に見られる。(2b) mø-mul は京畿道・江原道・咸鏡南道に一地点ずつ比較的近い地域に見られる。(2c) mø:l は咸鏡南道に見られる。これらの地域は単母音 ø が見られるのが特徴である。

(3) のうち，(3a) mɛ-mil / (3c) mɛ:l は咸鏡道に見られる。半広母音 ɛ が見られるのが特徴である。(3b) mɛ-mul は全羅道，慶尚道，江原道に見られるが，これらの地域では (1b) の語形が広く見られることからして，e と ɛ の区別がほとんどなくなっていた可能性がある。

(4) mi-mul は慶尚道に見られる。これは (1b) の第一音節での狭母音化 me ＞ mi に起因するものだろう。

詳しくは考察で述べるが，以上の如き地理的分布は，第一音節母音の違いや第二音節母音の違いなどのそれぞれの観点から再整理すると，その分布の特徴が捉えやすくなる。

4　文献上の記録

中世語は mo-mil であり，比較的最近まで用いられている。主な用例は次のとおりである。

모밀 교（蕎） <1527 訓蒙字会 上 6b> <1781 倭語類解 下 4b> <1880 韓仏辞典 245> <1908 新訂千字文 17> <1913 部別千字文 22a>

모밀（蕎麥） <1613 東医宝鑑 一 26a> <1690 訳語類解 下 9a> <1748 同文類解 下 2b> <1778 方言類解 戍部方言 26a> <1790 蒙語類解 下 2b> <1799 済衆新編 8: 22a> <18-- 広才物譜 穀麻 1b> <18-- 物名考 巻三（無常類 草）> <1868 医宗損益 35a> <1895 国漢会語 115> <1897 韓英辞典>

小倉進平のデータに見られるような語形は，管見の限りは 19 世紀の文献から見られだす。具体的には，(1a) me-mil / (1b) me-mul / (3a) mɛ-mil を確認することができた。

메밀 十말 五원　<1906 京郷新聞 1>

메물 木麥 蕎麥　<1895 国漢会語 112>

매밀 麥　<1880 韓仏辞典 216>

5　考察

この項目の中世語は mo-mil であるので，(i) mo-mil ＞ mø-mil のような第一音節母音の前舌母音化（ウムラウト）と，(ii) mo-mil ＞ mo-mul のような第二音節母音での i / u 交替を経たと考えることができる。なお，i / u は朝鮮半島の南北で分布し分けているので，(ii) の変化の方が (i) よりも先に起きたものと推察される。これは，語頭ではなく第二音節以下のような後部要素の方が音変化を受けやすいということとも合う。第一音節母音 e / ɛ は ø の変種であろう。両唇音の後では ø ＞ e（ㅚ＞ㅔ）のような変化を経たという，よく知られた事象と合致する。また mø:l / mɛ:l については，地理的分布をも考慮に入れると，mø-mil ＞

mø:l や mɛ-mil ＞ mɛ:l のような mi の脱落とそれに伴う長母音での補償といった変化を経たと思われる。以上をまとめると，次のような変化経路が想定できる。(＞は上で述べたような音変化を経たということを表す。)

mo-mil ＞ mo-mul ＞ mø-mul ＞ me-mul
＞ mɛ-mul
＞ mø-mil ＞ mø:l
＞ me-mil
＞ mɛ-mil ＞ mɛ:l

発音の地域差は，第一音節母音（言語地図上の記号の色の違い）と第二音節母音（記号の塗りつぶしの有無）のどちらに着目するかによって分布の特徴が異なる。第一音節母音に関しては，(1) e が全羅道，慶尚道，忠清道，京畿道，江原道，黄海道を中心に，(2) ø が京畿道，黄海道，咸鏡南道を中心に，(3) ɛ が全羅道，慶尚道，咸鏡道を中心に，(4) i が慶尚道に見られる。全羅道や慶尚道では e / ɛ が見られるので，両者がすでに区別されていなかった可能性があるが，咸鏡道では基本的に ɛ が現れるのが特徴である。次に第二音節母音に注目すると(a) i は京畿道，黄海道，咸鏡道を中心に，(b) u は全羅道，慶尚道，忠清道，江原道を中心に分布する。ちょうど朝鮮半島の南北で i / u の対立が見られて興味深い。また，(c) のように mø-mil ＞ mø:l や mɛ-mil ＞ mɛ:l のような音変化を経た地域は，咸鏡南道である。

最後に語源に関して附言する。『우리말語源辞典』(1997) では，mo-mil（現代語 me-mil）は moi / mø（뫼，山）＋ mil（小麦）に由来し，moi-mil / mø-mil（뫼밀）＞ mo-mil（moi の i の脱落）及び moi-mil / mø-mil（뫼밀）＞ me-mil のような変化を想定している。中世語で山は moih（上声），麦は milh（去声）である。しかし，『우리말語源辞典』(1997) の解釈は mo-mil がより古い語形であるという文献上の記録に合致しない。本稿で示した変化経路に従うと考えると，蕎麦の実は角張っているので，第一音節は moh（角）に由来する可能性がある。ただし moh は去声，mo-mil の mo は平声であるが，複合語では去声が平声に交替し得た。また，先述のとおり mo-mil ＞ mø-mil のような前舌母音化（ウムラウト）が生じて，第一音節が山を意味する moi / mø と誤認された可能性がある。

参考文献

金英培（1997）『平安方言研究』ソウル：太学社.
金敏洙（1997）『우리말語源辞典』ソウル：太学社.
金履浹編著（1981）『平北方言辞典』城南：韓国精神文化研究院.
玄平孝（1962）『済州島方言研究』出版地不明：精研社.
崔鶴根（1978，重版 1987）『韓国方言辞典』ソウル：明文堂.

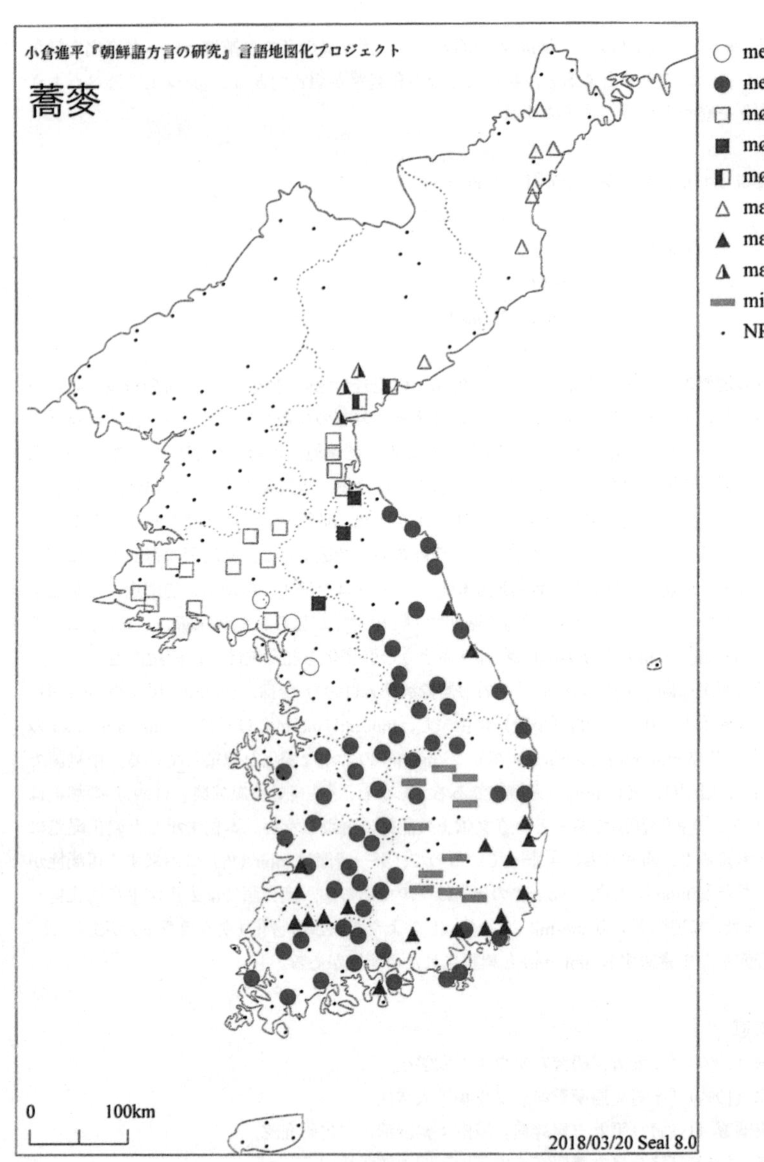
小倉進平『朝鮮語方言の研究』言語地図化プロジェクト
蕎麥
me-mil
me-mul
mø-mil
mø-mul
mø:l
mɛ-mil
mɛ-mul
mɛ:l
mi-mul
NR
0
100km
2018/03/20 Seal 8.0

52

黄瓜(きうり)

岩井亮雄

1　はじめに

韓国の標準語は oi（오이）である。これにあたる語は『朝鮮語方言の研究』の「菜蔬」に「黄瓜」という項目名で 15 種の語形が記録される（上: 203–204）。これらの語形は o-i 系と，o-i 系の語頭に mul（水）が付いた mu-rø 系に分類できる。

(1) o-i 系
　(1a) o-i / u-i, (1b) ø / we / e, (1c) wɛ / ɛ, (1d) ui (＝wi) / i
(2) mu-rø 系
　(2a) mu-rø / mu-rwe / mu-re, (2b) mu-rɛ, (2c) mu-rui (＝mu-rwi) / mu-ri

(1) の o-i 系は，(1a) のような o-i とその第一音節母音の変種，(1b) のような半狭母音の変種，(1c) のような半広母音の変種，(1d) のような狭母音の変種に下位分類できる。

(2) の mu-rø 系は第二音節母音の違いによって下位分類できる。(2a) の第二音節母音は (1b) の母音に，(2b) は (1c) に，(2c) は (1d) に対応する。

なお，(1d) と (2c) の ui は wi と転写する方が適当であると思われる（下: 13–14）。

2　その他の語形

『韓国言語地図』(2008) には小倉進平のデータにある語形のほかに，mu-ro-i（물오이）という語形が忠清北道の一地点に見られる。これは (2) mu-rø 系の変種である。『韓国方言辞典』(重版 1987) には，(1) o-i 系の変種として jɛ: / e: / o:-i / ø: / ø-i / wi: / we: / i: / i-i（ハングルのローマ字転写は小倉進平の方法（下: 13–14）による。以下同様）が，(2) mu-rø 系の変種として mu-rɛ: / mu-rjo-i / mu:-ri / mu-ri: / mul-lwe / mul-lɛ / mu-ro-i などがあり，このほかに (2) の前部要素と後部要素が入れ替わった wi-mu-ri という語形が見られる。『韓国方言辞典』(重版 1987) のデータは小倉進平のデータには見られない長母音の語形が見られる点が重要である。この項目の中世語は声調が上声の二重母音（母音の連続）であったとされるからである。

3　地理的分布

(1) o-i 系の (1a) は忠清道，京畿道，黄海道，江原道と咸鏡道の道境，平安道に見られる。(1b) のうち ø は全羅道，忠清南道，江原道，咸鏡南道に，we は済州島，全羅南道，慶尚道，忠清北道，咸鏡道北部に見られる。(1c) は慶尚道，咸鏡道，平安北道に見られる。(1d) は慶尚道にのみ見られるが，これはおそらく狭母音化 e / ɛ ＞ i によるものであろう。

(2) mu-rø 系は済州島，慶尚道，忠清道に，(1) の併用形として分布する。

4　文献上の記録

(1) o-i 系：現代語の oi（오이）にあたる中世語の語形（:외，左側の：は上声を表す）は『杜詩諺解』(1481)，『三綱行実図』(1481)，『金剛経三家解』(1482)，『訓蒙字会』(1527)，『新増類合』(1576) などから見られる。その後，『類合（七長寺板)』(1664)，『訳語類解』(1690)，『類合（靈長寺板)』(1700)，『同文類解』(1748)，『方言類解（戌部方言)』(1778)，『倭語類解』(1781)，『蒙語類解』(1790)，『済衆新編』(1799)，『広才物譜』(18--)，『医宗附余』(1868)，『韓仏字典』(1880)，『正蒙類語』(1884)，『国漢会語』(1895)，『韓英字典』(1897) などに見られる。主な用例は次のとおりである（：や・は傍点である)。

:외ᄅᆞᆯ 심·거 :외ᄅᆞᆯ 得·득고　<1482 金剛経三家解 2: 32a>
:외·ᄅᆞᆯ 머·거지·라　<15-- 三綱行実図（東京）孝 30>
:외 과（苽）　<1527 訓蒙字会 上 7a>

(2) mu-rø 系：現代語の murø（물외）にあたる語形は，管見の限り 19 世紀の文献から現れ始めるので，(2) の方が (1) よりも新しい語形と言える。『物名考』(18--) には믈외（胡瓜）が見られ，ほかに참외（甜瓜）や짜외（王瓜）などの語も見られるが，(1) の語形は単独では見られない。『韓仏字典』(1880) には믈외（水瓜）が見られ，ほかに외（苽）やᄎᆞᆷ외（眞瓜）といった語も見られる。

5　考察

まず o-i 系と mu-rø 系の使い分けについて考える。『韓国言語地図』(2008) では，(1a) にあたる語形を使う地域の中には tʃʰa-mø（참외，甜瓜）を ø という地域があることからして，o-i を基準に tʃʰa-mø を派生させた地域と ø（即ち tʃʰa-mø）を基準に mu-rø を派生させた地域があると述べている。なお，小倉進平の「眞瓜」(上: 204–205) のデータには tʃʰa-mø とその母音の変種からなる tʃʰa-mø 系のみが記録され，o-i や ø / we といった語形はない。

以上の指摘を小倉進平の「黄瓜」と「眞瓜」のデータと照らし合わせると，前者（＝tʃʰa-mø と o-i で区別する地域）は主に忠清道と黄海道で，後者（＝ø と mu-rø で区別する地域）は済州島，慶尚道，忠清道である。後者の地域では o-i 系と mu-rø 系が併用して用いられているが，「眞瓜」には tʃʰa-mø 系の語形も見られる。ここで，小倉進平の「眞瓜」のデータは京畿道，咸鏡道，平安道が空白地点である。

また o-i 系と mu-rø 系の意味の違いであるが，いずれも胡瓜（黄瓜）を指すことに違いはなさそうである。韓国語話者によると，どちらも胡瓜だが，mu-rø 系は o-i 系の前に mul (水) を加えることで「水っぽい」や「味が薄い（味がない)」という意味を強調しているという語感があるという。ついでに，これらの語形に対して tʃʰa-mø（참외，甜瓜）は「本物の（真

の)」や「味がある」という語感があるという。『筆写本古語大辞典』(2010) には「味甜者, 瓜참외也; 不甜者, 黄瓜외也」<蒙牖 食物 19b> というのが見つかるが, これは韓国語話者の語感を表現しているように思われる。『物名考』(18--) には o-i 系の語形はなく胡瓜 (mu-rø) や甜瓜, 王瓜などが見られることから, 他の瓜系 (o-i 系) の植物と区別するために (o-i の前に mul を加えた) mu-rø という語が用いられるようになった可能性も考えられる。

次に標準語の分布について考える。韓国の標準語は o-i (오이) であるが, 小倉進平のデータからは o-i が京畿道を中心にして忠清道, 黄海道, 平安道に主に見られることが分かる。これらの地域は中世語の発音 (母音の連続) を維持する地域である。忠清南道には u-i という語形が見られるが, これは語頭で o-i ＞ u-i のような変化を経たか, (2) や「眞瓜」のような語形の後部要素 (第二音節以下) で o-i ＞ u-i のような変化を経たものであろう。

現在の標準語形が用いられない地域では, (1b–d) のような母音の変種, または (2) mu-rø 系が見られる。これらの地域では, 中世語で発音されたとされる上声 [oi] のような母音の連続が維持されず, 単母音ないし二重母音として現れるという特徴がある。おそらく o-i ＞ ø / we / e / wɛ / ɛ および we / e ＞ ui (＝wi) / i のような変化を経たものと思われる。現在の標準語形は中央からこれらの地域へと次第に浸透したものと考えられる。

最後に, 中世語では同音異義語であったとされる「外」(中世語は上声の [oi] で, 現代語では [ø] または [we] と発音される) と「黄瓜」(o-i 系に限る) の発音の地域差を比べる。最も特異な点は「黄瓜」では母音の連続を維持する (現在の標準語形の) 地域が見られるのに対して「外」にはそのような記録はないことである。これは「外」が漢字語で「黄瓜」が固有語であることや,「外」の方は「～の外」や熟語の後部要素に現れやすいが「黄瓜」はそれよりは単語単独で用いられやすいといった条件の違いなどによるものであろう。実際, 小倉進平のデータでも (2) mu-rø 系では第二音節で o-i という母音は現れていない。「黄瓜」を o-i とする地域のうち, 忠清道, 京畿道, 黄海道などでは「外」は ø であり, 平安道では「外」は wɛ である。これらの地域では「黄瓜」では母音の連続を保存するが「外」では oi ＞ ø や oi ＞ wɛ のような変化を経たことになる。この他の地域では, 済州島では we, 慶尚道では we (wɛ) / e (ɛ) や wi / i, 全羅道, 黄海道, 咸鏡道では ø などが現れるという点で,「黄瓜」と「外」は共通する。こうした地域では「黄瓜」と「外」で類似した音変化を経たものと考えられるが, 崔鶴根 (重版 1987) には「外」で長母音が現れる地域はないのに対し「黄瓜」では長母音が観察される地域がある。この違いも先述の出現条件の違いを反映した結果であると考えることができる。

参考文献

崔鶴根 (1978, 重版 1987)『韓国方言辞典』ソウル：明文堂.

朴在淵主編 (2010)『筆写本古語大辞典』(全 7 巻) ソウル：学古房.

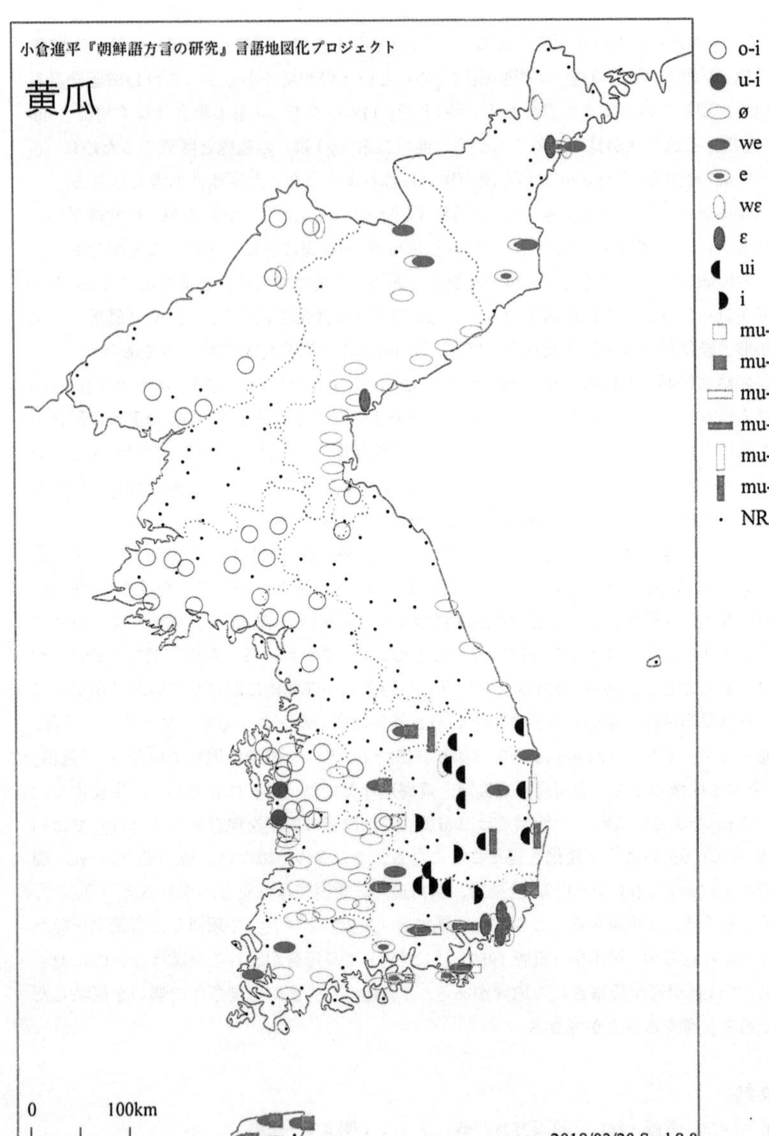
小倉進平『朝鮮語方言の研究』言語地図化プロジェクト
黄瓜
o-i
u-i
ø
we
e
wɛ
ɛ
ui
i
mu-rø
mu-rwe
mu-re
mu-rɛ
mu-rui
mu-ri
NR
0
100km
2018/03/20 Seal 8.0

56

稲

福井玲

1　はじめに

韓国の標準語は pjɔ (벼)であるが，これにあたる語は『朝鮮語方言の研究』の「菜蔬」に「稲」という項目名で 7 種記録されている(上: 206–207)。これらは次のように pjɔ 系と na-rak 系の 2 つのグループに分類することができる。

(1) pjɔ 系　pjɔ / pe / pø

(2) na-rak 系　na-rak / na-rok / na-ruk / no-rak

なお，小倉進平はこれらのうちで pjɔ 系の語形について，忠清南道の公州，忠清北道の丹陽で「籾」の意味でも使われること，そして na-rak 系の語形についても全羅南道の谷城，求禮，全羅北道の任實，雲峰，長水，鎭安，忠清南北道の各地，咸鏡南道の新高山でも「籾」の意味でも使われることを注記している。また, na-ruk という語形については京畿道の漣川，江原道の鐵原で「粟を指すものの如し」と注記している。

なお，日本語では「稲」と「籾」がはっきりと区別されるが，韓国語ではもっぱら籾を指す語としては nwi があるものの，これは米の中に混じっているものを指すのが普通であるという点で日本語の「籾」とは異なる。したがって pjɔ 系あるいは na-rak 系の語形が稲だけでなく籾も表わす地点があるというのは不思議なことではない（cf. Fukui 2016)。

2　地理的分布

この項目は特徴的な地理的分布を見せる。まず，(1)の pjɔ 系のうち，標準語となっている pjɔ は小倉進平のデータでは黄海道の海岸よりの地域にしか見られない。そして忠清道から江原道以北の大部分の地域では pe が用いられ，pø という語形は黄海道の海岸より 2 地点のみで用いられている。これに対して(2)の na-rak 系の語形は慶尚道，全羅道の全域と忠清道の多くの地点を中心として分布し，それとはやや離れた江原道の北部，黄海道，京畿道，咸鏡南道の数地点でも用いられている。

以上のような分布は，忠清道から江原道にかけての東西に延びる線を境界にして，半島の南北に分かれていると見ることができる。なお，本稿では扱わないが，この他に穀物に関わる語彙の中で「粟」がやはり南北対立型の分布を見せることが分かっている (北部は tʃo 系，南部は sɔ-suk 系の語形が分布する)。

3　文献上の記録

(1)の pjɔ 系については，中世語から現代にかけて pjɔ という語形が普遍的に見られる。

벼 爲稻　<1446 訓民正音解例本 58>
稻 벼 도　<1527 訓蒙字会 上 7a>

(2)の na-rak 系についてはハングル資料の中では 19 世紀末に至るまで見られず，次の『韓仏字典』(1880)の用例が最も古いものと思われる。

나락 穀植　<1880 韓仏字典 268>

ただし，この用例は「穀食」とあることから分かるように必ずしも「米」のみを指すとは限らない。これは上で見たように，地域によっては「粟」を指すこともあるという小倉進平の注記にも通ずる。

この他に，漢文による記録では，李徳懋(1741-1793)の『寒竹堂涉筆』の「新羅方言」に「羅洛」として記録されている（小倉進平『朝鮮語方言の研究』(下: 190–193)）。

4　考察

(1)の pjɔ 系の３つの語形のうちでは，pjɔ が最も古いことは文献上から裏付けられるところであり，また母音 jɔ と e は方言間でしばしば交替を見せるので，地理的分布上 pe のほうが優勢であることは理解に難くない。

(2)の na-rak 系の語形のうちで na-rak 以外のものについては，まず na-rok が済州島と慶尚道西部の一部，そして江原道の北部に，na-ruk が黄海道，京畿道と江原道の一部，そして no-rak が咸鏡南道の一部見られる。これは na-rak の分布領域全体の中では周辺地域に偏っており，周圏論的分布をなしていると見ることが可能である。またこの３つの語形の相互関係は na-ruk は na-rok の第２音節の母音が変化したもの，no-rak は na-rok の母音が音韻転換を起こしたものと見られるので na-rok が古い語形であると考えられる。それゆえ，(2)の na-rak 系の語形全体の中では，na-rok が最も古いということになる。また，音変化の自然さを考慮に入れると，na-rok > na-rak は同化と説明できるが，逆に na-rak > na-rok の変化は説明しにくい。この点でも na-rok の方が古いと考えられる。

ちなみに na-rak 系の語形の語源説にはさまざまなものがあり，小倉進平(1943)は「国」を意味する na-rah と関連するものとみている。これに対して，これは一種の民間語源と言われる説であるが，しばしば「新羅の禄」を意味する「羅禄」に由来すると言われることがある（例えば，尹廷琦の『東寰録』(1859)，鄭喬の『東言攷略』(1908)）。

筆者もこれは民間語源であると考えるが，上で論じたように na-rak と na-rok の関係でいえば na-rok の方がより古いという点で，不思議な符号を見せることは付記しておくことにする。ちなみに，なぜか稲と米に関しては国・王朝名に関係づける語源俗解が多い（例えば王建によって開かれた高麗王朝と関連づける「王米」，朝鮮の李王家と関連付ける「李밥」

など）。

参考文献

小倉進平(1943)「稲と菩薩」『民族学研究』新一ノ七. 675–725. 日本民族学会.

Fukui, Rei (2016) Rice and related words in Korean. *Studies in Asian Geolinguistics* III. 36–41. The Research Institute for Languages and Cultures of Asia and Africa, TUFS.

韓国精神文化研究院語文研究室編 (1987–1995)『韓国方言資料集』全9巻. 城南：韓國精神文化研究院.

国立国語研究院 (1999)『標準国語大辞典』ソウル：斗山東亜.

崔鶴根 (1978)『韓国方言辞典』ソウル：玄文社.

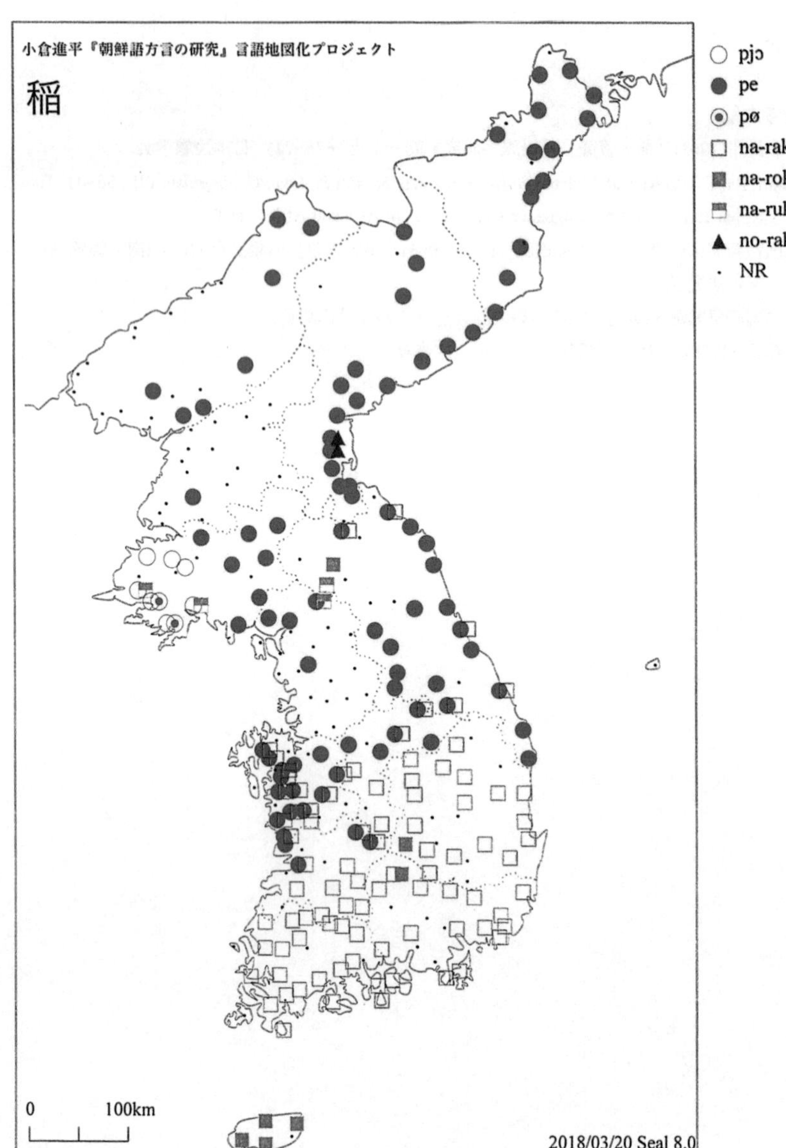
小倉進平『朝鮮語方言の研究』言語地図化プロジェクト
稲
pjɔ
pe
pø
na-rak
na-rok
na-ruk
no-rak
NR
0
100km
2018/03/20 Seal 8.0

60

玉蜀黍

福 井 玲

1 はじめに

韓国の標準語は ok-su-su (옥수수)であるが，これにあたる語は『朝鮮語方言の研究』の「菜蔬」に「玉蜀黍」という項目名で 31 種記録されている(上: 210–212)。これらは次のように 5 つのグループに大別することができ，またその中でいくつかの下位分類ができる。

(1) kaŋ-nɛŋ-i 系
  (1a) kaŋ-na-mi / kaŋ-nɛ-mi
  (1b) kaŋ-naŋ / kaŋ-naŋ-i / kaŋ-nɛŋ-i / ʔkaŋ-nɛŋ-i / kaŋ-nɛ-i / kaŋ-nɛ / kaŋ-njɛ / kɛŋ-nɛ
(2) kaŋ-naŋ + suk-ki 系
  (2a) kaŋ-naŋ sɛk-ki / kaŋ-naŋ sik-kʰi / kaŋ-naŋ suk-kɛ / kaŋ-naŋ suk-ku / kaŋ-njaŋ suk-ki / ka-nɛ suk-ki / kɛŋ suk-ki / kɛ su-gi
  (2b) kaŋ-naŋ tɛ-dʒuk / kaŋ-naŋ tɛ-tʃʰuk
(3) ok-su-su 系
  ok-su-su / ok-su-si / ok-sui / ok-so-si / ok-si-gi / ok-suk-ku / ok-sik-ki / ok-tek-ki
(4) suk-ki 系
  suk-ki / ʃuk-ki
(5) taŋ-sui 系
  taŋ-sui

なお，この項目は小倉進平自身が『朝鮮語方言の研究』の下巻研究篇(pp. 193-198)で考察を行なって語形の分類をしており，ここでの分類はある程度それに従っているが，小倉進平は上の(1)と(2)をまとめて扱い，4 つのグループに分けている点が異なる。

2 地理的分布

(1)の kaŋ-nɛŋ-i 系は，南北に別れて分布する。北は平安道と咸鏡南道の大部分の地域にこの語形が分布し，南は慶尚道と全羅道の多くの地域にこの語形が分布する。

(2) kaŋ-naŋ + suk-ki 系もやはり南北に別れて分布するが，北は咸鏡北道の一部，南は慶尚道西部と済州島にこれらの語形が分布し，(1)よりは範囲が狭い。

(3)の ok-su-su 系は，京畿道，江原道，忠清道など，中部地域を中心に分布し，南北に分布する(1), (2)の分布領域を分断している。その他，全羅道の一部と咸鏡北道にも数地点見られる。(4)の suk-ki 系は咸鏡北道の北部に分布し，(5)の taŋ-sui は咸鏡北道で，(4)よりは南の地域とそれに接する咸鏡南道の地域に分布する。

以上の地理的分布を，(4),(5)をA,(2)をB,(1)をC,(3)をDとすると，Dを中心として概略次のような周圏的分布をなしていると言える。

北←　　→南

ABCDCB

この分布を，新古関係を反映した周圏論的分布と捉えるならば，(1)のkaŋ-nɛŋ-i系や(2)のkaŋ-naŋ + suk-ki系よりも(3)のok-su-su系の方が新しい語形であることになるが，文献上もそう言えるのかどうかを次に見ていくことにする。

3　文献上の記録

「玉蜀黍」がいつ朝鮮にもたらされたのかははっきりとしないが，文献上見られるのは18世紀後半からである。ok-su-su系の語形とkaŋ-nɛŋ-i系の語形が見られる。このうち最も早いのは1778年の『方言類釈』に見られる옥슈슈と思われる。

玉秫[1]　옥슈슈　<1778 方言類釈 戌部方言 26a>
옥셔　玉黍　<1781 倭語類解 下 4b>
玉蜀黍　옥슈슈　<18-- 広才物譜 穀稷 1a>

kaŋ-nɛŋ-i系はこれより遅く，1895年の『国漢会語』が最初の例と思われる。

강낭이　玉蠋穗　<1895 国漢会語 11>

したがって，前節で述べたような周圏論的解釈に基づいてok-su-su系がより新しいとする解釈は文献上からは支持されないことになる。

4　考察

ここで扱った語形のうち，(1)のkaŋ-nɛŋ-i系は中国を意味する「江南」という漢字語に由来する。特に(1a)のkaŋ-na-miという語形はそれをよく保存している。次に(2)のkaŋ-naŋ + suk-ki系は，(1a)の「江南」に由来する語形のあとに「モロコシ」(수수)を意味する語形を重ねたものである。(4)のsuk-ki系はこの「モロコシ」を表す語形の方言形をそのまま用いて「玉蜀黍」を表すものである。最後に(5)のtaŋ-suiは小倉進平(1944)でも述べられているように「モロコシ」を意味する方言形に外来の事物に付ける「唐」を接頭させたものと考えられる。最後になったが(3)のok-su-su系は漢語でもそのまま使われる「玉蜀黍」の字音語であ

---

[1] 電子化されたテキストでは「玉林」と誤読されている。

る。

ところで，上で述べたように，分布の上からは ok-su-su 系の語形の方が kaŋ-nɛŋ-i 系の語形より新しいということになるが，文献上はそれを裏付けることはできなかった。しかし，ok-su-su が正規の漢語であることと[2]，「江南」は，それ自体は漢字語であっても，中国でその意味で使われることはないことから考えると，もともとは「江南」というより俗っぽい語形が使われていたところに正規の漢語が新しく登場し，その前からのより俗っぽい語形は文献上記録されることがなかったと解釈すれば，分布上推定される新古関係が維持できるかもしれない。

参考文献

小倉進平(1944)「玉蜀黍」『朝鮮語方言の研究』下巻研究篇所収(193-198). 東京：岩波書店.
朱林彬 (2015)『韓国語語彙史研究―小倉進平の方言調査に基づいて―』2015 年度東京大学人文社会系研究科修士学位論文.

[2] 但し，非常に文語的な語形である（朱林彬 (2015)）。

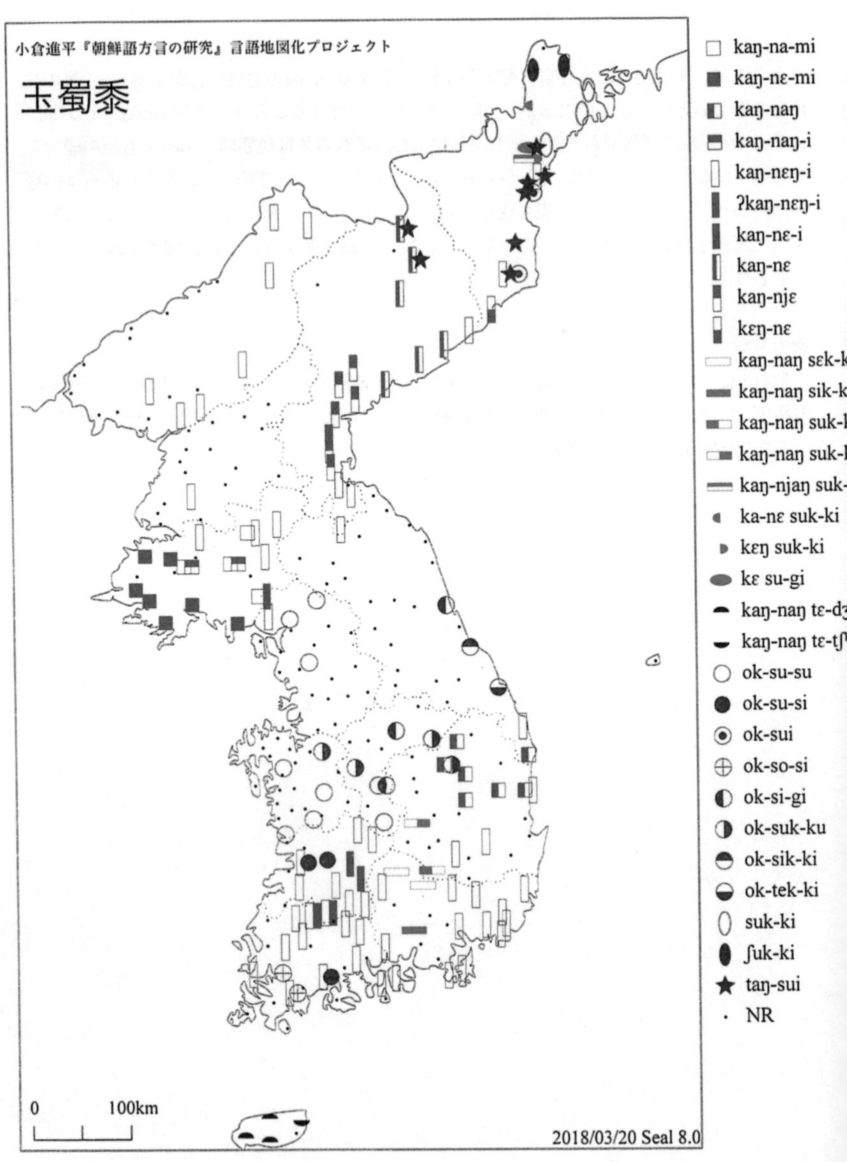
小倉進平『朝鮮語方言の研究』言語地図化プロジェクト
玉蜀黍
kaŋ-na-mi
kaŋ-nɛ-mi
kaŋ-naŋ
kaŋ-naŋ-i
kaŋ-nɛŋ-i
ʔkaŋ-nɛŋ-i
kaŋ-nɛ-i
kaŋ-nɛ
kaŋ-njɛ
kɛŋ-nɛ
ka-nɛ suk-ki
kɛŋ suk-ki
kɛ su-gi
ok-su-su
ok-su-si
ok-sui
ok-so-si
ok-si-gi
ok-suk-ku
ok-sik-ki
ok-tek-ki
suk-ki
ʃuk-ki
taŋ-sui
NR
0
100km
2018/03/20 Seal 8.0

64

小豆

林 茶 英

1　はじめに

韓国語の標準語は pʰat (팥)である。『朝鮮語方言の研究』(上: 213–214)には 9 種類の語形が載っている。これらの語形は第 1 音節の母音により分類することもできるが，その後に助詞あるいは接尾辞と思われる -i が付くか否かにより分けることもできる。以下の(1)と(2)は『朝鮮語方言の研究』に載っている語形であるが，まず，音節数により，1 音節の語形と 2 音節の語形に分け，さらに第 1 音節の母音の種類により分類したものである。

(1) pʰat 系

(1a) pʰʌt　(1b) pʰat / pʰak　(1c) pʰot

(2) pʰat＋-i 系

(2a) pʰat-ʧʰi　(2b) pʰɛt-ki / pʰɛt-kʰi / pʰɛt-ʧʰi　(2c) pʰot-ʧʰi

2　その他の語形

小倉進平以外の資料では(1)や(2)のほかにもさまざまな語形が確認できるが，(3)は 1 音節の語形であり，(4)は接尾辞の -i が付いた語形である。(5)は pʰat あるいは kʰoŋ(豆)に接頭辞が付いた語形である。

(3) pʰɔt / pʰɨt

(4) pʰa-gi / pʰat-ki / pʰɛ-ˀki / pʰo-si

(5) ʧan-kʰoŋ / ʧʰam-pʰat

3　地理的分布

(1a) pʰʌt は済州地域にしか見られない。(1b)の pʰat は最も広い範囲にかけて分布する語形であるが，全羅南北道，慶尚南北道，忠清南北道，京畿道，江原道，黄海道，咸鏡南北道に見られる。pʰak は平安南北道にだけ見られる。(1c)の pʰot は全羅南北道及び慶尚南道に分布する。

(2)の語形はすべてが今の北朝鮮の地域にしか見られないのが特徴である。(2a)の pʰat-ʧʰi は咸鏡北道の 2 箇所に見られる。(2b)の pʰɛt-ki は黄海道や咸鏡南北道に分布し，pʰɛt-kʰi は咸南の 1 箇所，咸北の 2 箇所に見られる。第 1 音節の終声が k である語形(pʰak)が平安南北道にしか分布しないのに，黄海道や咸鏡南北道に pʰɛt-ki や pʰɛt-kʰi が見られるのが興味深い。pʰɛt-ʧʰi は咸北の 1 箇所に見られ，(2c)の pʰot-ʧʰi も咸北の 2 箇所にしか見られない。

(3a)の pʰɔt は慶尚南道に 1 箇所だけに分布し，pʰɨt は済州に見られる。(3b)の pʰa-gi は平北や平南の 2 箇所に見られ，p^{h}at-ki は黄海や平南に分布する。p^{h}ɛ-^{ʔ}ki は咸鏡南北，黄海，平南に分布し，p^{h}o-si は全北の 2 箇所に見られる。(3c)の ʧan-k^{h}oŋ は咸北にだけ分布し，ʧ^{h}am-p^{h}at は咸南の 1 箇所にしか見られない。

4　文献上の記録

中世語の小豆を表す語形はᄑᆞᆾ(p^{h}ʌc^h)あるいはᄑᆞᇧ(p^{h}ʌsk)である。単独形および属格形は中世語の形態音韻規則によってᄑᆞᆺになるが，母音で始まる一般の格助詞が付くと，形態音韻論的な語末子音の -c^h あるいは -sk が実現する。『救急方諺解』(1466)にはこの 2 種類の語形が両方現れる。

ᄑᆞᆾ為小豆　<1446 訓民正音解例本 用字例>
ᄑᆞᄎᆞ란 앗고 汁을 ᄃᆞ시 ᄒᆞ야 머그면　<1466 救急方諺解 下 88b>
매 마ᄌᆞᆫ 瘡을 고튜ᄃᆡ ᄑᆞᆺᄀᆞᆯ ᄂᆞ로니 시버 알ᄑᆞᆫ ᄃᆡ 브티면 <1466 救急方諺解 下 21b>

5　考察

文献上の記録によると，小豆の古い語形はᄑᆞᆾ(p^{h}ʌc^h)あるいはᄑᆞᇧ(p^{h}ʌsk)であるが，(1b) p^{h}at/p^{h}ak については次の通りに解釈することができる。まず，両者の母音はともに古い語形である p^{h}ʌc^h あるいは p^{h}ʌsk の母音 ʌ が a に変化した結果であると思われる。語末子音については，p^{h}at の場合，小倉進平のデータでは単独形しかないので形態音韻論的な振る舞いは不明であるが，おそらくᄑᆞᆾ(p^{h}ʌc^h)に由来する語形の単独形であろうと考えられる。一方，p^{h}ak の場合，p^{h}ʌsk から終声 s が脱落した結果と思われる。(1c) p^{h}ot は母音 ʌ が o に変化した結果であろう。

ところで咸鏡道では小豆に接尾辞 -i が付いた語形がよく見られる。(2)の p^{h}at-ʧ^{h}i は p^{h}ʌc^h に-i が付いたものと考えられるが，あるいは p^{h}ʌsk に-i が付き，第 2 音節が口蓋音化した結果かもしれない。p^{h}ɛt-ʧ^{h}i の場合，第 1 音節の母音が第 2 音節の高母音に影響されてウムラウトを起こしたものと見られる。これらの語形は咸鏡北道にしか見られない。(2)の p^{h}ɛt-ki は小豆の古い語形である p^{h}ʌsk に-i が付き，第 1 音節の母音が第 2 音節の母音によりウムラウトを起こした結果であろう。一方，p^{h}ɛt-k^{h}i の第 2 音節の激音は，p^{h}ɛt-ʧ^{h}i への類推で生じたものと思われる。(2c)の p^{h}ot-ʧ^{h}i は咸北の 2 箇所に分布するが，p^{h}ot が咸北には全く見られず全羅南北道や慶南にしか見られないのに，p^{h}ot に-i が付いた語形が咸北に分布するのが目立つ。

(3c)の ʧan-k^{h}oŋ は形容詞の小さい(잘다)と名詞の豆(콩)の合成語と考えられるが，小豆の大きさが大豆より小さいために作られた語形と思われる。ʧ^{h}am-p^{h}at の ʧ^{h}am は「本物」あるいは「質がよいもの」を表す接辞であるが，一般的に ʧ^{h}am を取り除いた名詞の方が ʧ^{h}am が付いた派生語を意味的に含んでいる場合が多い。鳥 sɛ(새)が雀 ʧ^{h}am-sɛ (참새)より上位のカテゴリであり，油 ki-rɨm (기름)に胡麻油 ʧ^{h}am-ki-rɨm (참기름)が含まれる。したがって，ʧ^{h}am-

p^hat の場合，まず p^hat の意味が $ʧ^ham$-p^hat とは異ならなければならず，次に $ʧ^ham$-p^hat が p^hat の 1 種であるのが自然であるが，この語形が小豆の方言として使われるのは興味深い。

参考文献

金敏洙編 (1997)『우리말語源辭典』ソウル：太学社.
金泰均編著 (1986)『咸北方言辭典』ソウル：京畿大学校出版局.
崔鶴根 (1990)『増補 韓国方言辭典』ソウル：明文堂.

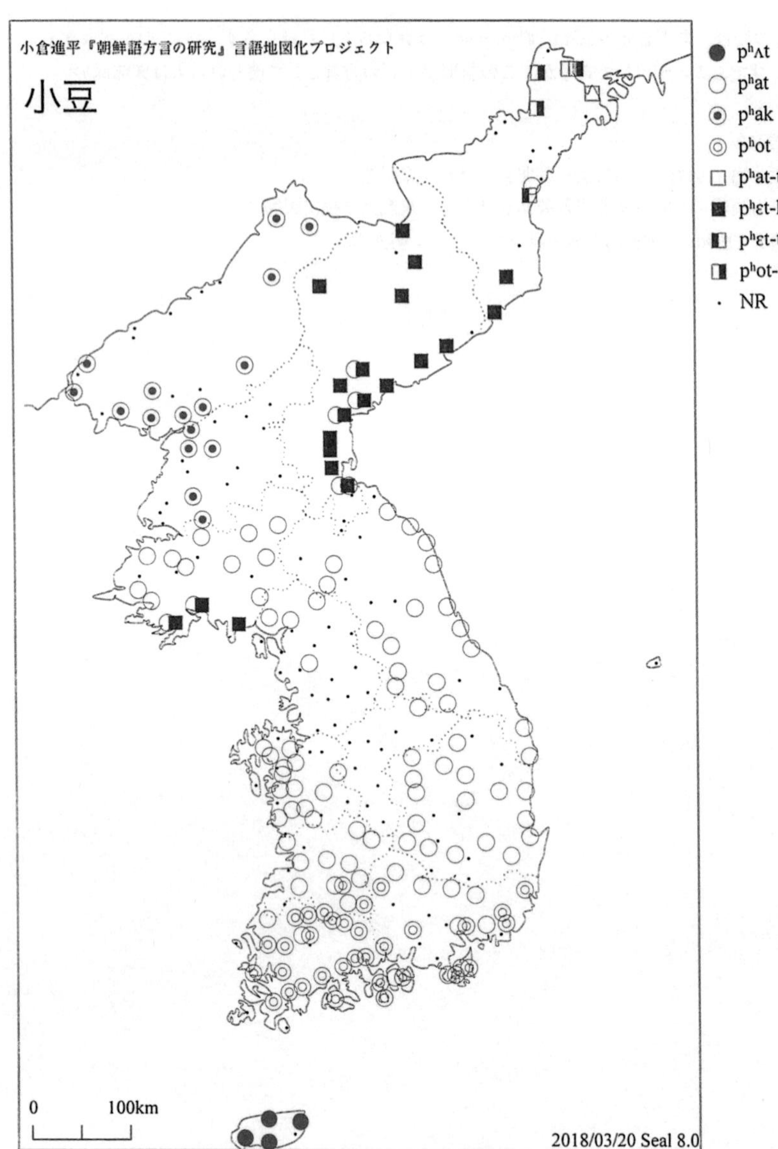
小倉進平『朝鮮語方言の研究』言語地図化プロジェクト
小豆
pʰʌt
pʰat
pʰak
pʰot
pʰat-tʃʰi
pʰɛt-ki
pʰɛt-tʃʰi
pʰot-tʃʰi
NR
0
100km
2018/03/20 Seal 8.0

68

土

澁谷秋

1　はじめに

韓国の標準語は흙であるが，これにあたる語は『朝鮮語方言の研究』の「金石」に「土」という項目名で10種記録されている（上: 223–224）。

これらの語形は母音がɨのものと，それ以外のものに大きく分けることができる。

(1) ɨ系
　(1a) hɨk / hɨl
　(1b) hɨl-gi / hɨ-rɨk

(2) ɨ以外のもの
　(2a) hak / hal-gi
　(2b) hɔk / hɔl
　(2c) hulk
　(2d) hʌk

一音節で実現する語形は(1a) hɨk，hɨl，(2a) hak，(2b) hɔk / hɔl，(2c) hulk，(2d) hʌkがある。終声がkで実現するものがほとんどで，lで実現するものが(1a) hɨl，(2b) hɔl，の二つであり，終声のlとkのどちらも発音されるのは(2c) hulkだけである。二音節で実現する語形には，(1b) hɨ-rɨkと接尾辞iが結びついた(1b) hɨl-gi，(2b) hal-giとがある。母音のバリエーションはɨ / ɔ / a / ʌ / uがあるが，どの語形も標準語흙の変種と考えられる。

2　その他の語形

これ以外の語形として『韓国方言資料集』(1989) には흙と（흐+ㄹㅋ）が見られる。しかし，これらは흙に助詞（이/을/에다）が後続した際の発音を反映して表記したものであり，単独で発音されるときには흑，흘で実現する。

また，長母音で記録されている地域もある。いずれも京畿道で，坡州ではxɨ:g-i，驪州，平澤，安城ではxɨ:kが見られる。

3　地理的分布

(1) のɨ系は朝鮮半島全域に広く分布する。(1b) のhɨl-giは咸鏡道全域でみられ，hɨ-rɨkは慶尚南道南海の1地点のみでみられる。

(2a) のhakは黄海道黄州，平安南道の平壌の2地点で，hal-giは咸鏡北道の會寧と鐘城

の2地点でみられる。(2b) の hɔk と hɔl は慶尚道の4地点でみられるが,『韓国方言資料集』(1989)の慶尚道のデータには母音がɔで報告される地域はない。なお,中世語の母音‘・’[ʌ](いわゆる「アレア」)がɔに変化するのは,他の語の場合でも見られることがある(ᄒᆞ다> 허다など)。(2c) hulk は平安北道と咸鏡北道の一部地域で見られ,(2d) hʌk は済州島でのみ見られる語形である。

4 文献上の記録

最も古い語形は『釈譜詳節』(1447)に記録されるᄒᆞᆰである。『釈譜詳節』(1447),『月印釈譜』(1459),『楞厳経諺解』(1462),『翻訳老乞大』(1517),『新増類合』(1576),『家礼諺解』(1632)など数多くの文献に見られる。

世界ᄂᆞᆫ ᄀᆞ티 아니ᄒᆞ야 ᄒᆞᆰ과 돌콰 뫼콰 더러ᄫᅳᆫ 거시 ᄀᆞᄃᆞᆨᄒᆞ고 <1447 釈譜詳節 20:37a>
드로미 업스면 반ᄃᆞ기 ᄯᅡ과 ᄒᆞᆰ괘 本來 다ᄅᆞᆫ ᄢᅵ이 업스니 <1462 楞厳経諺解 3:89a>

アレア [ʌ] が独自の音価を失うことに伴って 17 世紀以降は흙の用例数が増え,18 世紀以降は흙が優勢となる。

됴한은 남원부 사ᄅᆞᆷ이라 아비 죽거ᄂᆞᆯ 흘글 져셔 무덤 ᄆᆡᆼᄀᆞᆯ고 <1617 東国新続三綱行実図孝子図 2:39b>
우희 ᄒᆞᆫ 덩이 흙이 ᄲᅥ러뎌 ᄂᆞ려와 禮拜ᄒᆞᄂᆞᆫ 거시여 <1765 朴通事新釋諺解 1:39b>
그 ᄡᅳᄂᆞᆫ 흙이 하슈 가온ᄃᆡ 진흙을 파셔 ᄡᅳ기 어려온즉 <1883 易言諺解 4:16b>

5 考察

ᄒᆞᆰはアレア [ʌ] の音変化に伴って母音が変化するが,その様相は他の語とは異なる。アレアは 16 世紀から音が変化し始め,まず第 2 音節以降でɨに合流し,第 1 音節のアレアは 17 世紀に入って音が変化し始め,18 世紀後半には a に合流することがよく知られている。しかしᄒᆞᆰの変化は例外的でʌ > ɨ に変化する。李基文 (1961; 1988: 210) では語頭の音節でアレアが他の母音に変化した最初の例は『小学諺解』(1588)とする。

明道先生이 날이 ᄆᆞᆺ도록 단졍히 안자 겨심애 흘그로 ᄆᆡᆼᄀᆞᆫ 사ᄅᆞᆷ ᄀᆞᆮ더시니 ᄆᆡᆫ 사ᄅᆞᆷ ᄃᆡ졉홈애 <1588 小学諺解 6:122a>

hʌlkがアレアの音変化に伴って第一音節のアレアの本来の変化であるʌ > a となった*halk が想定され,(2a)の hak,hal-gi は終声が k で実現する,または接尾辞 i がつくことによって 2 音節語となる。この変化とは別にʌ > ɨ に変化した hɨlk は 17 世紀以降用例が増えて現代語においても地域によって終声が l / k で実現する違いはあるものの最も広く使われている。またこれに接尾辞 i が結びついた(1b) hɨl-gi もある。また，hɨlk の母音が円唇化することで(2c) hulk が生じたものと考えられる。ただし，hulk は小倉進平の調査で咸鏡北道と平安北道で見られる語形とされるが，『咸北方言辞典』(1986)，『平北方言辞典』(1981)を確認するとこれらの辞典に記載される語形のなかに母音が u のものは見られないため，hɨlk (小倉進平の表記だと hu̇lk (u̇，上点つきの u) の誤記の可能性が高いといえる。hi-rik はよくわからない。二音節語だったものが中世語以前の段階で二音節目が脱落した特殊な語形成の結果なのだろうか。古形の可能性も考えられるが，この語形は 1 地点でしか見られないため詳しいことはよくわからない。この変化をまとめると以下のような歴史的変化が想定される:

hʌlk ＞ *halk ＞ hak ＞ hal-gi
　　＞ hɨlk ＞ hɨk / hɨl ＞ hɨl-gi
　　＞ *hɔlk ＞ hɔk / hɔl

語源に関しては未詳。

参考文献

国立国語研究院(1999)『標準国語大辞典』ソウル：斗山東亜.
金泰均編著 (1986)『咸北方言辞典』ソウル：京畿大学校出版局
金履浹編著 (1981)『平北方言辞典』城南：韓国精神文化研究院
李基文(1961;1988)『国語史概説』ソウル：太学社.
劉昌惇(1964)『李朝語辞典』ソウル：延世大学校出版部.
韓国精神文化研究院語文研究室編(1987-1995)『韓国方言資料集 1-8』韓国精神文化研究院.
한글학회(1991)『우리말 큰사전』ソウル：語文閣.

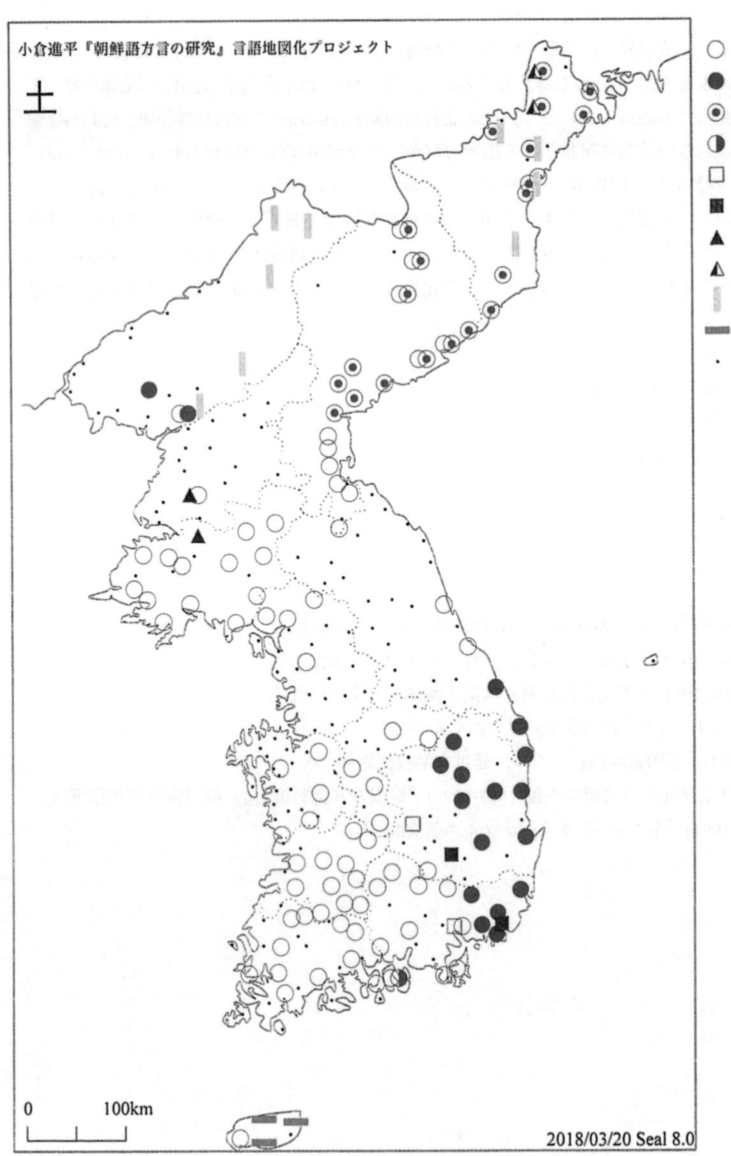

小倉進平『朝鮮語方言の研究』言語地図化プロジェクト
土
hɨk
hɨl
hɨl-gi
hɨ-rɨk
hɔk
hɔl
hak
hal-gi
hulk
hʌk
NR
0
100km
2018/03/20 Seal 8.0

72

鋏

梁 紅 梅

1 はじめに

韓国の標準語 ka-wi であるが，これにあたる語は『朝鮮語方言の研究』の「器具」に「鋏」という項目名で 13 種記録されている(上: 225–226)。これらは (1) ka-sɛ 系，(2) ka-wi 系，(3) kaŋ-a 系，(4) ˀka-sɛ 系の 4 つのいずれかに分類できる。

(1) ka-sɛ 系
　(1a) ka-sɛ / ka-si-gɛ，(1b) kʌ-sɛ
(2) ka-wi 系[1]
　(2a) ka-u / ka-ui (=ka-wi)，(2b) ka-we / ka-wɛ
(3) kaŋ-a 系
　kaŋ-a / kaŋ-ɛ / kaŋ-u / kaŋ-e
(4) ˀka-sɛ 系
　(4a) ˀka-sɛ，(4b) ˀkak-kɛ

ka-wi は s が入るか入らないかによって大きく 2 種類に分けられるが，ここではもっと細かく 4 種類に分けることにする。

(1)の ka-sɛ 系はさらに(1a)のような第 1 母音が a ではじまるもの，(1b)のように ʌ ではじまるものに分けられる。

(2)の ka-wi 系は母音が u であるか半母音の w であるかのいずれかによって，(2a)，(2b) の 2 つに分けられる。(2b)の ɛ と表記された地域は実は e / ɛ の区別が存在しない地域である可能性が高い。

(3)の kaŋ-a 系は第 2 音節の母音が a / ɛ / u / e と 4 種類が見られる。(4)の ˀka-sɛ 系は 1 音節が濃音であり，第 2 音節に s が入るか入らないかによって(3a)，(3b)に分けられる。

2 その他の語形

小倉進平のデータでは 13 種類の語形に分けられているが，河野六郎では 17 種類に分けられ，そのほかに ka-e (忠北清州と平北江界)，ka-ɛ (平南徳川と慶南蔚山)，ka-o (忠南公州，論山，全南靈光)，kaŋ-we (平南漢川)，ka-sɛ-gi (慶南金海)，ka-si (慶南蔚山)が見られる。

3 地理的分布

[1] 小倉進平は ka-ui と表記しているが，これは彼の表記原則によれば本来は ka-wi であるべきものであり，以下では「〜系」と総称するときは ka-wi 系と表記する。

(1)の ka-sɛ 系の語形は京畿道，忠清南北道，江原道，全羅南北道(済州島)，慶尚南北道，咸鏡南北道の幅広い地域に逆 L 型のように分布している。その中で第 1 音節が ʌ になっているのは済州島だけである。

(2)の ka-wi 系は黄海道，京畿道と慶尚南道の一部と全羅道に散在している。京畿道と慶尚道の一部地域では ka-sɛ 系と併用している。

(3)の kaŋ-a 系は主に平安南道と平安北道に分布している。ŋ が入る語形は主に平安道にだけ分布しているが，その中で厚昌だけが ka-sɛ 系と併用している。

(4)の ʔka-sɛ 系は江原道に散在していて，ka-sɛ 系を併用しているところもある。

4　文献上の記録

最も古い資料としては 12 世紀頃の『鶏林類事』に「剪刀曰剳子蓋」という項目がある。

剪刀曰剳子蓋　<12 世紀頃 鶏林類事 >

ハングル資料としては一番古いものは『杜詩諺解』(1481)に見られるᄀᆞᇫ애という語形で，z のあとに有声軟口蓋(または声門)摩擦音が現れる貴重な例である(李基文(1990))。16 世紀以降はそれが失われてᄀᆞᅀᆡという語形が一般的になる。

치운 젯 오ᄉᆞᆯ 곧마다 ᄀᆞᇫ애와 자콰로 지소ᄆᆞᆯ 뵈아ᄂᆞ니　<1481 杜詩諺解 10: 33b>
셋잿 형은 ᄀᆞᅀᆡ오　三哥是剪子　<1517 頃 翻訳朴通事 39b>
ᄀᆞᅀᆡ 젼(剪)　<1527 訓蒙字会 中 7b>

17 世紀からはᄀᆞ애形と가ᄋᆡ形が現れ始めた。

ᄀᆞ애 일ᄇᆡᆨ ᄌᆞᄅᆞ (剪子一百把)　<1670 老乞大諺解 下 62>
ᄀᆞ애ᄅᆞᆯ 버리혀 <17 世紀 癸丑日記 216 >
가ᄋᆡ 剪子　<1690 訳語類解 下 15b>
가ᄋᆡ 剪子　<1748 同文類解 下 17b>

5　考察

ka-wi の音韻変化をさぐるためには先に一番古い記録として残されている『鶏林類事』での「剳子蓋」という語形の正しい音を確立しなければならない。河野六郎(1945, 1979: 239–244)ではその音韻分析を詳しく述べているが，具体的にみると次のとおりである。a) 第 1 音節の母音は朝鮮朝初期の文献に基づいて ʌ であった。b) 第 2 音節の子音は慶尚道方言の ka-si-gɛ によって s であった。c) また第 3 音節にはこの剳子蓋によって g が古くから含まれていて，その母音は ai であり，二重母音で一音節をなしていると考えられる。要するにはこの割子蓋の音価は ka-si-gai であったとする。

地図上の分布からみると，慶尚道で kʌ-si-gɛ が ka-sɛ の地域に囲まれているが，それは ka-sɛ が新しく生まれた語形であることを表す。また慶尚道方言では kʌ-si-gɛ は「右道訛」として蔑視されたこともあり，ka-sɛ が明らかに新語であったことを表す。それによって ka-sɛ は kʌ-si-gai > kʌ-si-ai > kʌ-sjai[2] > kʌ-ʃai > ka-sɛ の変化を経たものとしている。

kʌ-ʃai は中央では kʌ-ʒai すなわちᄀᆞᅀᅢとなった。また『訳語類解』では가ᄋᆡとなっているがこの kʌ-ai > ka-ʌi の変化は第 1 音節の母音と第 2 音節の母音との音韻転換であるとしている。河野六郎による以上の変化をまとめると次のようになる(河野六郎(1945, 1979: 241))。

kʌ-si-gai > *kʌ-si-ai > *kʌ-sjai > *kʌ-ʃai > kʌ-ʒai > *ka-ʒʌi > ka-ʌi > ka-ui > ka-wi

これに対して李基文(1990)は『杜詩諺解』に見られるᄀᆞᅀᅢという語形の発音は [kʌzɣai]と考え，それをもとに『鶏林類事』の「割子蓋」を*kʌzgai と見る点で異なっている。

再び小倉進平のデータに戻ると，河野六郎(1945, 1979)によれば，(1)の ka-sɛ 系は古語の kʌ-si-gai から第 2 音節の子音が ʒ になる変化が起きる前の段階のものである。(2)の ka-wi 系は ka-we / ka-wɛ は ka-ʒʌi の ʒ が ʒw であったとすると，その後 ka-ʒwʌi が ʒ を落して ka-wʌi > ka-oi / ka-ui > ka-o > ka-u という変化を辿ったと考えられる(河野六郎(1945, 1979: 241)。

(3)の ŋ を含む語形は平安道にのみ見られるが，ŋ の介入は hiatus を避けるための手段であって特に有声子音の脱落に際してよく起きる。これらはすべて ka-ʒʌi に遡ることができるが，kaŋ-a は ʒ を落とし，kaŋ-u は ka-ʌi > ka-oi > kaŋ-u になったもので，kaŋ-e と kaŋ-ɛ は ka-ʌi > ka-ai > kaŋ-ai になって Umlaut を起こしたものである(河野六郎(1945, 1979: 241)。

(4)の ˀka-sɛ 系は河野六郎の言語データでは見られない語形であるが，『韓国方言資料集』の江原道篇でも ˀka-sɛ, ˀkak-kɛ の語形が記録されている。これは恐らく動詞の ˀkak- からの影響であろうと考えられる。ˀka-sɛ は恐らく ka-sɛ と動詞の ˀkak- が混じり合った語形で ˀkak-kɛ は恐らく動詞の ˀkak- に動詞の名詞化によく付く語尾 -kɛ が付いた語形であると考えられる。

参考文献

河野六郎 (1945) 朝鮮語方言学試攷ー「鋏」語考ー『京城帝国大学文学会論纂』11. 東都書籍京城支店. (河野六郎(1979)所収)

河野六郎 (1979) 『河野六郎著作集 1 』東京：平凡社.

李基文 (1990)『国語音韻史研究』ソウル：塔出版社.

韓国精神文化研究院語文研究室編 (1987–1995)『韓国方言資料集』全 9 巻. 城南：韓國精神文化研究院.

[2] 河野六郎の原文では kʌ-sjai の第 2 音節の j は i の下にアーチの補助記号を付けて表しているが，ここでは便宜上 j で代用する。同様に u の下にアーチを付けた記号も w で代用する。

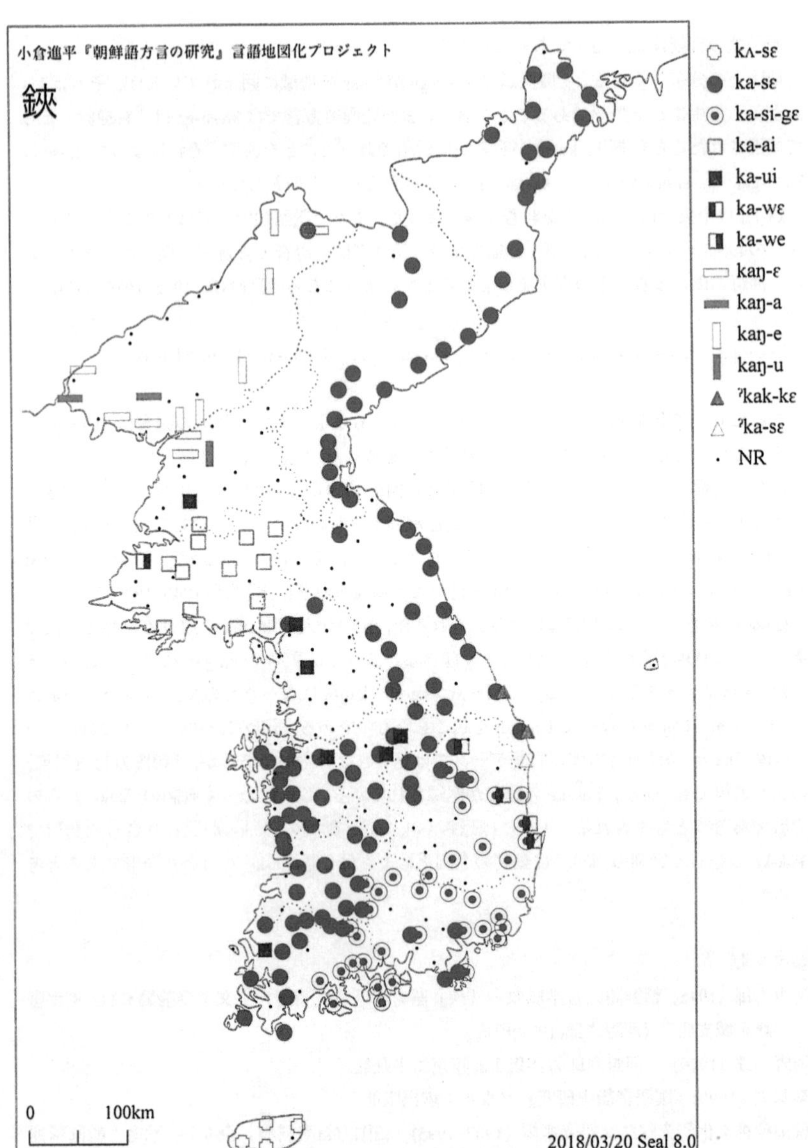
小倉進平『朝鮮語方言の研究』言語地図化プロジェクト
鋏
kʌ-sɛ
ka-sɛ
ka-si-gɛ
ka-ai
ka-ui
ka-wɛ
ka-we
kaŋ-ɛ
kaŋ-a
kaŋ-e
kaŋ-u
ˀkak-kɛ
ˀka-sɛ
NR
0
100km
2018/03/20 Seal 8.0

76

馬槽

國 分　翼

1 はじめに

韓国の標準語は ku-ju (구유) であり，これにあたる語は『朝鮮語方言の研究』の「器具」に「馬槽」という項目名で 23 種記録されている（上: 226–227)。これらの語形は大きく分けて(1) ku-juŋ 系，(2) ku-si 系，(3) -tʰoŋ 系の 3 つに分類できる。

(1) ku-juŋ 系
 (1a) ku-juŋ / kui-juŋ / kui-jɔŋ
 (1b) kuŋ / kuŋ-i / kuiŋ / kui-i / kui-iŋ / kui
 (1c) kweŋ / kwe / kwɛŋ-i / kwɔŋ
(2) ku-si 系
 (2a) ku-su / ku-suŋ / kui-suŋ / ki-suŋ
 (2b) ku-soŋ　(2c) ku-si
(3) -tʰoŋ 系
 (3a) sø-tʰoŋ/swe-tʰoŋ　(3b) pap-tʰoŋ　(3c) ʧuk-tʰoŋ

(1) ku-juŋ 系は語根に /s/ を保持していないタイプの語形で，標準語の ku-ju に最も近い形である。ただし，ku-ju という語形自体は記録されていなかった。(1) ku-juŋ 系は 3 つのグループに下位分類できる。(1a)は第二音節に半母音 /j/ が現れるタイプ，(1b)は語根に半母音 /j/ が現れないタイプ，(1c)は語根に半母音 /j/ を保持しない語形のうち，第一音節に半母音 /w/ が現れるタイプである。

(2) ku-si 系は語根の第二音節の初声に /s/ を持つ語形である。このタイプの語形は，第二音節の母音の違いによって，(2a)，(2b)，(2c)に分類できる。

(3) -tʰoŋ 系は第二音節に tʰoŋ を持つ語形である。この tʰoŋ の部分は漢字語の「筒」または「桶」に由来するものであると思われる[1]。よってこれらは合成語となっており，前部の形態素の意味によって三つに分類される。

2　その他の語形

この項目では，済州における語形が記録されていないが，『표준어로 찾아보는 제주어 사전』(2014)，『済州島方言研究 資料編』（1985）によれば，구시という語形が用いられる

[1] 『標準国語大辞典』(1999)によれば，밥통の통には漢字の「桶」があてられる。また，죽통は漢字語の「竹筒」に由来するものとしており，後出の小倉進平の解釈とは異なる。

ようである。また，『제주말 큰사전』(2007)によれば，구시の他に출통[2]という語形も紹介されている。

また，京畿道のデータも不十分であったが，『韓国方言資料集 京畿道編』(1995)によれば，最も多くの地点で確認されたのはkuyuŋ（金浦，始興，楊平，華城，驪州，安城）であった。また，標準語と同じkuyuが平澤でのみ確認された。その他，kuyəŋ (利村，龍仁)，küŋ (漣川，加平）などの語形が確認された。

河野六郎 (1945: 60–74) では，구유の方言形について，小倉進平のデータよりも多い34項目を挙げて紹介している。そのうち，小倉進平のデータで紹介されなかったものとしては，kusuŋi (平北厚昌), kuseŋi (平南陽德) kyi (黄海道西部), kyŋi (平北鴨緑江下流域), kwiŋi (平南祥原，慶北興海・慶州), kweŋi (平安南道), kyjɔŋ (黄海道延安・新渓), kyeŋ (黄海道金川・遂安，京畿道議政府・広州), kyiŋ (黄海道金川・瑞興・黄州，京畿道楊平・加平), kyŋ (京畿道加平), kyjuŋ (京畿道長湍), kyuŋ (江原道鉄原), kyoŋ (黄海道瑞興), kjoŋ (黄海道黄州), keuŋ (京畿道広州), kuju (京城，忠南洪城）があった。

3 地理的分布

(1) ku-juŋ系のうち，(1a)に属する語形は京畿道を中心に，江原道中部，忠清北道，黄海道に見られる。(1b)に属する語形は平安道と黄海道北部，慶尚北道と江原道の江陵・三陟に見られる。(1c)に属する語形は主に黄海道地域に分布し，平安南道の平壌，京畿道の漣川にも見られる。

(2) ku-si系のうち，(2a)に属する語形は咸鏡南道から襄陽以北の江原道にかけての地域と忠清南道，全羅北道全州と群山にも見られる。(2b) ku-soŋは咸鏡南道徳原の一地点のみで観察された。(2c) ku-siは定平以北の咸鏡道と全羅道，慶尚南道，慶尚北道の慶州，高霊，金泉，尚州，忠清北道の報恩，永同に分布している。

(3) -tʰoŋ系の語形のうち，広範囲に分布しているのは(3c) ʧuk-tʰoŋであり，主に慶尚北道を中心として，忠清北道の丹陽・提川，慶尚南道の巨済に分布している。また，京畿道の開城にも飛地的に分布している。その他，(3a) sø-tʰoŋ/swe-tʰoŋはそれぞれ江原道の蔚珍，平海に分布し，(3b) pap-tʰoŋは全羅北道の井邑に分布している。

4 文献上の記録

馬槽にあたる中世語の語形としては구싀が現れた。15世紀の用例が1例存在し，16世紀にいくつかの用例がある。

구싀예 주어 <1482 南明集諺解 下 63b>
몰 믈 머기는 돌구싀 잇ᄂᆞ니라 <1517 翻訳老乞大 上 31b>

[2] 主に귀덕と온평という地域で用いられるようである。

내 앗가 이 구ᅀᅵ 안해 두 드렛 믈 기러 잇다 <1517 翻訳老乞大 上 35a>
아ᄒᆡᄃᆞᆯ히 흠씌 구ᅀᅵ예 ᄀᆞᄃᆞ기 여믈 주고 즘 드러 <1517 翻訳朴通事 21b>
가히 일ᄇᆡᆨ기 남모ᄃᆡ ᄒᆞᆫ 구ᅀᅵ예 밥 주어 <1518 二倫行実図 玉山 28a>
ᄆᆞᆯ구ᅀᅵ <1527 訓蒙字会 中 10a>

また，近代語に入ると구유の用例が存在する。そのうち最も早いのは萬曆 41 年(1613)の内賜記をもつ奎章閣版『訓蒙字会』と思われる。

ᄆᆞᆯ구유(馬槽) <1613 奎章閣版 訓蒙字会 中 12>
구유 력(櫪) <1613 奎章閣版 訓蒙字会 中 19>

近代語の用例として，もう一つ注目すべきは，『朴通事諺解』に登場する귀유である。

귀유에 ᄀᆞ독이여 <1677 朴通事諺解 上 21a>

この귀유は，第一音節が kui-と現れる語形につながるものであると言える。
なお，20 世紀の文献であるが，구융という語形が用いられているものがあった。

여러말틈에 셧겨 쥬동이를 구융통에다 틀어박고 솰이며 <1912 飛行船 3>

5 考察

ku-ju の語源については未詳であるが，満洲語の huju [xudʒu] との関連が指摘される（小倉進平 1944，河野六郎 1945）。

語源が同じである(1), (2)の語形のうち，(2) ku-si 系は文献上で現れたㅿ/z/ が /s/ で現れており，最も古いタイプの語形である。その中でも，文献及び分布状況から考慮すると，ku-si が最古の形であると考えられ，ku-su は第二音節の母音の交代を経た形である。i > u の交替については不明であるが，河野六郎（1945）は，kusi を√kus-の主格形であるとして，その他の曲用形が kusɯ-という形を取ることから，/ɯ/ を取る形が多いために単独形としても /ɯ/ を取る形，即ち kusɯ が用いられるようになったと考えている。つまり，ku-su はこの kusɯ の第二音節が円唇化したことで生じたと考えられる。また，ku-suŋ は ku-su に接尾辞-uŋ が付いた形と考えられる。ku-soŋ は ku-suŋ の第二音節で /u/ > /o/ の交替が起こったものと考えることが出来るが，この語形が現れる地点の周辺が全て ku-su 地域であることは疑問に残る。また，ki-suŋ，kui-suŋ は共に kui-juŋ と同じ地域に分布しているため，混交によるものと考えられる。

(1) ku-juŋ 系のうち，(1a)に属する語形は ku-si 系から /s/ > /z/ の弱化を経て，これが消滅した形である。文献から，半母音 /j/ は /z/ が消滅する前に添加されたと分かる。即ち，ku-su

> *ku-zu > ku-zju > ku-ju という変化を想定できる。ただし，小倉進平のデータには ku-ju という語形は存在せず，最も近い語形は ku-juŋ であるが，これは ku-ju に接尾辞 -uŋ が付いたものであると考えられる。河野六郎（1945）はこの ku-juŋ という語形が ku-suŋ からの変化であるとしているが，文献上に ku-zuŋ ないし ku-zjuŋ という語形は現れないため，ku-juŋ の接尾辞 -uŋ は z の弱化の後に結合した可能性も考えられる。kui-juŋ, kui-jɔŋ は第一音節が /j/ の影響で Umlaut した形である。kui-jɔŋ という語形については，河野六郎（1945）の説を参考に，√kus- に接尾辞 -ɔŋ の結合した *ku-sɔŋ から，*ku-zɔŋ > ku-jɔŋ > kui-jɔŋ というような変化を想定できる。

(1b)に属する語形のうち，kui-iŋ と kuiŋ については，kweŋ から変化したという説がある（河野六郎 1945）が，/e/ > /i/ の変化は /u/ の半母音化以前の変化ではないかと思われる。そうすると，*ku-eŋ > ku-iŋ が推定でき，ここから Umlaut を経て kui-iŋ となり，さらに /i/ の脱落を経ることで kuiŋ という語形になったと考えられる。kuŋ について，河野六郎（1945）では，ku-suŋ > *ku-zuŋ > *ku-uŋ > kuŋ という変化を経たと述べているが，文献上に現れる ku-zju という語形を考慮すると，ku-juŋ から半母音 /j/ の脱落を経て成立した語形であると想定できる。kui は ku-si > ku-zi > kui という変化を経たものであり，kuŋ-i は kui に hiatus 回避の目的で /ŋ/ が添加された形と考えられる。kui-i については，後述する kwɛŋ-i の変遷過程で現れる *ku-eŋ-i の /e/ が狭母音化した kwiŋ-i から /ŋ/ の脱落を経たものであると思われる。

(1c)に属する語形のうち，kwɔŋ という語形については，前述の *ku-sɔŋ から *ku-zɔŋ > *ku-ɔŋ > kwɔŋ という変化を経たものだと考えられる。kweŋ は kwɔŋ から /ɔ/ が前舌母音化したものと考えられる。さらに /ŋ/ が脱落したものが kwe である。kwɛŋ-i という語形について，河野六郎（1945: 66, 69）では，kuseŋi という語形を√kus-＋-eŋi と分析した上で，kweŋi という語形は接尾辞 -eŋi が結合してから/s/が/z/ を経て消失し，さらに /u/ が半母音化して生じた語形であると考えている。しかし，この接尾辞 -eŋi は元々-ɔŋi だったものが前舌母音化したものと考えられる。すると，√kus- に -eŋi が直接結合したとは言い切れないだろう。即ち，kwɛŋ-i という語形については，*ku-sɔŋ-i > *ku-seŋ-i > *ku-zeŋ-i > *ku-eŋ-i > kweŋ-i > kwɛŋ-i という変化が想定される。

(3) -tʰoŋ 系について，それぞれの語源は sø-tʰoŋ, swe-tʰoŋ が「牛の飼桶」，pap-tʰoŋ が「飯桶」，ʧuk-tʰoŋ が「粥桶」と紹介されている。前述の通り，その中でも ʧuk-tʰoŋ が慶尚北道に集中的に分布しているが，これは語源を同じくする(1), (2)が全国的に分布している中で特徴的である。

参考文献

河野六郎(1945)『朝鮮方言学試攷—鋏語考』京城: 東都書籍京城支店.

国立国語研究院(1999)『標準国語大辞典』ソウル: 斗山東亜.

송상조(2007)『제주말 큰사전』서울: 한국문화사.

80

韓国精神文化研究院語文研究室編(1995) 『韓国方言資料集 1: 京畿道編』城南: 韓国精神文化研究院.
玄平孝(1985)『済州島方言研究 資料編』ソウル: 太学社.
현평효, 강영봉(2014) 『표준어로 찾아보는 제주어 사전』제주: 도서출판 각.

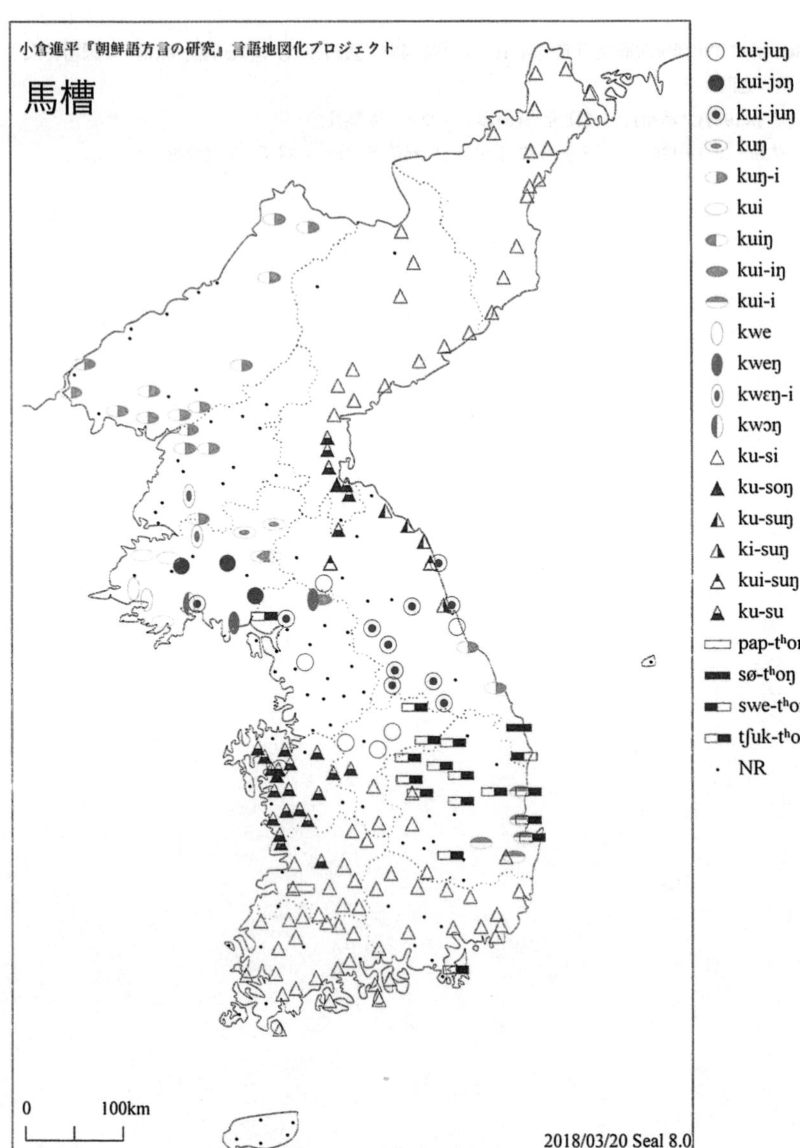

小倉進平『朝鮮語方言の研究』言語地図化プロジェクト
馬槽
ku-juŋ
kui-jɔŋ
kui-juŋ
kuŋ
kuŋ-i
kui
kuiŋ
kui-iŋ
kui-i
kwe
kweŋ
kwɛŋ-i
kwɔŋ
ku-si
ku-soŋ
ku-suŋ
ki-suŋ
kui-suŋ
ku-su
pap-tʰoŋ
sø-tʰoŋ
swe-tʰoŋ
tʃuk-tʰoŋ
NR
0
100km
2018/03/20 Seal 8.0

82

俎

福 井 玲

1　はじめに

韓国の標準語は to-ma (도마) であるが，これにあたる語は『朝鮮語方言の研究』の「器具」に「俎」という項目名で 10 種記録されている (上: 234–235)。

これらは (1) to-ma 系, (2) k^{h}al-p^{h}an 系, (3) k^{h}al t^{h}o-mak 系の３つのいずれかに分類できる。このうち，(3)の k^{h}al t^{h}o-mak 系は(1)と(2)の混淆した語形と考えられる。

(1) to-ma 系
　(1a) to-ma / to-mɛ / tom-bɛ,　(1b) to-mak / to-mɛ-gi / tom-bɛ-gi / t^{h}o-mɛ-gi
(2) k^{h}al-p^{h}an 系
(3) k^{h}al t^{h}o-mak 系
　k^{h}al t^{h}o-mak / k^{h}al-t^{h}o-mɛ-gi

(1b)は(1a)の to-ma 系語形の末尾に -k が付き，場合によってはさらにそのあとに接尾辞の -i が付いた語形である。(2)は(1)とはまったく異なる語形であり，(3)は k^{h}al「刀」に(1b)の to-mak 系が結合した語形である。

2　地理的分布

(1)の to-ma 系のうち，(1a)の to-ma は京畿道，忠清南道を中心とし，わずかに全羅道にも見られる。次に同じく(1a)の to-mɛ は最も分布範囲が広く，咸鏡南道と慶尚道と全羅道のほぼ全域，そして忠清北道に見られる。(1a) の tom-bɛ は済州島にだけ見られる。

(1b)の to-mak は京畿道の北部に見られ，それにさらに -i の付いた語形は平安道，咸鏡南道南部，黄海道などに見られる。このうち，黄海道北部と平安南道南部および江原道には語頭が有気音化した t^{h}o-mɛ-gi が見られる。

(2)の k^{h}al-p^{h}an 系はあまり多くないが，忠清南道南部に 1 地点，黄海道に 1 地点見られる。

(3)の k^{h}al-t^{h}omak 系は，黄海道の中西部に多く分布し，また，忠清南道にも 1 地点見られる。

3　文献上の記録

15 世紀以降，도마 (LH)の形のみが見られる。

도마애 올이니 누른 柑子ㅣ 므겁고 누른 柑子ㅣ 므겁고　<1481 杜詩諺解 10: 38a>
　「登俎黃柑重」

도마애셔 디니 <1481 杜詩諺解 16: 61a>

「落礁」(礁＝きぬた（砧）cf. 砧板 zhēnbǎn：漢語南部方言で「まな板」を指す[1])

机 도마 궤 <1527 訓蒙字会 中 6a>

几 도마 궤 <1576 新増類合 上 24b>

切板 도마 按板 도마 <1690 訳語類解 下 15a>

他の語形は文献上には見えない。なお，도마と語源的に繋がりがあると考えられる「切れ端」の意味の도막と토막は 18 世紀末の文献から散見されるようになる。

木頭鉾 토막 <1748 同文類解 下 44b>

木頭墩 나모토막 <1790 蒙語類解補 34a>

디렁이를 무엇으로 끈어 그 두 도막을 축축ᄒᆞᆫ ᄯᅡ 속에 뭇어 <1896 独立新聞>

4　考察

語源については도막，토막との関連が考えられる。金敏洙編 (1997: 258)『우리말語源辞典』では，次のように述べている。

語源：√도막[片]. 変化： 도마 (杜詩諺解 16 :60-61)＞ 도마. ※‘도마’ はある物を刃物で切れ端にしたり，または ‘도마’ 自体が木の切れ端で作られるのでこのような名称ができたと考えられる。どちらが正しいにしても ‘도마’ の語源は ‘도막’ と関連づけられるものと思われる。民間語源：刀版(東言攷略 44：俎を ‘도마’ というのは刀版であって，刀で肉を切る版である.)（筆者訳）

なお，ついでながら同辞典で도마뱀「蜥蜴」についても触れられている。

「蜥蜴」‘도마뱀’ は尻尾の部分が切れ切れになるのでこのような名称が付けられたものと考えられる。(筆者訳)

本項目で現れるさまざまな語形には，つぎのような音変化と接辞の付加が起きたと考えられる。

ウムラウト *to-ma-gi ＞ to-mɛ-gi

接尾辞の付加＋単母音化 to-ma > to-ma-i > to-mɛ

---

[1] 2014 年度の「韓国朝鮮語語彙史」の授業での朱林彬氏の指摘による。同氏によると，東北部では「菜板」，北京官話，中原官話では「案板」が使われ，西南官話，呉語，湘語，閩南語で「砧板」が使われるという。

激音化　to-mak ＞ t^homak (＞ t^ho-ma-gi ＞ t^ho-mɛ-gi)

語中鼻音の破裂音付加　to-mɛ ＞ tom-bɛ, to-mɛ-gi ＞ tom-bɛ-gi

これらのうち，k^hal (칼)「刃物」を伴った語形では，必ず激音化したものが現れるのは，k^hal の語頭子音による遠隔同化が考えられる。またそれが基になって，k^hal が付かない単独の形にまで激音を含むものが現れるようになったのであろう。

また，済州島と咸鏡南道で見られる -m->-mb- という変化は，一般音声学的にはあり得る変化であるが，韓国語の諸方言に見られる音変化の類型としては他に類似した例はさほど見られない。

最後に，to-ma を含まない(2) の k^hal-p^han という語形は漢語の「菜板」「案板」「砧板」などといった語形の間接的な影響でできたものかもしらない。

参考文献

金敏洙編 (1997)『우리말語源辭典』ソウル：太学社.

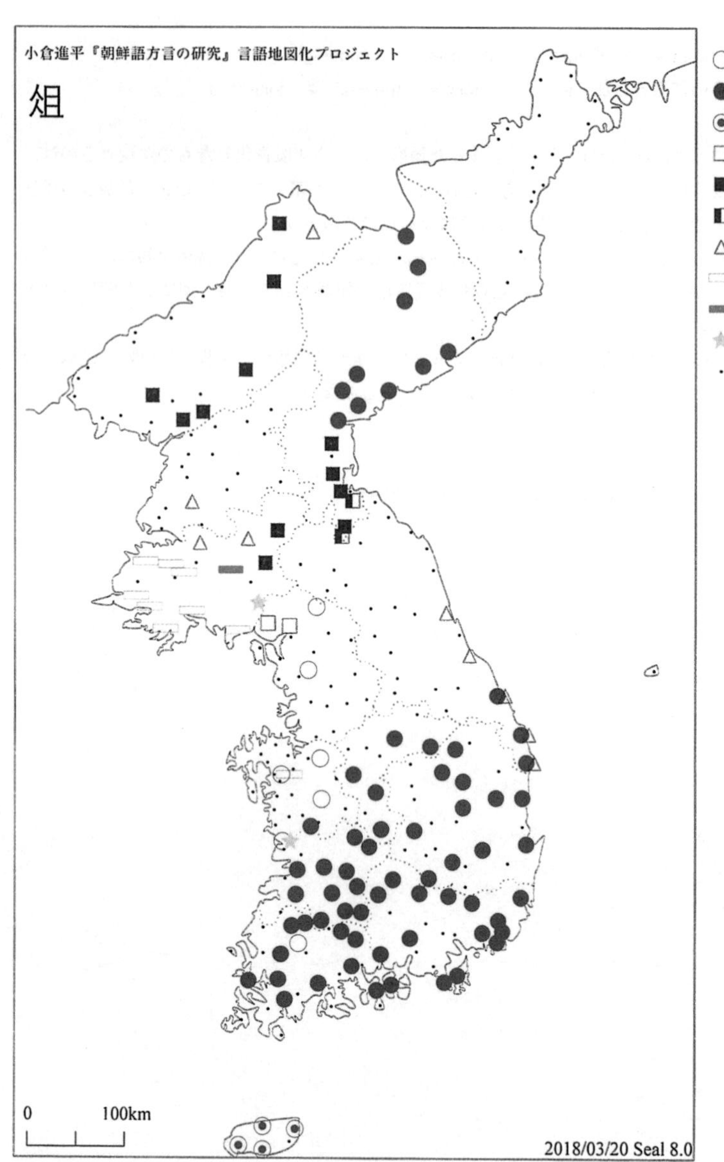
小倉進平『朝鮮語方言の研究』言語地図化プロジェクト
俎
to-ma
to-mɛ
tom-bɛ
to-mak
to-mɛ-gi
tom-bɛ-gi
tʰo-mɛ-gi
kʰal-tʰo-mak
kʰal-tʰo-mɛ-g
kʰal-pʰan
NR
0
100km
2018/03/20 Seal 8.0

86

盥

福井 玲

1 はじめに

韓国の標準語は tɛ-ja (대야) であるが，これにあたる語は『朝鮮語方言の研究』の「器具」に「盥」という項目名で 19 種記録されている (上: 236–237)。項目名の直後に「真鍮・鉄・ブリキ製などの」という注が記されている。

語形は大きく tɛ-ja 系と so-rɛ 系の２つに分かれる。tɛ-ja 系はさらに，１音節の tɛ 系，２音節の tɛ-ja 系，２音節で末尾に鼻子音を伴う tɛ-jaŋ 系，２音節で第一音節末に鼻子音が入る tɛŋ-ɛ 系の４つに分けられる。

(1) tɛ-ja 系

(1a) tɛ / ʔtɛ

(1b) tɛ-ja / ʔtɛ-ja / tɛ-jɔ / ʔtɛ-jɔ / tɛ-wa / ʔte-wa / te-u / ʔte-u

(1c) tɛ-jaŋ / tɛ-jɔŋ / te-waŋ

(1d) tɛŋ-ɛ / ʔtɛŋ-ɛ / tɛŋ-i,

(2) so-rɛ 系

so-rɛ / so-rɛ-i / so-rɛ-ŋi

2 その他の語形

崔鶴根 (1978)には以上の他に，놋때，다라，다래，대애，대이，대하，수대，양푸이などの語形が見られる。

3 地理的分布

(1)の tɛ-ja 系の語形は半島全体に分布する。その中で(1a)の１音節の語形は主に慶尚道と平安道に分布するが，江原道，全羅南道，京畿道の海岸沿いにも見られる。(1b)の形は京畿道，忠清道を中心とし，部分的に江原道，全羅道，慶尚道にも見られる。その中でも，第２音節が u のものは，主に全羅南道に分布するが，黄海道にも１地点見られる。またこのグループには，第２音節の母音が a のものと ɔ のものが存在するが，後者は京畿道北部と忠清北道南部に１地点見られる。(1c)の末尾に鼻音が付いた形は全羅北道と隣接する全羅南道北部に分布する。(1d)の語中に鼻音が入った形は，咸鏡南北道と，それに隣接する平安北道に見られる。以上のような変種は総じて各地域ごとに比較的まとまって分布し，地域的な特徴が現れやすい項目であると言える。

(2)の so-rɛ 系は，咸鏡道，平安道，黄海道という北部地域にのみ見られる。しかし，咸鏡道の多くを占める so-rɛ 専用地域を除く，平安道と黄海道では tɛ-ja 系の語形が併用されている地点が多い。

なお,『標準国語大辞典』では so-rɛ は「tɛ-ja の方言（済州，咸鏡)」としている。しかし，咸鏡道にはこの語形が見られるが，小倉進平のデータでは済州島には tɛ-ja 系の tɛ-jɔŋ しか見られない。また，玄平孝 (1962, 1985)にも済州島でこの形は見られないようである。

4　文献上の記録

15 世紀には，다야(LH)の形のみが見られ，16 世紀以降には대야と表記される語形が見られるようになる。但し 19 世紀でも다야の形も残っている。

다야 爲匜　<1446 訓民正音解例本 58>
盂 다야 우　<1527 訓蒙字会 中 10a>
匜 대야 차 匜 귀대야 이　<1527 訓蒙字会 中 7a>
다야 盥鍮器　<1880 韓仏字典 448>

なお，母音 ㅐが二重母音だった中世語では다야と대야の違いは，2 つの音節の間の j を表記上どのように捉えるかという程度の違いで，さほど大きな発音上の違いがあったわけではないものと思われる。

一方，so-rɛ 系については，中世語では소라(HH)の形が見られる。

구리 소라애 므레 글혀 시그며 (銅盆中熱水) <1466 救急方諺解 下 91a>
아기ᄅᆞᆯ 소랏 므레 노하든 (着孩兒盆子水裏放着)　<1517 翻訳朴通事 56a>
기ᄅᆞᆷ ᄀᆞᄃᆞ기 다ᄆᆞᆫ 소라ᄅᆞᆯ ᄀᆞᄅᆞ쳐 닐오ᄃᆡ　<1569 七大万法 22a>

この소라は漢文の「盆」にあてられることが多く，その点で「盥」,「匜」などにあてられる다야とは意味的に違いがあるように思われる。

5　考察

『標準国語大辞典』には대야の項目の中で，上にも引用した『訓民正音解例本』の用例をあげて，漢語の「大匜」から来たとしている。しかし「匜」の音（yi, 韓이，日イ）は ja (야) とはかなり異なるので，この説の妥当性は筆者には分からない。

金敏洙編 (1997: 243)では，語源について不明としながらも「'대야' の語源はしばしば日本語の tarai (盥)にあてることがあるが，'대야' は 15 世紀の文献にすでに現れることから見て，むしろ日本で我々の国語を借用したのではないかと考えられる」と述べているが，日本語のタライ(盥)は古くはタラヒで，'대야' 以上に古くから用いられており，語源も「手(タ)洗ヒ」であることが明らかのなので，この説は成り立たない。

参考文献

金敏洙編 (1997)『우리말語源辞典』ソウル：太学社.
玄平孝 (1962, 修正版 1985)『済州島方言研究』(資料篇・論考篇) ソウル：二友出版社.
国立国語研究院 (1999)『標準国語大辞典』ソウル：斗山東亜.
崔鶴根 (1978)『韓国方言辞典』ソウル：玄文社.

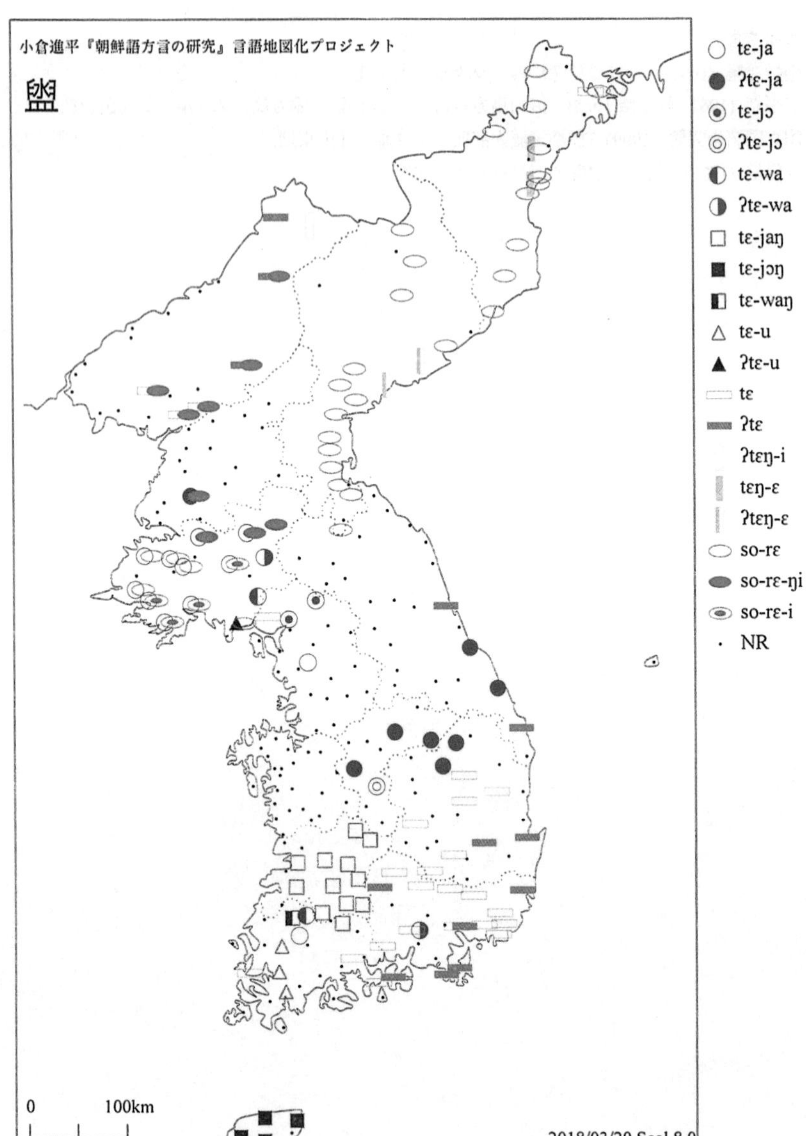
小倉進平『朝鮮語方言の研究』言語地図化プロジェクト
盥
tɛ-ja
ʔtɛ-ja
tɛ-jɔ
ʔtɛ-jɔ
tɛ-wa
ʔtɛ-wa
tɛ-jaŋ
tɛ-jɔŋ
tɛ-waŋ
tɛ-u
ʔtɛ-u
tɛ
ʔtɛ
ʔtɛŋ-i
tɛŋ-ɛ
ʔtɛŋ-ɛ
so-rɛ
so-rɛ-ŋi
so-rɛ-i
NR
0
100km
2018/03/20 Seal 8.0

90

鏡

福井玲

1　はじめに

韓国の標準語はkɔ-ul(거울)であるが，これにあたる語は『朝鮮語方言の研究』の「器具」に「鏡」という項目名で21種記録されており(上: 230–231)，語形の種類は多いが，これらは(1) kɔ-ul系，(2) sek-kjɔŋ系，(3) men-gjɔŋ系の3つのいずれかに分類できる。このうち，(1)のkɔ-ul系は中世語の段階から見られる固有語であり，(2)のsek-kjɔŋ系と(3)のmen-gjɔŋ系はそれぞれ「石鏡」，「面鏡」に基づく漢語に由来するものと考えられる。

(1) kɔ-ul系
　(1a) kɔ-ul / ke-ul / ki-ul, (1b) kjɔ-ul, (1c) keŋ-ul / kjɔŋ-ul
(2) sek-kjɔŋ系
　(2a) sek-kjɔŋ / sek-kɔŋ / sek-keŋ / sek-kaŋ / sɛk-kaŋ / sɛk-koŋ, (2b) sik-kjɔŋ / sik-kɔŋ
(3) men-gjɔŋ系
　(3a) men-gjɔŋ / men-gɔŋ / mɛn-gɔŋ / men-geŋ / meŋ-gjɔŋ, (3b) min-gjɔŋ / min-gɔŋ

(1)のkɔ-ul系はさらに，(1a)のような第1音節の母音の違いによる変種，(1b)のように第1音節の母音の前に半母音jが加わったもの，(1c)のように母音間に鼻音ŋが加わったものの3種類に分けることができる。

(2)のsek-kjɔŋ系は，第1音節の母音がe(あるいはɛ)であるかiであるかのいずれかによって，(2a),(2b)の2つに分けられる。(2a)の第2音節の母音はjɔ/ɔ/e/a/oと多様である。なお，第1音節の母音がeであるかɛであるかについては，ɛと表記された地域は実はe/ɛの区別が存在しない地域である可能性が高いので，重要視しなかった。

(3)のmen-gjɔŋ系も同様に第1音節の母音がe(あるいはɛ)であるかiであるかのいずれかによって，(3a),(3b)の2つに分けた。第2音節の母音はjɔ/ɔ/eと3種類が見られるが，(2)の場合のようにa/oは現れない。

2　その他の語形

地図からわかるように，この項目では平安道の全域と咸鏡北道が調査されていない。平安道に関しては，『平北方言辞典』(1981)によると거울，쇠경，세경(섹경)などの語形が見られる。咸鏡北道に関しては，『咸北方言辞典』(1986)によると겨울，계울，면경，색경，세경，셋경，섹경などの語形が見られる。

3　地理的分布

(1)のkɔ-ul系の語形は咸鏡道から済州島に至るまで全国的に分布している。(2)のsekkjɔŋ 系も比較的広い範囲に分布しており，特に黄海道は全域この語形になっている。これに対して(3)の men-gjɔŋ 系の語形は慶尚道を中心とする南部地域に限定されている。

なお，地点によってはこれらの語形が併用されているおり，中には済州島の２地点のように３種類がすべて併用されている地点もある。そのような場合にはおそらく意味上の使い分けがあったのかもしれない。

4　文献上の記録

鏡を表わす 3 種類の語形の中で最も古いものは kɔ-ul 系で，中世語の早い時期には거우루という語形で現れる。

그 각시 그 거우룰 아ᄉᆞ니 그 새 아니 우니라　<1447 釈譜詳節 24:20b>
鏡은 거우뤼라　<1459 月印釈譜 4:13b>
그 누는 두루 보ᄃᆡ 오직 거우루 ᄀᆞᆮᄒᆞ야 各別ᄒᆞᆫ ᄀᆞᆯ히요미 업거든　<1461 楞厳経諺解 3:100b>

この他，中世語では 15 世紀末から 16 世紀にかけて第 3 音節の母音が変化した거우로という形も見られる。

늘거 ᄇᆞ료ᄆᆞ란 ᄇᆞᆯᄀᆞᆫ 거우로애 아노니　<1481 杜詩諺解 21:41b>
鏡 거우로 경　鑑 거우로 감　<1527 訓蒙字会 中 7b>

また，15 世紀末から上のような語形と並行して第 3 音節の母音を落とした거울という形も散わずかに見られるようになる。

蜀ㅅ 님그미 이 거우ᄅᆞᆯ 가져셔 주그니ᄅᆞᆯ 보내야 뷘 뫼해 두니라 <1481 杜詩諺解 3:72b>
거울 볼 사ᄅᆞ미 모로매 제 ᄂᆞ치 고오며　<1522 法集別行録 32b>

(2) の sek-kjɔŋ 系は 19 世紀から見られる。ハングル資料の中で最も古い用例は 19 世紀初めに作られたと推定される『広財物譜』と思われ,『예수聖教全書』(1882),『韓仏字典』(1880),『士民必知』(1889),『韓英字典』(1897)など各種の文献に見られる。

石鏡 석경　眼鏡 안경　<18--広財物譜: 器用 2b>
석경 石鏡　<1880 韓仏字典 397>
듯고 힝치 못ᄒᆞᄂᆞᆫ 쟈 사ᄅᆞᆷ이 석경에 낫ᄎᆞᆯ 봄 갓트니　<1887 예수聖教全書: ヤコブ書 1:23>

最後の例は，新約聖書の日本語訳では「御言葉を聞くだけで行わない者がいれば、その人は生まれつきの顔を鏡に映して眺める人に似ています」(新共同訳)となっている。

(3) の men-gjɔŋ 系も 19 世紀から見られるが，sek-kjɔŋ 系よりも遅く，19 世紀末の『韓仏字典』(1880),『聖教撮要』(1882),『国漢会語』(1895),『韓英字典』(1897)などから見られるようになる。

<u>면경</u> 面鏡　<1880 韓仏字典 233>

또 면병의 형샹을 비록 ᄂᆞᆫ화 크고 젹은 일ᄇᆡᆨ 조각을 ᄆᆞᆫᄃᆞ라도 셩톄ᄂᆞᆫ 만만코 능히 ᄂᆞᆫ호지 못ᄒᆞ니 ᄆᆡ 조각에 다 오쥬의 젼신이 계신지라 대략 <u>면경</u>에 비컨대 온 <u>거울</u>을 빗최ᄂᆞᆫ 쟈ㅣ <u>거울</u> 속에 온젼ᄒᆞᆫ ᄂᆞᆺ출 보고 만일 거울을 가져 ᄂᆞᆫ화 대쇼 ᄇᆡᆨ 조각을 ᄆᆞᆫᄃᆞ라도 곳 ᄇᆡᆨ 조각 속에 각각 온젼ᄒᆞᆫ ᄂᆞᆺ치 뵈ᄂᆞ니　<1882 聖教撮要 32b>

この２つ目の用例は，거울と면경がともに使われている点で興味深い。この文はキリスト教の聖体拝領/聖餐式で使われるパン(면병麵餅)に関する説明である。「また，麵餅の形をたとえ分けて大小百個の切れ端にしても，聖体は満ち満ちていて分けることはできず，それぞれの切れ端にすべて吾主の全身がいらっしゃるので，おおよそ「面鏡」に例えるなら，鏡全体に映る者は鏡の中に完全な顔を見て，もし鏡を分けて大小百個の破片にしても，各破片の中のそれぞれに完全な顔が見えるので……」と訳せるが，ここでは最初に「面鏡」に例えながら，具体的にものが映っている部分を指すときには거울を使っているように思われる。

5　考察

これら３種類の語形の中で文献上もっとも古くから見られるのは (1) の kɔ-ul 系である。地理的な分布の上では，全国的に分布しているので，この語形が古くから全域で使われてきたのは確かであろう。あとの２つの語形，すなわち「石鏡」と「面鏡」に対応する語形はそれより後の時代に広まったものと考えられる。この２つのうちでは，「石鏡」の方がより広く分布しているので，こちらの方がより古く，「面鏡」はさらに後の時代に南部地域で発生した語形と考えられる。一般名称としての kɔ-ul 系は維持しながらも，「手鏡」のように，より具体的な事物としての名称がそれと並行して用いられるようになったのかもしれない。

ところで「石鏡」と「面鏡」は，それぞれ本来は sɔk-kjɔŋ (あるいはより古くは sjɔk-kjɔŋ), mjɔŋ-kjɔŋ のはずであるが，小倉進平のデータにはこのどちらも見られず第１音節の母音が，jɔ＞e と変化した語形しか見られない。

なお，kɔ-ul 系の語源についてはいくつか説があり，金敏洙編 (1997: 55)によると，中世語の kɔ-sɨr-, kɔ-u- 「逆らう，対敵する」と関係するという説，語形を걸+울と分析して걸を구리(銅)と同じ語源をもつと考える説などがあるが，確実なことはよく分からない。

参考文献

金敏洙編 (1997)『우리말語源辞典』ソウル：太学社.
金履浹編著（1981)『平北方言辞典』韓国精神文化研究院.
金泰均編著 (1986) 『咸北方言辞典』ソウル：京畿大学校出版局.

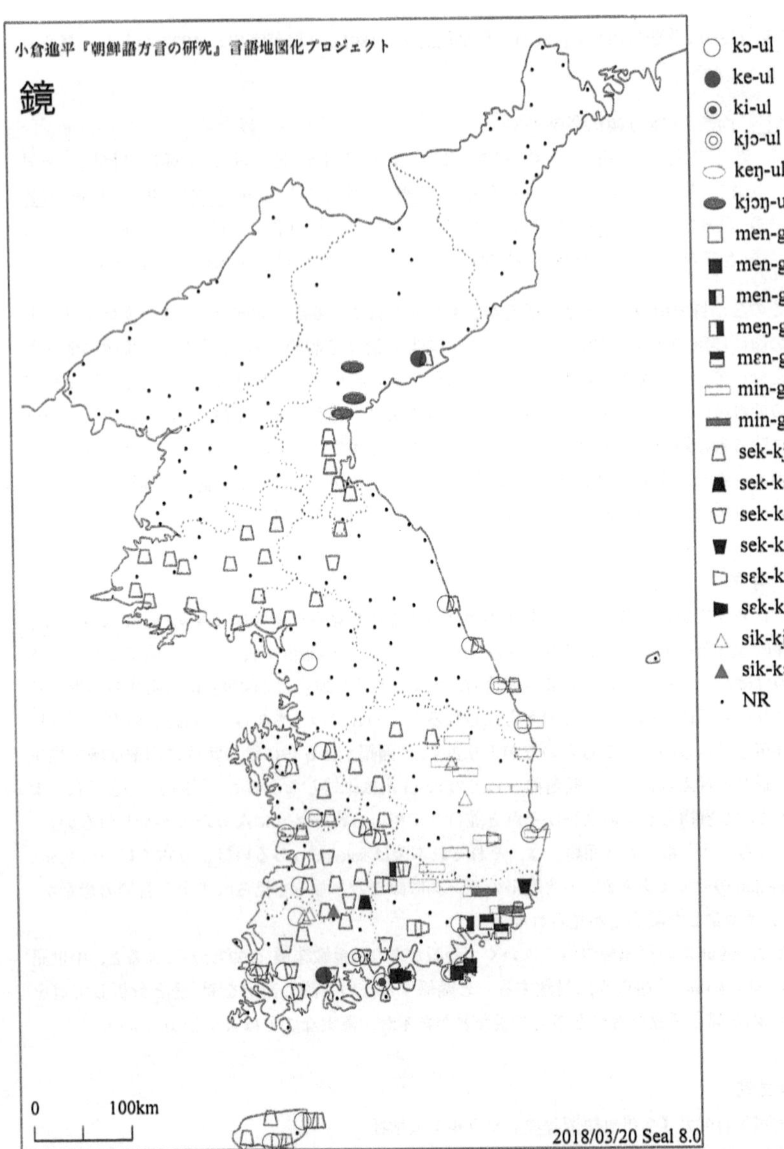
小倉進平『朝鮮語方言の研究』言語地図化プロジェクト
鏡
kɔ-ul
ke-ul
ki-ul
kjɔ-ul
keŋ-ul
kjɔŋ-ul
men-gjɔŋ
men-gɔŋ
men-geŋ
meŋ-gjɔŋ
mɛn-gɔŋ
min-gjɔŋ
min-gɔŋ
sek-kjɔŋ
sek-kɔŋ
sek-keŋ
sek-kaŋ
sɛk-koŋ
sɛk-kaŋ
sik-kjɔŋ
sik-kɔŋ
NR
0
100km
2018/03/20 Seal 8.0

94

熨斗（ひのし）

福 井 玲

1　はじめに

韓国の標準語は ta-ri-mi (다리미)であるが，これにあたる語は『朝鮮語方言の研究』の「器具」に「熨斗」という項目名で 19 種記録されている (上: 232–233)。

これらは (1) ta-ri-mi 系，(2) ta-ri-bi 系，(3) ta-ro-ri 系の３つのいずれかに分類できる。

(1) ta-ri-mi 系

ta-ri-mi / tɛ-ri-mi / tɛ-ru-mi

(2) ta-ri-bi 系

ta-ri-bi / ta-rɛ-bi / tɛ-ri-bi / tɛ-rɛ-bi / te-ru-bi / tal-bi

(3) ta-ro-ri 系

(3a) ta-ro-ri / tɛ-ru-ri / ta-ri-ul

(3b) tɛ-ri-wɔ-ni / tɛ-rjɔ-ni / tɛ-rjɔn

(3c) ta-ri-we / ta-ru-wɛ / ta-re-i / tɛ-ru

(1)の ta-ri-mi 系は，語末音節に -mi を含むもの，(2)は語末音節に -bi を含むものである。(3)はやや複雑であるが，(3a)は語末音節に -ri あるいは -l を含むもの，(3b)は -ni あるいは -n を含むもので，(3c)はそのいずれも含まないものである。(3b)に含まれる n はおそらく(3a)に含まれる r が転じたものと思われる。

2　その他の語形

小倉進平のデータには平安道のデータが抜けているが，金履浹編著（1981: 165）『平北方言辞典』によると平安北道では，대리미，대림(中部以西地域)という形が使われる。一方，咸鏡北道については，金泰均編著 (1986) 『咸北方言辞典』に主に(3)に挙げた語形と類似の語形が多く使われている。

3　地理的分布

(1) の ta-ri-mi 系は，黄海道，京畿道，忠清道，江原道，全羅北道，咸鏡南道の南部地域などに幅広く分布する。2 で述べたように，地図で空白となっている平安道も ta-ri-mi 系の地域と考えられる。(2)の ta-ri-bi 系は慶尚道を中心として，その周辺地域（全羅道，江原道）にも及んでいるが，明らかに他の(1)に比べると分布領域は限定的である。(3)の各語形は咸鏡道，済州島，全羅南道という，半島の南北端に主に分布し，その他に黄海道と京畿道の境界付近にも若干分布する。

4　文献上の記録

ハングル資料以前の中世語資料としては『郷薬救急方』に「多里甫伊，多里甫里」という語形が見られる。ハングル資料の初期には다리우리という形が使われていた。

熨斗 多里甫伊 多里甫里 <13 世紀 郷薬救急方>

ᄯᅳᆷ 나디 아니커든 다리우리예 블 다마 두 녁 녑을 ᄢᅧ야 덥게 ᄒᆞ야

<1489 救急簡簡易方 1:58a>

熨 다리우리 <1527 訓蒙字会中 7b>

17 世紀以降は，다리우리の他に，다리오리という形が現れる。

熨斗 다리오리 火斗 다리오리 運斗 다리오리 <1690 訳語類解下 15b>

現代語の ta-ri-mi 系や ta-ri-bi 系の語形は 19 世紀末になるまで見られない。

다리미 불에 담ᄇᆡ불 ᄇᆞᆺ치면 무안 보ᄂᆞ니라 < 1898 協成会会報 3>

なお，関連語として，動詞다리-（アイロンをかける，火のしをあてる）は中世語においても다리-の形で使われていた。

가ᄒᆡᆫ ᄃᆡᄅᆞᆯ 다려 ᄣᅡ케 ᄒᆞ야 <1481 杜詩諺解 25: 50a>

5　考察

咸鏡道や済州島，全羅南道に見られる(3)の ta-ro-ri 形の語形は，ハングル資料に見られると다리우리, 다리오리という形の名残と考えられる。

その一方で，これらの形より古い『郷薬救急方』の「多里甫伊，多里甫里」という語形からは，もともと ta-ri- のあとに両唇音を含む語形が含まれていたことが想像できる。その点を考慮に入れると主に慶尚道に見られる(2)の ta-ri-bi 系の語形は次のような変化の結果生じたものかもしれない。

ta-ri-bu-ri > ta-ri-bui > ta-ri-bi

中世語の다리우리という語形は ta-ri-bu-ri という語形の両唇音が（両唇摩擦音を経て）脱落した形と推定できる。

残された課題は，今日の標準語にもなっている ta-ri-mi 系がどのように成立したかということになるが，まず，これは地理的分布の点からは比較的半島の中央部に分布して，辺境には分布していないということを考慮に入れると，他のグループよりも新しい語形であるという可能性がある。一方，音声的に一番近い語形は(2)の ta-ri-bi 系であるが，-b- > -m- という変化は韓国語では一般的に見られる音変化ではない。従って，他の要因による何らかの個別的変化を想定しなければならないが，ta-ri-bi 系の語形をモデルにしつつ，動詞 ta-ri-の名詞形(ta-rim)として再分析して新たにできた語形ではないだろうか。

参考文献

金履浹編著（1981）『平北方言辞典』韓国精神文化研究院.
金泰均編著 (1986) 『咸北方言辞典』ソウル：京畿大学校出版局.

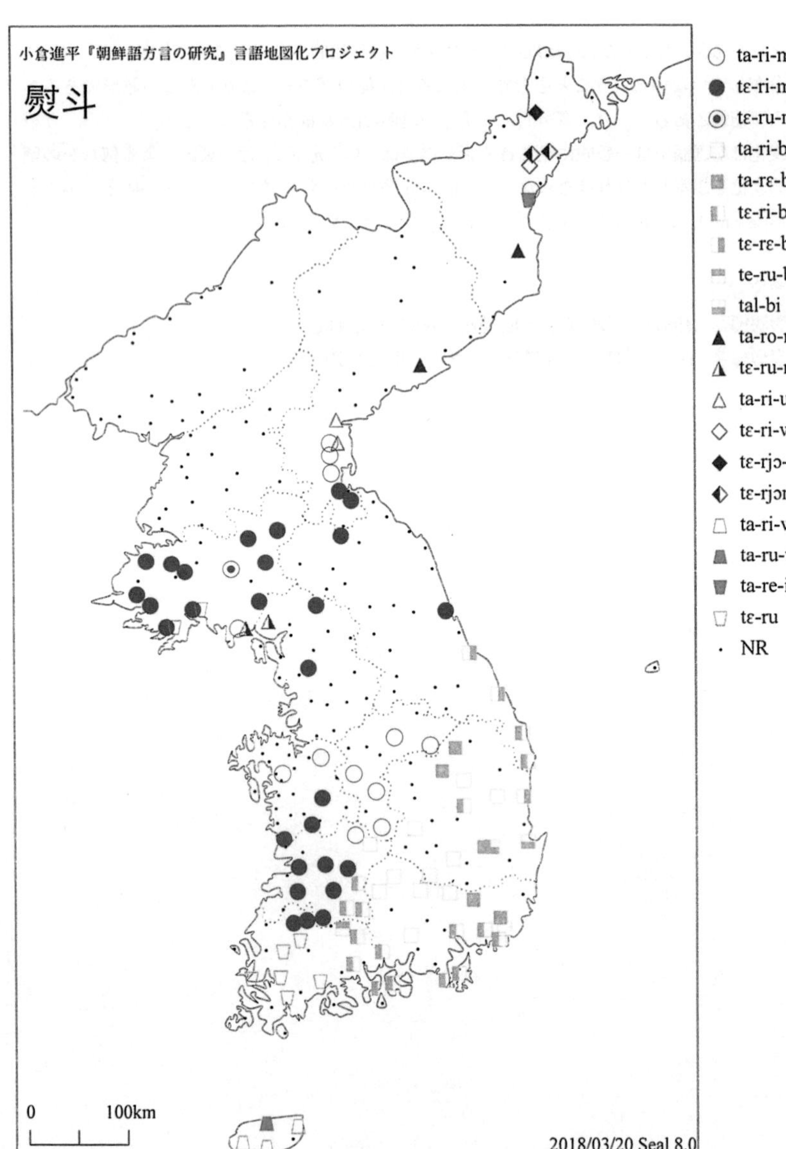
小倉進平『朝鮮語方言の研究』言語地図化プロジェクト
熨斗
ta-ri-mi
tɛ-ri-mi
tɛ-ru-mi
ta-ri-bi
ta-rɛ-bi
tɛ-ri-bi
tɛ-rɛ-bi
te-ru-bi
tal-bi
ta-ro-ri
tɛ-ru-ri
ta-ri-ul
tɛ-ri-wɔ-ni
tɛ-rjɔ-ni
tɛ-rjɔn
ta-ri-we
ta-ru-wɛ
ta-re-i
tɛ-ru
NR
0
100km
2018/03/20 Seal 8.0

98

猫

福 井 玲

1 はじめに

韓国の標準語は ko-jaŋ-i (고양이) であるが，これにあたる語は『朝鮮語方言の研究』の「走獣」に「猫」という項目名で 39 種記録されている (上: 283–284)。

この項目は『鶏林類事』に「猫曰鬼尼」,『高麗史』に「高伊者方言猫也」と記録されていることから中世語以前の古い語形が推定できるので，多くの研究者に注目されてきた。その中で，李秉根(2004: 105–132)に「'고양이(猫)'의 語彙史」という詳細な先行研究があるので，そこで行なわれている分類を参考にして，これらを大きく (1) ko-nɛŋ-i 系，(2) ko-i 系，(3) ko-jaŋ-i 系, (4)その他の 4 つに分類し，その中をさらにいくつかに下位分類した。

(1) ko-nɛŋ-i 系
 (1a) ko-nɛŋ-i / ko-nɛ-gi / ʔko-nɛ-gi / ko-nɛ
 (1b) ko-njɛ / ko-njɛŋ-i
 (1c) kwe-nɛŋ-i / kwɛ-nɛŋ-i / kwɛ-nɛ-gi / kɛ-nɛ-gi / kɛ-nɛŋ-i
 (1d) ko-dʒɛŋ-i / kø-de-gi / kø-dɛ-gi / kwe-de-gi / ke-sɛŋ-i
(2) ko-i 系
 ko-i / kø / kui
(3) ko-jaŋ-i 系
 (3a) ko-jaŋ / ko-jaŋ-i / ko-jɛŋ-i / ko-jɛ / ko-ɛ / koŋ-jɛ
 (3b) kweŋ-i / køŋ-i / kwɛŋ-i / kwɛ-i / kwɛ / kɛ-ɛŋ-i / kɛŋ-i / kwaŋ-i / kwaŋ-dʒi / kui-eŋ-i /kui-ɛŋ-i
(4) その他
 (4a) ɛŋ-gu / ɛ-oŋ-gu
 (4b) sal-tʃiŋ-i (sic)

4 つに分類する点は李秉根(2004: 121)と同じであるが，順番と名称は若干変更した。

(1)は基本的に語中の n を維持する語形である。但し，(1d)のように n 以外の子音が出てくる場合もここにまとめた。(1b)は n のあとに半母音 j を伴うものである。また，(1c)は第 1 音節の母音 o が変化を起こしているものである。

(2)の ko-i 系は，n は持たないが，接尾辞は付いていないと思われる短い形である。kui は小倉進平の転写の原則では kwi となるはずのものである。

(3)の ko-jaŋ-i 系は -aŋi のような接尾辞が付いた形である。(3b)は第 1 音節の母音 o が変化を起こしているものである。kui-eŋ-i なども小倉進平の転写の原則では kwi-eŋ-i となるはずのものである。

(4)の「その他」のうち(4a)は擬声語に由来するもの，(4b)はそれ以外であるが，(4b)の sal-tʃiŋ-i はおそらく sal-ʔtʃiŋ-i の誤植であろうと思われる。小倉進平の転写の原則によれば，もし第２音節の頭子音が平音であれば有声音で書かれるはずであり，そうなっていないのは濃音を記録しようとしたが声門閉鎖音の記号が落ちてしまったと解釈できるからである。

2　その他の語形

上の４つに大分類した語形のさらなる変種は多くの資料に見られるが，語彙的にまったく異なる語形としては，20 世紀初頭の資料に남이の形も見える。

朝鮮光文会が編纂し 1915 年に刊行した『新字典』には「猫[묘] 捕鼠獸괴〇남이〇고양이[詩]有一有虎（蕭）」という記述があり，괴，고양이と並んで남이という語形が見られるが，これは小倉進平が記録していないものである。

3　地理的分布

(1)の ko-nɛŋ-i 系の語形は咸鏡道，平安北道，江原道，慶尚道，中西北道と済州島に分布する。大きくみると半島の北から，済州島に至るまで東海岸沿いを中心に分布していることが分かる。また，(1d)の n の代わりに他の子音を持つものは慶尚南道から全羅南道の海岸沿いに分布している。

次に(2)の ko-i 系は，全羅南道海岸部と，黄海道の海岸沿いと忠清南道に 1 地点，慶尚北道の榮州に 1 地点見られる。

(3)の ko-jaŋ-i 系は，平安道，咸鏡道，黄海道，京畿道，忠清道と，慶尚道と全羅道の内陸寄りの地点に多く分布している。(4)のその他の語形はいずれも慶尚南道の海岸沿いに見られる。

4　文献上の記録

まず，中世語のハングル資料以前の記録は冒頭でも紹介したように次の２つである。

猫日鬼尼　<12 世紀 鶏林類事>
高伊者方言猫也　<15 世紀 高麗史>

『鶏林類事』の「鬼尼」は，ko-ni のような発音を，『高麗史』の「高伊」は ko-i のような発音を表わすものと考えられている。

次に中世語では괴(上声)という語形が最も広く見られる。

貓 괴 묘　<1527 訓蒙字会 上 10a>

近代語も全般的に中世語と同じで，19 世紀後半以降から，現在の標準語と同じ고양이が

見える。しかし，李秉根 (2004: 113-114)で指摘されているように，고양이소（人前でよく見せかけること，「猫かぶり」）の形で，すでに『訳語類解』(1690)に見えることから，実際には고양이の形も文献上の登場時期より古くから使われていた可能性がある。

猫喫齋 고양이소 <1690 訳語類解 下 51b>

5 考察

李秉根 (2004)によれば，一般的に i で終わる名詞に接尾辞 -aŋi が付く場合，語幹の i が脱落するのが原則で，それによれば「猫」を表わす語形の中で，koi＋-aŋi という結合の場合には kojaŋi ではなく，kwaŋi となり，さらに kwɛŋ-i となることが想定されるが，これらの語形は実際に(3b)の中に見られるものである。しかし，実際には kojaŋi という語形も存在し，上の『訳語類解』の例から分かるように古くからあったとすれば，もう 1 つ別の説明が必要になる，としている。そして，koi ではなく koj という二重母音の段階であれば接尾辞 -aŋi が付いたときに母音衝突を避けるために j が脱落しなかったという説明が可能であるとしている。なお，この説明では(1b)のように一部の地域に存在する-nj-を含んだ語形の説明に困るが（上の原則から koni＋-aŋi は konjaŋi ではなく，konaŋi になるはずのため)，この場合にはすでにその周辺地域存在していた kojaŋi という語形の類推によるものとしている。

参考文献

朝鮮光文会編 (1915)『新字典』京城：新文館.
李秉根 (2004)『어휘사』ソウル：太学社.

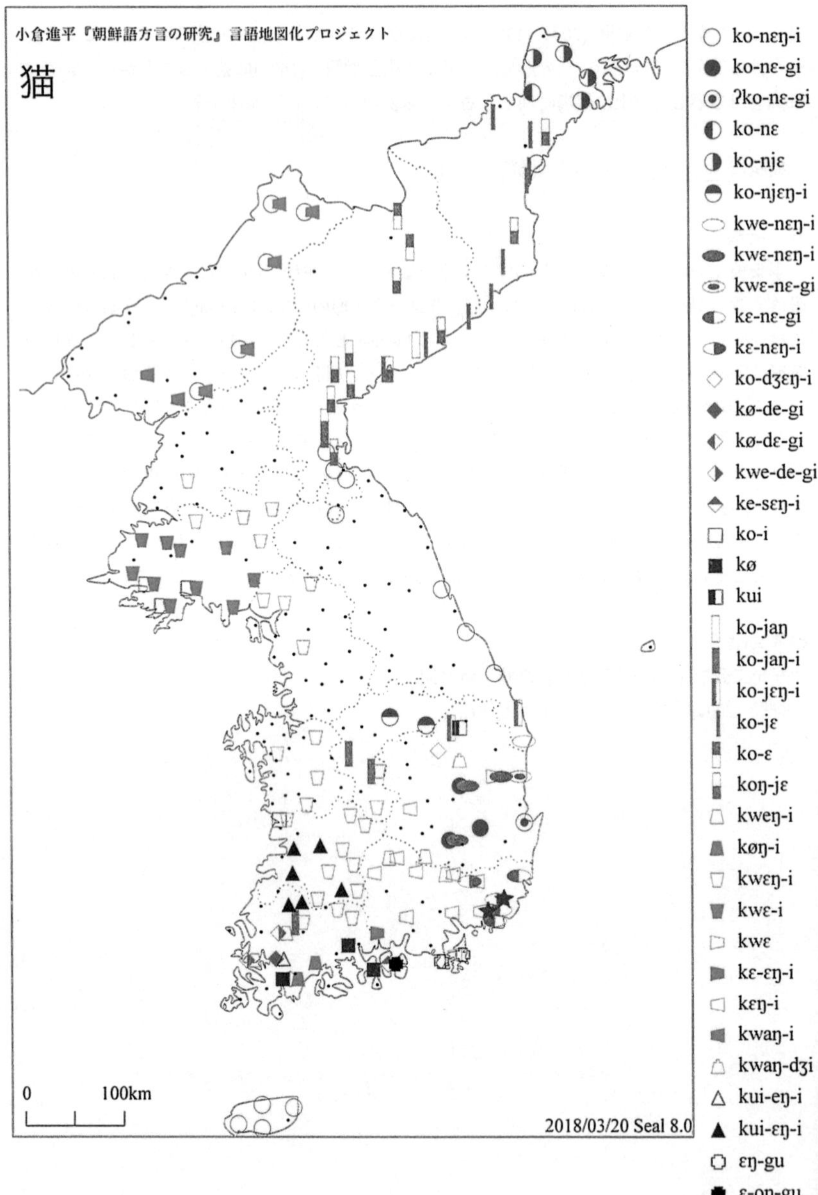

小倉進平『朝鮮語方言の研究』言語地図化プロジェクト
猫
ko-nɛŋ-i
ko-nɛ-gi
?ko-nɛ-gi
ko-nɛ
ko-njɛ
ko-njɛŋ-i
kwe-nɛŋ-i
kwɛ-nɛŋ-i
kwɛ-nɛ-gi
kɛ-nɛ-gi
kɛ-nɛŋ-i
ko-dʒɛŋ-i
kø-de-gi
kø-dɛ-gi
kwe-de-gi
ke-sɛŋ-i
ko-i
kø
kui
ko-jaŋ
ko-jaŋ-i
ko-jɛŋ-i
ko-jɛ
ko-ɛ
koŋ-jɛ
kweŋ-i
køŋ-i
kwɛŋ-i
kwɛ-i
kwɛ
kɛ-ɛŋ-i
kɛŋ-i
kwaŋ-i
kwaŋ-dʒi
kui-eŋ-i
kui-ɛŋ-i
ɛŋ-gu
ɛ-oŋ-gu
sal-tʃiŋ-i
NR
0
100km
2018/03/20 Seal 8.0

102

亀

金 玉 雪

1 はじめに

韓国の標準語は kɔ-buk (거북)[1] であるが，これにあたる語は『朝鮮語方言の研究』の「走獣」に「亀」という項目名で 4 種記録されている（上: 285–286)。これらの語形は，第二音節によって大きく 3 つのグループに分けることができる。

(1) kɔ-buk / kɔ-bu-gi

(2) kɔ-bok

(3) kɔ-bɔk

2 その他の語形

『韓国言語地図』にはこの項目は含まれていないが，崔鶴根（1990)，『咸北方言辞典』や『Daum 高麗大国語辞典』には，これら以外にも多様な語形が見られる。

崔鶴根（1990）には，小倉のデータ以外にも次のような 12 種の語形が見られる。まず，小倉のデータと関連性がある語形から見ると，(1)の kɔ-buk と関係する거북기，거부기:，거부이，거븨기，거비기，(2)の kɔ-bok と関係する거보기が見られる。次に，慶尚北道の倭館 1 地点では거뵬という独特な語形が見られる。その他に，慶尚南道には남생이[2]の方言である남새이(昌原)，나막시이(固城)，나무시이(宜寧)など 3 種の語形が 1 地点ずつ，全羅南道には자라[3]とその変種である자래が 3 地点ずつ見られるが，それぞれ「イシガメ科」，「スッポン科」のように，「カメ科」と全く違う「科」に入るため一緒に扱うのは困難である。これらを除くと，崔鶴根（1990）では，小倉のデータより語形が 7 種多いことになる。

また，『咸北方言辞典』には거뷔기が，『Daum 高麗大国語辞典』には거뷕이(全羅北道)，거복이と거벅이(全羅南道)，거빅이(忠清北道)，거븍(済州島)が見られ，合わせてさらに 6 種の語形が見られる。

以上，小倉のデータに見えない語形を合計すると，崔鶴根（1990）には 7 種，『咸北方言辞典』には 1 種，『Daum 高麗大国語辞典』5 種で，都合 13 種が存在する。

3 地理的分布

(1)の kɔ-buk は平安北道と平安南道を除き，全国的に幅広く分布し，kɔ-bu-gi は主に平安北道，黄海道の大部分の地域と江原道の南部に分布するほか，平安南道の平壌 1 地点，咸

---

1 거북(亀): カメ科に属する爬虫類の総称である。(崔鶴根 1990)

2 남생이(石亀/イシガメ): イシガメ科の 1 種で，亀と似ているが小さく，背中は濃い茶色の甲羅になっており，四肢にはそれぞれ五つの足の指があるが，足の指の間に水掻きがある。[남샹 <解例　用字>]（『標準国語大辞典』1999）

3 자라(鼈/スッポン): スッポン科の 1 種で，体の長さは 30cm 程度，亀と似ているが甲羅の中央線部分だけ固く，他の部分は柔らかい皮膚で覆われており，粒状の突起や隆起した列がある。[<쟈라<쟈래 <月印釈譜>]（『標準国語大辞典』1999）

鏡南道に 6 地点，京畿道の開城と漣川の 2 地点，忠清南道の洪城と天安の 2 地点で見られる。(2)の kɔ-bok は，全羅南道の潭陽 1 地点しか見られない。

(3)の kɔ-bɔk は，全羅北道の南原と淳昌の 2 地点，全羅南道の大部分の地域で集中的に見られる。

これらの語形の分布は崔鶴根（1990）の調査とほぼ一致しているが，崔鶴根（1990）の調査には(1)の kɔ-buk よりその変種である kɔ-bu-gi のほうが圧倒的で，済州島を除き最も幅広く全国的に分布し，(2)の kɔ-bok は全羅南道に光陽と順天の 2 地点にも見られる。

なお，小倉のデータに見えない 13 種の語形について地域別に見ると，次のようになっている。[4]

(1) 咸鏡北道— 거뷔기(城津，鶴城，吉州，明川，慶源)　(2) 忠清北道— 거빅이
(3) 全羅北道— 거북기(茂朱)，거부이(全州)，거븨기(南原)，거비기(朗山)；거뷕이
(4) 全羅南道— 거보기(順天，麗水)；거복이，거벅이
(5) 慶尚北道— 거불(倭館)　(6) 慶尚南道— 거부기:(馬山)　(7) 済州島— 거븍

4　文献上の記録

kɔ-buk の古い語形は거붑である。『李朝語辞典』や古語の電子化資料を調べると，15 世紀には거붑とその曲用形である거부비(主格形)，거부븨(属格形)，거부블(対格形)などが『釈譜詳節』(1447)を始め，『楞嚴經諺解』(1461)，『法華經諺解』(1463)などの重要な文献で幅広く見られる。若干の用例を下に示す。

ᄒᆞᆫ 눈 가진 거붑과 ᄒᆞᆫ 구무 가진 남기 잇ᄂᆞ니 그 거부비 나못 굼글 어더ᅀᅡ 즘디 아니
　ᄒᆞ건마ᄅᆞᆫ　<1447 釈譜詳節 21:40a>
거부븨 터리와 톳긔 ᄲᅳᆯ ᄀᆞᆮ거니 엇뎨 着디 아니ᄒᆞ료　<1461 楞厳経諺解 1:74a>
나ᄂᆞᆫ 먼 거붑 ᄀᆞᆮ고 부텨ᄂᆞᆫ ᄠᅳᆫ 나못 구무 ᄀᆞᆮᄒᆞ시니　<1465 円覚経諺解 下 3-2:95b>
고래와 거부블 타 가고져 ᄒᆞ논 ᄠᅳ디 잇노라　<1481 杜詩諺解 8:58b >

しかし，16 世紀には数が急に減ってしまい，「거붑블/거부불，거붑비러라」などの語末子音の二重表記も現れる。

kɔ-buk と kɔ-bok は 17 世紀から現れ始め，18 世紀には kɔ-bok のほうが中心になって，kɔ-buk のほうが見当たらなくなるが，19 世紀からは kɔ-buk のほうが逆転しほぼ同じぐらい現れ，20 世紀に入ると，kɔ-bok はわずか 1 例が見られ，kɔ-buk のほうが安定している。いくつか代表的な用例をあげると次のようになる。

고래와 거부글 타 가고져 ᄒᆞ논 ᄠᅳ디 잇노라　<1632 杜詩諺解 重刊本 8:58b >
烏亀 거복　<1690 訳語類解下 38a>，<1748 同文類解 下 41b>
고기 잡ᄂᆞᆫ 사ᄅᆞᆷ이 ᄒᆞᆫ 흰 거복을 낙갓거ᄂᆞᆯ　<1758 種徳新編 上 5a>

---

[4] 括弧の中に表す地名は，咸鏡北道は『咸北方言辞典』から，その他は崔鶴根（1990）から抜粋したものである。下線を引いた語形は『Daum 高麗大国語辞典』から抜粋したものである。

이 거북이 아홉 소리 가진 신물이니　<1852 太上感応篇 5:48a>
사슴과 거북과 악어와　<1889 士民必知 106>
거북의 발노 그 돌을 밧쳣ᄉᆞ며　<1906 京郷宝鑑 1:337>

また,「亀 거북 구」<192- 訓蒙排韻 19b>のように, 거븍の用例が一つ見られる。しかし, それ以外の語形は, 文献上では見当たらない。

5　考察

kɔ-buk の語源について, 金敏洙（1997）では,「語源未詳で,「거붑>거북」の変化を経たが, それは「b~b>b~k」のように異化現象の一つである」と解釈している。ほかに, 民間では「거붑」の段階を考慮せずに,「귀복(亀卜)」や「거북(去北)」,「거복(居卜)」から変化したという説も見られる。

なお, 文献上の記録からこれらの変化過程を整理すると, この語形は古くから第 1 音節が kɔ で, 主な変化は第 2 音節で現れている。まず, 15 世紀に幅広く現れる거붑から異化現象を経て, 17 世紀に거복と거북に変化し, 거붑は 18 世紀にはもう見られなくなる。次に, 거복と거북 2 種の語形を中心に 20 世紀まで競争しつつ共存する。最初は거복のほうが優勢を示したが, 段々ㅗ>ㅜの変化によって逆転し, 最後は거북のほうが優勢になる。また, 20 世紀に第 2 音節の母音がㅜ>ㅡと変化した거븍が見られ, 現在も済州島方言に残っている。

続いて, 現在見られるすべての語形を連結して見ると, まず, 거북と거복に接尾辞-이が付いてそれぞれ거북-이と거복-이になり, その中で거북-이の第 2 音節のㅜがウムラウトを経てㅟになって거뷕-이が現れ, また거뷕-이の第 2 音節のㅜが脱落してㅣだけ残って거빅-이になる。ほかに, 거벅は거복から順行同化したものと見られる。即ち, 거복の第 2 音節の陽母音ㅗが第 1 音節ㅓの影響で同じくㅓに変化したのである。

最後に, 거붑は崔鶴根（1990）で 1 地点しか見られず, どのような変化を経たか説明しにくい。

参考文献

金敏洙編（1997）『우리말語源辞典』 太学社.
金履浹編著（1981）『平北方言辞典』韓国精神文化研究院.
金泰均編著（1986）『咸北方言辞典』京畿大学校出版局.
国立国語研究院（1999）『標準国語大辞典』斗山東亜.
Daum『高麗大国語辞典』 http://dic.daum.net/
Naver『国語辞典（方言）』 http://krdic.naver.com/
劉昌惇（1964）『李朝語辞典』 延世大学校出版部.
李基文（1998）『(新訂版) 国語史概説』太学社.
崔鶴根（1990）『増補 韓国方言辞典』明文堂.

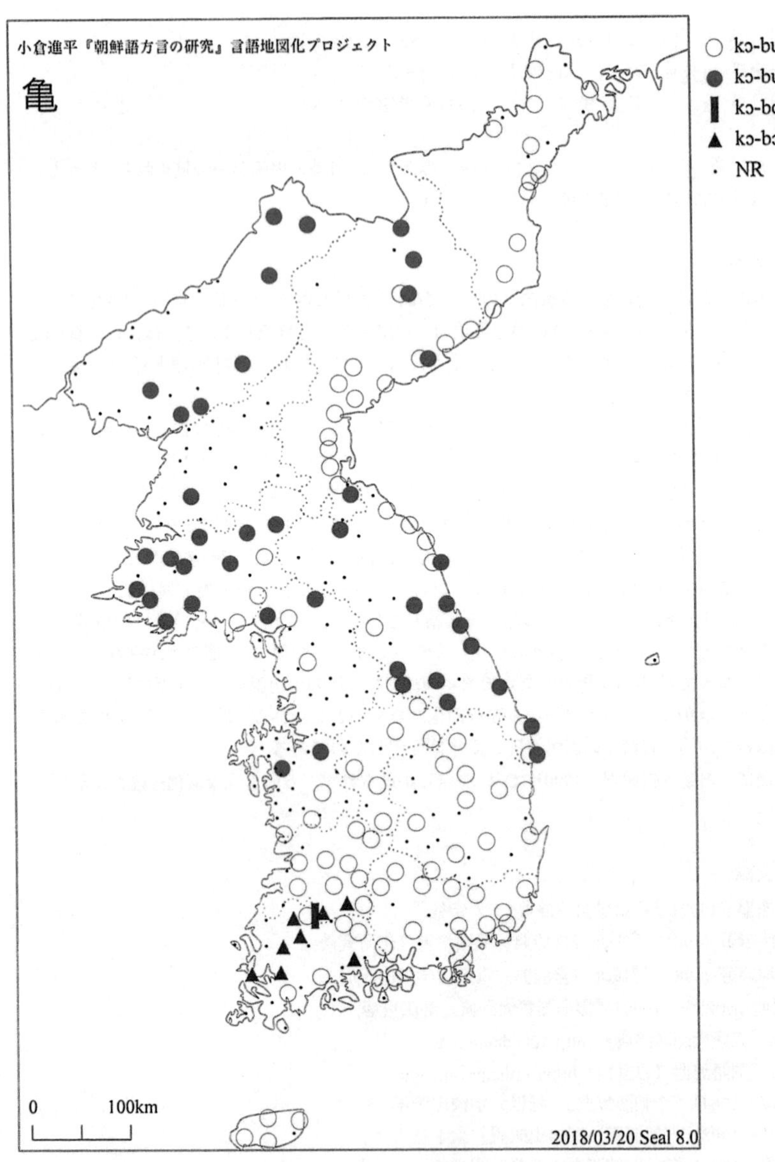
小倉進平『朝鮮語方言の研究』言語地図化プロジェクト
亀
kɔ-buk
kɔ-bu-gi
kɔ-bok
kɔ-bɔk
NR
0
100km
2018/03/20 Seal 8.0

106

鮎

國分 翼

1 はじめに

韓国語の標準語は ɨn-ɔ（은어），ɨn-gu-ɔ（은구어），ɨn-ʤo-ɔ（은조어）の 3 通りの語形が認められる。これにあたる語は『朝鮮語方言の研究』の「水族」に「鮎」という項目名で 12 種記録されている（上: 311）。これらは(1) ɨn-ɔ 系, (2) me-gi 系, (3) その他に分類できる。(1) ɨn-ɔ 系は漢字語「銀魚」に由来する語形である一方，(2) me-gi 系は本来「ナマズ」の意味で用いられる固有語に由来する。

(1) ɨn-ɔ 系
　(1a) ɨn-ɔ / ɨn-e / ɨn-ɛ / ɨn-a / ɨn-i, (1b) ɨn-gwa / ɨn-gwaŋ, (1c) ɨn-ɔk, (1d) in-ɔ
(2) me-gi 系
　me-gi / me-sa-gu
(3) その他
　jɔn-ɛ

(1) ɨn-ɔ 系は(1a)のような第二音節の母音の違いによる変種，(1b)のような第二音節が -gwa/-gwaŋ で現れるもの，(1c)のような第二音節に終声 /k/ が添加されたもの，(1d)のような第一音節に /i/ が現れるものの 4 種類に分けられる。

(2) me-gi 系は me-gi と me-sa-gu の 2 種類の語形が現れた。

(3) その他には，jɔn-ɛ という 1 種類がある。この jɔn-ɛ は「鮭」を表す jɔn-ɔ（연어）の変種である。

2 その他の語形

この項目では，新興以北の咸鏡道地域と江原道の大部分の地域について調査がされていない。咸鏡道で用いられる語形について，『咸北方言辞典』(1986)によると，도루묵[1]，은어，은에などの語形が見られる。

3 地理的分布

(1) ɨn-ɔ 系は黄海道北部と平安道を除く全域に分布している。その中でも，ɨn-ɔ が最も広く分布しているが，咸鏡南道では ɨn-gwaŋ という語形のみが現れた。また，ɨn-gwa が黄海道金川にのみ現れた。

---

[1] 本来,「ハタハタ」の意味で用いられる固有語である。この地域では，海水魚である「ハタハタ」と淡水魚である「鮎」を区別せずに呼ぶようである。

一方，(2) me-gi 系は黄海道北部と平安道に現れた。そのうち，me-gi が現れたのは黄海道黄州と平安南道平壌のみであり，それ以外の地点では me-sa-gu のみが現れた。

(3) その他に分類された jɔn-ɛ は慶尚南道蔚山と浦項に現れた。

4　文献上の記録

은어という語形は中世語の資料には見当たらなかったが，은구어（銀口魚）という語形は中世語の資料にも見受けられた。

두 ᄃᆡ긔 은구어 각 스믈콤 ᄒᆞ고 동취 ᄒᆞ나식 보내시ᄂᆞᆼ이다　<16 世紀 順天金氏諺簡 64: 2>

자바니나 은구에나 잇다 므ᄉᆞᆷ ᄉᆞᆨ져리 이시리　<16 世紀 順天金氏諺簡 81: 3>

17 世紀末の『訳語類解』にも，은구어は現れるが，은어は現れない。

秋生魚 은구어　<1690 訳語類解下 37b>[2]

一方，은어という語形が文献上に現れるのは 18 世紀以降であるが，17 世紀末には은에という語形が登場する。

은에 강능은 ᄇᆞᆯ셔 나셔 관계의 쓴다 ᄒᆞ오니　<1697 李東標歌 31>

銀魚 은어　<1778 方言類釈 亥部方言 19a>

박쥬포져 도라오니 수쳑 은어 낙가내니 숑강 로어 비길네라　<19 世紀 남원고사>

既に紹介した通り，은에は은어の方言形である。即ち，은어という語形は 17 世紀末には存在していた可能性が考えられる。

5　考察

文献上の記録から，은구어の方が은어よりも古くから使われていたと考えることができる。小倉進平によって記録された方言形のうち，この은구어に最も近い形で現れる語形としては，主に咸鏡南道で現れた ɨn-gwaŋ と黄海道金川で現れた ɨn-gwa があり，これらが最も古い語形であると考えられる。

また，(1) ɨn-ɔ 系では第二音節が /i, e, ɛ, ɔ, a/ で現れる語形があった。/ɔ/ > /e/ の変化については，接尾辞 -i の添加を経て，単母音化したものであると考えることができ，慶尚北道で現れた /ɛ/ はこの地域で /e/ との区別がないために現れたものだと説明できる。/i/ が現

[2] 漢字としてあてられている「秋生魚」は中国語で「アユ」という意味である。

れたものは /e/ からの狭母音化による変化である。/a/ で現れる語形については説明が難しいが，この形が現れた地域では，他の項目でも「魚」の漢字音である /ɔ/ が /a/ に交替して現れる。よって ɨn-a についてもこれと同様の変化を経たものだと言える。前述の ɨn-gwa についても，「魚」の漢字音が/a/ で現れる地域に近い分布を示していることから，ɨn-gua>ɨn-gwa という変化を経たと推測できる。ɨn-gwaŋ はこれに接尾辞 -aŋ が添加されたものと考えられる。また，慶尚南道金海に ɨn-ɔk という語形が現れるが，これは ɨn-ɔ に接尾辞 -ɔk が付いた可能性がある。ただし，別種の魚類を扱った項目には，漢字音/ɔ/ の直後に/k/ が付いた語形は存在していない点では特殊である。なお，慶尚南道釜山と済州島の西帰に現れる in-ɔ は第一音節の /ɨ/ が前舌母音化した結果，/i/ で現れたものであると思われる。

(1) ɨn-ɔ 系が比較的広範囲な分布を見せている一方で，西北地域では(2) me-gi 系の語形のみが現れ，(1) ɨn-ɔ 系は全く現れなかった。前述の通り，me-gi（메기）は元々「ナマズ」と言う意味であり，これがこの地域では「アユ」という意味としても使われるということである。ところで，日本語で「アユ」という意味を表す「鮎」という漢字は元々「ナマズ」という意味でのみ用いられるものであり，中国語でも同様に用いられるということは，me-gi（메기）の意味が拡大されたことと関係があるかもしれない。

また，jɔn-ɛ は慶尚南道の海沿いの地域に現れている。この語形については，「アユ」が「サケ」と同じ回遊魚であるために，区別をせずに呼んでいる可能性がある。

参考文献

金泰均編著(1986)『咸北方言辞典』ソウル：京畿大学校出版局.

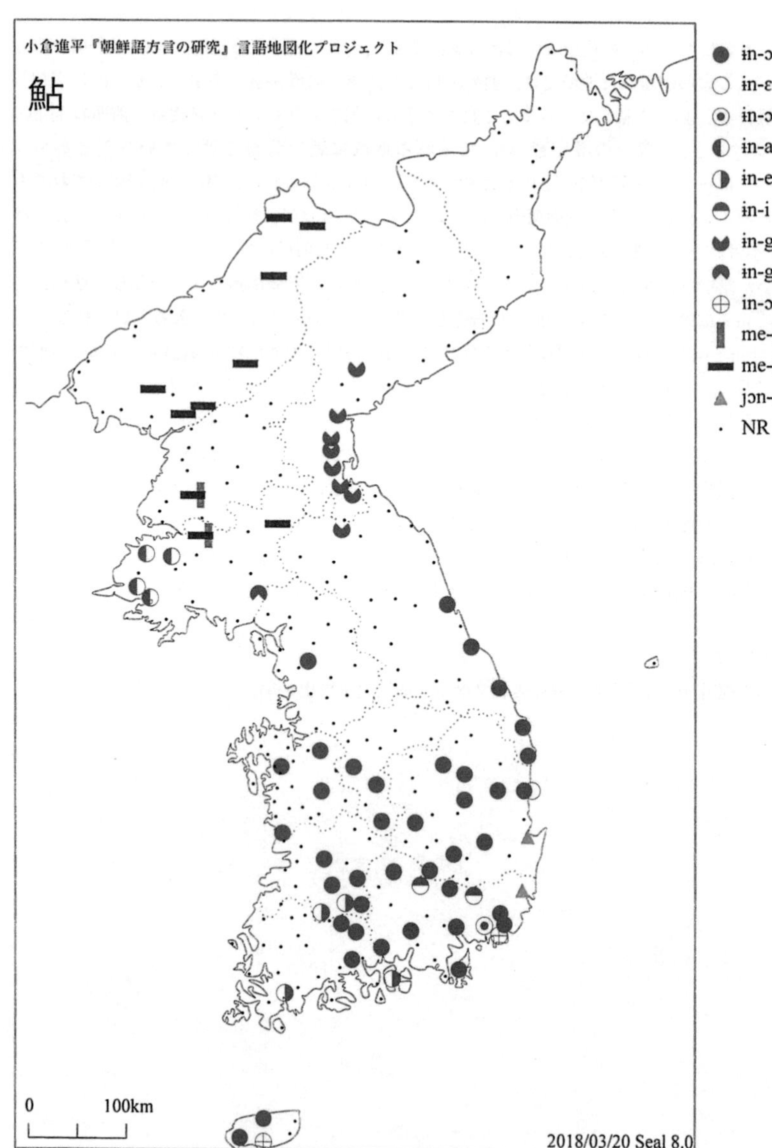
小倉進平『朝鮮語方言の研究』言語地図化プロジェクト
鮎
ɨn-ɔ
ɨn-ɛ
ɨn-ɔk
ɨn-a
ɨn-e
ɨn-i
ɨn-gwaŋ
ɨn-gwa
ɨn-ɔ
me-gi
me-sa-gu
jɔn-ɛ
NR
0
100km
2018/03/20 Seal 8.0

110

木

梁 紅 梅

1　はじめに

韓国の標準語は na-mu (나무) であるが，これにあたる語は『朝鮮語方言の研究』の「草木」に「木」という項目名で 12 種類記録されている（上: 333–334)。

これらは (1) na-mu 系，(2) naŋ 系，(3) mu-tʰu 系の 3 つのいずれかに分類できる。このうち，(1)の na-mu 系と(2)の naŋ 系は固有語からそれぞれ違う変化を辿ったものであり，(3)の mu-tʰu 系は山人参採取業者の隠語だと書かれているが，恐らく中国語の「木頭」(mùtou)に由来する言葉であると推測される。

(1) nam 系
　(1a) na-mu / nam
(2) naŋ 系
　(2a) naŋ / naŋ-i,　(2b) naŋ-gɛ / naŋ-gu / naŋ-gɨ,　(2c) naŋ-gi / naŋ-kʰi,　(2d) nɛŋ-gi / nɛŋ-i
(3) mu-tʰu 系
　(3a) mu-tʰu,　(3b) mu-tʰui

(1)の nam 系は第二音節の母音の有無による変種がある。

(2)の naŋ 系は語中に -ŋ が現れるもので，第 2 音節に -g / -k が付くかによって(2a)とその他のものに分かれ，また(2b)は第 2 音節の母音として ɛ / u / ɨ が付くものであり，(2c)は第 2 音節の母音が –i で現れるもので，(2d)は第 1 音節の母音が -ɛ で始まるものである。

(3)は(1)と(2)とはまったく異なる語形であり，第 2 音節の母音に -i が付くかによって(3a)と(3b)に分けられる。

2　その他の語形

na-mu はほとんど他の語形が見られないが，但し複合語として『韓国方言資料集 慶尚北道篇』で떡갈나무(I.523-1)の欄に떡참낭캐，낭캐の語形が見られ，また(I.524-1)상수리나무の欄にも속시리낭캐の語形が見られる。

3　地理的分布

(1)の nam 系は全羅道，慶尚道，忠清道，京畿道，黄海道，咸鏡南道の地域に幅広く分布する。(2)の naŋ 系は nam 系と比べると咸鏡北道から済州道までのほとんど全国的に分布している。(3)の mu-tʰu 系は平安北道と咸鏡南道の限られた地域にしか見られない。

なお，nam 系と naŋ 系は多くの地点で併用されており，中には平北と咸南のように 3 種類すべて併用されている地点もある。

また，第 2 音節に -i が付く語形は咸鏡道と慶尚道に主に分布している。

4 文献上の記録

木を表す 3 種類の語形の中で最も古いものは nam 系で，高麗語の時代にすでに nam で始まる語形が見られる。

ハングル資料以前の中世語資料としては 12 世紀の『鶏林類事』と 15 世紀の『朝鮮館訳語』にこの語形が見られる。

木曰南記　<鶏林類事　12 世紀>
樹　那莫　暑　<朝鮮館訳語　15 世紀>

姜信沆(1980)では「南記」を nam-ki,「那莫」を na-m̊ / na-mo として再構している。

ハングル資料の初期には出現位置によって나모 / 낢ㄱと交替する形で使われていた。

남ᄀᆞᄅᆞᆫ 내 모ᄀᆡ 두어　<1447 釈譜詳節 26>
불휘 기픈 남ᄀᆞᆫ ᄇᆞᄅᆞ매 아니 뮐ᄊᆡ　<1445 龍飛御天歌 2>
솘바ᅌᆞᆯ 닐굽과 이븐 나모와　<1445 龍飛御天歌 89>

나모と낢ㄱが交代形として使われているが,『鶏林類事』の「南記」nam-ki からもわかるように낢ㄱに含まれる k は古い要素を残しているものと考えられる。

次に naŋ 系は 17 世紀に見え始める。

서근 낭ᄀᆞᆯ 代ᄒᆞ고　<1632 杜詩諺解重刊 13: 6>

mu-t^{h}u / mu-t^{h}u-i 系は文献資料ではまだ見つかってないが，現代の中国の延辺方言では切った木を mu-t^{h}i と呼んでいて，人の足が太いときに mu-t^{h}i に比喩したり，感情が鈍い人を比喩したりするときに使われている。

5 考察

na-mu という固有語の化石として現代語に残っている言葉は，namak-sin をあげることができる。河野六郎(1979)の解釈によると，朝鮮朝初期の文献に na-mo，nam-g の形が共存していたが，namak-sin の例からすると第 2 音節に -k が含まれていて，この -k / -g を含んでいるのがより古い形で，na-mo は -mg の -g を脱落したものである。その痕跡として，咸鏡南道安邊の例を挙げることができる。naŋgɯ (単独形); naŋ-g-i (主格形); naŋ-g ɯl (賓格形) がそれであるが，これらの語形から容易に nam-gʌ, nam-gi, nam-gʌl を推定することができる。単独形の nam-gʌ は -g の脱落を経て，namʌ となって，これがまた na-mo > na-mu の変化を経て現代語になったと考えられる。

naŋ-g で始まる形も固有語の nam-gʌ から >naŋ-gɨ >naŋ-gu という変化を辿ったと考えられる。

naŋ-gi の形は主格助詞 -i が付いた形であり，nɛŋ-gi 形は第 1 音節の母音が Umlaut による変化を起こしたものである。

以上をまとめてみると次のようである。

nam-gʌ > na-mʌ > na-mo > na-mu
　　　> naŋ-gɨ > naŋ-gu
　　　　　　　　> naŋ-gi > nɛŋ-gi

mu-tʰu / mu-tʰui 系は中国の延辺地方では切った木を指すのだが，発音からみると恐らく中国語の「木頭」(mùtou)の影響だと考えられる。この語形は山人参採取業者の隠語とされているが,『朝鮮語方言の研究』(下: 287) において「かれらが入山するに当っては…（中略）…普通の朝鮮語を使用することは，人参の自生する霊域をけがし，人参の収穫を減少せしめるという一種の信仰に基くものである」と説明されている。

参考文献

河野六郎 (1979) 『河野六郎著作集 1』東京：平凡社.
姜信沆 (1980)『鶏林類事「高麗方言」研究』成均館大学校出版社.
韓国精神文化研究院語文研究室編 (1987–1995)『韓国方言資料集』全 9 巻. 城南：韓國精神文化研究院.

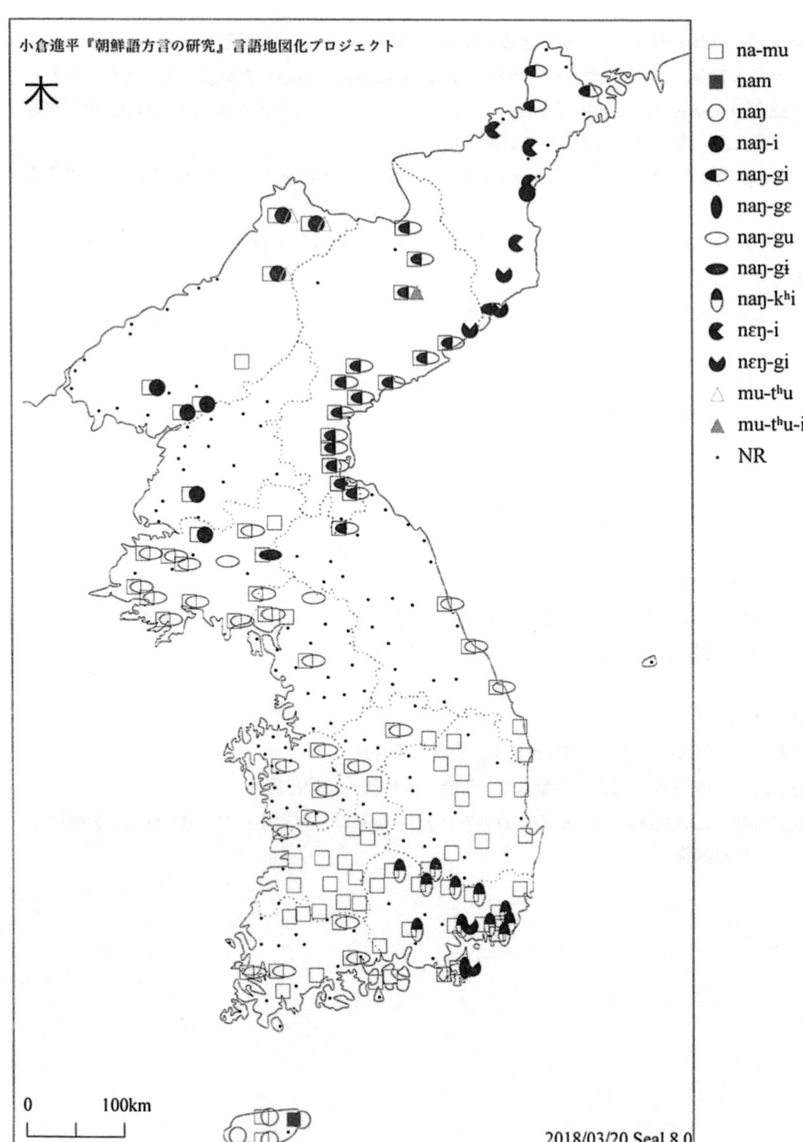
小倉進平『朝鮮語方言の研究』言語地図化プロジェクト
木
na-mu
nam
naŋ
naŋ-i
naŋ-gi
naŋ-gɛ
naŋ-gu
naŋ-gɨ
naŋ-kʰi
nɛŋ-i
nɛŋ-gi
mu-tʰu
mu-tʰu-i
NR
0
100km
2018/03/20 Seal 8.0

114

尖れるさま

岩井亮雄

1　はじめに

小倉進平の記録には濃音の表記に誤植があると思われる。

韓国の標準語はˀpjo-dʒok（뾰족）である。これにあたる語は『朝鮮語方言の研究』の「副詞」に「尖れるさま」という項目名で22種の語形が記録される（上: 486–487）。

(1) ˀpjo-dʒok 系
　(1a) ˀpjo-dʒok / ˀpjo-dʒuk, (1b) ˀpo-dʒok / ˀpo-dʒuk, (1c) ˀpø-dʒok / ˀpø-dʒuk, (1d) ˀpe-dʒok
　(1e) ˀpɛ-dʒok / ˀpɛ-dʒuk
(2) ˀpo-ˀtʃok 系
　(2a) po-ˀtʃok (sic), (2b) pø-ˀtʃok (sic), (2c) ˀpe-ˀtʃok / ˀpe-ˀtʃuk, (2d) ˀpɛ-ˀtʃok / ˀpɛ-ˀtʃuk
　(2e) ˀpit-ˀtʃok / ˀpit-ˀtʃuk
(3) ˀtʃot-ˀpit 系
　ˀtʃot-ˀpit / ˀtʃot-ˀpik / ˀtʃoŋ-ˀpit / ˀtʃɛt-ˀpit / ˀtʃoŋ-gut

(1) ˀpjo-dʒok 系は第一音節母音で下位分類できる。第二音節母音で o / u の交替を見せる。

(2) ˀpo-ˀtʃok 系は第一音節母音で下位分類できる。第二音節母音で o / u の交替を見せる。ここで，(2a) po-ˀtʃok (sic) と (2b) pø-ˀtʃok (sic) はそれぞれ ˀpo-ˀtʃok と ˀpø-ˀtʃok の誤植である可能性が高い。これらは済州島や全羅道に分布するが，『済州島方言研究』(1962) や『韓国方言資料集』(1987 全羅北道編，1991 全羅南道編) には決して平音の語形が現れない（即ち濃音の語形である）からである。以下，これらは濃音の語形であると見て，議論を進める。

(3) ˀtʃot-ˀpit 系は，(2e) の前部要素と後部要素が交替したものと，その変種から成る。

2　その他の語形

『韓国言語地図』(2008) にはこの項目はない。小倉進平のデータで空白の咸鏡北道には『咸北方言辞典』(1986) に ˀpjo-dʒok / ˀpjo-dʒuk / ˀpø-dʒuk / ˀpe-dʒuk / ˀpɛ-dʒuk（ハングルのローマ字転写は小倉進平の方法（下: 13–14）による）という語形が見られる。

3　地理的分布

(1) ˀpjo-dʒok 系は，忠清南道，京畿道，江原道，黄海道，咸鏡道，平安道に分布する。(2) ˀpo-ˀtʃok 系は，済州島，全羅道，慶尚道，忠清道に分布する。(3) ˀtʃot-ˀpit 系は，全羅南道と慶尚南道に見られる。朝鮮半島の南北で語形が (1) と (2–3) で分かれるのが特徴である。

(1a) は京畿道と黄海道に見られる。これらの地域が，現在の標準語形を使っている地域である。(1b) は咸鏡南道と平安北道に見られる。(1c) は咸鏡南道や平安道に見られる。(1d) は忠清南道と江原道に見られる。(1e) は咸鏡南道に見られる。これらの語形のうち，第二音節母音が o の語形は忠清南道，江原道，黄海道，咸鏡南道，平安道に主に見られ，u の語形は京畿道，黄海道，咸鏡南道に主に見られる。黄海道と咸鏡南道には o / u の両方が見られる。

(2a) は済州島に見られる。(2b) は全羅道に見られる。(2c) は全羅道，忠清道，江原道に見られる。(2d) と (2e) は慶尚道に見られる。これらの語形の第二音節母音は基本的には o であるが，慶尚道には o / u が交替した語形が見られる。

(3) は全羅南道や慶尚南道の一部の地域に見られる。

4　文献上の記録

(1a) に関して，ˀpjo-dʒjok（ᄡᅭ죡）は『韓仏字典』(1880)，『韓英字典』(1897)，『大韓毎日新報』(1904)，『京郷新聞』(1906, 1907) などに，ˀpjo-dʒok（ᄡᅭ족）は『広才物譜』(18--)，『易言諺解』(1883)，『国漢会語』(1895)，『新訂尋常小学』(1896)，『韓英字典』(1897)，『神学月報』(1903)，『大韓毎日新報』(1904)，『宝鑑（京郷新聞）』(1910) などに見られる。

ᄡᅭ죡ᄒᆞ다（尖） <1880 韓仏字典 338> <1897 韓英字典>
ᄡᅭ족ᄒᆞ다（尖） <18-- 広才物譜 物性 2b> <1895 国漢会語 150> <1897 韓英字典>

(1b) に関して，ˀpo-dʒjok（ᄡᅩ죡）は『朴通事諺解』(1677)，『伍倫全備諺解』(1721)，『朴通事新釈諺解』(1765)，『倭語類解』(1781)，『独立新聞』(1896) などに見られ，ˀpo-dʒok（ᄡᅩ족）は『太上感応篇図説諺解』(1852) に，ˀpo-dʒjuk（ᄡᅩ쥭）は『蚕桑輯要』(1886) に見られる。

ᄡᅩ죡ᄒᆞᆫ ᄡᅧ <1677 朴通事諺解 上 35a>
ᄡᅩ족ᄒᆞᆫ 칼 <1852 太上感応篇図説諺解 4: 58b>
ᄡᅩ쥭ᄒᆞ고 잔 거슨 <1886 蚕桑輯要 14b>

(1c–e) は確認できず，その他，ˀpi-dʒjuk（ᄡᅵ쥭）が『韓英字典』(1897) に見られる。

(2) に関して，ˀpɛt-ˀtʃjuk（ᄡᅢᆺ쥭）/ ˀpit-ˀtʃjuk（ᄡᅵᆺ쥭）が『韓英字典』(1987) に見られるが，これら以外の語形は確認することができなかった。

(3) のような語形は確認することができなかった。

なお，この項目にあたる古語には，ˀpo-rot（ᄡᅩ롣）に由来する語もある。

머리 ᄡᅩ롣ᄒᆞᆫ 將軍은（鋭頭將軍） <1481 杜詩諺解 5: 35b>
머리 ᄡᅩ롯ᄒᆞᆫ 男兒ㅣ（鋭頭兒） <1632 重刊杜詩諺解 2: 69a>
뽀롯ᄒᆞᆫ 봉（尖峰） <1690 訳語類解 上 6a>

5　考察

文献上の記録から，現在の標準語形 (1a) ˀpjo-dʒok より (1b) ˀpo-dʒok のような語形の方が古い語形であることが分かる。これは (1a) が京畿道と黄海道という中央に分布し，(1b) がそれより北の咸鏡南道や平安北道に分布するという地理的分布と一致する。附言すると，(1a) の周圏に (1b–e) 及び (2–3) が分布するので，(1a) が新しく，この他の語形がより古いことが示唆される。これは，(1a) 以外の語形が現れる地域に母音に関する種々の変種が分布するのに対し，(1a) が現れる京畿道と黄海道ではそういうことはないということとも相通ずる。よって，ˀpo-dʒok を始点に，ˀpo ＞ ˀpø のような前舌母音化（ウムラウト），両唇音後の ˀpø ＞ ˀpe のような母音の変化，第二音節以下での o ＞ u の変化などから，(1b–e) 及び (2) に関する次のような変化経路が想定できる。（＞は上述の如き音変化を表す。）

```
ˀpo-dʒok  ＞ ˀpo-dʒuk  （＞ ˀpø-dʒuk  ＞ ˀpɛ-dʒuk）
          ＞ ˀpø-dʒok  ＞ ˀpø-dʒuk  （＞ ˀpɛ-dʒuk）
                       ＞ ˀpe-dʒok
                       ＞ ˀpɛ-dʒok  ＞ ˀpɛ-dʒuk
          ＞ ˀpo-ˀtʃok ＞ ˀpø-ˀtʃok ＞ ˀpe-ˀtʃok  ＞ ˀpe-ˀtʃuk
                                               ＞ ˀpit-ˀtʃok ＞ ˀpit-ˀtʃuk
                                    ＞ ˀpɛ-ˀtʃok  ＞ ˀpɛ-ˀtʃuk
```

すると，(1a) に関して，ˀpjo-dʒok（＞ˀpjo-dʒuk）の由来が問題になるが，ˀpo-dʒok → ˀpjo-dʒok（j 添加）または ˀpø-dʒok ＞ ˀpjo-dʒok（ˀpø の変種）が京畿道や黄海道で起きた可能性がある[1]。また，現代語においては (1a) が標準語として各地に普及したものと推察できる。

(3) は限られた地域にのみ見られる。おそらく (2) が由来となって転じたものであろう。

参考文献

韓国精神文化研究院語文研究室編（1987）『韓国方言資料集』5（全羅北道編）城南：韓國精神文化研究院.

韓国精神文化研究院語文研究室編（1991）『韓国方言資料集』6（全羅南道編）城南：韓國精神文化研究院.

金泰均編著（1986）『咸北方言辞典』ソウル：京畿大学校出版局.

玄平孝（1962）『済州島方言研究』出版地不明：精研社.

鄭仁浩（2013）「하강이중모음 '외'의 變化와 方言 分化（下降二重母音 oi の変化と方言分化）」『方言学』18: 147–170. 韓国方言学会.

---

[1] 鄭仁浩（2013: 156）では ˀpjo ＞ ˀpø ＞ ˀpɛ / ˀpe のような経路を想定するが，ˀpo-dʒok との関係には言及できていない。また，ˀpjo ＞ ˀpø のような変化はあり得るだろうが，地理的分布を考慮すると，ˀpjo が ˀpø より新しいものである可能性や，ˀpjo が地域限定的な変化によるものである可能性もあると思われる。

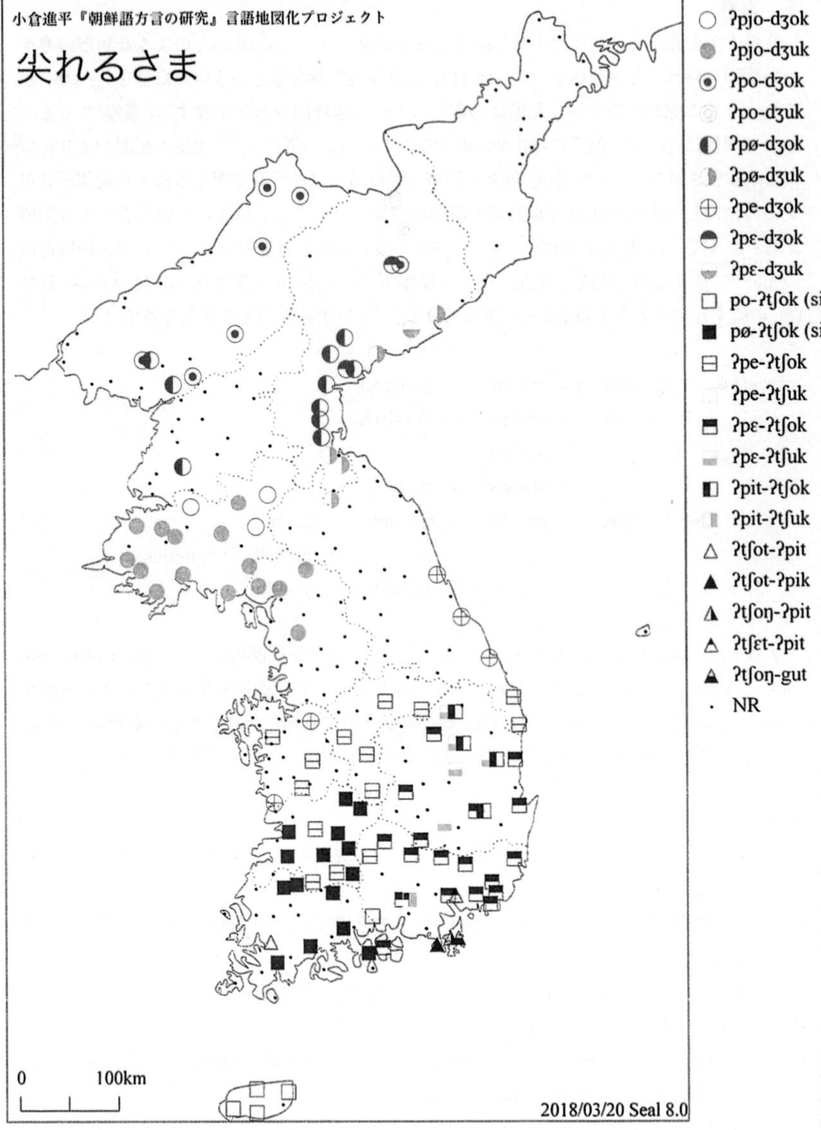

小倉進平『朝鮮語方言の研究』言語地図化プロジェクト
尖れるさま
ʔpjo-dʒok
ʔpjo-dʒuk
ʔpo-dʒok
ʔpo-dʒuk
ʔpø-dʒok
ʔpø-dʒuk
ʔpe-dʒok
ʔpɛ-dʒok
ʔpɛ-dʒuk
po-ʔtʃok (sic)
pø-ʔtʃok (sic)
ʔpe-ʔtʃok
ʔpe-ʔtʃuk
ʔpɛ-ʔtʃok
ʔpɛ-ʔtʃuk
ʔpit-ʔtʃok
ʔpit-ʔtʃuk
ʔtʃot-ʔpit
ʔtʃot-ʔpik
ʔtʃoŋ-ʔpit
ʔtʃɛt-ʔpit
ʔtʃoŋ-gut
NR
0
100km
2018/03/20 Seal 8.0

塵

澁谷秋

1　はじめに

韓国の標準語は tʰi-kɨl(티끌)と mɔn-dʒi(먼지)であり，これにあたる語は『朝鮮語方言の研究』の「雑」に「塵」という項目名で 23 種記録されている (上: 506–507)。

これらの語形は티끌系のものと먼지系とその他の語形の三つに大きく分けられる。

(1) 티끌系

(1a) tʰii / tʰɨi-ʔkɨl / tʰii-ʰkɔl / tʰii-ʰkɨ-rɔgi / tʰii-gɨm-bɔ-ri / tʰii-kɔ-bul / tʰii-kɔp-tʃi

(1b) ʔtii-ʔkɨl / ʔtit-ʔkɨl / ʔtit-kɨl / ʔtin-ʔkɨl

(1c) tii-ʔkɨl / tin-ʔkɨl

(2) 먼지系

(2a) mɔn-dʒi / mon-dʒi / mun-dʒi / mom-dʒi

(2b) mon-dʒi-ra-gi / mon-dok,　(2c) moŋ-daŋ

(3) その他

(3a) mi-gum,　(3b) ku-dum,　(3c) poŋ-dɛŋ-i

(1) 티끌系には語頭の子音が平音，激音，濃音のものがある。標準語形のように第一音節の母音が i のものはʔtit-ʔkɨl / ʔtit-kɨl / ʔtin-ʔkɨl / tin-ʔkɨl だけで，第一音節の母音が単母音の場合は終声に t または n が挿入される。それ以外の語形は第一音節の母音が二重母音 ɨi となる。

(2) 먼지系は標準語形の第一音節の変種と，それ以外のものに大きく分かれる。(2a) は標準語形먼지の変種であり，中声には o, ɔ, u の三種類，終声には n, m のものがある。(2b) の mon-dʒi-ra-gi / mon-dok は (2a) mon-dʒi に接辞が結合したり，第二音節が変化したりした語形と考えられる。

티끌と먼지は本来別の語義でありそれらが相補分布を成すわけではない。日本語で塵と埃を区別しようとしてもうまくいかないのと同様に，これらは似たような語義であるため小倉の調査結果ではどちらの語形も見られるのだと考えられる。

2　その他の語形

これ以外の語形として티끌系は『우리말 큰사전』(1991),『標準国語大辞典』(1999),『高麗大韓国語大辞典』(2009)に見出し語として以下の語形が記載されている。

티(済州), 티가쟁이(咸南), 티겁지(江原, 忠清), 티게비(慶北, 忠北), 티깔(全北), 티깨락(全北), 티깨비(慶北), 티깰(全北), 티꺼부지(慶南), 티꺼리(慶南), 티껄(慶北,

全北，忠清），티결(全北)，티겹지(慶北)，티끄락(全南)，티끄락지(全北)，티끄래기(慶南，忠北)，티끄리(慶尚)，티끄버리(慶南)，티끄부(慶北)，티끅지(慶南)，티끌맹이(慶北)，티끌베기(慶北)，티끼비(慶南)，티엄(江原)，틔껄(慶南)，틔끄러기(慶南)

먼지は『韓国方言資料集』(1989)で調査が行われていて，それによると上記以外の語形は京畿道方言として몬주，먼데기，몬대기，江原道方言として문주．문데기．문데비，全羅北道方言として뭉지，몬대기，慶尚北道方言として미금．티겹찌，慶尚南道方言として멘지，미금，済州道方言として몬제레기などの語形が見られる。

咸鏡北道は小倉進平の調査データがないが，『咸北方言辞典』(1986)によると문지，티끌，티끗の語形が記録されている。

3　地理的分布

(1) 티끌系は語頭子音によって分布地域が分かれる。(1a)の激音の語形は江原道，忠清道，慶尚南道に (1b)の濃音は黄海道，平安道，咸鏡南道に見られ，激音と濃音の語形はおよそ南北に分かれて分布する。(1c)の平音の語形が見られる地点は少なく，慶尚南道の釜山と，平安北道の慈城の 2 地点のみである。

(2) 먼지系のうち，現在の標準語形の mɔn-dʒi は京畿道に 2 地点だけみられる。mon-dʒi は黄海道，済州道全域と京畿道の一部，忠北，全南，慶南に 1 地点ずつ散在している。最も広範囲に分布するのが mun-dʒi で，『韓国方言資料集』や『咸北方言辞典』の調査結果も含めると咸鏡道，江原道，忠清道，全羅道，慶尚道，済州道にみられ，逆 L 字型に分布する。(2b)の mon-dʒi-ra-gi と mon-dok は済州道のみで，(2c)の moŋ-daŋ は平安道のみでみられる語形である。(3)その他のうち，(3a) mi-gum は慶尚南道のみで，(3b) ku-dum は済州道のみ，(3c) poŋ-dɛŋ-i は平安北道のみでそれぞれ見られる。

4　文献上の記録

티끌系で最も古い語形はᄃᆞ틀，듣글で『釈譜詳節』(1447)，『月印釈譜』(1459)，『楞厳経諺解』(1461,1462)，『法華経諺解』(1463)などにみられる。17 世紀以降には語頭が激音の틧글または，틔ㅅ글の語形が，『朴通事諺解』(1677)をはじめ，『倭語類解』(1781)，『五倫行実図』(1797)，『太上感應篇』(1852)などでみられるようになる。濃音の語形は『柳氏物名攷』(182-)，『韓英字典』(1897)，『神学月報』(1908)などにみられる。

淸淨은 죠고맛 드틀도 업슬 씨라　<1447 釈譜詳節 20:35b>
또 다 ᄇᆞᅀᅡ 듣글 ᄆᆡᇰᄀᆞ라 ᄒᆞᆫ 듣글로 ᄒᆞᆫ 劫 사마도　<1463 法華経諺解 3:89b>
官人이 ᄆᆡ일에 ᄆᆞᆯ 빗가족에 틧글이 석 자히나 무텻고　<1677 朴通事諺解中 43a>
셰사 細沙 틔ㅅ글 진 塵 몬ᄌᆡ ᄋᆡ 埃　<1781 倭語類解上 08b>
塵 씌글　<182- 柳氏物名攷 5>

먼지系で最も古い語形は몬지で，『釈譜詳節』(1447)，『救急簡易方諺解』(1489)，『訳語類解』(1775) 『倭語類解』(1781)などでみられる。19 世紀以降は몬지があらわれる。なお，『倭語類解』(1781)では틔ㅅ글と몬지が並列される。

王이 드르시고 쏘해 디여 우르샤 모매 몬지 므티시고　<1447 釈譜詳節 11:21b>
灰塵 몬지 灰土 浮灰 몬지 니다 塌灰 몬지 안자　<1775 訳語類解補 7a>
틔ㅅ글 진 塵 몬지의 埃　<1781 倭語類解上 08b>
몬지 埃　<1880 韓仏字典 245>

5　考察

「塵」には티끌系と먼지系の語彙があるが，『韓国方言資料集』の調査結果も考慮に入れると티끌系と먼지系の語彙を特別使い分けている地域があるわけではない。

티끌系の語形変化にはいくつかの説があるが，金武林(2012: 667–668)は中世語で見られる드틀，듣글は双形(doublet)[1]であり，それらの基本語根を듣(塵)と想定したうえで，듣(塵)+을(接辞)と分析している[2]。ただし，現代語で티끌同じく「塵」を表す티という語形があることから，中世語での基本語形を듣(塵)と想定していいのか疑問が残る。語源はよくわからないが，変化過程は以下のように想定される。まず，中世語に見られる드틀～듣글がウムラウトにより듣글 > 듸끌となり，地域によって第一音節が濃音または激音へと変化したのち，第一音節母音が単純化(틔ㅅ글，틔끌 > 티끌または띄글 > 띠끌)する。小倉の調査結果に見られる語形はこれらが母音変化を起こしたり，接辞が添加したりしたものと考えられる。また，小倉の調査結果で語頭子音が平音のものが外側に位置するのは周圏論的分布であると言える。

먼지系の語源に関しては金武林(2012: 355)が몬(物)+지(灰)と分析するが，詳しいことはよくわからない。몬지という語形が 18 世紀後半まで使用され，その後第二音節の母音が単純化し(mon-dʒi)，その後第一音節の変化により(2a)の語形が生じ，さらに接辞が添加することで(2b)，(2c)の語形ができたものと考えられる。

(3)のその他の語形については由来はよくわからない。

参考文献

金武林(2012)『韓国語語源辞典』ソウル：知識と教養.
高麗大学校民族文化研究院国語辞典編纂室(2009)『高麗大韓国語大辞典』ソウル：창작마을.
国立国語研究院(1999)『標準国語大辞典』ソウル：斗山東亜.
劉昌惇(1964)『李朝語辞典』ソウル：延世大学校出版部.
한글학회(1991)『우리말 큰사전』ソウル：語文閣.

---

1 同様の特徴を持つ語には나모~낡(木)，녀느~녀(他)，버믈다~범글다(纏)，밍골다～몬돌다(作)等がある。
2 金武林(2012)は接辞が結合して名詞を形成する例として거플(皮)，수풀(林)を挙げている。

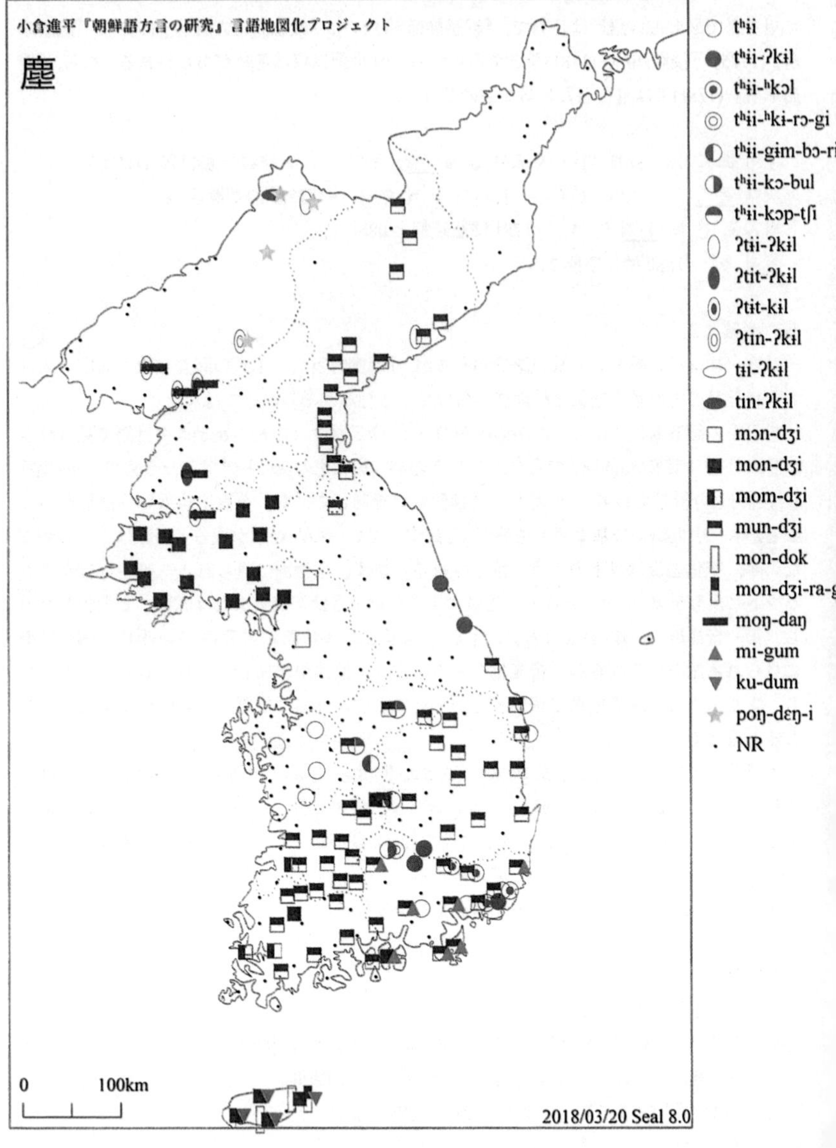

小倉進平『朝鮮語方言の研究』言語地図化プロジェクト
塵
tʰii
tʰii-ʔkɨl
tʰii-ʰkɔl
tʰii-ʰkɨ-rɔ-gi
tʰii-gɨm-bɔ-ri
tʰii-kɔ-bul
tʰii-kɔp-tʃi
ʔtii-ʔkɨl
ʔtit-ʔkɨl
ʔtit-kɨl
ʔtin-ʔkɨl
tii-ʔkɨl
tin-ʔkɨl
mɔn-dʒi
mon-dʒi
mom-dʒi
mun-dʒi
mon-dok
mon-dʒi-ra-g
moŋ-daŋ
mi-gum
ku-dum
poŋ-dɛŋ-i
NR
0
100km
2018/03/20 Seal 8.0

122

執筆者一覧（五十音順）

岩井亮雄	東京大学大学院人文社会系研究科博士課程
金玉雪	東京大学大学院人文社会系研究科博士課程
國分翼	東京大学大学院人文社会系研究科修士課程
澁谷秋	東京大学大学院人文社会系研究科博士課程
朱林彬	東京大学大学院人文社会系研究科修士課程修了
全恵子	東京大学大学院人文社会系研究科博士課程修了
徐旼廷	東京大学大学院人文社会系研究科博士課程
福井玲	東京大学大学院人文社会系研究科
李美姫	東京大学大学院人文社会系研究科博士課程
梁紅梅	東京大学大学院人文社会系研究科博士課程
林茶英	東京大学大学院人文社会系研究科博士課程

韓國語研究 14

인 쇄 2020년 9월 11일
발 행 2020년 9월 21일

편 집 韓國語硏究會
발 행 도서출판 역락
이 대 현
서울특별시 서초구 동광로 46길 6-6 문창빌딩 2층
전화 02-3409-2060(편집부), 02-3409-2058(영업부)
팩스 02-3409-2059

ISBN 979-11-6244-578-5 93710
값 35,000원

이 도서의 국립중앙도서관 출판예정도서목록(CIP)은 서지정보유통지원시스템 홈페이지(http://seoji.nl.go.kr)와 국가자료종합목록 구축시스템(http://kolis-net.nl.go.kr)에서 이용하실 수 있습니다.(CIP제어번호 : CIP2020036327)